会计与财务管理专业实务操作系列教材

财务决策实验教程

CAIWU JUECE SHIYAN JIAOCHENG

（第三版）

李 艳 赵 燕 龙凤好 主编

首都经济贸易大学出版社
Capital University of Economics and Business Press
·北 京·

图书在版编目(CIP)数据

财务决策实验教程/李艳,赵燕,龙凤好主编. --3版.
--北京:首都经济贸易大学出版社,2022.2
ISBN 978-7-5638-3337-5

Ⅰ.①财… Ⅱ.①李… ②赵… ③龙… Ⅲ.①财务决策—教材 Ⅳ.①F234.4

中国版本图书馆CIP数据核字(2022)第028366号

财务决策实验教程(第三版)
李 艳 赵 燕 龙凤好 主 编

责任编辑 王 猛
封面设计 风得信·阿东 FondesyDesign
出版发行 首都经济贸易大学出版社
地 址 北京市朝阳区红庙(邮编100026)
电 话 (010)65976483 65065761 65071505(传真)
网 址 http://www.sjmcb.com
E-mail publish@cueb.edu.cn
经 销 全国新华书店
照 排 北京砚祥志远激光照排技术有限公司
印 刷 北京建宏印刷有限公司
成品尺寸 170毫米×240毫米 1/16
字 数 420千字
印 张 21.5
版 次 2018年11月第1版 2019年12月第2版 **2022年2月第3版**
2023年12月总第7次印刷
书 号 ISBN 978-7-5638-3337-5
定 价 45.00元

第三版前言

这本《财务决策实验教程》依托财务决策软件平台，以财务管理、财务会计、税务会计等会计岗位所需要的职业技能为核心，是一本财务管理、会计学等相关专业的综合实验指导教材。本教材于2019年12月推出第二版，之后，随着我国现行企业会计准则、税收法律制度等相关法律法规的进一步完善，财务决策平台也在不断地更新，尤其是近年出现并流行起来的会计和报告业务管理新模式——财务共享服务中心（FSSC）。为了能在教学上更好地配合财务决策软件平台，让学生掌握财务共享服务中心与非财务共享服务中心，我们结合财务决策平台最新升级版本和最新修订的财税相关政策，对本教材进行了全面的修订，本次修订涉及的主要内容有以下几项：

第一，财务决策软件平台升级加入自动稽查的模块，修改"平台介绍"、"平台设置"以及"税务稽查"中对应的内容，提高了教材的实用性、适合度。

第二，根据升级后最新版本的财务决策软件平台，结合目前现行会计准则、税收制度，将第二版中"实战操作"分成两部分，分别为"四个角色财务共享版实战操作"以及"五个角色非财务共享版实战操作"，使之与新的财务决策软件平台更加吻合，以满足当前的教学需求。

第三，根据最新企业会计准则修正了"非货币资产交换""收入的确认"等业务的账务处理。

第四，为了更好地进行轮岗，让学生在实训期间能够体验到不同岗位的职业技能，本教材由原来的基于五个角色的非财务共享版为主转变成基于四个角色的财务共享版为主、五个角色的非财务共享版为辅，充分体现当下财务共享服务中心给会计行业带来的优势。这也是本次修订变动最大的地方。

本教材作为广东理工学院质量工程的成果，可以作为财务管理、会计学等专业的财务决策平台实验指导用书，也可以作为财务决策平台的培训教材。本次修订参阅了大量的文献，本书的参考文献未能一一列出，在此一并表示感谢！

虽然我们花了不少时间与精力，但由于能力所限，不足之处仍在所难免，恳请广大教师和读者提出宝贵意见。

目　录

1　平台介绍 …… 1
1.1　基本概况 …… 1
1.2　平台特点 …… 1
1.3　平台规则 …… 2
1.4　评分标准 …… 2
1.5　评价指标说明 …… 3

2　平台设置 …… 5
2.1　管理员设置平台 …… 5
2.1.1　登录平台 …… 5
2.1.2　设置平台 …… 5
2.2　教师设置平台 …… 6
2.2.1　登录平台 …… 6
2.2.2　设置平台 …… 6

3　四个角色财务共享版实战操作 …… 21
3.1　岗位介绍 …… 21
3.1.1　运营管理岗位 …… 21
3.1.2　财务总监岗位 …… 62
3.1.3　资金管理岗位 …… 83
3.1.4　成本管理岗位 …… 97
3.2　总账系统 …… 112
3.2.1　业务管理 …… 112
3.2.2　账簿、报表 …… 117
3.3　工作准备 …… 122
3.3.1　公司概况 …… 122
3.3.2　其他说明 …… 124
3.4　典型业务操作 …… 125
3.4.1　日常经营业务 …… 125
3.4.2　期末工作结转 …… 178
3.4.3　纳税申报业务 …… 192

4 五个角色非财务共享版实战操作 …… 205
4.1 岗位介绍 …… 205
4.1.1 运营岗位 …… 205
4.1.2 财务总监岗位 …… 228
4.1.3 财务经理岗位 …… 241
4.1.4 会计岗位 …… 247
4.1.5 出纳岗位 …… 256
4.2 总账系统 …… 261
4.2.1 业务管理 …… 262
4.2.2 账簿报表 …… 263
4.3 工作准备 …… 263
4.3.1 公司概况 …… 264
4.3.2 人员分工 …… 265
4.3.3 会计分岗设置 …… 265
4.3.4 会计科目设置 …… 267
4.3.5 其他说明 …… 269
4.4 典型业务操作 …… 269
4.4.1 日常经营业务 …… 269
4.4.2 期末工作结转 …… 313
4.4.3 纳税申报业务 …… 316

5 税务稽查 …… 318
5.1 税务稽查概述 …… 318
5.1.1 税务稽查相关内容 …… 318
5.1.2 税收稽查中对重点税种的稽查要点 …… 319
5.1.3 企业纳税风险规避 …… 321
5.2 税务稽查操作 …… 322
5.2.1 如何选择被稽查企业 …… 322
5.2.2 编制工作底稿 …… 325
5.2.3 录入账务调整通知 …… 332
5.2.4 税务稽查报告 …… 333

参考文献 …… 337

1 平台介绍

1.1 基本概况

财务决策平台是面向财会类学生开发的一款仿真模拟企业运营实务的教学软件。本平台围绕财务管理和会计核算两个核心环节，模拟企业经营内外部环境，设计了企业运营、账务处理（财务共享中心）、电子报税、税务稽查四大操作模块。要求学生以团队形式，通过人机对抗方式分角色虚拟运营一家工业企业。训练学生从首席财务官（CFO）的角度全面关注企业决策、财务管理、筹资投资、市场营销、全面预算、财务共享、报账审核、纳税申报等相关知识和实务技能。

财务决策平台分为四个角色财务共享版和五个角色非财务共享版两个版本。四个角色财务共享版系统中设置了运营、财务总监、资金管理、成本会计四个角色；五个角色非财务共享版系统中设置了运营、财务总监、财务经理、会计、出纳五个角色。各个角色在独立操作之外还要与其他角色密切沟通配合，树立全局观念，并关注企业生产运营的各个方面，如采购要考虑价格波动及供应商情况，生产要考虑产能匹配，研发、广告投放、人员招聘要考虑企业实际需要等。学生通过角色任务的实施，体会企业运营管理的全过程，将所学多学科知识综合运用到虚拟的企业运营中。财务决策平台是财会类专业学生综合运用相关理论及技能的实训平台，在学习本课程前，学生需要具备出纳实务、基础会计、财务会计、成本会计、税务会计、财务管理、会计电算化、管理学基础、市场营销学、金融学等相关知识。

1.2 平台特点

★每个环节都体现资金成本、时间成本、企业信誉、机会成本。

★从 CFO 的角度进行企业运营，充分体现财务决策的重要性。

★引入市场机制，体验市场调控功能和市场风险。

★加入企业风险，体验风险控制对决策的影响。

★电算化支持分岗模式，可以几个会计同时做账，大大提高了工作效率。

★把运营和财务紧密结合，根据运营结果做账，系统自动生成单据。录入凭证的时候可以查看并选择所需单据。

★评价体系完整并可由教师根据需要自行增加、删除、修改。

*真实再现企业纳税申报场景,培养学生纳税筹划意识。

*建立稽查平台,提供企业税务自查功能,多角度审核企业账务,锻炼学生审计和查账能力。

1.3 平台规则

企业是指从事商品生产、流通和服务等活动,为满足社会需要,以营利为主要目的,进行自主经营、自负盈亏,具有法人资格的经济组织。企业经营的要求是生存、发展和盈利。

1)企业生存

企业经营的基本要求是生存,在财务决策平台中,企业以生产经营为主、其他业务为辅,并根据企业的经营状况合理地进行投融资。如果企业无法偿还到期债务,或没有足够的资金持续经营,企业将会破产。

2)企业发展

企业在生存的基础上,应当努力寻求发展,如开拓新市场,积极投入研发,扩大生产规模,投资其他业务。

3)企业盈利

企业经营的本质就是实现企业价值最大化。企业盈利的主要途径是扩大销售和降低成本。

4)企业破产

企业破产是指当债务人(企业)的全部资产无法清偿到期债务时,债权人通过一定法律程序将债务人的全部资产供其平均受偿,从而使债务人(企业)免除不能清偿的其他债务。

本平台规定:

*债权人向法院提起诉讼,企业无法付款,即刻破产;

*企业有当日应支付款项,无银行存款或现金支付,即刻破产。

平台中企业需要遵守上述基本要求。

1.4 评分标准

本平台的评分标准如表1-1所示。

表1-1 评分标准

指标名称	对应分值
信誉值	5
流动比例	10

续表

指标名称	对应分值
净现金流	10
评估收益	20
现金毛利率	15
存货周转率	10
销售净利率	10
总资产报酬率	10
总资产周转率	10
合计	100

表1－1中所列指标主要考核学生的企业运营管理、财务计划、财务决策等能力。每个指标所占的权重都不同，分值随权重而变化，满分为100分。通过这些指标的设置，学生企业小组可以在次月16日看到本小组的成绩，并看到总成绩排行榜，从而激发学生的竞争意识，培养学生提升战略规划和决策的能力，增强经营决策中的全局观、系统观，并在激烈对抗与竞争环境下积极树立进取意识，培养沟通能力和团队合作精神。

1.5 评价指标说明

1）信誉值

企业的信誉值初始为100。企业信誉值跟短期贷款额度相关，信誉值越高，贷款额度越高。一般情况下，终止、延期发货，缴纳滞纳金、违约金等不诚信或违反合同规定的事项均可扣除企业信誉值。企业信誉值只扣除，不增加。

2）流动比率

$$流动比率 = 流动资产 \div 流动负债 \times 100\%$$

该指标考察企业偿债能力。每月系统根据企业出具的财务报表计算该指标。

3）净现金流

$$净现金流 = 银行存款期末余额 + 库存现金期末余额$$

该指标考察企业资金运营情况。每月系统根据银行对账单中提取数据计算该指标。

4）评估收益

该指标根据系统中的市场价格，评估企业全部资产和负债，计算出净资产市值，并扣除其净增加额应缴纳的企业所得税，得出税后净资产与企业注册资本的比值，该数值越大分数越高。

5)现金毛利率

$$现金毛利率=经营活动净现金流量\div经营活动现金流入量\times100\%$$

该指标考察经营现金流量质量。每月系统根据企业出具的财务报表计算该指标。

6)存货周转率

$$存货周转率=营业成本\div平均存货$$

该指标考察存货的周转速度。每月系统根据企业出具的财务报表计算该指标。

7)销售净利率

$$销售净利率=净利润\div主营业务收入\times100\%$$

该指标考察企业盈利状况。每月系统根据企业出具的财务报表计算该指标。

8)总资产报酬率

$$总资产报酬率=息税前利润\div平均资产总额\times100\%$$

该指标考察资产利用效率。每月系统根据企业出具的财务报表计算该指标。

9)总资产周转率

$$总资产周转率=主营业务收入净额\div平均资产总额\times100\%$$

该指标考察资产的周转速度。每月系统根据企业出具的财务报表计算该指标。

2 平台设置

本平台的账号创建流程如图 2－1 所示。

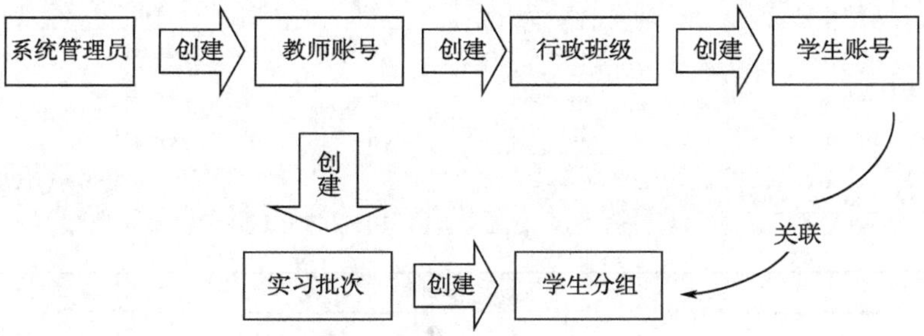

图 2－1　账号创建流程图

2.1 管理员设置平台

2.1.1 登录平台

管理员登录本平台的操作流程如图 2－2 所示。

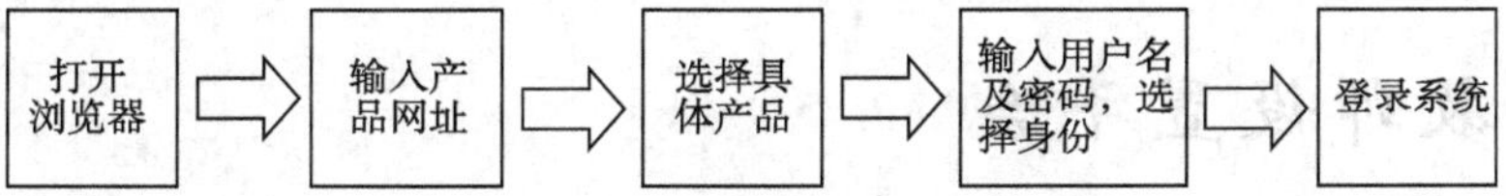

图 2－2　管理员登录平台流程图

2.1.2 设置平台

系统管理员登录系统后，可进行教师管理，如表 2－1 所示。

表 2－1　菜单项目表

菜单项	功能介绍
教师管理	设置学校教师的基本信息，使教师可以登录系统操作

2.1.2.1 创建教师账号

管理员创建教师账号的操作流程如图 2－3、图 2－4 所示。

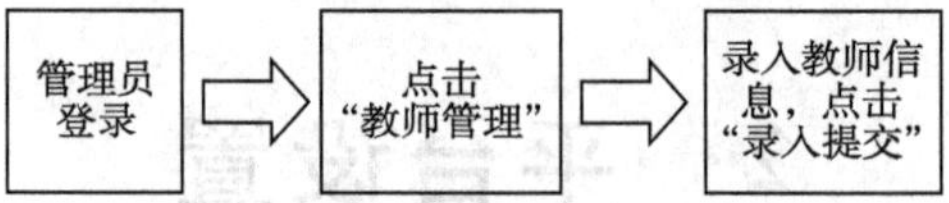

图 2－3　创建教师账号流程图

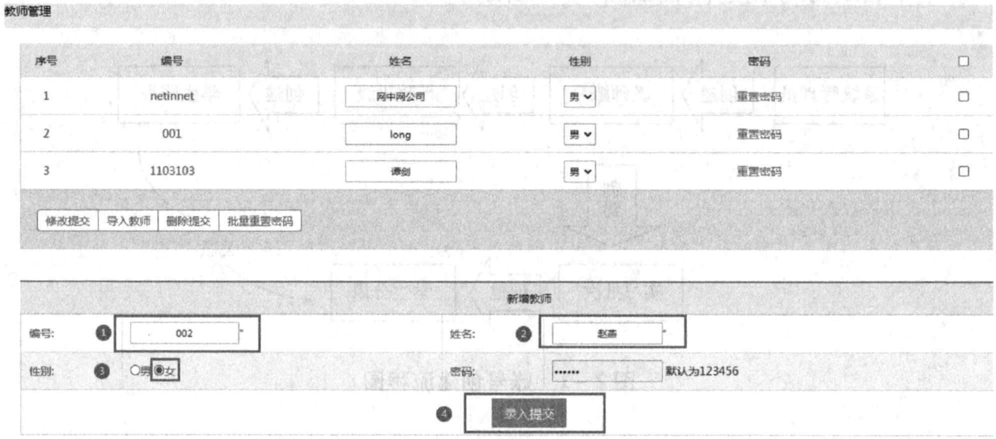

图 2－4　添加教师账号界面

2.1.2.2　教师管理

管理员添加教师账号后，如若需要修改教师信息，可以直接在数据表格中进行修改，修改完成之后点击“修改提交”，即可修改教师数据。如若需要删除教师账号，可以在数据表格中直接勾选要删除的教师账号，然后点击“删除提交”。

2.2　教师设置平台

2.2.1　登录平台

教师登录平台的操作流程如图 2－5 所示。

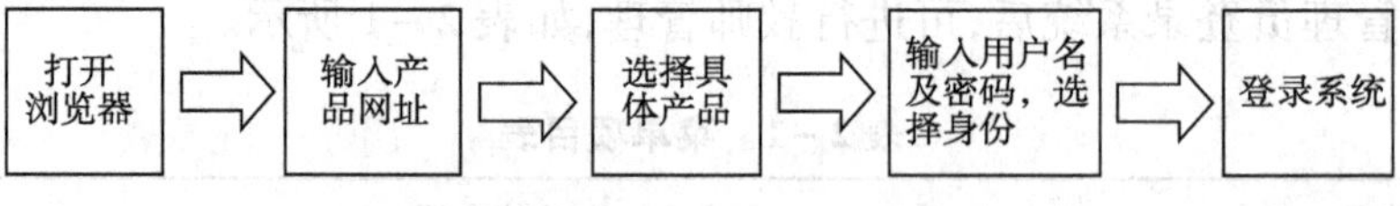

图 2－5　教师登录平台流程图

2.2.2　设置平台

教师登录系统后，可对以下菜单项进行操作，详见表 2－2 所示。

表 2 – 2 菜单项目表

菜单项	功能介绍
班级管理	管理行政班级以及学生
实习批次管理	对学生分批次进行分组，学生只有在分完组后才能登录系统
成绩管理	查看学生组成绩
稽查管理	将学生运营的企业分配给稽查人员，之后稽查人员才可以对这些企业进行稽查

2.2.2.1 班级管理

录入实操班级相关信息，包括班级里的学生。

2.2.2.1.1 班级管理

点击“班级管理”，进入班级管理界面，可进行班级管理相关操作。

1）新增行政班级

在新增班级界面，录入新增班级相关信息后点击“录入提交”即可新增班级。在数据表格上部，提供了一些相关的查询条件，可以通过班级名称、学生学号、学生姓名、创建人等条件直接查找班级，如图 2 – 6 所示。

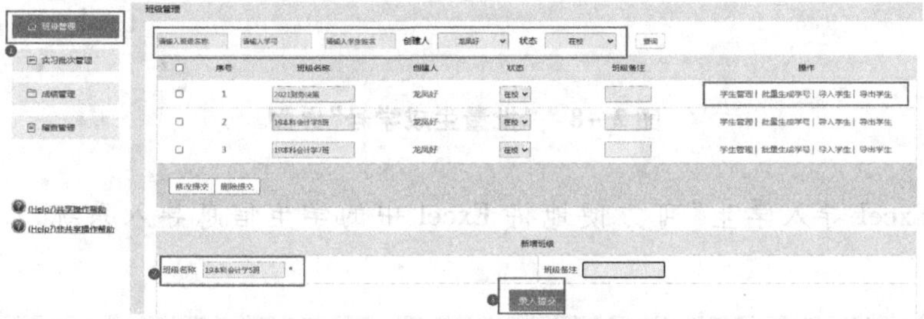

图 2 – 6 新增行政班级界面

2）修改/删除行政班级

查询显示出所有的班级信息，对班级信息进行修改/删除。

★修改信息，在相应记录的最前面一栏的复选框中打钩，点击“修改提交”即可。

★删除信息，在相应记录的最前面一栏的复选框中打钩，并点击“删除提交”，将删除所选的记录，详见图 2 – 7 所示。

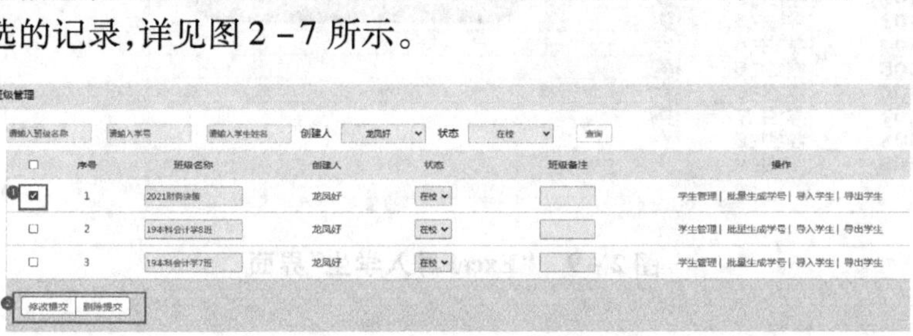

图 2 – 7 修改/删除行政班级界面

注意：只有当本行政班级没有学生时才能删除，否则要先删除学生。

★ **说明：**

1. 若要删除或修改记录，必须先对当前记录进行操作确认，即在最前面一栏的复选框内打钩，再点击“修改提交”或“删除提交”。

2. 批量生成学号可以帮助教师自动生成一系列有规律的学号，如图2－8所示。

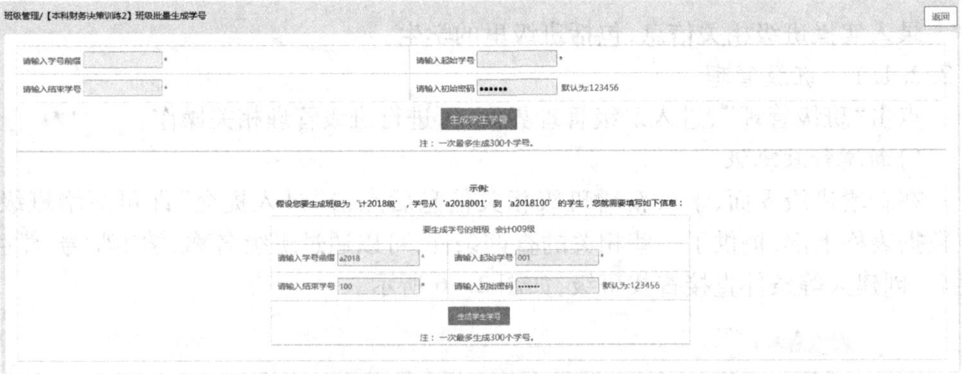

图2－8 “批量生成学号”界面

3. “Excel导入学生”可方便地将Excel中的学生信息导入系统，如图2－9所示。

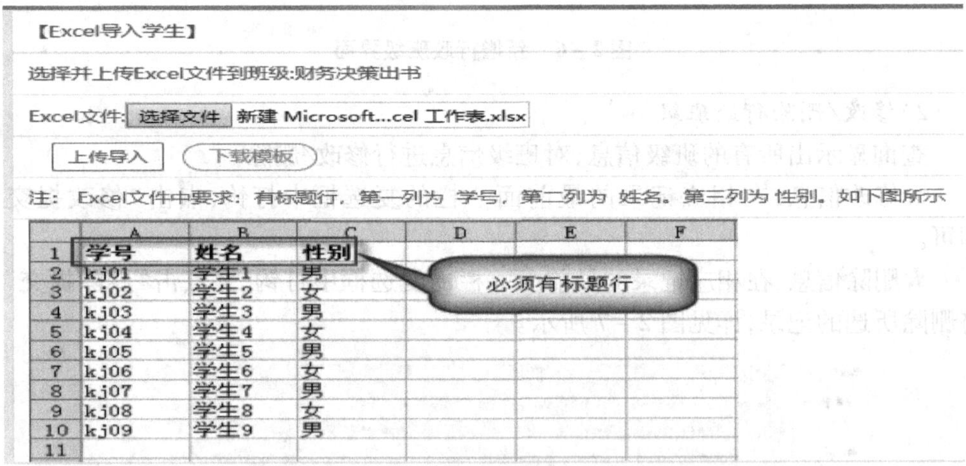

图2－9 “Excel导入学生”界面

4. “导出数据”是导出所在行政班级中的学生。

2.2.2.1.2 学生管理

输入各班级的学生信息，使学生可以登录系统，如学生的学号、姓名、登录密码等，并进行学生信息增删改。

1）添加班级学生

选择班级，在该班级增加新的学生信息，输入学号、姓名、性别、密码等信息，点击“录入提交”完成添加行政班级学生操作，如图2－10所示。

图2－10 新增行政班级学生界面

★ **说明：**

1. 学号：输入学生的实际学号。

注意：学号不能重复，即不同的学生不能用相同的学号！

2. 性别：点击每一行“性别”的下拉框进行选择。

3. 密码：初始密码为123456，系统管理员和教师可直接修改学生密码，也可由学生在使用时自行修改密码。

2）修改/删除行政班级学生

查询显示出已存在的所有学生信息，并可进行修改或删除，如图2－11所示。

★修改信息，在相应记录的最前面一栏的复选框中打钩，点击“修改提交”即可。

★删除信息，在相应记录的最前面一栏的复选框中打钩，并点击“删除提交”，将删除所选的记录。

图 2-11　修改/删除行政班级学生界面

★ **说明：**

1. 若要删除或修改记录，必须勾选相应每一行最前面的复选框。点击首行最前面一栏的复选框表示全选。

2. 学号不能修改，因为是主关键字。若学号有误，只能删除本记录重新输入。

3. 账号禁用：选择批量禁用，则学生账号被锁定无法登录；选择批量启用，学生账号就可以恢复登录。

2.2.2.2　实习批次管理

点击主界面左侧菜单的“实习批次管理”，则进入“实习批次管理”。点击“新增实习批次”，进入“新增实习批次”界面，可新增实习批次，如图 2-12、图 2-13 所示。

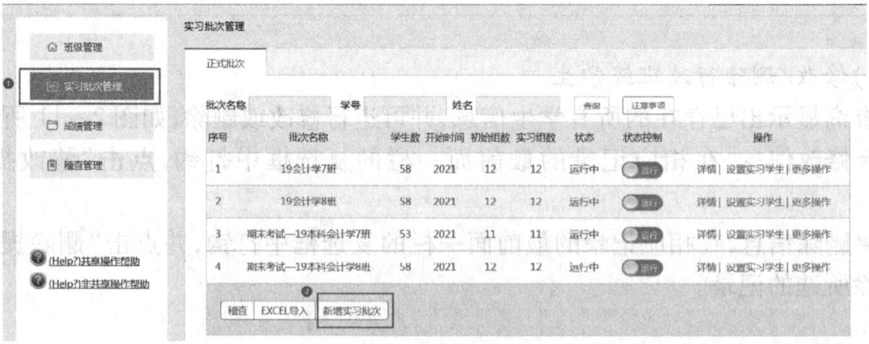

图 2-12　进入“实习批次管理”界面

图 2－13 “新增实习批次”界面

2.2.2.2.1 选择实习企业

选择实习企业，然后点击“下一步”进入“设置实习批次”界面，如图 2－14 所示。

学生可以选择合适的账套数据进行操作。系统目前支持全新的实习企业运营。在企业新建的状态下才允许设置，一旦企业开始或者批次的组里已经有过初始化数据，则不能再修改。

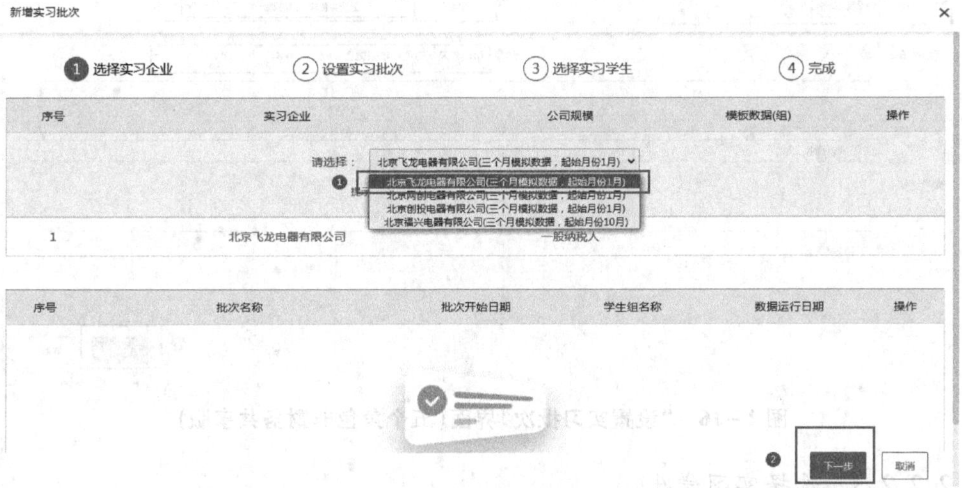

图 2－14 “选择实习企业”界面

2.2.2.2.2 设置实习批次

进入“设置实习批次”界面后，可进行相关设置。需要注意的是，如果在实训中选择的是财务共享版本，则选择“四个角色财务共享版本”，如果在实训中选择的是非财务共享版本，则选择“五个角色非财务共享版本”。点击“下一步”按钮，进入“选择实习学生”界面，如图 2－15、图 2－16 所示。

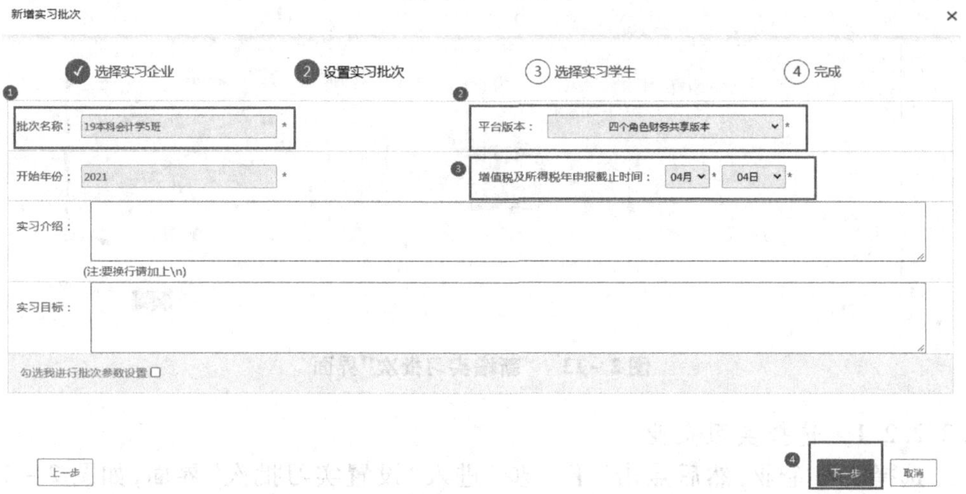

图 2－15 “设置实习批次”界面（四个角色财务共享版）

图 2－16 “设置实习批次”界面（五个角色非财务共享版）

2.2.2.2.3 选择实习学生

进入“选择实习学生”界面后，在右边栏选择班级，然后勾选要加入该批次的学生，点击“批量加入本批次实习”，则添加学生成功，界面左边栏表示已经进入该批次实习的学生。然后点击“下一步”，进入“完成”，点击“暂不运行”，如图 2－17、图 2－18、图 2－19 所示。

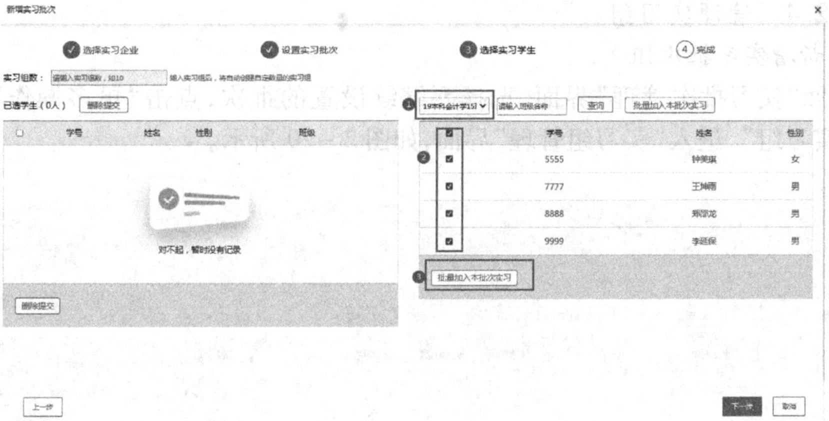

图 2－17 “批量加入本批次实习学生”界面

图 2－18 “进入批次实习的学生”界面

图 2－19 “实习批次创建成功”界面

2.2.2.2.4 管理实习组

1)新增实习批次组

返回“实习批次管理”界面,选择要继续设置的批次,点击“更多操作”,选择“管理实习组”,进入“实习组管理”界面,如图2-20所示。

图2-20 选择“管理实习组”界面

在“新增实习批次组”界面输入组名,然后点击“录入提交”,完成新增一个实习批次组,如图2-21所示。

图2-21 “新增实习批次组”界面

如果想要一次新增多个实习批次组,则可以选择批量新增实习批次组,点击“批量新增组”,进入“批量新增实习组”界面,输入新增组数,点击“确认”完成操作，如图 2－22 所示。

图 2－22 “批量新增实习组”界面

2）设置组学生

在“实习组管理”界面，设置实习组学生，点击“设置组学生”，进入“设置组学生”界面。在该界面的右边栏选择班级，然后勾选要加入该批次的学生，点击“批量加入本实习批次组”，左边栏显示已经进入该批次实习的学生，则表示添加学生成功，如图 2－23、图 2－24 所示。如果平台版本选择的是“五人角色非财务共享版本”，则每个批次组加入 5 人；如果平台版本选择的是“四人角色财务共享版本”，则每个批次组加入 4 人。

图 2－23 “设置组学生”界面

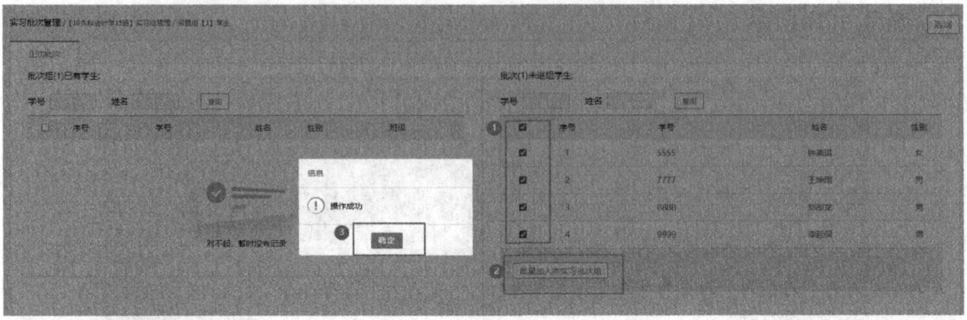

图 2－24　“批量加入本实习批次组”界面

★ **说明：**

1. 点击“详情”，可以对该组的详细信息进行修改。
2. 点击“删除”，则删除该组。
3. 点击“重置组数据”，则清空该组的所有操作数据，重新开始。
4. 同时，教师也可以将学生的运营数据设置成模板，新的批次可以使用这些模板数据，在这套模板数据的基础上继续运营。

2.2.2.2.5　参数设置

在“更多操作”中，点击“设置参数”，可以对实习企业一些默认参数进行设置，如图 2－25 所示。

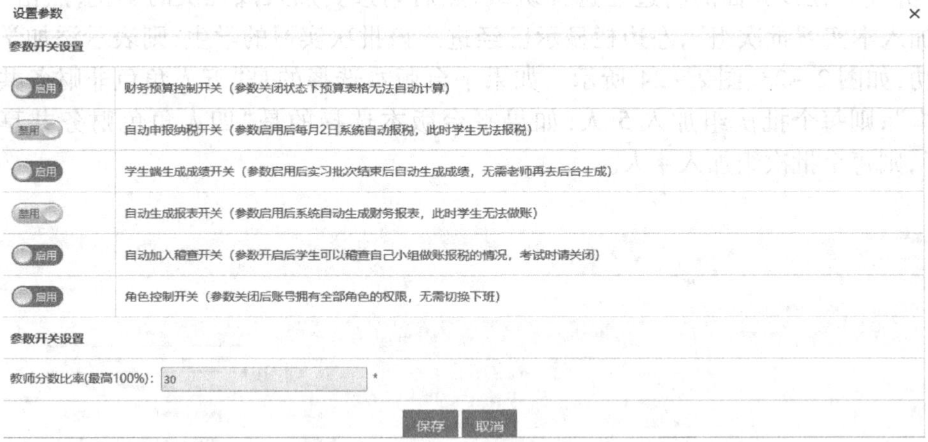

图 2－25　“设置参数”界面

2.2.2.2.6　初始化实习组

设置完各项信息之后，在“更多操作”中，点击“初始化实习组”对运营组批量初始化,如图 2－26 所示。

图 2－26 “初始化实习组”界面

2.2.2.2.7 状态控制

点击“运行”,开始实习批次;点击“暂停”,暂停实习批次,学生不可实习;点击“批次继续”,学生可继续实习批次,如图 2－27 所示。

★ **说明:**

批次暂停之后,学生将不能登录系统,此时教师可以进行新增组、初始化组数据等操作。待批次恢复运行,将允许学生登录系统,同时教师不能再进行以上这些操作。

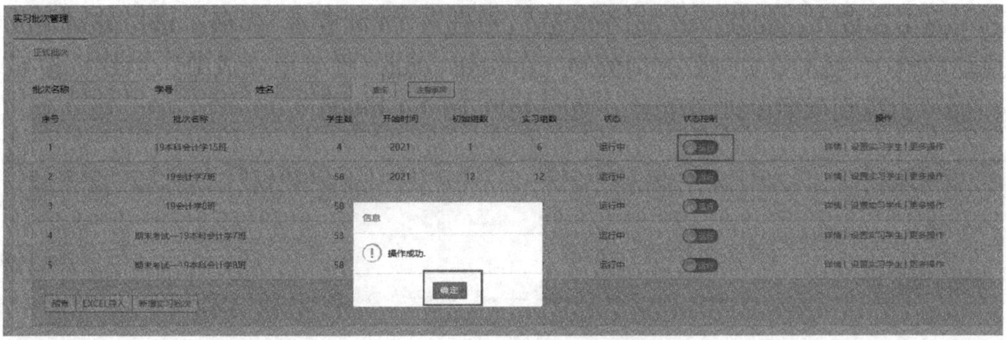

图 2－27 批次开始或批次暂停界面

2.2.2.2.8 详情

在“实习批次管理”界面,点击“详情”,可以对该实习批次的信息进行修改。批次结束日期是指整个批次的结束时间,到这一天企业无法继续经营。这个时间由批次实习企业设定的时间段决定,不能超过,比如批次实习企业设定的是

1—3 月份数据，则批次结束日期一般设定在次月 4 日，方便学生完成纳税申报，如图 2－28 所示。

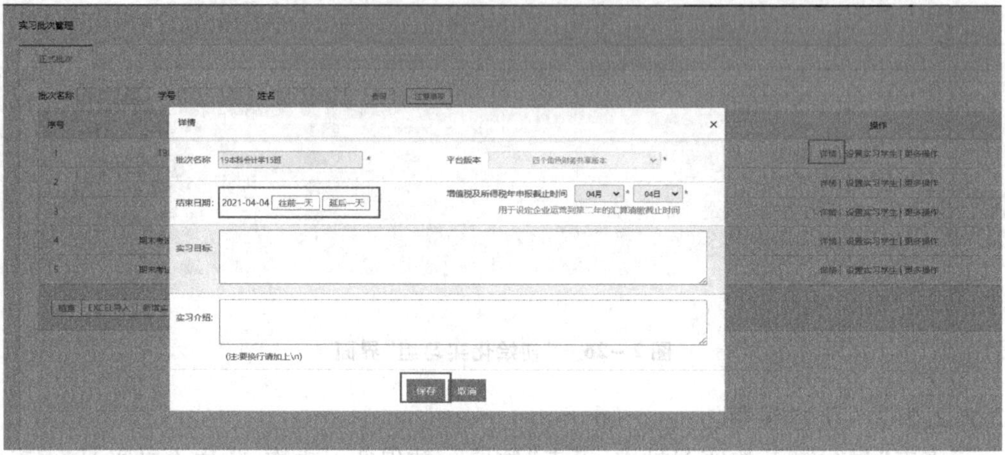

图 2－28 “详情”界面

2.2.2.2.9 删除

在“更多操作”中，点击“删除”，确认后则删除该实习批次。

注意：删除实习批次，首先删除所有实习组内的学生，然后删除所有实习组，最后删除该批次的所有实习学生。

2.2.2.3 成绩管理

点击主界面左侧菜单的“成绩管理”，则进入“成绩管理”界面。选择需要生成成绩的批次，点击历史分数查询的倒三角按钮，点击“批量生成成绩”，系统会按照“总分”由高到低顺序排列显示，如图 2－29、图 2－30 所示。

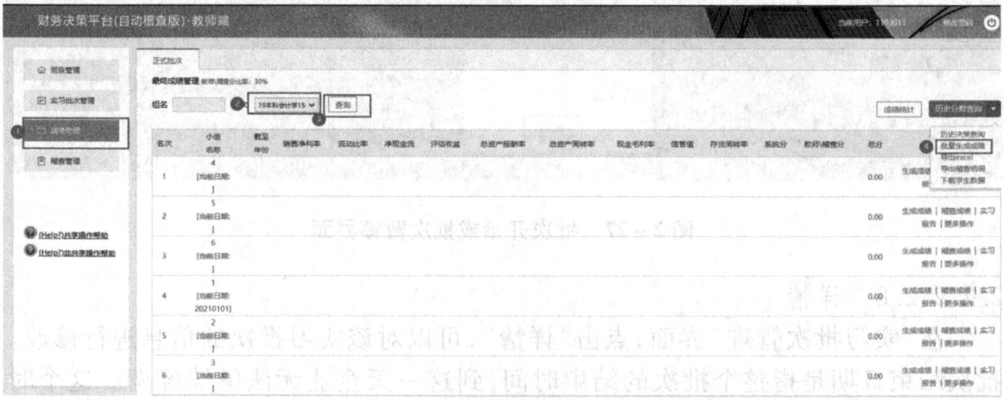

图 2－29 选择需要生成成绩的批次界面

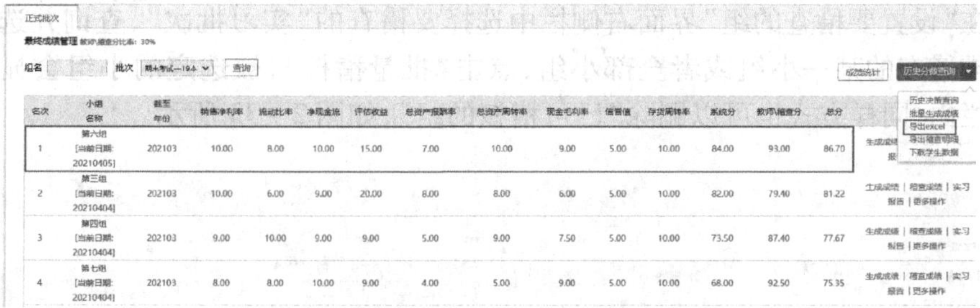

图 2－30 “批量生成成绩”界面

如有需要，可以点击“导出 Excel”将成绩导出。

2.2.2.4 稽查管理

在财务决策平台中，给每个实习小组分配稽查权限的方式有两种。

第一种方式，通过“自动加入稽查开关”给各个实习小组每个成员分配稽查权限。在“更多操作”点击“设置参数”，进入“设置参数”界面，启用“自动加入稽查开关”，如图 2－31 所示。

图 2－31 “参数开关设置”界面

第二种方式，把稽查人员分配到要稽查的实习企业。点击“稽查管理”，则进入“稽查管理”界面，选择稽查人员所在班级，或者直接输入稽查人员学号进行查询。选定稽查人员后点击“设置要稽查的组”给稽查人员分配具体实习企业，进入“设置要稽查的组”界面，如图 2－32 所示。

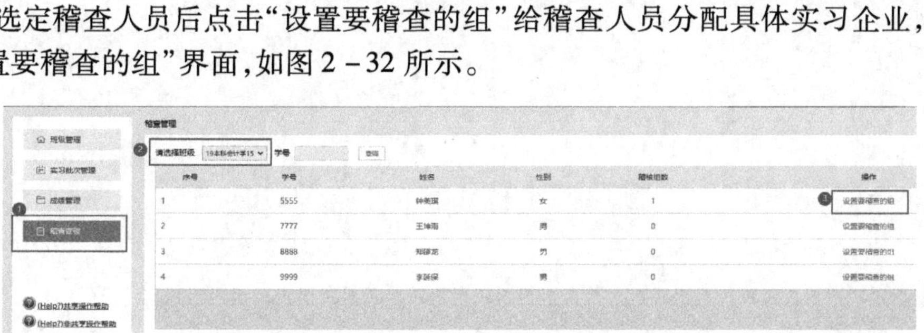

图 2－32 进入“设置要稽查的组”界面

在“设置要稽查的组”界面右侧栏中选择要稽查的“实习批次”，查询并选择需要安排稽查的某一小组或者全部小组，点击“批量稽核”，被选定的小组会显示在左侧栏内，同样方式也可以删除“已可稽核的组”，如图 2－33 所示。

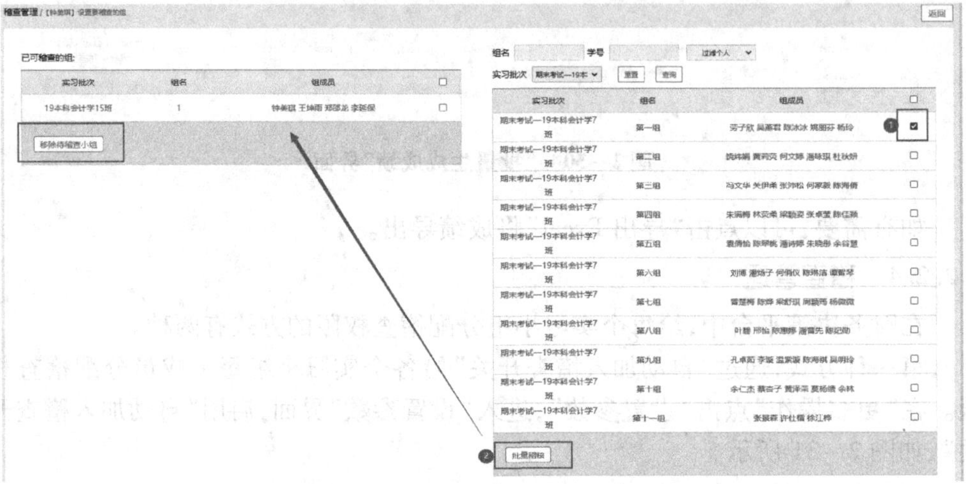

图 2－33　“设置要稽查的组”界面

3　四个角色财务共享版实战操作

学生进入本平台进行操作时，操作流程如图 3－1 所示。

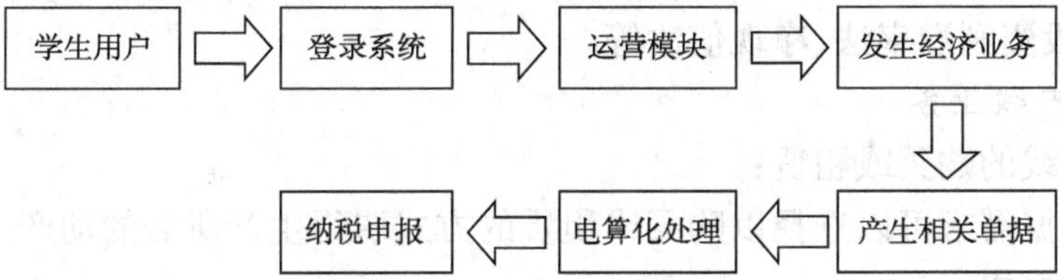

图 3－1　学生操作流程图

3.1　岗位介绍

3.1.1　运营管理岗位

3.1.1.1　工作职责

负责企业采购、生产、承接订单、人员招聘、研发投入、广告费投入等日常生产运营工作以及一些日常账务处理。每个运营决策执行时均需要财务总监作决策审批。

3.1.1.2　工作规则

3.1.1.2.1　厂房、生产线、办公房、其他资产投资规则

1)知识点

企业固定资产的投资主要包括生产线、房产(厂房和办公用房使用的操作间)和其他资产的投资。企业可以选择购买或租赁生产线和房产，其他资产一般需要购买。企业资产的所有权会对企业未来使用抵押贷款方式的筹资业务产生一定影响。

企业购买或租赁厂房和生产线均属于生产运营管理决策的内容。其中，厂房的选择首要的是企业的选址问题。好的选址会给企业带来许多有利条件，增强企业竞争力。企业选址应先把握影响选址的因素，如国家政策，市场需求，资源利用，气候、地质等自然条件，相关配套设施等。具体到产品制造业，原料/动力/能源供应及位置、劳动力条件、自然条件都是企业选址要考虑的重要因素，这些因素将直接影响企业的生产成本、生产周期。企业选址还应掌握科学的方法，选址通常有投资费用比较法、分等加权法、重心法等。

企业购置(购买或租赁)生产线,属于设备布置决策,要考虑设备的类型及布置方式。具体到生产线方面,应结合产品加工工艺及程序考虑以下诸多因素,如生产性(生产线的工作效率)、可靠性(加工精度、准确度的保持)、维修性(是否方便维修,零件是否易拆卸、检查,零件的标准化程度如何)、环保性、节能性(经济性)、灵活性(能否适应不同工作条件和环境)、难易性(操作是否简单,是否人性化)等。另外,在生产线的选择方面,亦可采用多种方法进行权衡比较,如成本比较法、投资回收期法、投资利润率法、净现值法等。

(1)生产线业务

①生产线的购买或租赁:

企业根据需求可以选择以购买或租赁的方式取得生产所需的动产。

*购买方式:

根据生产线采购合同、增值税专用发票单据等作相应账务处理如下:

借:固定资产——××生产线

　应交税费——应交增值税(进项税额)

　　贷:银行存款——××支行

*租赁方式:

支付生产线租赁费时,根据生产线租赁合同、付款单据等作相应账务处理如下:

借:预付账款——××公司

　应交税费——应交增值税(进项税额)

　　贷:银行存款——××支行

②生产线计提折旧:

若企业采用购买方式取得企业生产所需生产线,则应在每个经营月末对所拥有的生产线按规定计提折旧,当月增加的当月不提折旧,从下个月开始计提。采用租赁方式取得的生产线不用计提折旧。月末根据折旧计算结果作相应账务处理如下:

借:制造费用——折旧费

　　贷:累计折旧

③分摊租赁费:

若企业采用租赁方式取得企业生产所需生产线,则应在每个经营月末分摊当月租赁费,其账务处理如下:

借:生产成本——××产品——制造费用

　　贷:预付账款——××公司

(2)厂房相关业务

①厂房购买或租赁:

企业根据需求可以选择以购买或租赁的方式取得生产所需的不动产。

★购买方式：

购进不动产或不动产在建工程按现行准则规定其进项税额一次性抵扣，根据厂房购买合同、增值税专用发票单据等作相应账务处理如下：

借：固定资产——厂房

应交税费——应交增值税（进项税额）

贷：银行存款——××支行

★租赁方式：

支付厂房租赁费时，根据租赁合同、付款单据等作相应账务处理如下：

借：预付账款——××公司

应交税费——应交增值税（进项税额）

贷：银行存款——××支行

②厂房计提折旧：

★若企业采用购买方式取得企业生产用厂房，则应在每个经营月末对所拥有的厂房按规定计提折旧，当月增加的当月不提折旧，从下个月开始计提。采用租赁方式取得的厂房不用计提折旧。月末根据折旧计算结果作相应账务处理如下：

借：制造费用——折旧费

贷：累计折旧

★若企业采用租赁方式取得企业生产所需厂房，则应在每个经营月末分摊当月租赁费，其账务处理如下：

借：制造费用——厂房租金

贷：预付账款——××公司

(3)按揭贷款购入资产业务

企业按揭贷款是利用向银行等金融机构融资，专用于向供货商购置所需固定资产并分期归还本息的贷款方式。一般来说，按揭购入固定资产可分为两类：一类是购入按揭固定资产后，一般不需继续发生大的支出即可投入使用，如按揭购入带装修的办公用房；另一类是购入按揭固定资产后不能马上投入使用，如按揭购入不带装修的办公用房。

(4)其他资产购置业务

为了保证生产经营活动的正常进行，企业除需购置生产用资产外，还需配置相应的办公场所及一定数量的办公设备。

2)实战规则

初始运营月初开始，企业需要购置厂房、生产线及办公用房。平台提供租赁或者购买两种取得方式，可根据资金情况作出决策。如果资金充足可以选择购买，如果资金不足就选择租赁。

运营管理首先要查看财务总监已制定发布的运营规划，根据运营规划中的投资筹资规划选择购买或租赁房产及生产线，选择时主要考虑面积、价格、付款方式、对成本的影响等因素，其中生产线务必要考虑产能并与厂房匹配，同时须遵循平台投资规则。财务总监根据运营提交的投资计划，结合月初制定的运营规划，经营成本、资金现状和未来计划等因素进行审批。财务经理根据合同审批付款申请，出纳执行付款。

（1）购买

平台中企业可以根据需要购买生产线、房产和其他资产，购置生产线和其他资产必须一次性付款，要为管理人员和销售人员配置笔记本电脑，一人一台。打印机和复印机各购买一台。笔记本电脑、打印机和复印机需要在初始月份10日内购买。

（2）租赁

平台中企业可以根据需要选择租赁形式取得生产线和房产。租赁周期一般为一年，租赁开始日支付4个月的租金，第四个月开始之后每个季度的第一个月支付一次租金，第二、三季度支付3个月租金，第四季度支付2个月租金。

租赁合同未到期可退租，退回的租金系统自动返还，出纳确认。

*退租规则：退租的前提是固定资产为空闲状态，随时可以退租。

*退租的范围：生产线、厂房（办公用房不能退）。

*退租的原则：一个月的租金作为违约金。月租金计算节点为租赁合同签订后满1个月的第二天。第一个月多交的押金，若提前退租，则不予退还。每个季度付款当天须选择是否季度续租，若续租即要支付季度租金；若不续租，即可退租。退租后，不用支付季度租金。被退租的资产不可再用，租赁合同终止。

（3）到货及安装

生产线购买或租赁后第二天到货，生产线的安装时间是10天。房产购买或租赁时可马上投入使用，无须安装。其他资产购买后第二天内到货，无须安装。面积是影响房产、生产线和其他资产安装的重要因素。

（4）维护

无论生产线是否在用，企业每个季度必须支付5万元左右的维修费用（具体看系统弹出的信息）。房产和其他资产则无须支付。

（5）折旧

平台中企业拥有的生产线、房产和其他资产应当采用直线法按月计提折旧。折旧年限及净残值率根据企业具体情况设置，超过税法规定的标准，年终应当进行纳税调整。

（6）处置

平台中企业拥有的生产线、房产和其他资产只有在“空闲”状态才能被处置，“按揭”状态的房产不可处置。

处置时的供应商与初始购买时的供应商为同一家企业，按照处置时的市场价作固定资产清理，并缴纳相关税费。

3.1.1.2.2　市场营销规则

1）知识点

投放广告属于企业以满足消费者需求为中心的营销活动中的一种促销策略。而广告则被定义为使用非个性化的大众媒介和其他互动传播形式传达信息给广大受众，从而把可识别的出资人与目标受众连接起来的说服性、有偿性的传播方式。广告投放有助于企业控制和提升其在市场上的形象，为顾客提供产品信息，在诱导顾客购买及提醒使用等方面均有一定效果。

投放广告业务的相关账务处理如下：

借：销售费用——广告费

　应交税费——应交增值税（进项税额）

　贷：银行存款——××支行

2）实战规则

运营管理在投入广告费之前，应根据生产线计算当年的产能，这样才能对广告的投入心中有数，在接订单时做到有的放矢。企业投入广告费的多少和每个月所能承接的订单有直接的关系。初级市场只能承接一些小订单，到了中级和高级市场则会接到大额订单，订单的数量会相应增加。在企业经营过程中，遇到大额支出时，应先查看企业当前现金余额，根据余额情况选择支付或拒绝支付，如果大额支出对未来现金流造成较大影响，应提醒企业相关人员及时进行资金筹集。

平台中企业通过投放广告费来获取一定的市场份额，市场份额体现为可选的“主营业务订单”数量。

市场分为国内初级市场、国内中级市场及国内高级市场，不同等级的市场需投入的广告费分别从35万元到500万元不等。平台初始设置的“市场范围”为“一类低级”。

3.1.1.2.3　产品研发规则

1）知识点

为适应激烈竞争、快速市场变化和产品生命周期缩短等挑战，产品研发是企业取得竞争优势的重要途径。作为一项技术管理活动，产品研发一般包括市场调研、方案论证、技术攻关、原型试制、生产制造和市场营销六个步骤。具体开发时，企业外部的资源、政策、市场环境及企业内部研发团队实力、管理水平等均是影响研发成功与否的重要因素。同时企业还应有效管控研发项目风险，提高研发效率和效益。实际工作中，企业为了提升产品的科技含量，从而提高产品的市场竞争优势及销售价格，应积极进行产品的研究发展工作。

在财务决策平台中，企业可以根据生产的产品进行研发，投入研发人员和一定的原材料，当研发费用达到一定标准后，企业的产品价格会有所提升。研发费用在所得税汇算清缴时还允许加计扣除。研发“投入费用”由“投入材料经费”和“工资薪酬”构成。

投入研发业务的相关账务处理如下：

★投入研发费用：

借：研发支出——费用化支出

——资本化支出

贷：原材料——××

应付职工薪酬——工资

银行存款——××支行

★费用结转：

借：管理费用（期末）

无形资产（无形资产达到预定用途时）

贷：研发支出——费用化支出

——资本化支出

2）实战规则

★平台的研发项目包括抽油烟机、电视机、微波炉研发。

★在平台中，企业可以根据生产的产品进行研发投入。投入主要包括研发原材料投入和研发人员招聘两个部分，研发人员在研发完成之前不可以解聘。

★研发“投入费用”由“投入材料经费”和“工资薪酬”构成。“投入材料经费”根据原材料领用数量及移动加权单价相乘计算。研发和生产同类产品所需的原材料及其配比关系相同。“工资薪酬”根据研发人员的工资汇总计算。

★“投入费用”计算节点。原材料领用日就是计算“投入材料经费”的时点。次月15日计算上月研发人员的工资费用。

★每月的15日之前才能投入研发，每月的20日之后才能终止研发。研发可以中途停止，无须连续投入，不影响累计投入研发费用，投入费用等下次再进行研发的时候继续累加。

★产品研发费用的累计投入金额与产品销售价格和高新企业资格认证相关联。产品研发费用在达到一定额度后可提高产品售价，增强产品竞争力；研发金额投入达到高新技术企业标准后，即当研发项目累计投入费用达到年销售收入6%以上（年收入5 000万元以内），研发人员达到当年员工总数的10%时，可以申请高新企业资格。每月1日都会计算研发累计投入金额。

★研究阶段投入的研发费用全部费用化，开发阶段投入的研发费用全部形成无形资产。

3.1.1.2.4　人力资源规则

1）知识点

人员招聘是指寻找、吸引并鼓励符合要求的人到本组织中任职和工作的过程。

人员招聘是企业为了弥补岗位空缺而进行的一系列人力资源管理活动的总称。它是人力资源管理的首要环节,是实现人力资源管理有效性的重要保证。一般而言,企业应当根据人力资源需求计划,采取外部招聘、内部选拔、委托第三方招聘等方式,对关键岗位和紧缺人才进行选拔。招聘工作一般可以按照资格初审、专业知识和综合素质测评、面试与答辩、专家组评审等程序进行。整个招聘过程中的审核记录和相关资料均须妥善归档保存。在进行财务决策时,应重点关注招聘人员增加费用并纳入预算实施控制。

2)实战规则

★运营管理应在生产线安装期间,执行人力资源部招聘生产人员操作,为产品生产做好准备。招聘时,应注意每条生产线的生产工人上限人数规定,若超过上限,系统会提示不允许继续招聘。需要运营招聘的人员有研发人员、生产工人。人员招聘后,需办理入职,但入职必须在相关办公场所及生产线配置完成后方可进行。入职应注意人均占用面积,若移入员工数超过可占用的房屋面积,则不能完成入职。

★员工工资为固定工资+绩效工资(只有销售人员根据收入提成),员工在同一个月中无论哪天入职都要支付全月工资薪酬。员工的工资薪酬由工资、福利费、工会经费、职工教育经费构成。

★生产每种产品需要生产线管理人员 5 人,每人每月工资 4 000 元,系统自行配置,无须招聘。

★生产人员每人每月工资 3 000 元,研发人员每人每月工资 5 000 元,需自行招聘。

★销售人员 10 人,每人每月 2 000 元(底薪)+销售提成(根据销售收入确定),管理人员 5 人,每人每月 4 000 元,系统自行配置,无须招聘。

★生产人员和生产线管理人员不占用面积。销售人员、管理人员和研发人员需占用办公用房面积,每人占用 3 平方米。若移入办公用房的员工占用面积总数超过房屋面积,则不能完成入职。

★公司招聘的生产人员和研发人员总人数的上限是 600 人。

★生产人员、研发人员在一定条件下可以解雇。生产人员在生产过程完成后,研发人员在跨越研发等级后且处于"闲置"状态下可以解雇。解雇应多支付一个月工资作为补偿。

3.1.1.2.5　采购规则

1)知识点

企业购买原材料主料属于企业存货请购范畴。企业存货请购前应根据仓储计划、资金筹措计划、生产计划、销售计划等制订采购计划,并对存货的采购实行预算管理,合理确定材料、在产品、产成品等存货的比例。存货的采购时机和采购批量选择应结合企业需求、市场状况、行业特征、实际情况综合考虑。

具体采购时，要在供应商选择、采购方式选择、验收程序及计量方法选择方面进行平衡。

★在选择供应商方面，供应商是否为增值税一般纳税人对企业的净利润及现金流量均有影响。采购时需对这些影响进行判断。具体操作时可根据两类不同纳税人的净利润无差别点来进行选择。该无差别点计算过程具体如下：

甲公司为增值税一般纳税人，适用城建税率为7%，教育费附加为3%，所得税率为25%。商品不含税售价为S_0。现有一般纳税人供应商A，其供应材料不含税单价为S_1；小规模纳税人供应商B，其供应材料的不含税单价为S_2，在不考虑其他成本费用的情况下，不同供应商处采购，甲公司赚取的净利润值计算如下：

一般纳税人A处采购净利润 $L_1=[(S_0-S_1)-(S_0-S_1)\times 13\%\times(7\%+3\%)]\times(1-25\%)$

小规模纳税人B处采购净利润 $L_2=[(S_0-S_2)-S_0\times 3\%\times(7\%+3\%)]\times(1-25\%)$

令 $L_1=L_2$，则计算得出 $S_1/S_2=1.013$

以上计算得出的$S_1/S_2=1.013$，即为不同纳税人选择时的净利润无差别点值。具体应用时，当$S_1/S_2=1.013$时，无论从一般纳税人还是开具普通发票的小规模纳税人处采购货物，其净利润是一样的，当$S_1/S_2>1.013$时，从小规模纳税人处采购净利润比较大，应当选择小规模纳税人；当$S_1/S_2<1.013$时，从一般纳税人处采购净利润比较大，应当选择一般纳税人。如果在具体业务中，出现供应商的价格由不含税单价变为含税单价的情况，该无差别点值须重新计算，再进行衡量。

★在采购方式选择方面，企业应根据商品性质和供求情况考虑。一般物品或劳务等的采购可以采用订单采购或合同订货等方式，小额零星物品或劳务等的采购可以采用直接购买等方式。

在实际经营活动中，采购过程是制造企业生产经营活动的第一阶段。采购过程的主要任务是采购生产经营所需的各种原材料以及物料，形成企业的生产储备。在材料物资采购过程中，企业应按经济合同和结算制度的规定支付货款及采购费用(如运输费、装卸费等)，材料的买价加上采购费用就构成了材料的采购成本。在采购过程中，会计人员要把企业在物资采购过程中发生的各项采购支出，按照材料的品种或类别加以归集，计算材料物资采购总成本和单位成本。物资采购成本是由买价和采购费用构成的，其中，买价是销售单位开出的发票价格；采购费用包括运杂费、运输途中合理损耗、支付的各种税金、入库前整理挑选费用、大宗材料的市内运输费用和其他项目。对于买价可直接计入各种物资的采购成本。对于各种费用，凡是能分得清归属的，可直接计入各种物资的采购成本：不能分清归属的，可根据实际受益情况采用一定的方法分配计入各种物资的采购成本，通常是按各种标准(如重量、体积或买价等)的比例进行分配。企业要有计划地采购材料，力求既能满足生产上的需要，又能避免过多储备而造成资金的浪费。

采购原材料相关的账务处理如下:

借:原材料——×××

应交税费——应交增值税(进项税额)

贷:银行存款——××支行

2)实战规则

(1)采购原材料

平台中企业可以在“采购管理”采购原材料,采购时自主选择供应商、采购数量及付款方式。

运营管理在选择购买完原材料主料后,应尽快进行相应原材料辅料的购买,购买时和主料购买情形类似,也应充分考虑市场价格波动对原材料价格的影响、供应商的信誉值、纳税人类型等,以便权衡企业的采购风险和成本。在采购原材料辅料时,同样要注意查看购买信息中的供应商信息、原材料价格走势、材料与产品配比、现金折扣条件、商业折扣条件、付款的方式、运费等相关信息,根据需求选择原材料辅料。

(2)产品品种与原材料配比

下面以北京飞龙电器有限公司为例:

抽油烟机所需要的原材料:抽油烟机电机、抽油烟机辅助材料各一套。

电视机所需要的原材料:电视机显示屏、电视机辅助材料各一套。

微波炉所需要的原材料:微波炉发热材料、微波炉面板、微波炉辅材各一套。

(3)到货时间

原材料采购一般5天内到货,具体时间随机。

(4)采购折扣

企业采购原材料可获得商业折扣和现金折扣。

*商业折扣:

采购数量满1 000套享受货款总额1%的商业折扣。

采购数量满2 000套享受货款总额1.5%的商业折扣。

采购数量满3 000套享受货款总额2%的商业折扣。

采购数量满5 000套享受货款总额2.5%的商业折扣。

*现金折扣:

平台中企业采取“货到付款”的方式下,如果选择一次性付款可享受现金折扣,标准为:2/10、1/20、n/30。

(5)付款方式

“付款方式”有两种,货到付款和款到发货。

在企业信誉值>60分的情况下,可以选择货到付款方式。货到付款又分为三类:

*一次性付款：

30 天内付清可享受现金折扣。付款期过后 10 天内应支付滞纳金（合同总金额的 0.05%/天），每天扣减信誉值 0.2 分，直至付清货款为止。10 天后仍未付款，可有 30 天违约期，应一次性支付违约金（合同总金额 30%），每天扣除信誉值 0.2 分；违约期到期仍未支付，进入法院程序；在法院的诉讼期内可支付相应款项（包括货款、滞纳金、违约金），如企业不支付，法院会出具最终的判决书，强制执行。

*首三余七：

滞纳金计算：首付 30%，10 天内付清，超过付款期 19 天内，应支付滞纳金（合同一期金额的 0.05%/天），每天扣减信誉值 0.2 分；二期付款 70%，30 天内付清，超过付款期 10 天内，应支付滞纳金（合同总金额的 0.05%/天），每天扣除信誉值 0.2 分。

违约金计算：超过最终付款期限未付款的，滞纳金罚期 10 日后，按合同金额（不含税金额）的 30% 支付违约金，并加扣信誉值每天 0.2 分；不支付违约金的，进入法院程序，在法院的诉讼期内可支付相应款项（包括货款、滞纳金、违约金），如企业不支付，法院会出具最终的判决书，强制执行。

*首六余四：

滞纳金计算：首付 60%，10 天内付清，超过付款期 19 天内，应支付滞纳金（合同一期金额的 0.05%/天），每天扣减信誉值 0.2 分；二期付款 40%，30 天内付清，超过付款期 10 天内，应支付滞纳金（合同总金额的 0.05%/天），每天扣除信誉值 0.2 分。

违约金计算：超过最终付款期限未付款的，滞纳金罚期 10 日后，按合同金额（不含税金额）的 30% 支付违约金，并加扣信誉值每天 0.2 分；不支付违约金的，进入法院程序，在法院的诉讼期内可支付相应款项（包括货款、滞纳金、违约金），如企业不支付，法院会出具最终的判决书，强制执行。滞纳金计算：首付 60%，10 天内付清，超过付款期 19 天内，应支付滞纳金（合同一期金额的 0.05%/天），每天扣除信誉值 0.2 分；二期付款 40%，30 天内付清，超过付款期 10 天内，应支付滞纳金（合同总金额的 0.05%/天），每天扣除信誉值 0.2 分。

在企业信誉值≤60 的情况下，只能选择款到发货的方式。

(6) 运费

采购运费分为两个部分：固定部分和变动部分。

固定部分与供应商所在的地区远近有关，变动部分与采购原材料数量有关。

(7) 供应商类型

原材料供应商分为一般纳税人和小规模纳税人。选择不同类型的供应商可能影响企业当期缴纳的增值税额。

(8) 原材料库存

原材料库存下限为 10 套，生产和研发领料不可使库存低于库存下限。多余的原材料可以按照当时的市场价格进行销售。

3.1.1.2.6 生产规则

1)知识点

企业组织产品生产属于企业短期经营决策范畴中的生产决策。所谓生产决策是指企业在短期内,在生产领域对生产什么、生产多少及如何生产等问题要作出决定。具体包括新产品开发决策、最优产品数量和批量决策、产品工艺决策、零部件取得方式决策、剩余生产能力如何运用、亏损产品如何处理等。企业应采用科学方法对企业产品生产的成本费用进行预测,并对产品生产费用方案进行决策,建立产品生产费用预算制度,加强产品生产成本控制。

2)实战规则

企业承接了主营业务订单后,厂房、生产线、原材料、生产人员、生产线管理人员配备齐全即可投入生产。生产周期(工时)与生产线、生产人员有关。

生产耗用工时 = 生产数量 × 单位产品人均耗用工时 ÷ 生产人员数量

★ **说明:**

1.“单位耗时”(在生产线信息中查看)指生产一件产品,在生产人员一人的情况下,所需耗用的天数。

2.“实际生产人员数量”指企业实际投入到一条生产线上进行生产的人员数量。生产线信息中的“人数上限”指一条生产线可容纳的“生产人员”最多人数,但企业投入生产的实际生产人员数量可以低于人数上限。

3.1.1.2.7 销售规则

1)知识点

(1)一般销售商品

销售产品是企业出售自己的产品获取经济利益流入的重要营销活动。以市场营销学角度来看,产品销售涉及企业的市场竞争战略、产品策略、定价策略、分销策略及促销策略等多个方面,企业须综合应用上述战略和策略满足市场需要,完成产品销售。具体销售时,企业应根据订单承接情况编制销售计划,制定合理的销售政策和信用管理政策,签订销售合同,进行销售发货及收款,并完成销售的会计账务处理工作。销售后期应特别关注应收账款和应收票据的管理。

企业出售原材料属于存货处置业务。根据企业经营的需要,存货可以对外投资、捐赠、非货币性交易等方式处置。作为主要在生产过程或提供劳务过程中耗用的材料和辅料,出售的大多是残、次、冷、背的材料。处置时,对材料的处置方式、处置价格及处置价款的收回等要制定方案,并严格执行相关内部控制制度。

销售过程是工业企业经营过程的最后阶段,企业通过这一过程将产品资金转化为货币资金,从而完成一次资金循环。销售有广义和狭义之分,广义的销售应包括企业与外部各单位所发生的所有买卖的经济活动,包括对外的劳务提供和对外发生的所有有形和无形资产的出售等,如对外出售产成品、对外转让无形资产和对外出售剩余的或不需要的材料等;狭义的销售则仅指企业产品的销售。会计上,销售业务核算的内容包括产品销售、材料销售以及无形资产转让等。产品销售收入为主营业务收入,在企业的整体收入中占有极大的比例,是企业利润的主要来源;材料销售以及无形资产转让等销售收入则称为其他业务收入。企业通过销售,一方面实现产品的价值,另一方面也是企业对投资于生产领域中资金的补偿或回收。在企业销售业务的会计核算过程中,确认产品销售收入和其他销售收入的实现,进行与购买单位的货款结算、计算,结转产品销售成本和其他销售成本,支付产品销售费用,计算和缴纳相关税费,最后确定产品销售损益和其他销售损益,构成了工业企业销售业务核算的主要内容。

在销售过程中,涉及的成本计算主要是主营业务成本的计算,即已销产品成本的确定。采用的计价方法主要包括先进先出法、月末一次加权平均法和移动加权平均法等。

销售业务的相关账务处理如下:

①支付销售费用,如销售广告宣传、展览的费用、销售环节装卸等费用:

借:销售费用——广告费

　　应交税费——应交增值税(进项税额)

　　贷:银行存款——××支行

②计算并缴纳相关税费(根据当月应缴纳的增值税计算):

★计提(当月末):

借:税金及附加——城建税

　　税金及附加——教育费附加

　　贷:应交税费——应交城建税

　　　　应交税费——应交教育费附加

★缴纳(下月收到相关单据):

借:应交税费——应交城建税

　　应交税费——应交教育费附加

　　贷:银行存款——××银行

③销售库存商品及期末结转已销商品成本:

借:应收账款——×××(或银行存款——××银行)

　　贷:主营业务收入——××产品

　　　　应交税费——应交增值税(销项税额)

借:主营业务成本——××产品

　　贷:库存商品——××产品

注意:主营业务成本可以从库存商品的数量金额账查看,不需要自己计算出库单价。

(2)非货币性交易

非货币性资产交换是一种非经常性的特殊交易行为,是交易双方主要以存货、固定资产、无形资产和长期股权投资等非货币性资产进行的交换。这里的非货币性资产是相对于货币性资产而言的。所谓货币性资产,是指企业持有的货币资金和将以固定或可确定的金额收取的资产,包括现金、银行存款、应收账款和应收票据等;所谓非货币性资产,是指货币性资产以外的资产,该类资产在将来为企业带来的经济利益不固定或不可确定,包括存货(如原材料、库存商品等)、长期股权投资、投资性房地产、固定资产、在建工程、无形资产等。非货币性资产交换,仅包括企业之间主要以非货币性资产形式进行的互惠转让,即企业取得一项非货币性资产,必须以付出自己拥有的非货币性资产作为代价。企业与所有者或所有者以外方面的非货币性资产非互惠转让,如以非货币性资产作为股利发放给股东,或政府无偿提供非货币性资产给企业等,或在企业合并、债务重组中取得非货币性资产,或企业以发行股票形式取得非货币性资产等,均不属于本书所讲的非货币性资产交换的范围。

从非货币性资产交换的概念可以看出,非货币性资产交换的交易对象主要是非货币性资产,交易中一般不涉及货币性资产,或只涉及少量货币性资产即补价。一般认为,如果补价占整个资产交换金额的比例低于5%,则认定所涉及的补价为"少量",该交换为非货币性资产交换;如果该比例等于或高于5%,则视为货币性资产交换。

①以公允价值计量的非货币性资产交换的会计处理:

★换出资产损益的确定:

换出资产为存货的,应当视同存货销售处理,按照公允价值确认销售收入,同时结转销售成本,销售收入与销售成本之间的差额即换出资产公允价值与换出资产账面价值的差额,在利润表中作为营业利润的构成部分予以列示。

换出资产为固定资产、无形资产的,应当视同固定资产、无形资产处置处理,换出资产公允价值与换出资产账面价值的差额计资产处置损益。

换出资产为长期股权投资的,应当视同长期股权投资处置,换出资产公允价值与换出资产账面价值的差额计入投资收益。

非货币性资产交换涉及相关税费的,如换出存货视同销售计算的增值税销项税额,换入资产作为存货、固定资产应当确认的增值税进项税额,以及换出固定资产、无形资产视同转让应交纳的增值税等,按照相关税收规定计算确定。

★不涉及补价情况下的相关账务处理:

换入资产的入账价值 = 换出资产的公允价值(或换入资产的公允价值) + 应支付的相关税费

换出资产应确认的损益 = 换出资产的公允价值(或换入资产的公允价值) − 换出资产的账面价值 − 应计入损益的相关税费

★涉及补价情况下的相关账务处理:

支付补价方:

换入资产成本＝换出资产公允价值＋支付的补价＋应支付的相关税费

记入当期损益的金额＝换出资产的公允价值－换出资产的账面价值－与换出资产相关的税费

收到补价方：

换入资产成本＝换出资产公允价值－收取的补价＋应支付的相关税费

②以账面价值计量的非货币性资产交换的会计处理：

*不涉及补价情况下的相关账务处理：

换入资产的成本＝换出资产的账面价值＋应支付的相关税费

*涉及补价情况下的相关账务处理：

支付补价方：

换入资产的成本＝换出资产的账面价值＋支付的补价＋相关税费

收到补价方：

换入资产的成本＝换出资产的账面价值－补价＋应支付的相关税费

注意：在以账面价值计量的非货币性资产交换中，无论是否支付补价，均不确认损益。

2）实战规则

（1）一般销售商品

①订单单价为不含税价格，平台会自动根据研发等级进行单价加成。

②付款方式为货到付款和款到发货。货到付款的规则有三种：一次性付款、首三余七、首六余四。

③付款天数根据订单的付款规则而有所区别。

④订单承接后应在发货期内按时发货。应根据订单中的产品数量进行发货，禁止部分发货。发货期到期前，如果预期库存数量无法达到订单中的产品数量，可选择终止发货，合同即终止。合同终止后，应扣减信誉值（终止发货日到发货期到期日的天数×0.2分），如选择款到发货的方式，应退还已收取的款项。

⑤款到发货。企业根据销售订单选择结算方式，系统随机付款。企业如在收到钱后不发货，超过发货时间20天内，系统扣减企业的信誉值，每天0.2分，20天后还未发货的，按违约处理。企业需要交纳违约金为合同总金额的30%，违约金作为当天的待办事项，必须支付。待办事项可以申请延期，延期天数为10天，延期内扣除信誉值每天0.2分。支付违约金的同时，退回收到款项，合同终止。不退款和不支付违约金的，交法院处理，法院判决后由系统自动扣除违约金和货款（诉讼费先由原告垫付，败诉者最终承担；受理日至判决日期间，继续履行合同发货及支付违约金的，法律程序终止，诉讼费还要支付），金额不够扣除的，作破产处理（因现金流断掉）。

⑥先发货后收款：

*分期收款：合同签订后，企业在合同规定发货期间内先发货。

分期收款方式如下：

首六余四：第一期，10日内收60%；第二期，30日内收40%。

首三余七:第一期,10 日内收 30%;第二期,30 日内收 70%。

✱一次性收款:合同签订后,企业在合同规定发货期内先发货。超过发货时间 20 天内,系统扣减信誉值,每天 0.2 分,20 天后还未发货的,按违约处理。企业需要交纳违约金为合同总金额的 30%,违约金作为当天的待办事项,必须支付。待办事项可以申请延期,延期天数为 10 天,延期内扣减信誉值每天 0.2 分。

系统根据合同所选客户信誉值付款,客户信誉值低于 50 的,系统可随机不付款(不付款的概率为 5%),企业作坏账处理。

(2)非货币性交易

①平台中企业可以进行易货交易,用企业生产的完工产品在交易市场交换所需的原材料,但不可用原材料交换完工产品。

②不允许用完工产品交换生产该产品的原材料,例如不可用空调交换空调的压缩机。

③所支付的补价不能超过交换总金额(含税)的 5%(该比率为系统设置)。

④双方结算方式为非货币资产交换,互开发票,其中一方支付补价。

3.1.1.3 运营管理岗位主功能界面

学生登录运营管理岗位后,进入运营管理岗位主功能界面,如图 3-2 所示。

图 3-2 “运营角色主功能”界面

3.1.1.3.1 角色信息、成员信息

1)角色信息

在主功能界面的左上方,为企业名称、角色头像和相应的角色名称,这里可以点击角色名称进行角色切换,如图 3-3 所示。

图 3－3 “角色信息”界面

2）成员信息

点击“组成员”，可以查看小组成员的信息，如果有其他成员已下班，但还有事项未完成，其他成员可以通过该界面将其找回加班，如图 3－4 所示。

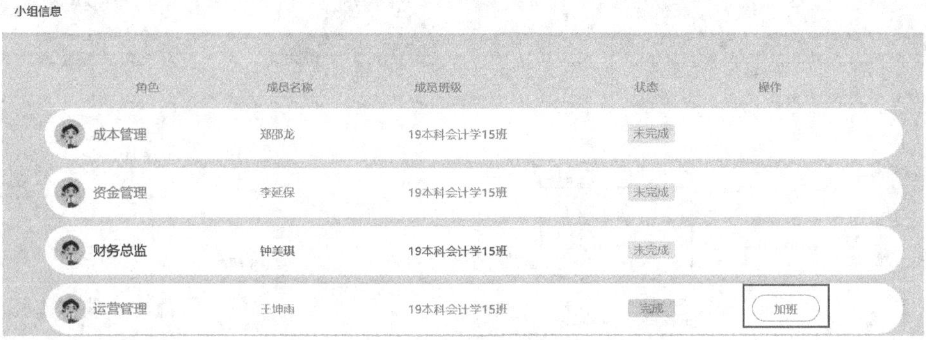

图 3－4 “小组信息”界面

3.1.1.3.2　待办事项、审批单

1）待办事项

“待办事项”为企业经营过程中待办理的事项，不必一有事项就处理（如款项支付事项），但当待办事项出现红色背景的“今日任务”字样时，必须当日处理完毕，否则无法进入下一天。

2）审批单

“审批单”是企业经营过程中需要审批的单据，单据审批后相关业务才能继续执行，如图 3－5 所示。

图 3－5 “待办事项、审批单”界面

3.1.1.3.3 快速开始

系统依据每个角色的不同操作需求，设置有快速访问的入口，运营管理常用的快速开始有“采购原材料”“承接订单”等，如图 3－6 所示。

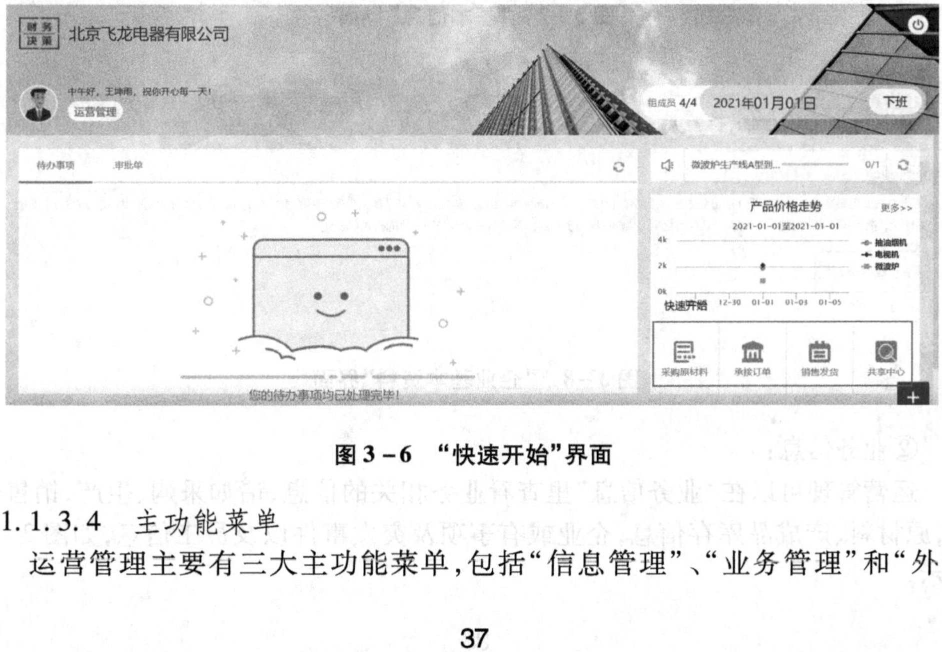

图 3－6 “快速开始”界面

3.1.1.3.4 主功能菜单

运营管理主要有三大主功能菜单，包括“信息管理”、“业务管理”和“外部机构”。

1)信息管理

“信息管理”有两大主功能菜单:“数据查询”和“数据处理”。

(1)数据查询

①基本信息:

在“企业基本信息”中可查看企业基本资料和财务制度。企业基本资料包括企业说明和企业基本证件,企业基本证件包括企业法人营业执照和银行开户许可证。财务制度是该企业使用的会计政策,做账前应认真阅读,根据相关会计政策进行账务处理,如图3-7、图3-8所示。

图3-7 “基本信息”界面

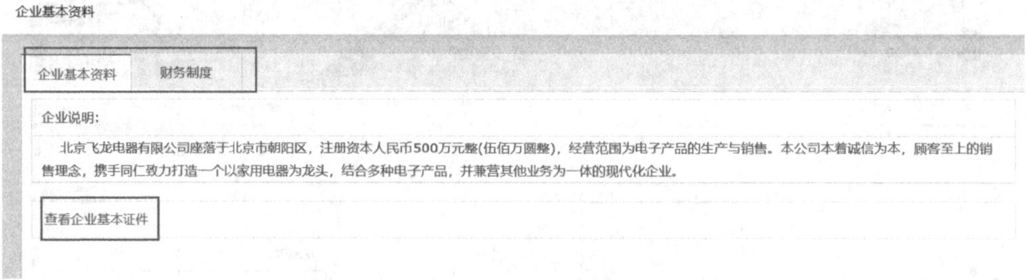

图3-8 “企业基本资料”界面

②业务信息:

运营管理可以在“业务信息”里查看业务相关的信息,诸如采购、生产、销售信息,原材料、产成品库存信息,企业或有事项及突发事件以及员工信息,如图3-9所示。

图 3－9　“业务信息”界面

③资产信息：

运营管理可以在“资产信息”查看企业的房产、车间、生产线、生产状态、其他资产等信息，如图 3－10 所示。

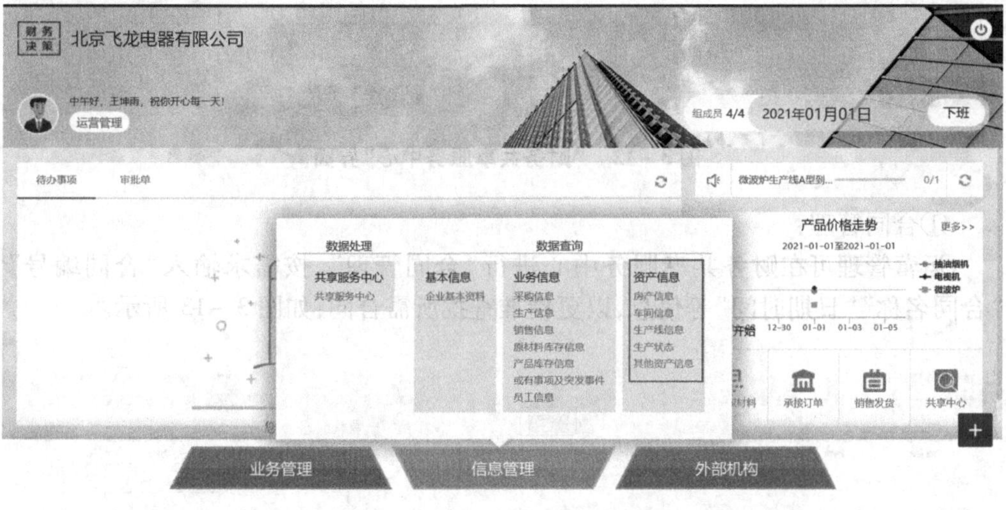

图 3－10　“资产信息”界面

（2）数据处理

“数据处理”使用的主要是“财务共享服务中心”，运营管理可以在“信息管理”进入财务共享服务中心，查看业务相关的信息，诸如合同管理、报账审核和查询原始单据，如图 3－11、图 3－12 所示。

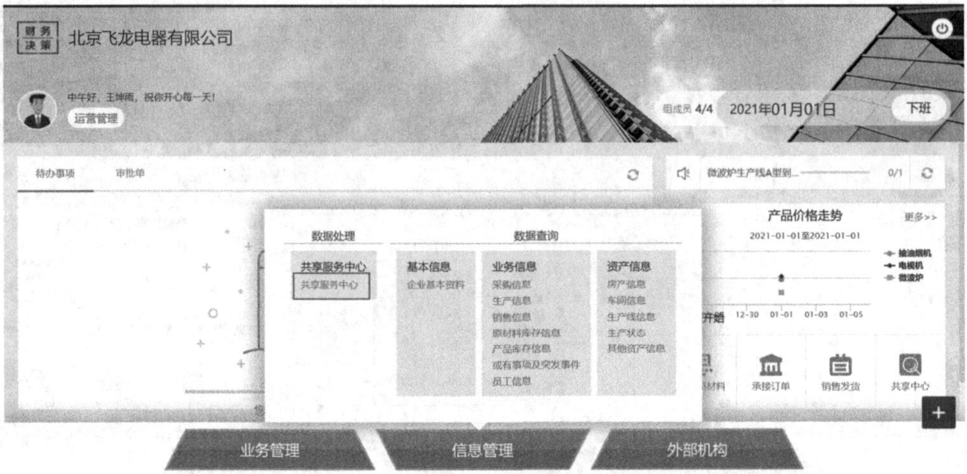

图 3－11　进入“共享服务中心”界面

图 3－12　“财务共享服务中心”界面

①合同管理：

运营管理可在财务共享服务中心进行“合同管理”，按需求输入“合同编号”“合同名称”“日期时间”等信息，以更精准查找所需合同，如图 3－13 所示。

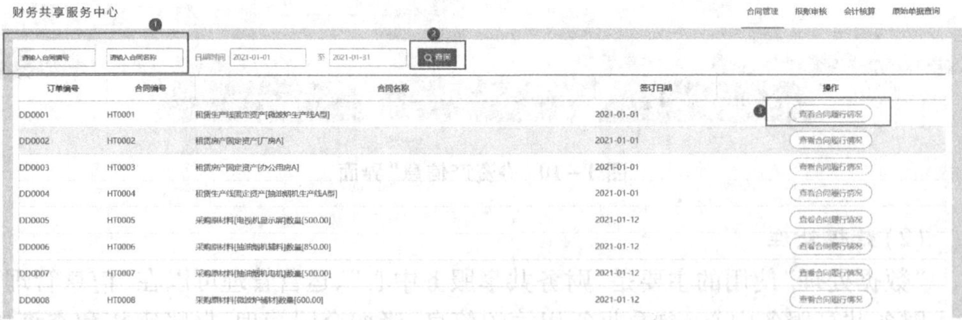

图 3－13　“合同管理”界面

②报账审核：

财务共享服务中心中的报账审核为专门的会计账务处理系统，在此由运营和资金管理进行分工。在“财务共享服务中心”界面点击“报账审核”，进入“报账审核”界面，在该界面左侧一栏显示“未处理”，该栏中排列的单据即为待处理单据。在该界面的右侧，根据业务依次选择“单据类型”“业务类型”“单据简称”等相关信息，选择完成后，点击“保存”，即完成一张凭证的录入。如果发现错误，可点击“修改”重新选择，如图3－14、图3－15所示。

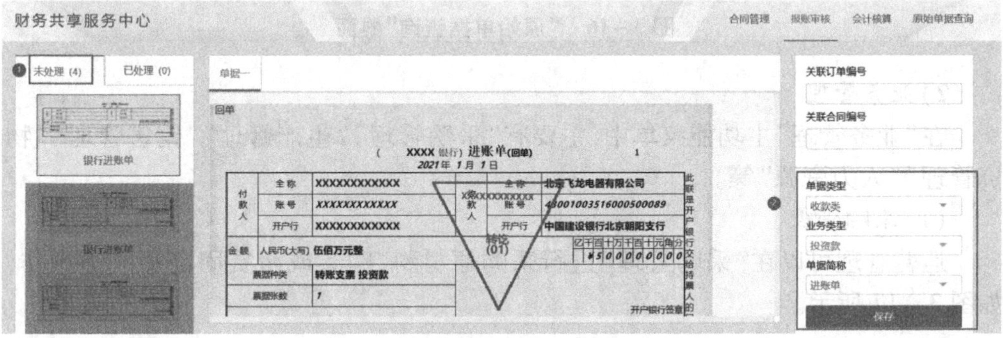

图3－14 “系统自动生成记账凭证”界面

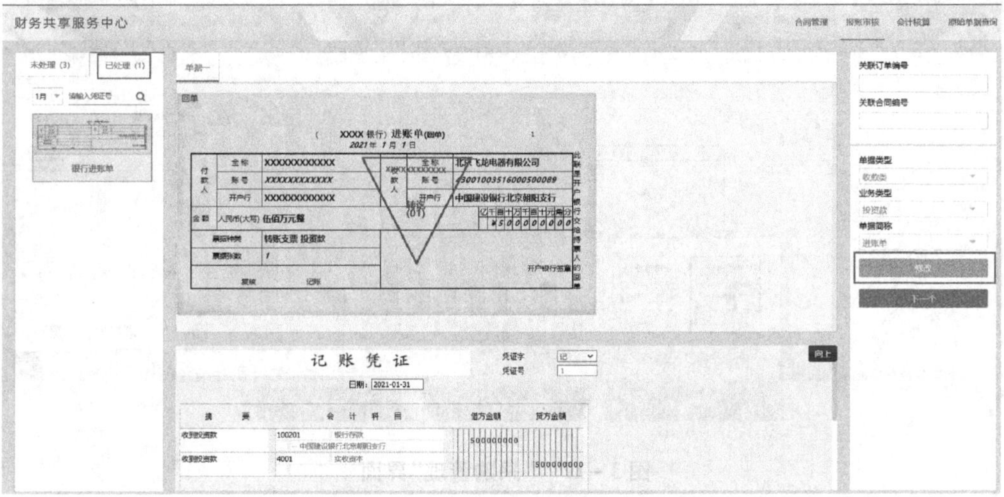

图3－15 修改记账凭证界面

③原始单据查询：

运营管理可以进入“原始单据查询”，按需求输入“经济业务”“单据名称”“日期”等信息，以更精准查找所需单据，如图3－16所示。

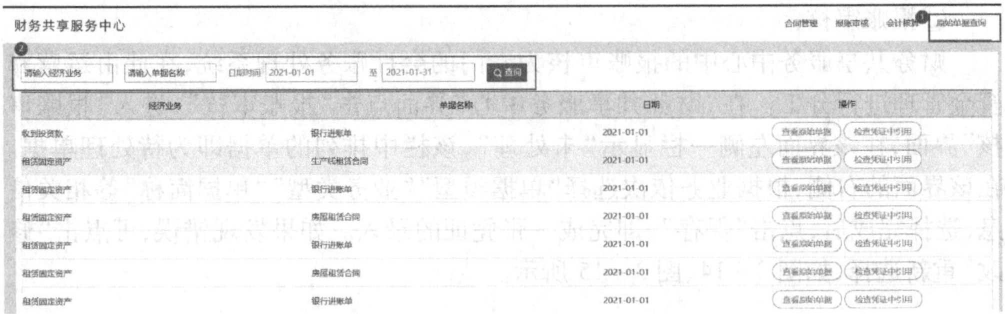

图3-16 “原始单据查询”界面

2)业务管理

在“业务管理”主功能菜单中,主要有“采购管理”“生产管理”“销售管理”“物资管理”“人力资源”等。

(1)采购管理

运营管理可以在“采购管理”进行采购原材料、购买或租赁固定资产等操作,如图3-17所示。

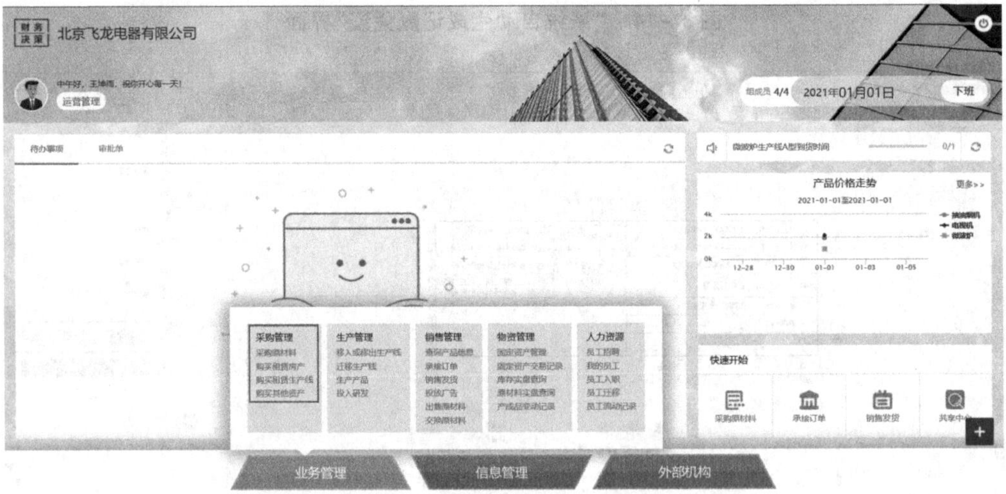

图3-17 “采购管理”界面

①采购原材料:

运营管理可在“业务管理”—“采购管理”中点击“采购原材料”,进入“采购原材料”界面进行原材料采购,可在界面的左上方选项框内选择采购哪种原材料,点击“查询”,根据需要对不同供应商提供的原材料进行对比(如价格、运费、纳税人类型等),再选择确定一家供应商,如图3-18所示。

图 3－18　“采购原材料”界面

②购买/租赁房产：

运营管理可在“业务管理”—“采购管理”中选择“购买租赁房产”，进入“购买租赁房产”界面之后，可在界面的左上方选项框内选择采购哪种固定资产，点击“查询”，对不同供应商提供的厂房进行对比（如价格、面积、租金等），再选择确定一家供应商，如图 3－19 所示。

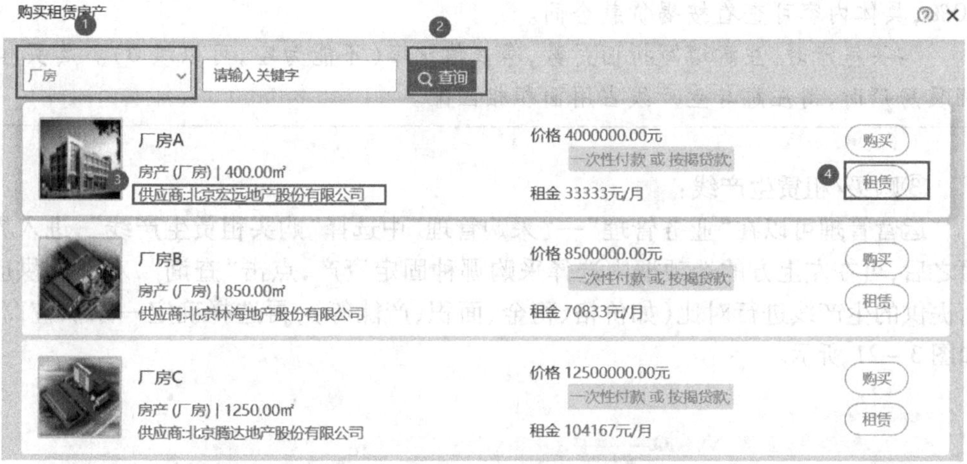

图 3－19　“购买租赁房产”界面

以租赁办公用房 A 为例：点击“租赁”，进入“租赁房产”界面，填写相关信息，然后点击“下一步”，把租赁房产决策提交给财务总监，财务总监审批通过决策后，运营管理执行此决策，则产生相应的付款要求，经成本管理审批后，资金管理付款，等待到货，如图 3－20 所示。

图 3-20 “租赁房产”界面

★ **注意事项:**

市场提供厂房、办公用房等多种房产,房产可以租赁也可以购买。房价、租金随市场变化。

租赁一般租期为一年。租金采用预付的方式,第一期支付 4 个月租金,最后一期支付 2 个月租金,按季结算。

购买房产可一次性付清,也可采用按揭贷款方式,首付价格为房产总价的 30%,具体内容可查看按揭贷款合同。

购买房产时,注意填写折旧月数,净残值比率(不能为空,可以填 0)。购买和租赁房产时,请注意与生产线占用面积相匹配。

③购买/租赁生产线:

运营管理可以在“业务管理”—“采购管理”中选择“购买租赁生产线”,进入界面之后,可在左上方的选项框内选择采购哪种固定资产,点击“查询”,对不同供应商提供的生产线进行对比(如价格、租金、面积、产能等),再选择确定一家供应商,如图 3-21 所示。

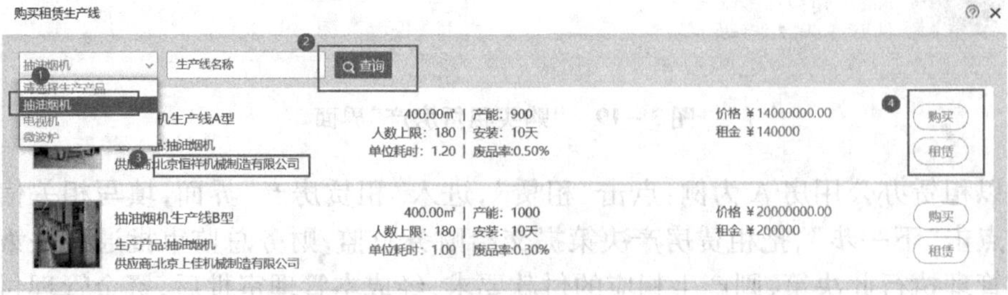

图 3-21 “购买租赁生产线”界面

以购买生产线为例：点击“购买”，进入“购买生产线”界面，学生必须填写资产的折旧月份和净残比率，购买生产线及其他固定资产的选择付款方式只能“一次性付款”。点击“下一步”，把购买生产线的决策提交给财务总监，财务总监审批通过决策后，运营管理执行此决策，则产生相应的付款要求，经成本管理审批后，资金管理付款，等待到货，如图3－22所示。

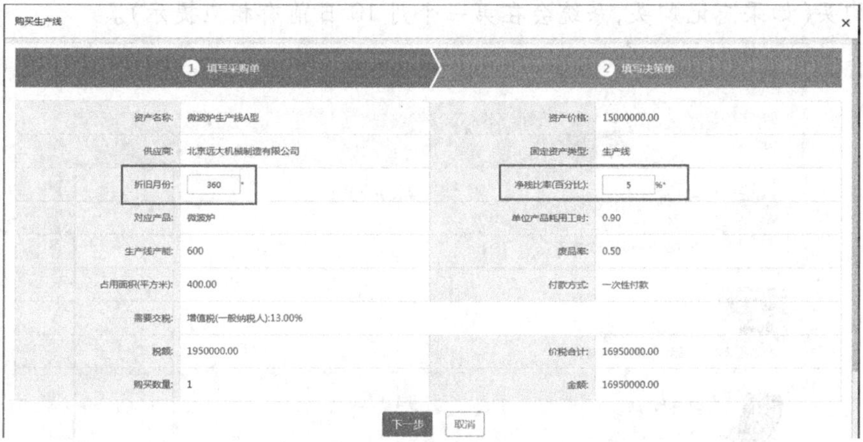

图3－22 “购买生产线”界面

运营管理也可以点击“租赁”，进入“租赁生产线”界面，填写相关信息。点击“下一步”，然后填写相应的决策单后点击“提交”，把租赁生产线决策提交给财务总监，财务总监审批通过决策后，运营管理执行此决策，则产生相应的付款要求，经成本管理审批后，资金管理付款，等待到货，如图3－23所示。

图3－23 “租赁生产线”界面

④购买其他资产：

运营管理可在“购买其他资产”界面购买复印机、打印机等其他资产，如图 3－24 所示。

★ **注意事项：**

其他资产（如复印机、打印机、笔记本电脑等）必须在开业第一个月的 10 日前进行购买（如果忘记购买，系统会在第一个月 10 日前有相应提示）。

图 3－24 “购买其他资产”界面

（2）生产管理

运营管理可以在“生产管理”界面进行移入或移出生产线、迁移生产线、生产产品、投入研发等操作，如图 3－25 所示。

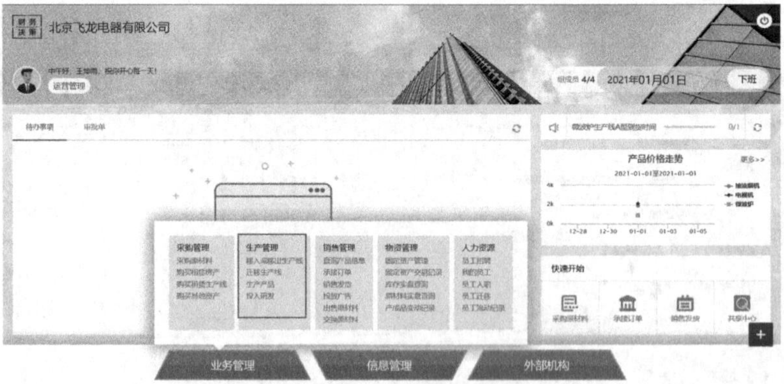

图 3－25 “生产管理”界面

①移入或移出生产线：

在生产管理点击“移入或移出生产线”，进入“移入或移出生产线”界面。从左边列表勾选未放入厂房的生产线移入所选择的厂房；或者从厂房中勾选已放入的生产线进行移出操作，如图 3－26、图 3－27 所示。

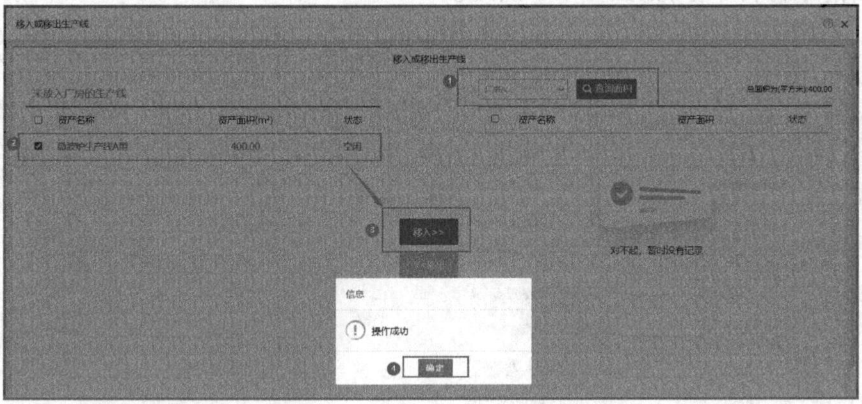

图 3－26　“移入或移出生产线”界面

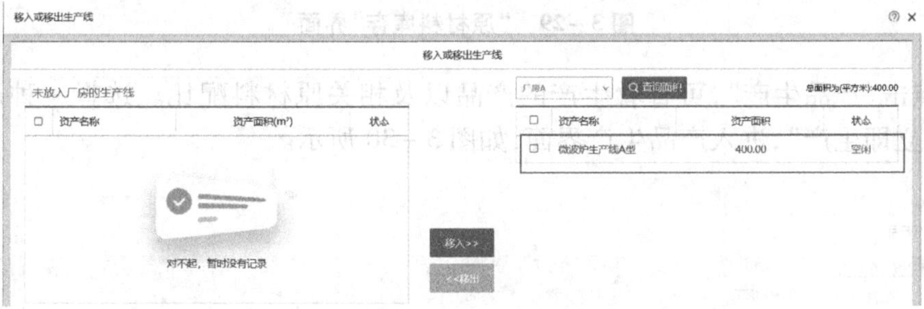

图 3－27　移入成功界面

②迁移生产线：

在生产管理点击“迁移生产线”，进入“迁移生产线”界面，可以从左列表中已选择的厂房内，勾选生产线迁移到右列表中的另一个厂房内（也可以作相反的操作），如图 3－28 所示。

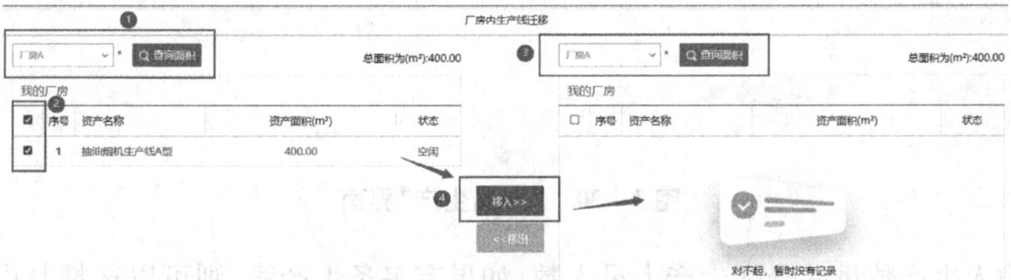

图 3－28　“迁移生产线”界面

③生产产品：

在生产管理点击“生产产品”，进入生产产品操作界面，点击“原材料库存”，可查看当前原材料库存，如图 3－29 所示。

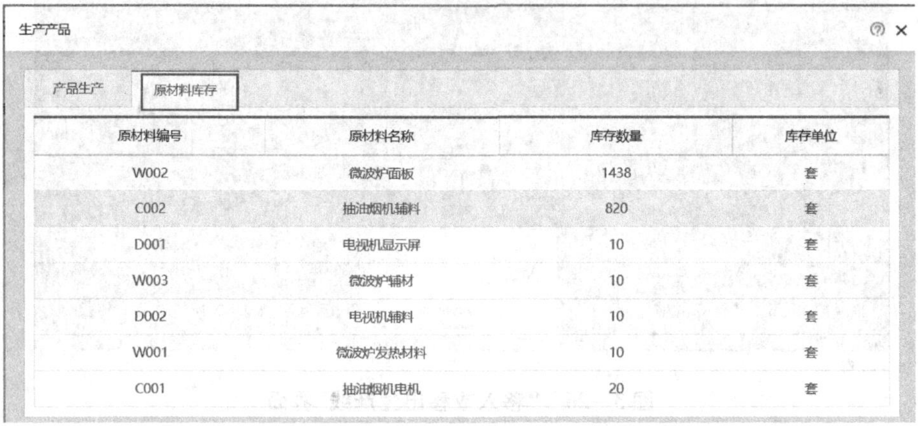

原材料编号	原材料名称	库存数量	库存单位
W002	微波炉面板	1438	套
C002	抽油烟机辅料	820	套
D001	电视机显示屏	10	套
W003	微波炉辅材	10	套
D002	电视机辅料	10	套
W001	微波炉发热材料	10	套
C001	抽油烟机电机	20	套

图 3－29 “原材料库存”界面

点击“产品生产”，可查看生产的产品以及相关原材料配比。选择一种产品，点击“立即生产”，进入产品生产界面，如图 3－30 所示。

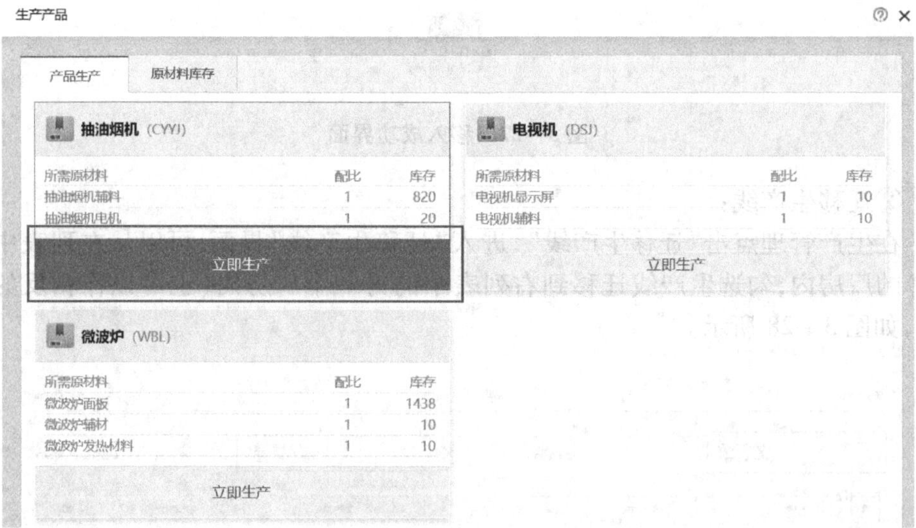

图 3－30 “产品生产”界面

输入生产数量并分配生产人员人数，如果有多条生产线，则可以选择其中一条生产线；不同生产线的产能、单位产品耗用工时可能都不尽相同，由学生自主判断选择。当选择完毕,并确认生产数量和生产人员人数后,点击“下一步”进入产品生产,如图 3 - 31 所示。

图 3 - 31　“填写生产单”界面

④投入研发:

点击“投入研发”,进入产品研发界面。界面上方列表显示可以投入研发的产品,以及已经累计投入的研发费用、研发效果等信息;界面下方列表显示产品研发的历史记录,可以查看每次投入研发的内容及金额,并可查看因投入原材料进行产品研发而生成的领料单,如图 3 - 32 所示。

图 3 - 32　进入“投入研发”界面

选择要研发的产品，点击“投入研发”，填写产品研发单，确定投入原材料数量和研发人员人数后点击“下一步”，完成研发投入。研发投入到一定程度会增加产品的附加值，影响产品市价。达到高新企业标准的，可以申请高新企业认证，如图 3－33 所示。

图 3－33 “投入研发”界面

（3）销售管理

运营管理可在“销售管理”界面进行查询产品信息、承接订单、销售发货、投放广告等操作，如图 3－34 所示。

图 3－34 “销售管理”界面

①查询产品信息：

进入“查询产品信息”界面，点击具体产品的“产品价格图”，就可以查看该产品在运营过程中的价格走势图，如图 3－35、图 3－36 所示。

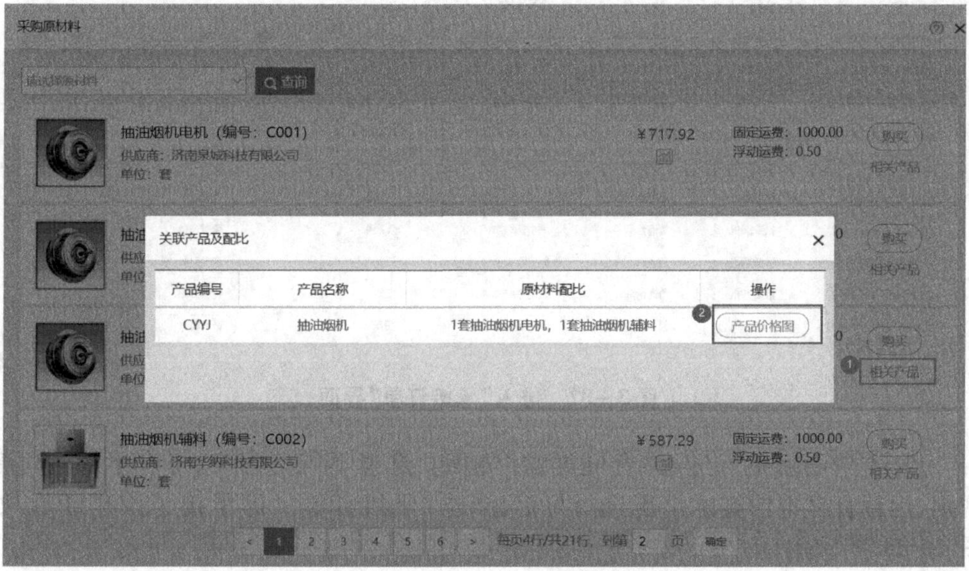

图 3－35　查询产品信息界面

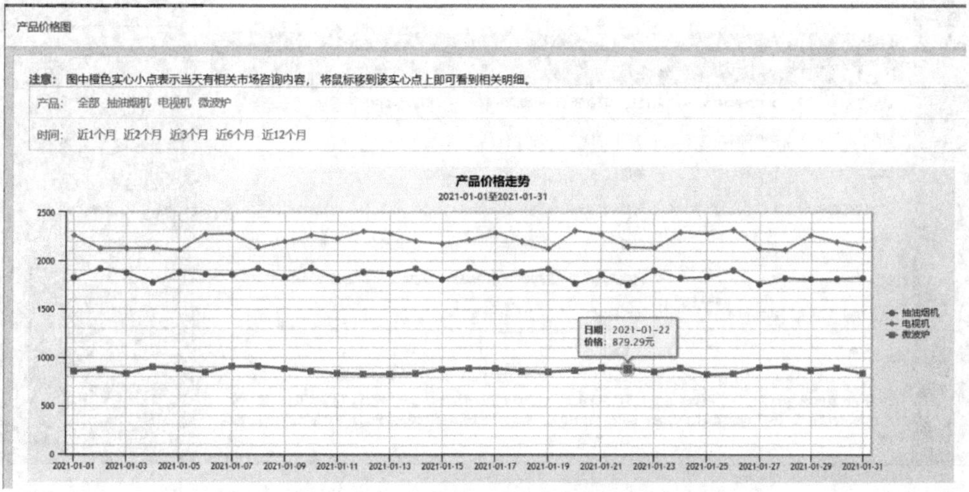

图 3－36　“产品价格图”界面

②承接订单：

在“承接订单”界面的左上方选择产品，点击“查询”就可以查询到该产品可以承接的订单，如图 3－37 所示。

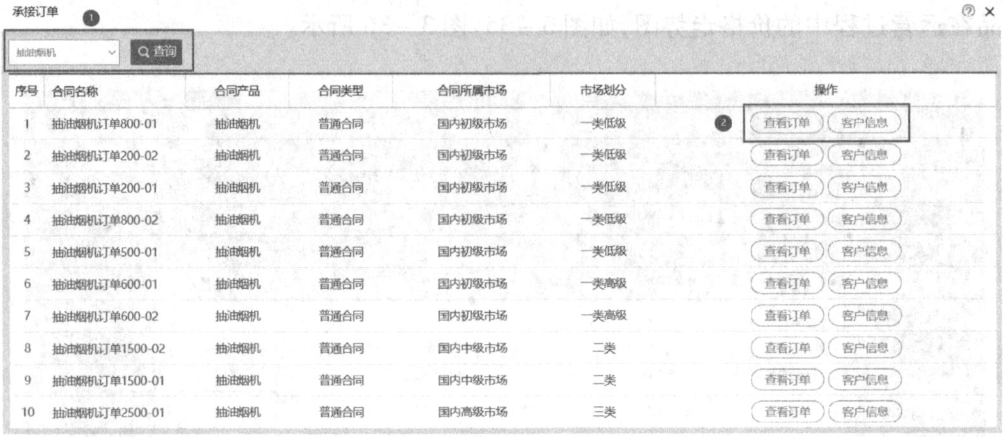

图 3－37　进入“承接订单”界面

点击“查看订单”，进入“合同详情”界面。选择不同的客户，将有不同的付款规则，运营管理根据实际情况选择好后，点击“承接订单”，即承接了该笔订单，如图 3－38 所示。

图 3－38　“填写承接单”界面

点击“客户信息”，可以查看该订单对应的客户相关信息，如图 3－39 所示。

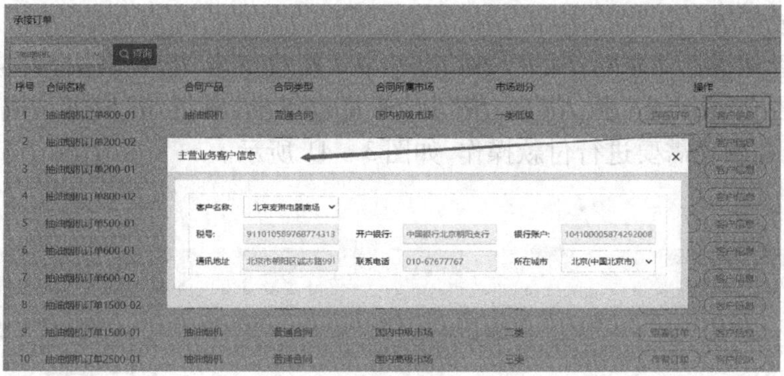

图 3-39　查看客户信息界面

③销售发货：

进入“销售发货”界面，查询已承接的所有订单（包括未发货和已发货的），可以给未发货的订单发货，如图 3-40 所示。

图 3-40　“销售发货”界面

★ 注意事项：

可以提前发货，但是不可以延期发货，超过发货时间 20 天内，系统扣减企业的信誉值，每天 0.2 分，20 天后还未发货的，按违约处理。企业需要交纳的违约金为合同总金额的 30%，违约金作为当天的待办事项，必须支付。待办事项可以申请延期，延期天数为 10 天，延期内扣除信誉值每天 0.2 分。支付违约金的同时，退回收到款项，合同终止。不退款不支付违约金的，交法院处理，法院判决后由系统自动扣除违约金和货款（诉讼费先由原告垫付，败诉者最终承担；受理日至判决日期间，继续履行合同发货及支付违约金的，法律程序终止，诉讼费还要支付），金额不够扣除的作破产处理。

④投放广告：

运营管理根据需求对产品投放广告。在“投放广告”界面，选择对应产品，输入投放广告金额，点击“投入广告费”，财务总监审批，审批通过之后，成本管理审批付款，资金管理需要进行付款操作，如图3-41所示。

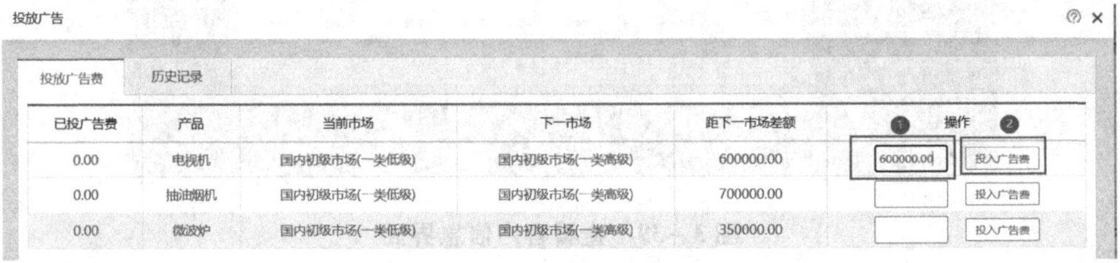

图3-41 “投放广告”界面

投放广告费后，点击“历史记录”，在“查看单据”里就可以查看该笔广告费相关的原始单据，如图3-42所示。

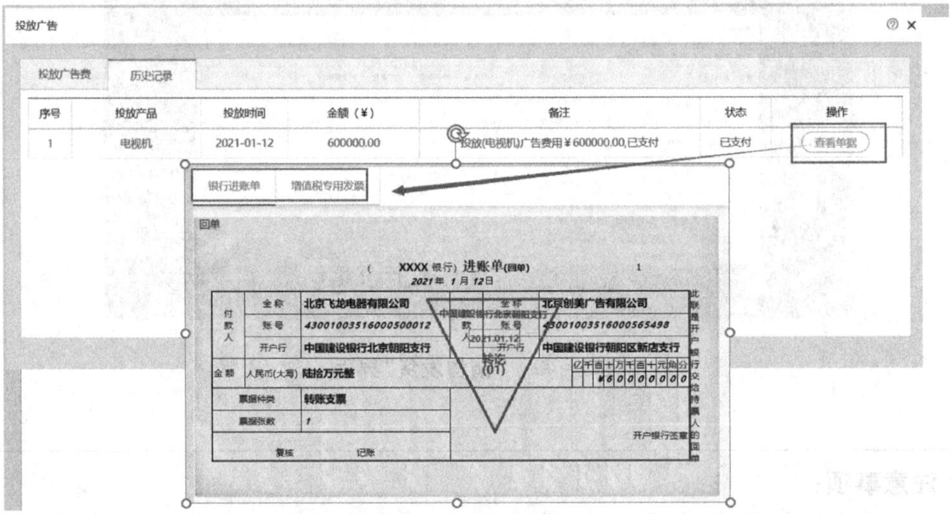

图3-42 “查看单据”界面

⑤出售/交换原材料：

运营管理可以通过“出售原材料”和“交换原材料”，达到出售或交换原材料的目的，如图3-43、图3-44所示。

（4）物资管理

运营管理可在“物资管理”中进行“固定资产管理”“固定资产交易记录”等操作，如图3-45所示。

出售原材料

原材料编号	原材料名称	库存数量	库存单位	操作
W002	微波炉面板	1438	套	出售
C002	抽油烟机辅料	820	套	出售
D001	电视机显示屏	10	套	出售
W003	微波炉辅材	10	套	出售
D002	电视机辅料	10	套	出售
W001	微波炉发热材料	10	套	出售
C001	抽油烟机电机	20	套	出售

图 3－43 “出售原材料”界面

交换原材料

产品编号	产品名称	库存数量	操作
WBL	微波炉	158	[交换原材料]
CYYJ	抽油烟机	129	[交换原材料]
DSJ	电视机	287	[交换原材料]

原材料库存

原材料编号	原材料名称	库存数量	库存单位
W002	微波炉面板	1438	套
C002	抽油烟机辅料	820	套
D001	电视机显示屏	10	套
W003	微波炉辅材	10	套
D002	电视机辅料	10	套

图 3－44 “交换原材料”界面

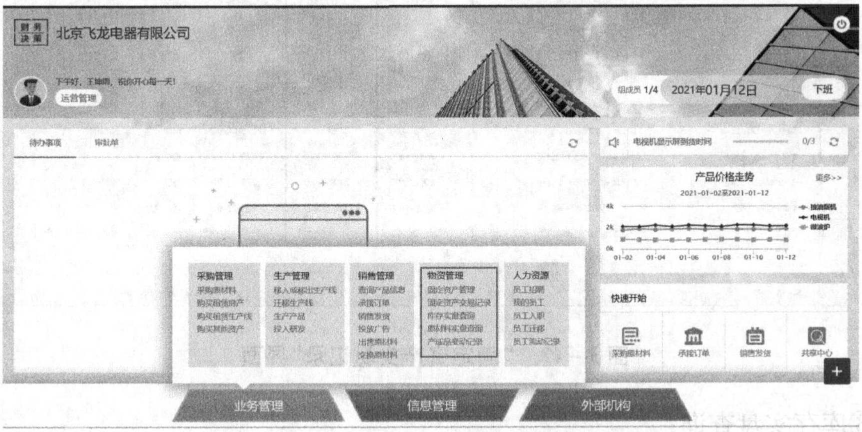

图 3－45 “物资管理”界面

①固定资产管理：

运营管理可以在“固定资产管理”界面查看公司现在所有固定资产的详细信息，可以给固定资产进行自定义编码，出售空闲的自有固定资产，对租赁的房产进行终止或续租等操作，如图3－46所示。

固定资产管理 ×

序号	资产名称	资产价格(¥)	租赁价格(¥)	购买/租赁日期	类型	产权	当前状态	交易方式	操作
1	办公用房A	1000000.00	8333.00	2021-01-13	房产(办公场所)	无产权	占用	租赁	自定义编号 季度续租 退租
2	复印机	5076.00		2021-01-11	其他固定资产		占用	购买	自定义编号
3	笔记本电脑	4313.00		2021-01-11	其他固定资产		占用	购买	自定义编号
4	笔记本电脑	4313.00		2021-01-11	其他固定资产		占用	购买	自定义编号
5	笔记本电脑	4313.00		2021-01-11	其他固定资产		占用	购买	自定义编号
6	笔记本电脑	4313.00		2021-01-11	其他固定资产		占用	购买	自定义编号
7	笔记本电脑	4313.00		2021-01-11	其他固定资产		占用	购买	自定义编号
8	笔记本电脑	4313.00		2021-01-11	其他固定资产		占用	购买	自定义编号
9	笔记本电脑	4313.00		2021-01-11	其他固定资产		占用	购买	自定义编号
10	笔记本电脑	4313.00		2021-01-11	其他固定资产		占用	购买	自定义编号

图3－46 “固定资产管理”界面

②固定资产交易记录：

运营可以在“固定资产交易记录”界面查看公司从开始到现在的固定资产租赁记录和交易记录，在“租赁记录”界面，可以查看租赁固定资产的月租金和年租金等相关信息，如图3－47所示。

固定资产交易记录 ×

租赁记录 交易记录

序号	资产名称	供应商名称	数量	月租金	年租金	业务日期	方式	操作
1	厂房A	北京宏远地产股份有限公司	1	33333.00	399996.0	2023-04-01	退租	查看单据
2	厂房A	北京宏远地产股份有限公司	1	33333.00	399996.0	2023-04-01	退租	查看单据
3	厂房A	北京宏远地产股份有限公司	1	33333.00	399996.0	2023-04-01	退租	查看单据
4	微波炉生产线B型	北京裕隆机械制造有限公司	1	180000.00	2160000.0	2023-04-01	退租	查看单据
5	抽油烟机生产线B型	北京上佳机械制造有限公司	1	200000.00	2400000.0	2023-04-01	退租	查看单据
6	电视机生产线B型	北京裕丰机械制造有限公司	1	240000.00	2880000.0	2023-04-01	退租	查看单据
7	电视机生产线B型	北京裕丰机械制造有限公司	1	240000.00	2880000.0	2023-01-02	租进	查看单据
8	抽油烟机生产线B型	北京上佳机械制造有限公司	1	200000.00	2400000.0	2023-01-02	租进	查看单据
9	微波炉生产线B型	北京裕隆机械制造有限公司	1	180000.00	2160000.0	2023-01-02	租进	查看单据
10	厂房A	北京宏远地产股份有限公司	1	33333.00	399996.0	2023-01-02	租进	查看单据

< 1 2 > 每页10行/共13行，到第 2 页 确定

图3－47 “固定资产交易记录”界面

③库存实盘查询：

在“库存实盘查询”界面，显示了原材料和产品的库存数量，以及当前未结算

的仓储费用,如图 3－48 所示。

原材料库存 产品库存

注:每月15日,为仓储费用结算日

当前未结算仓储费用:¥3358.52

原材料编号	原材料名称	库存数量	库存单位
C001	抽油烟机电机	20	套
C002	抽油烟机辅料	820	套
D001	电视机显示屏	10	套
D002	电视机辅料	10	套
W001	微波炉发热材料	10	套

图 3－48 库存实盘界面

④原材料实盘查询:

在“原材料实盘查询”界面,可以查看原材料实盘情况,原材料相关信息以数量－金额形式展现,使用移动加权平均法计算成本,显示某一月份某种原材料的入出库记录,包含数量、单价、金额及领用部门等信息,如图 3－49 所示。

原材料实盘查询

抽油烟机辅料 查询年月: 2021 年 1 月 查询

2021 年 01 月

日期		原材料编号/原材料名称/领用部门			入库			出库			余额		
月	日	原材料编号	原材料名称	领用部门	数量	单价	¥金额	数量	单价	¥金额	数量	单价	¥金额
01	01		期初余额								0	0.00	0.00
01	05	C002	抽油烟机辅料		2000	555.2103	1110420.50				2000	555.21	1110420.50
01	12	C002	抽油烟机辅料	生产部				1000	555.2103	555210.30	1000	555.21	555210.20
01	13	C002	抽油烟机辅料	研发部				50	555.2103	27760.52	950	555.21	527449.68
01	18	C002	抽油烟机辅料	生产部				400	555.2103	222084.12	550	555.21	305365.56
01	31		本期合计		2000		1110420.50	1450		805054.94	550	555.21	305365.56

采用移动加权平均法计算成本

图 3－49 “原材料实盘查询”界面

⑤产成品变动记录:

在“产成品变动记录”界面,可以查看产成品的变动情况。选择好产品、年、月后,点击“查询”,将显示该月该产品的变动记录,包含期初数量、每一次入库和出库的数量等信息,如图 3－50 所示。

(5)人力资源

在“人力资源”界面,可以查看我的员工和员工的流动记录,进行招聘员工、员工入职和办公场所内员工迁移等操作,如图 3－51 所示。

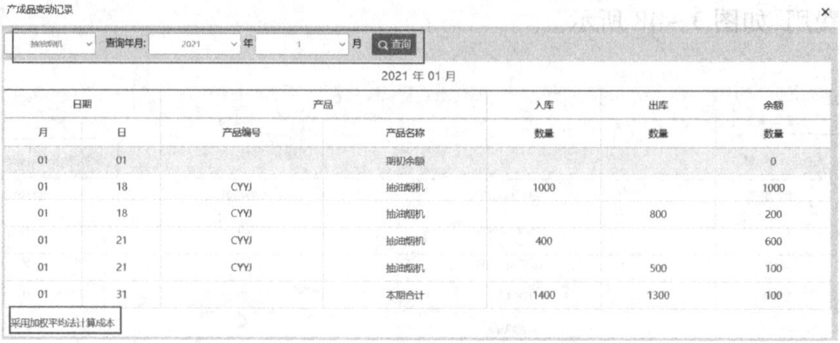

产成品变动记录

抽油烟机 查询年月: 2021 年 1 月 查询

2021 年 01 月

日期		产品		入库	出库	余额
月	日	产品编号	产品名称	数量	数量	数量
01	01		期初余额			0
01	18	CYYJ	抽油烟机	1000		1000
01	18	CYYJ	抽油烟机		800	200
01	21	CYYJ	抽油烟机	400		600
01	21	CYYJ	抽油烟机		500	100
01	31		本期合计	1400	1300	100

采用加权平均法计算成本

图 3 – 50 “产成品变动记录”界面

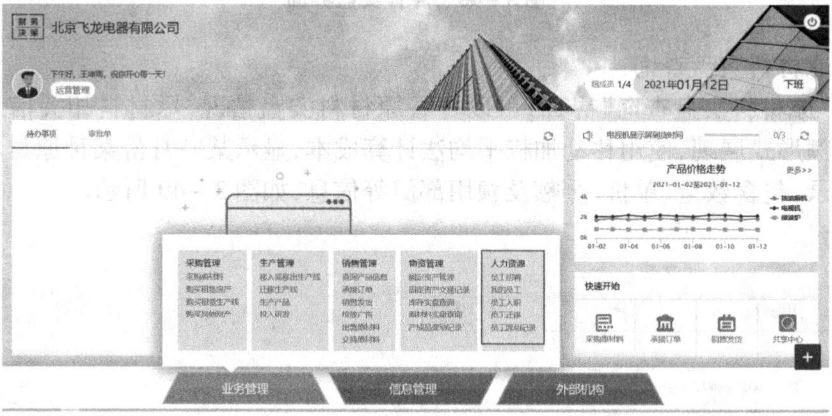

图 3 – 51 “人力资源”界面

①我的员工：

在“我的员工”界面，可查看公司当前员工的详细信息，所在部门及各个工种的工资待遇，还可以解雇不需要的员工。解聘员工时，只要输入需要解雇的相应人数即可，如图 3 – 52 所示。

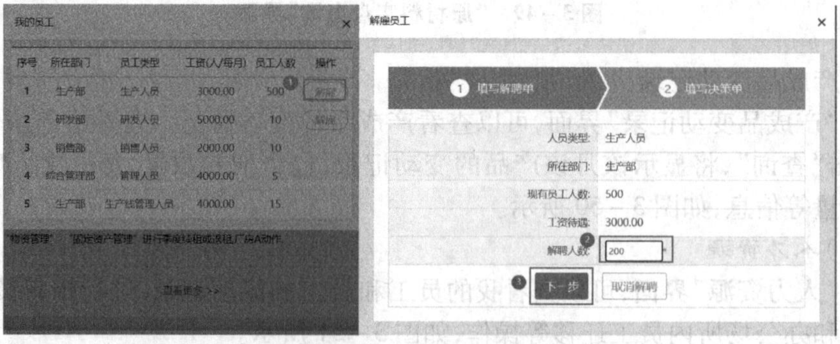

图 3 – 52 “我的员工”界面

注意:只有生产人员可以解聘。

②员工招聘:

在“员工招聘”界面,可查看各种类型员工的详细信息,并招聘公司所需要的人才,如图 3-53 所示。

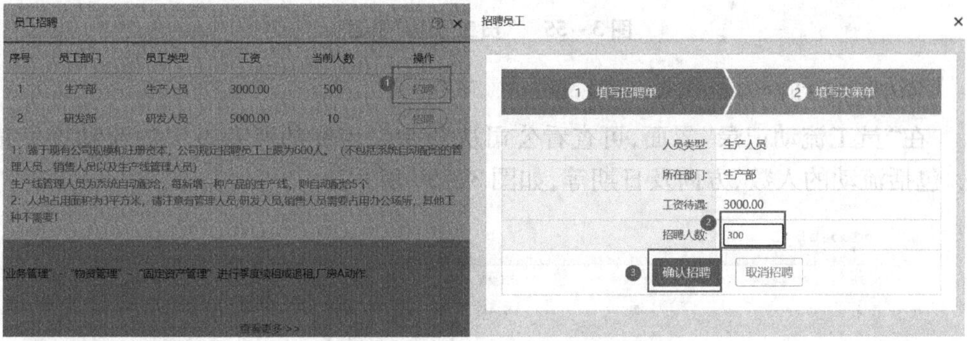

图 3-53 “员工招聘”界面

③员工入职:

员工入职要将招聘进来的员工安排到对应的办公场所里面办公,后续才能使用这些员工,可以将人员移入或者移出相应的办公场所,如图 3-54 所示。只有移入办公场所的人员才是可以使用的人员。

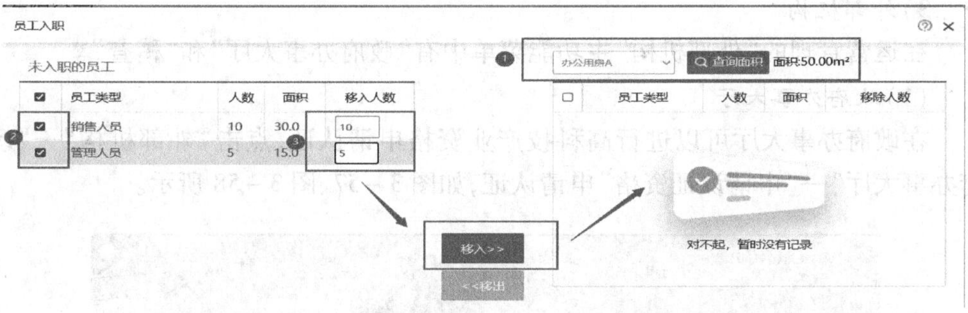

图 3-54 “员工入职”界面

注意:必须将全部管理人员及销售人员移入办公场所,企业才可以正常运营。

④员工迁移:

办公场所内员工迁移是指将员工从一个场所直接迁移到另外一个场所,以规划场所空间。选中对应的办公场所,输入相应的人数,就可进行迁移,如图 3-55 所示。

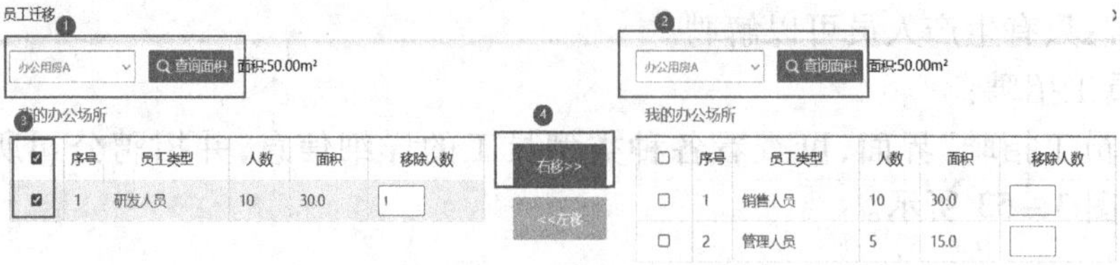

图 3－55 “员工迁移”界面

⑤员工流动记录：

在“员工流动记录”界面，可查看公司从开始到现在的所有员工的流动详细信息，包括流动的人数、方向及日期等，如图 3－56 所示。

员工流动记录

序号	流动日期	流动方向	员工类型	所在部门	人数	工资(人均)
1	2021-01-01	招聘	销售人员	销售部	10	2000.00
2	2021-01-12	招聘	生产人员	生产部	500	3000.00
3	2021-01-12	招聘	研发人员	研发部	10	5000.00
4	2021-01-02	招聘	生产线管理人员	生产部	5	4000.00
5	2021-01-02	招聘	生产线管理人员	生产部	5	4000.00
6	2021-01-01	招聘	管理人员	综合管理部	5	4000.00
7	2021-01-02	招聘	生产线管理人员	生产部	5	4000.00

图 3－56 “员工流动记录”界面

3）外部机构

在运营管理的“外部机构”主功能菜单中有“政府办事大厅”和“稽查”。

（1）政府办事大厅

在政府办事大厅可以进行高科技产业资格申请认证，点击“外部机构”—“政府办事大厅”—“申请认证资格”申请认证，如图 3－57、图 3－58 所示。

图 3－57 “政府办事大厅”界面

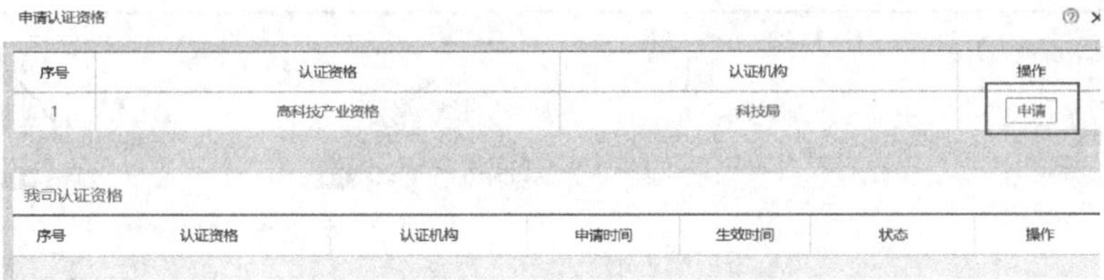

图 3－58　“申请认证资格”界面

(2)稽查

通过“外部机构”—“稽查”进入稽查。点击“稽查”进入“税务稽查系统”界面,进行账务的稽查,如图 3－59、图 3－60 所示。

图 3－59　稽查入口界面

图 3－60　“税务稽查系统”界面

4)其他菜单

点击平台右侧“ + ”,可查看系统事项、成绩及排名、市场资讯等,如图 3－61 所示。

图 3-61　其他菜单界面

3.1.2　财务总监岗位

3.1.2.1　工作职责

财务总监全面负责企业财务管理、月运营规划、运营决策审批、电子报税审批等，全盘统筹财务运营。

3.1.2.2　工作规则

3.1.2.2.1　规划与预算制定规则

1）知识点

企业初创成立后，应确立企业的远景、使命和目标，并在此基础上制定企业的发展规划，这将成为企业运营中的一种常态。企业不仅要着手设计战略规划，还要设计各个层次的运营计划及应急计划。这些均是企业战略的重要组成部分，它可确保企业的实际运营与外部环境动态变化保持协调一致，为推动企业成功发展提供具体内容和实施步骤。

在明确企业的总体战略和运营规划流程后，企业应重视发挥财务管理作用，优化配置有限的资源，创造更大的企业价值，所以还应制定相应投资筹资规划并实施预算管理。

投筹资规划是企业主体为平衡资金需求和提高资金运用效益，根据企业的生存和发展对未来企业资金筹措及资金运用作出的统筹安排。该规划要求对企业的投资和筹资两类活动进行预先筹划，以实现未来资金的优化配置。其中，投资活动是指企业以自有的资产投入，承担相应的风险，以合法地取得更多的资产或权益的经营活动；而筹资活动是指企业从自身生产经营现状及资金运用情况出发，根据企业未来经营与发展策略的需要，通过一定的渠道和方式，向企业的投资者及债权人筹集生产经营所需资金的经营活动。

在预算管理实施中,新创企业尤其要关注缺乏流动性所带来的风险和经营困境。流动性是指有足够的手段偿付眼前的购买支出以及到期债务;无流动性则通常是指拥有足够的财富购买或清偿债务,但没有手段立即支付。为了避免无流动性引发的企业经营失败,企业需要仔细预测现金的流入和流出,而这样的计划称为现金预算。

2)实战规则

平台要求财务总监进行的规划制定主要包括以下四方面的内容:生产运营规划、投资筹资规划、现金预算、规划描述。平台生产运营规划需要完成以下八个子计划的制订,分别是原材料购买计划、生产投料计划、承接订单计划、人员招聘计划、研发计划、广告投放计划、其他业务计划及出售原材料计划。平台投资筹资规划需要完成以下八个子计划的制订,分别是投资生产线(购买)计划、投资生产线(租赁)计划、投资房产计划(购买)、投资房产计划(租赁)、投资债券计划、短期贷款计划、抵押贷款计划和委托贷款计划。

(1)运营规划

财务总监在遵守平台规则的基础上,根据所掌握的市场资讯、公司现状(如资金状况)、长期发展规划来制定初始运营月的运营规划。制定生产运营规划时,先选择要生产的产品,根据以销定产的原则决定订单承接计划,再确定生产数量;根据生产数量制订原材料采购及投料计划,并关注材料库存数量。如果想接更多更大的订单,可以考虑投入广告费。如果想要提升产品质量,从而赢得更多的市场和销售优势,可以进行研发投入;如果想要扩大经营范围,开展其他业务,也可以在这个方面进行规划。

(2)投资规划

财务总监在制定投资规划时,要根据运营规划已选定的生产产品品种、数量,选择要投资的生产线和房产。其中,生产线的选择要结合产能标准和废品率进行考虑,房产的选择要结合生产线占用面积的大小和雇用的员工人数进行考虑(具体可参考系统规则雇用员工人数占地面积的规定)。生产线、房产和其他资产选择采用购买还是租赁方式,要结合公司现金流和财务风险等因素进行决策。另外,选择研发投入可以提高产品价格;选择进行国债、股票和委托贷款等投资活动,可以提高资金使用效益。筹资规划的制定需要结合上述投资规划和公司信誉值进行综合考虑。

(3)现金预算

财务总监在现金预算制定时,要根据已经完成的生产运营规划,对现金收入、现金支出、现金余缺以及未来现金的筹集和运用这四个方面进行计划和安排,以保证企业拥有良好的流动性。

(4)规划描述

它是对规划主要内容和未尽事宜进行的文字描述。

3.1.2.2.2 或有事项规则

1)知识点

(1)或有事项

或有事项,是指过去的交易或者事项形成的,其结果需由某些未来事件的发生或不发生才能决定的不确定事项。常见的或有事项主要包括:未决诉讼或仲裁、债务担保、产品质量保证(含产品安全保证)、承诺、亏损合同、重组义务、环境污染整治等。

平台在经营过程中涉及的或有事项主要是产品质量保证金和未决诉讼,下面介绍产品质量保证金业务。

(2)产品质量保证

产品质量保证,通常指销售商或制造商在销售产品或提供劳务后,对客户提供服务的一种承诺。在约定期内(或终身保修),若产品或劳务在正常使用过程中出现质量或与之相关的其他正常范围内的问题,企业负有更换产品、免费或只收成本价进行修理等责任。按照权责发生制的要求,上述相关支出符合确认条件就应在收入实现时确认相关预计负债。

在对产品质量保证确认预计负债时,需要注意的是:

如果发现保证费用的实际发生额与预计数相差较大,应及时对预计比例进行调整;

如果企业针对特定批次产品确认预计负债,则在保修期结束时应将"预计负债"余额冲销,同时冲销销售费用;

已对其确认预计负债的产品,如企业不再生产了,那么应在相应的产品质量保证期满后,将"预计负债"余额冲销,同时冲销销售费用。

产品质量保证金业务的相关账务处理如下:

*确认与产品质量保证有关的预计负债:

借:销售费用——质量保证金

　　贷:预计负债——质保金

*根据每个月系统自动产生的支付质量保证金单据:

借:预计负债——质保金

　　应交税费——应交增值税(进项税额)

　　贷:银行存款——××支行

2)实战规则

平台中企业需按月收入额的一定比例(一定比例指系统弹出的计提范围的平均值)预提产品质量保证金,计入预计负债。

平台中企业在经营过程中,可能会遇到未决诉讼,在资产负债表日,应根据律师意见判断是否计入预计负债,根据法院判决书,作相关账务处理。诉讼过程中会产生受理费用每次500元,诉讼费用根据诉讼金额的1%计算。

3.1.2.2.3　财务指标分析规则

1）知识点

财务分析是以企业财务报表为主要信息，并结合其他信息来源，综合评价企业当前的状况，对未来发展趋势作出预测，从而帮助报表使用者改善管理并优化决策的一种专门技术。财务分析是评价企业财务状况、衡量经营业绩的重要依据，是挖掘潜力、改进工作，实现理财目标的重要手段，也是合理实施投资决策的重要步骤。

财务指标分析是指总结和评价企业财务状况与经营成果的分析指标，包括偿债能力指标、运营能力指标、获利能力指标和发展能力指标，它们之间是相辅相成的关系。财务分析信息的需求者主要包括企业投资者、债权人、经营管理者和政府等。不同主体的利益视角不同，财务分析的目的和侧重点也不一样。

财务决策平台系统设计计算的财务指标主要涉及三个方面的10个重要指标，它们分别是：

（1）偿债能力分析

偿债能力是指企业偿还到期债务（包括本息）的能力。偿债能力分析包括短期偿债能力分析和长期偿债能力分析。

①短期偿债能力分析：

短期偿债能力是指企业流动资产对流动负债及时足额偿还的保证程度，是衡量企业当前财务能力，特别是流动资产变现能力的重要标志。

企业短期偿债能力分析主要采用比率分析法，衡量指标主要有流动比率、速动比率和现金流动负债比率。

★流动比率：

流动比率是流动资产与流动负债的比率，表示企业每元流动负债有多少流动资产作为偿还的保证，反映了企业的流动资产偿还流动负债的能力。其计算公式为：

流动比率＝流动资产÷流动负债

一般情况下，流动比率越高，反映企业短期偿债能力越强，因为该比率越高，不仅反映企业拥有较多的营运资金抵偿短期债务，而且表明企业可以变现的资产数额较大，债权人的风险越小。但是，过高的流动比率并不都是好现象。

从理论上讲，流动比率维持在2∶1是比较合理的，但是行业性质不同，流动比率的实际标准也不同。在分析流动比率时，应将其与同行业平均流动比率、本企业历史流动比率进行比较，才能得出合理的结论。

★速动比率：

速动比率，又称酸性测试比率，是企业速动资产与流动负债的比率。其计算公式为：

速动比率＝速动资产÷流动负债

其中：速动资产＝流动资产－存货

或：速动资产＝流动资产－存货－预付账款

计算速动比率时，流动资产中扣除存货，是因为存货在流动资产中变现速度较慢，有些存货可能滞销，无法变现。而预付账款根本不具有变现能力，只是减少企业未来的现金流出量，理论上也应加以剔除。实务中，由于它们在流动资产中所占的比重较小，计算速动资产时也可以不扣除。

传统经验认为，速动比率维持在 1∶1 较为正常，它表明企业每 1 元的流动负债就有 1 元易于变现的流动资产来抵偿，短期偿债能力有可靠的保证。

速动比率过低，企业的短期偿债风险较大，速动比率过高，企业在速动资产上占用资金过多，会增加企业投资的机会成本。但以上评判标准均不是绝对的。

*现金流动负债比率：

现金流动负债比率是企业一定时期的经营现金净流量与流动负债的比率，可以从现金流量角度来反映企业当期偿付短期负债的能力。其计算公式为：

现金流动负债比率 = 年经营现金净流量 ÷ 年末流动负债

上式中年经营现金净流量是指，一定时期内，由企业经营活动所产生的现金及现金等价物的流入量与流出量的差额。

该指标从现金流入和流出的动态角度对企业实际偿债能力进行考察，用该指标评价企业偿债能力更为谨慎。该指标较大，表明企业经营活动产生的现金净流量较多，能够保障企业按时偿还到期债务。但该指标也不是越大越好，太大则表示企业流动资金利用不充分，收益能力不强。

②长期偿债能力分析：

长期偿债能力是指企业偿还长期负债的能力，它是反映企业财务状况稳定与否及安全程度高低的重要标志。其分析指标主要有四项：资产负债率、权益乘数、负债与有形净资产比率、利息保障倍数。

*资产负债率：

资产负债率又称负债比率，是企业的负债总额与资产总额的比率。它表示企业资产总额中，债权人提供资金所占的比重，以及企业资产对债权人权益的保障程度。其计算公式为：

资产负债率 =（负债总额 ÷ 资产总额）×100%

资产负债率高低对企业的债权人和所有者具有不同的意义。债权人希望负债比率越低越好，此时，其债权的保障程度就越高。对所有者而言，最关心的是投入资本的收益率，只要企业的总资产收益率高于借款的利息率，举债越多，即负债比率越大，所有者的投资收益越大。

一般情况下，企业负债经营规模应控制在一个合理的水平，负债比重应掌握在一定的标准内。

*权益乘数：

权益乘数又称股本乘数，是指资产总额相当于股东权益的倍数。权益乘数越大表明所有者投入企业的资本占全部资产的比重越小，企业负债的程度越高；反之，该比率越小，表明所有者投入企业的资本占全部资产的比重越大，企业的负债程度越低，债权人权益受保护的程度越高。

权益乘数 = 资产总额 ÷ 股东权益总额［即 = 1/(1 - 资产负债率)］

权益乘数较大，表明企业负债较多，一般会导致企业财务杠杆率较高，财务风险较大，在企业管理中就必须寻求一个最优资本结构，从而实现企业价值最大化。再如，在借入资本成本率小于企业的资产报酬率时，借入资金首先会产生避税效应（债务利息税前扣除），同时杠杆扩大，使企业价值随债务增加而增加。但杠杆扩大也使企业的破产可能性上升，而破产风险又会使企业价值下降，等等。

*负债与有形净资产比率：

负债与有形净资产比率是负债总额与有形净资产的比例关系，表示企业有形净资产对债权人权益的保障程度，其计算公式为：

负债与有形净资产比率 = (负债总额 ÷ 有形净资产) × 100%

有形净资产 = 所有者权益 - 无形资产 - 递延资产

企业的无形资产、递延资产等一般难以作为偿债的保证，从净资产中将其剔除可以更合理地衡量企业清算时对债权人权益的保障程度。该比率越低，表明企业长期偿债能力越强。

*利息保障倍数：

利息保障倍数又称为已获利息倍数，是企业息税前利润与利息费用的比率，是衡量企业偿付负债利息能力的指标。其计算公式为：

利息保障倍数 = 税息前利润 ÷ 利息费用

上式中，利息费用是指本期发生的全部应付利息，包括流动负债的利息费用，长期负债中进入损益的利息费用以及进入固定资产原价中的资本化利息。

利息保障倍数越高，说明企业支付利息费用的能力越强，该比率越低，说明企业难以保证用经营所得来及时足额地支付负债利息。因此，它是衡量企业偿债能力强弱的主要指标。

合理地确定企业的利息保障倍数，需将该指标与其他企业，特别是同行业平均水平进行比较。根据稳健原则，应以指标最低年份的数据作为参照。一般情况下，利息保障倍数不能低于1。

(2)营运能力分析

营运能力分析是指通过计算企业资金周转的有关指标分析其资产利用的效率，是对企业管理层管理水平和资产运用能力的分析。

①应收款项周转率：

应收款项周转率也称应收款项周转次数，是一定时期内商品或产品主营业务收入净额与平均应收款项余额的比值，是反映应收款项周转速度的一项指标。其计算公式为：

应收款项周转率(次数) = 主营业务收入净额 ÷ 平均应收账款余额

其中：

主营业务收入净额 = 主营业务收入 − 销售折让与折扣

平均应收账款余额 =(应收款项年初数 + 应收款项年末数)÷2

应收款项周转天数 = 360 ÷ 应收账款周转率 =(平均应收账款 × 360)÷ 主营业务收入净额

应收款项包括应收账款净额和应收票据等全部赊销账款。应收账款净额是指扣除坏账准备后的余额;应收票据如果已向银行办理了贴现手续,则不应包括在应收款项余额内。

应收账款周转率反映了企业应收账款变现速度的快慢及管理效率的高低,周转率越高表明:

*收账迅速,账龄较短。

*资产流动性强,短期偿债能力强。

*可以减少收账费用和坏账损失,从而相对增加企业流动资产的投资收益。

同时,借助应收账款周转期与企业信用期限的比较,还可以评价购买单位的信用程度,以及企业原订的信用条件是否适当。

评价一个企业应收款项周转率是否合理,应与同行业的平均水平相比较而定。

②存货周转率:

存货周转率也称存货周转次数,是企业一定时期内的主营业务成本与存货平均余额的比率,它是反映企业的存货周转速度和销货能力的一项指标,也是衡量企业生产经营中存货营运效率的一项综合性指标。其计算公式为:

存货周转率(次数)= 主营业务成本 ÷ 存货平均余额

存货平均余额 =(存货年初数 + 存货年末数)÷2

存货周转天数 = 360 ÷ 存货周转率 =(平均存货 × 360)÷ 主营业务成本

存货周转速度快慢,不仅反映出企业采购、仓储、生产、销售各环节管理工作状况的好坏,而且会对企业的偿债能力及获利能力产生决定性的影响。一般来说,存货周转率越高越好,存货周转率越高,表明其变现的速度越快,周转额越大,资金占用水平越低。存货占用水平低,存货积压的风险就越小,企业的变现能力以及资金使用效率就越好。但是,分析存货周转率应注意剔除存货计价方法不同所产生的影响。

③总资产周转率:

总资产周转率是企业主营业务收入净额与平均资产总额的比率,它可以用来反映企业全部资产的利用效率,其计算公式为:

总资产周转率 = 主营业务收入净额 ÷ 平均资产总额

平均资产总额 =(期初资产总额 + 期末资产总额)÷2

平均资产总额应按分析期的不同分别加以确定,并应当与作为分子的主营业务收入净额在时间上保持一致。

总资产周转率反映了企业全部资产的使用效率。该周转率高,说明全部资产的经营效率高,取得的收入多;该周转率低,说明全部资产的经营效率低,取得的收入少。它最终会影响企业的盈利能力,应采取各种措施提高企业的资产利用程度

(如提高销售收入或处理多余的资产)。

④固定资产周转率:

固定资产周转率是指企业年销售收入净额与固定资产平均净值的比率。它是反映企业固定资产周转情况,从而衡量固定资产利用效率的一项指标。其计算公式为:

固定资产周转率=主营业务收入净额÷固定资产平均净值

固定资产平均净值=(期初固定资产净值+期末固定资产净值)÷2

固定资产周转率高,不仅表明企业充分利用了固定资产,同时也表明企业固定资产结构合理,投资得当,能够充分发挥其效率。反之,固定资产周转率低,表明固定资产使用效率不高,提供的生产成果不多,企业的营运能力欠佳。

在实际分析该指标时,应剔除某些因素的影响。一方面,固定资产的净值随着折旧计提而逐渐减少,因固定资产更新,净值会突然增加。另一方面,由于折旧方法不同,固定资产净值缺乏可比性。

(3)获利能力分析

获利能力又称盈利能力,是指企业赚取利润的能力,是企业重要的财务能力之一。无论投资者、债权人还是经营者,都要非常重视和关心企业的获利能力。利润的源头是收入,利润取得的基础是资产,资产取得首先要融资。因此,可从收入、资产、融资三个方面对企业的获利能力进行评价。

①与收入相关的获利能力指标:

与收入相关的获利能力指标,主要以营业收入为基础计算,通过利润表中各项目与营业收入的比较,求得单位营业收入的获利水平。

*营业利润率:

营业利润率是企业一定时期营业利润与营业收入的比例,体现每1元的营业收入能够企业带来多少营业利润,其计算公式为:

营业利润率=营业利润÷营业收入×100%

营业利润是企业利润的主要来源,决定了企业的获利水平,获利的稳定性和持久性。营业利润率越高,表明企业市场竞争力越强,获利能力越强。

*销售净利率:

销售净利率是净利润与营业收入的比例,该指标可衡量企业营业收入的盈利能力,即每1元的营业收入中所获取的净利润。其计算公式为:

销售净利率=净利润÷营业收入×100%

②与资产相关的获利能力指标:

常用的与资产相关的获利能力指标是资产净利率。

资产净利率是企业净利润与平均资产总额的比率,反映的是企业运用全部资产所获得利润的水平,即公司每占用1元的资产平均能获得多少元的利润。该指标越高,表明公司投入产出水平越高,资产运营越有效,成本费用的控制水平越高,体现企业的管理水平。其计算公式为:

资产净利率=净利润÷平均资产总额

平均资产总额为期初资产总额与期末资产总额的平均数。资产净利率越高，表明企业资产利用的效率越好，整个企业盈利能力越强，经营管理水平越高。考察资产净利润率时，应关注企业的债务利息率。当企业的资产利润率大于债务利息率时，说明公司所借债务为盈利作出了贡献，反之则表明由每1元的债务所产生的收益还不足以弥补其给企业所带来的利息支出。

③与融资相关的获利能力指标：

与融资相关的获利能力指标反映投资者投资的获利能力，主要有权益净利率、每股收益、市盈率等。

权益净利率亦称净值报酬率或净资产收益率，是指企业一定时期内的净利润与平均净资产的比率。它可以反映投资者投入企业的自有资本获取净收益的能力，即反映投资与报酬的关系，因而是评价企业资本经营效率的核心指标。其计算公式为：

$$权益净利率 = 净利润 \div 平均净资产 \times 100\%$$

净利润是指企业的税后利润，是未作任何分配的数额。

平均净资产是企业年初所有者权益与年末所有者权益的平均数。

$$平均净资产 = (所有者权益年初数 + 所有者权益年末数) \div 2$$

2）实战规则

财务决策平台中，根据企业资产负债表、利润表及企业运营的相关数据，系统自动取数计算，生成十大财务指标以及杜邦分析图，供企业报表使用者、企业经营管理人员分析、决策时参考。

每个职位都可以在主功能界面中点击“共享服务中心”进入总账系统，在账簿报表中，点击“财务指标”或“杜邦分析图”即可查看，如图3－62、图3－63所示。

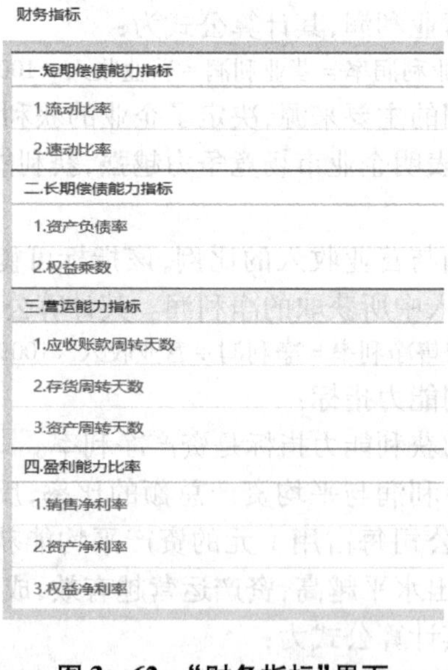

图3－62 “财务指标”界面

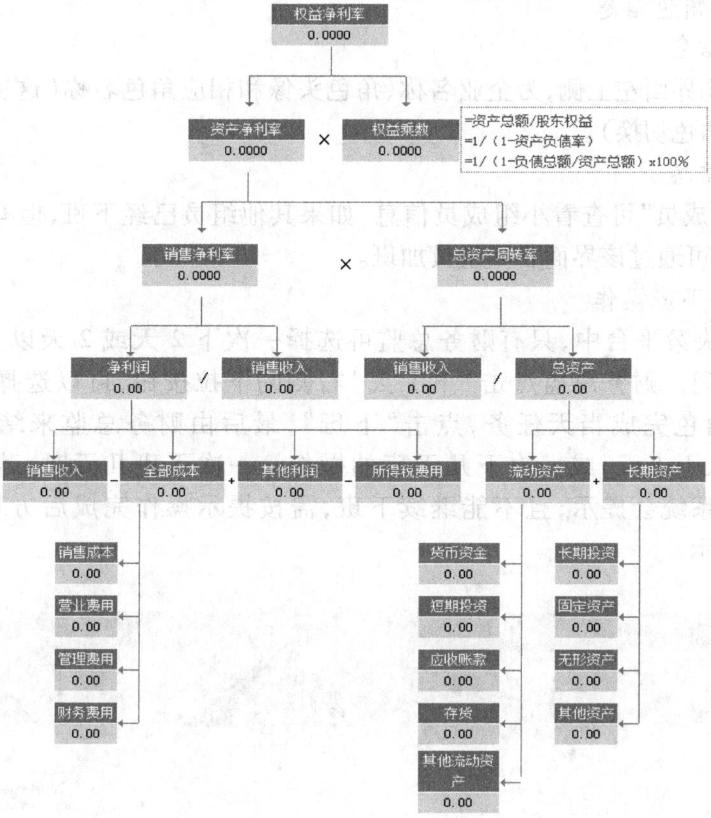

图 3-63　杜邦分析图

3.1.2.3　财务总监岗位主功能界面

学生登录财务总监岗位后进入财务总监岗位主功能界面，如图 3-64 所示。

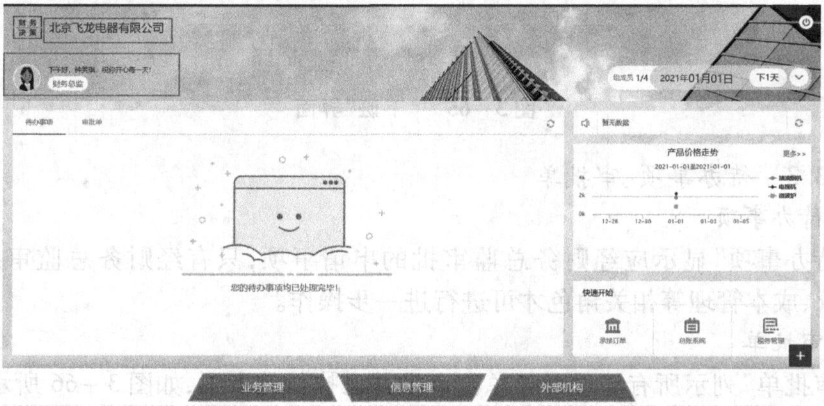

图 3-64　财务总监角色主功能界面

3.1.2.3.1　角色信息

1)角色信息

在主功能界面左上侧,为企业名称、角色头像和相应角色名称(这里可点击角色名称进行角色切换)。

2)成员信息

点击“组成员”可查看小组成员信息,如果其他组员已经下班,但有事项未完成,财务总监可通过该界面召回组员加班。

3.1.2.3.2　下班操作

在财务决策平台中,只有财务总监可选择一次下 2 天或 2 天以上的班,以加速运作时间。财务总监点击“下 1 天”右侧的下拉按钮,可以选择一次下几天班,其他角色完成当天任务,点击“下班”,最后由财务总监来结束当天任务,执行进入下 1 天,或一次下几天班的操作。一次下班几天时,若中间有需操作的事项系统会提示,且不能继续下班,需按提示操作完成后方可下班,如图 3－65 所示。

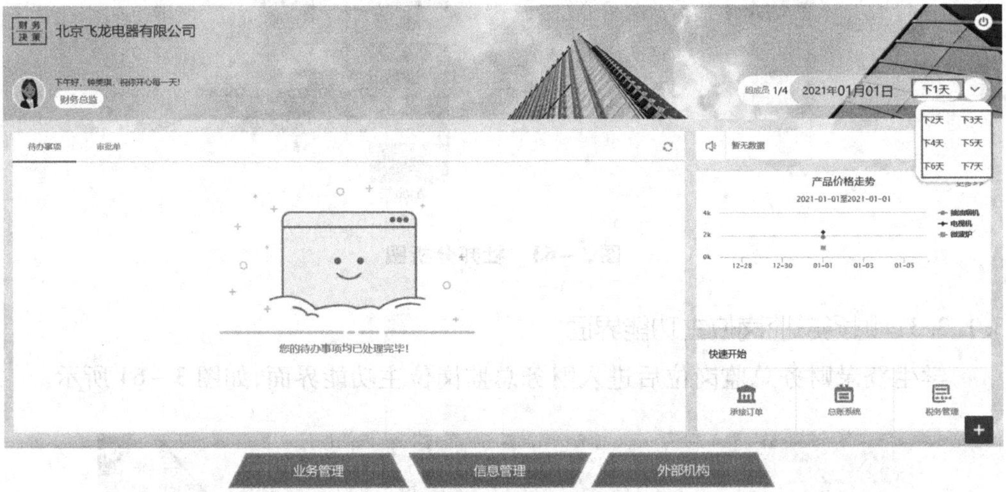

图 3－65　“下班”界面

3.1.2.3.3　待办事项、审批单

1)待办事项

“待办事项”显示应经财务总监审批的申请事项,只有经财务总监审批通过后,运营、成本管理等相关角色才可进行进一步操作。

2)审批单

“审批单”列示所有经过财务总监审批并已执行的事项,如图 3－66 所示。

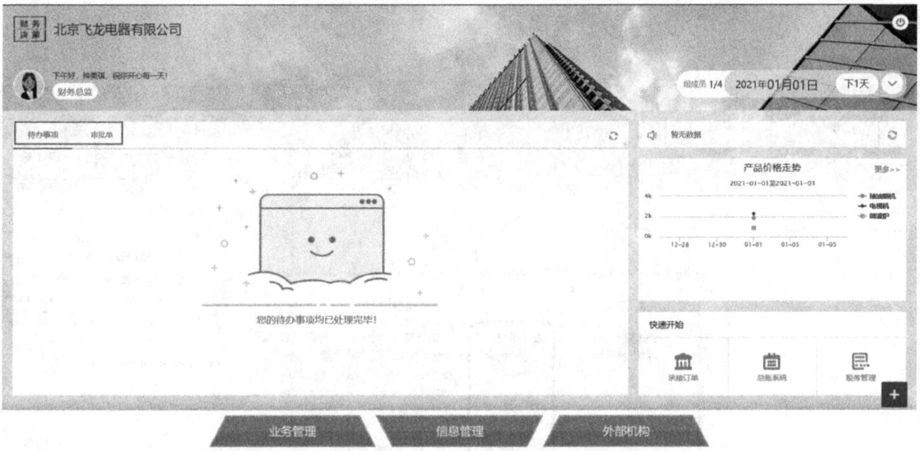

图 3－66 “待办事项、审批单”界面

3.1.2.3.4 快速开始

系统依据每个角色职责的不同要求,设置有快速访问入口,财务总监岗位常用的快速开始有“税务管理”“总账系统”等,如图 3－67 所示。

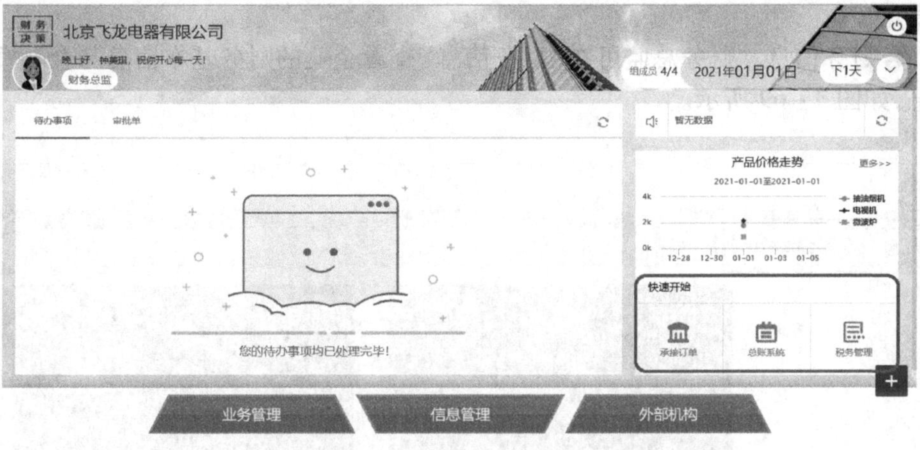

图 3－67 “快速开始”界面

3.1.2.3.5 主功能菜单

财务总监岗位主要有三大主功能菜单,包括“业务管理”、“信息管理”和“外部机构”。

1)信息管理

(1)数据查询

①基本信息:

财务总监可以在“基本信息”查看企业基本资料与财务信息,如图 3－68

所示。

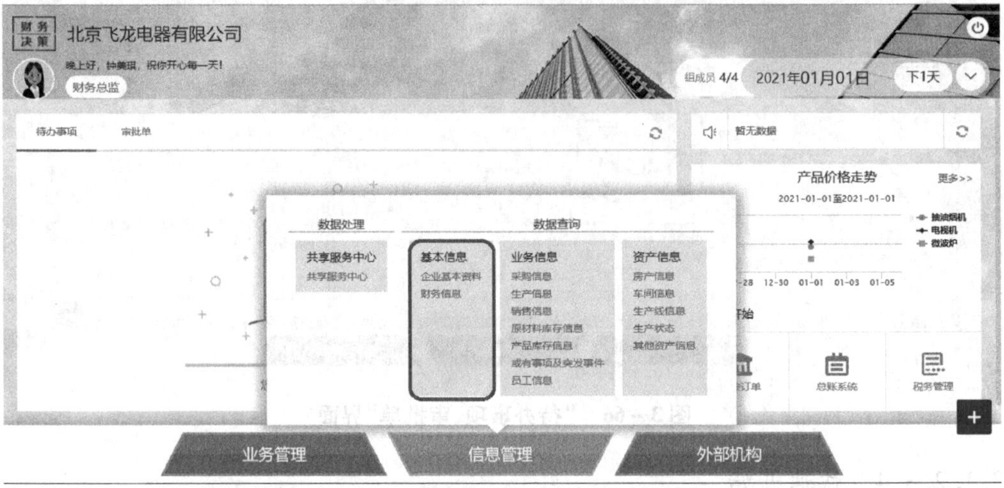

图 3-68 “基本信息”界面

★企业基本资料。财务总监可在“企业基本资料”查看企业的基本资料与财务制度。

★财务信息。财务总监可在“财务信息”查看企业的财务基本信息与金融资产信息，如图 3-69 所示。

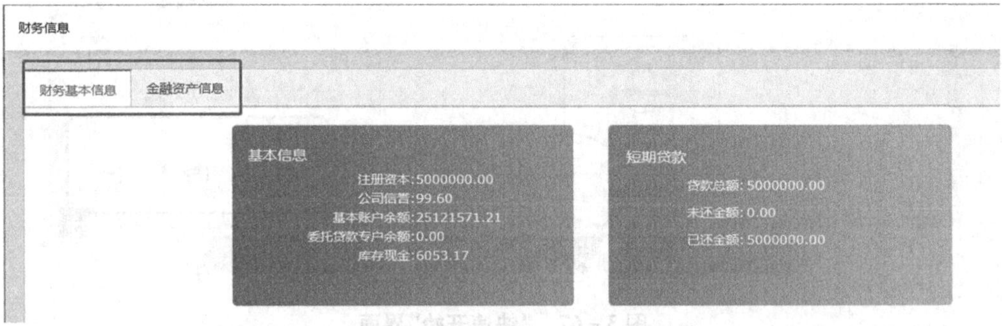

图 3-69 “财务信息”界面

②业务信息：

财务总监可以在“业务信息”里查看业务相关的信息，如采购、生产、销售信息，原材料、产成品库存信息，企业或有事项及突发事件以及员工信息，如图 3-70 所示。

图 3－70　“业务信息”界面

③资产信息：

财务总监可在“资产信息”查看企业的房产、车间、生产线、生产状态以及其他资产等信息，如图 3－71 所示。

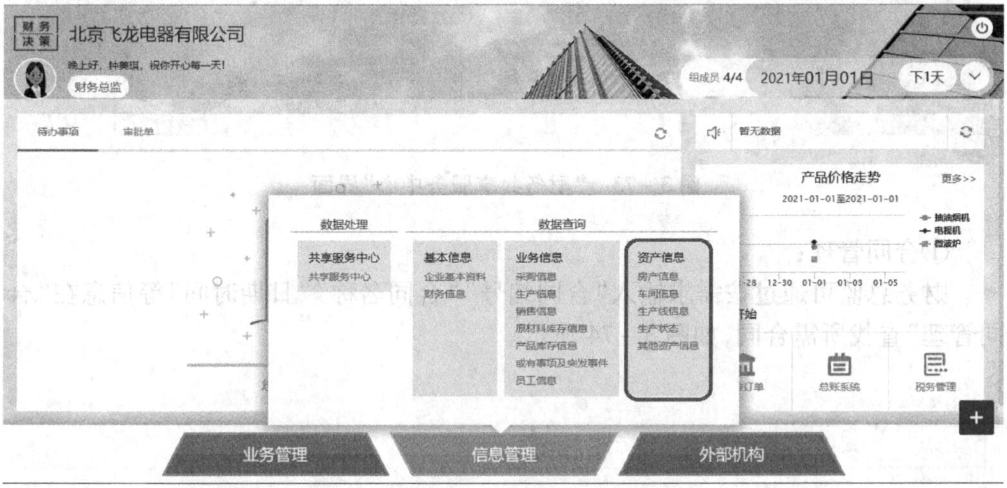

图 3－71　“资产信息”界面

（2）数据处理

财务总监点击“共享服务中心”，进入“财务共享服务中心”界面，财务总监可在“财务共享服务中心”界面进行合同管理、会计核算、税务管理和原始单据查询等操作，如图 3－72、图 3－73 所示。

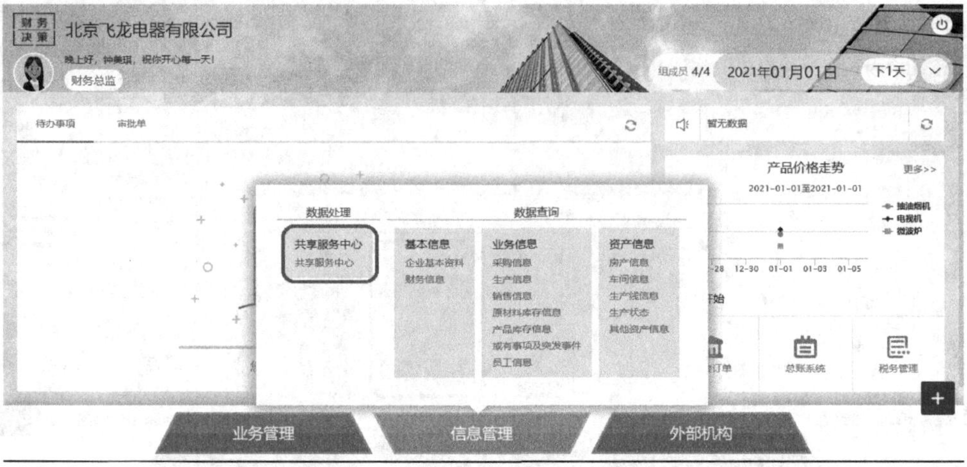

图 3－72　进入“共享服务中心”界面

图 3－73　“财务共享服务中心”界面

①合同管理：

财务总监可通过按需求输入“合同编号”“合同名称”“日期时间”等信息在“合同管理”查找所需合同，如图 3－74 所示。

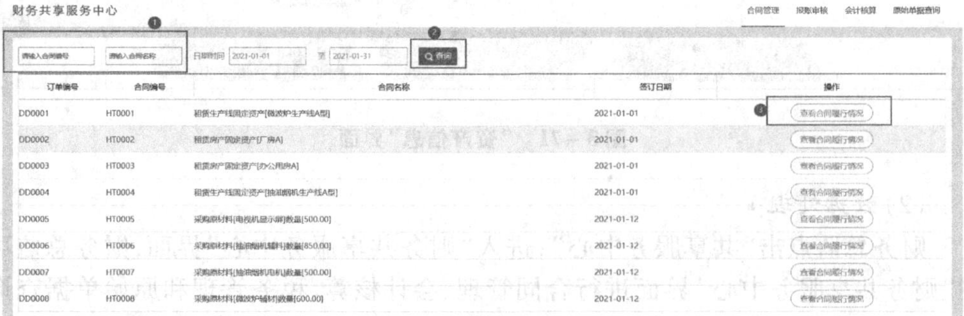

图 3－74　“合同管理”界面

②会计核算：

财务总监点击“会计核算”进入总账系统界面，财务总监可以在总账系统中检查和审核凭证，并进行凭证过账和期末结账等操作，如图3－75所示。

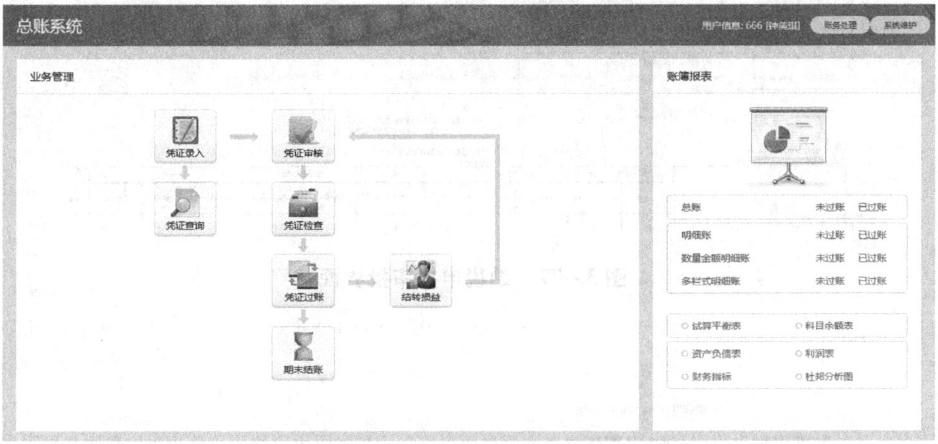

图3－75 “总账系统”界面

③税务管理：

财务总监可在“税务管理”进行增值税及所得税、其他税费申报，如图3－76所示。

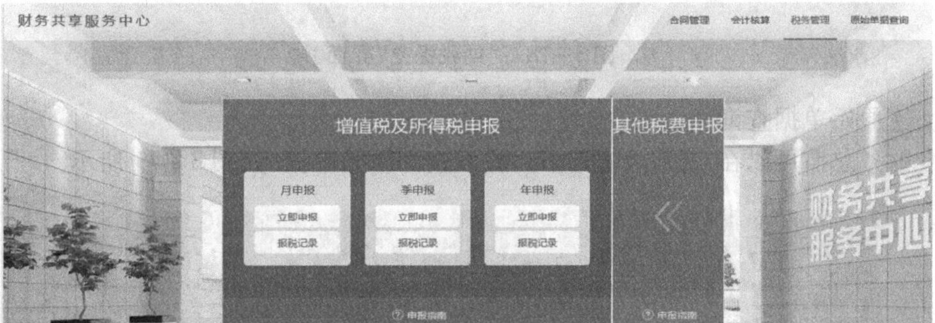

图3－76 “税务管理”界面

平台为财务总监提供企业纳税审批申报功能。次月15日前由成本管理岗位填写增值税、企业所得税、其他税费的纳税申报表，提交财务总监审批。审批无误后，点击“纳税提交”进行纳税申报，如图3－77、图3－78所示。另外，还可查看申报历史记录。

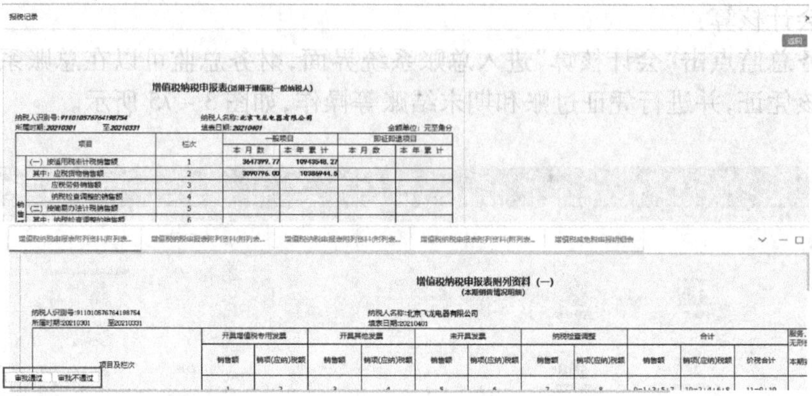

图 3－77　纳税申报审批界面

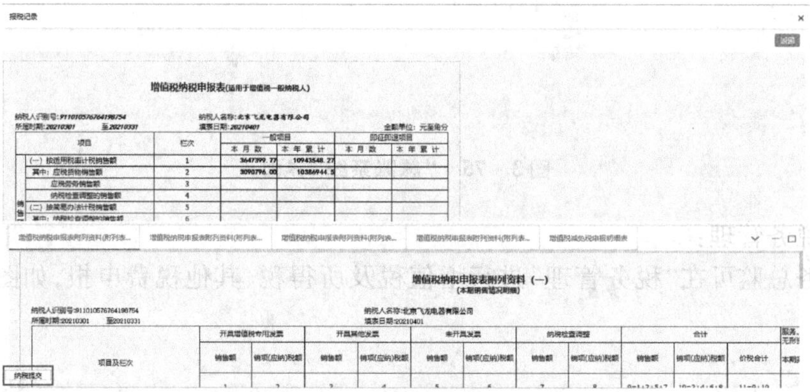

图 3－78　“纳税提交”界面

④原始单据查询：

财务总监可以在“原始单据查询”界面查询原始单据，如图 3－79 所示。

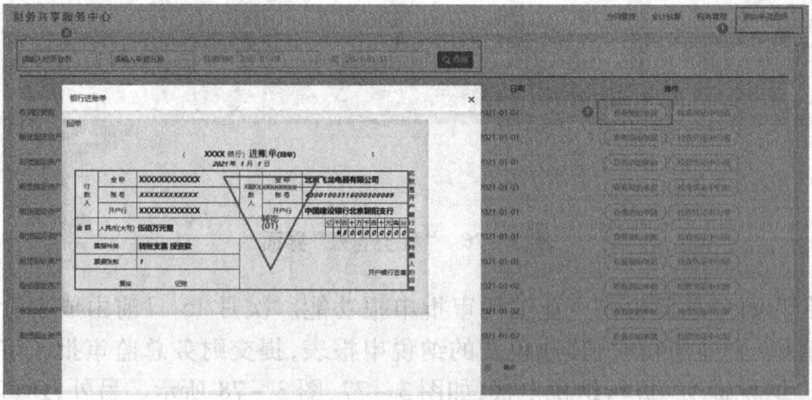

图 3－79　“原始单据查询”界面

2)业务管理

财务总监可在“业务管理”界面进行“采购管理”“生产管理”“销售管理”等操作,在处理不同事项时选择不同的菜单功能,如图 3-80 所示。

图 3-80 “业务管理”界面

(1)采购管理

财务总监可以在“业务管理”—“采购管理”中查看原材料、房产、生产线、其他资产等的相关采购租赁信息,以生产线为例,如图 3-81 所示。

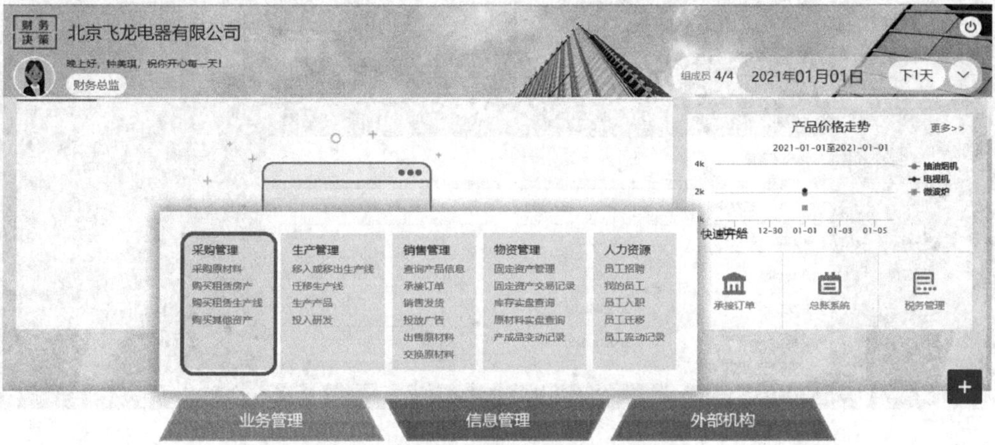

图 3-81 “采购管理”界面

(2)生产管理

生产管理主要提供生产线移入/移出、迁移,生产产品,投入研发等功能,具体工作由运营操作,如图 3-82 所示。

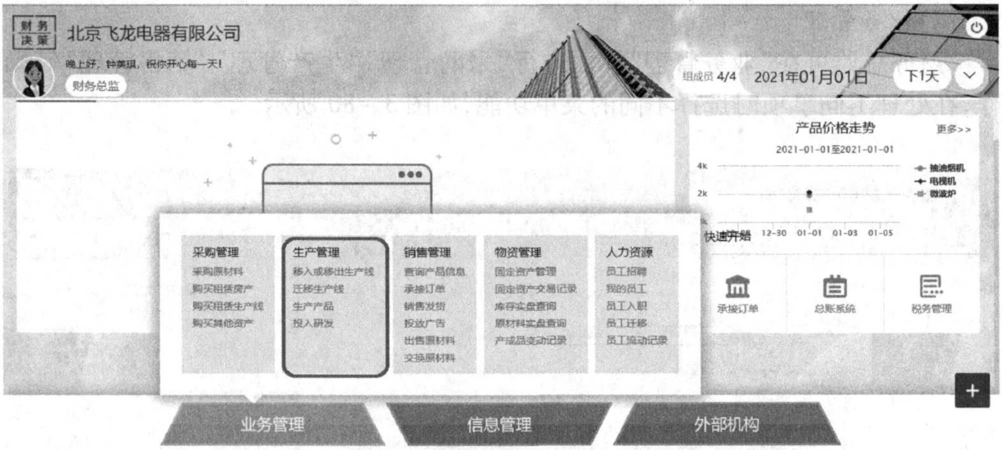

图 3－82 “生产管理”界面

★ 说明：

投入研发由财务总监在进行规划决策时制订计划，然后交运营执行，在此可查询研发效果和产品研发历史记录，如图 3－83 所示。

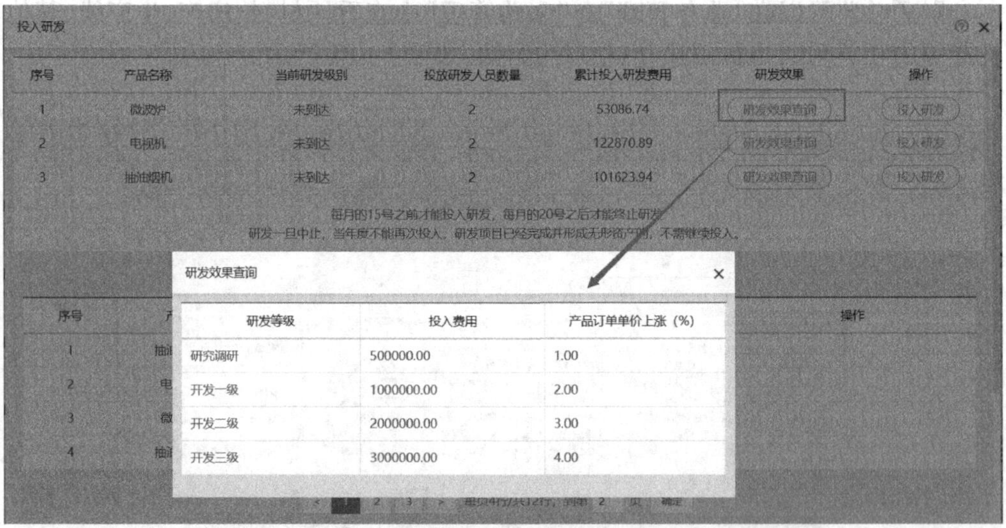

图 3－83 “研发效果查询”界面

（3）销售管理

财务总监可在“销售管理”界面查看产品、订单、销售发货等信息，如图 3－84 所示。

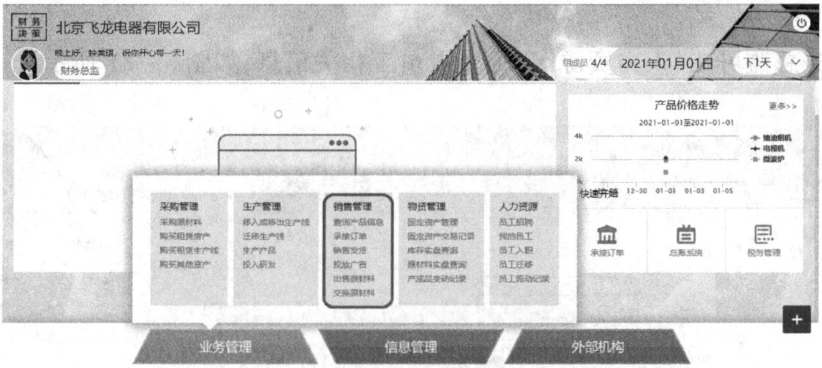

图 3-84　“销售管理”界面

> ★ **说明：**
>
> 企业是否要投放广告、投放多少、投放于什么产品市场，由财务总监进行规划决策时制订计划，然后交运营执行。在此界面，总监可查看到企业投放广告费、历史记录，如图 3-85 所示。

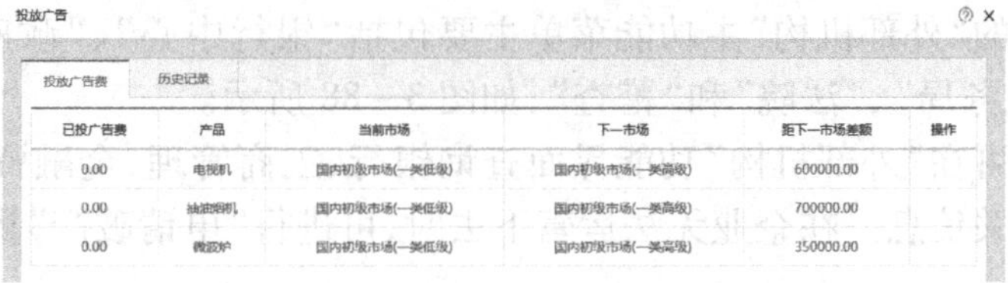

已投广告费	产品	当前市场	下一市场	距下一市场差额	操作
0.00	电视机	国内初级市场(一类低级)	国内初级市场(一类高级)	600000.00	
0.00	抽油烟机	国内初级市场(一类低级)	国内初级市场(一类高级)	700000.00	
0.00	微波炉	国内初级市场(一类低级)	国内初级市场(一类高级)	350000.00	

图 3-85　“投放广告”界面

(4) 物资管理

财务总监可在“物资管理”界面对企业的固定资产管理、原材料库存、产品库存等信息进行查看，如图 3-86 所示。

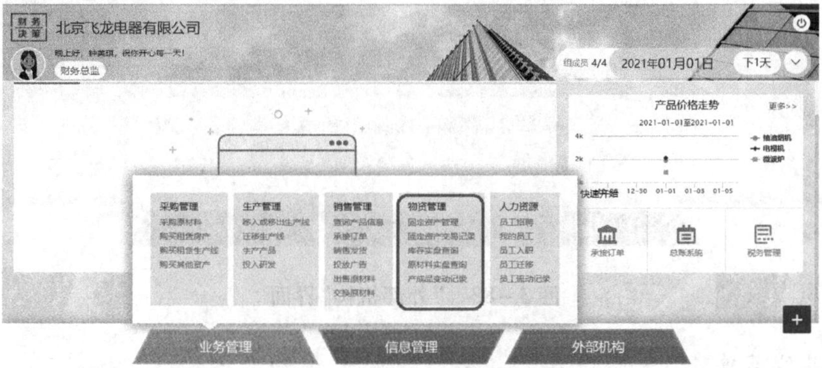

图 3-86　“物资管理”界面

(5)人力资源

财务总监可在“人力资源”界面查看员工相关信息,如图 3 – 87 所示。

图 3 – 87 “人力资源”界面

3)外部机构

财务总监的“外部机构”主功能菜单主要包括“银行中心”、“政府办事大厅”、“交易所”、“税务局”、“法院”和“稽查”,如图 3 – 88 所示。

财务总监可在“外部机构”功能界面查询银行、工商管理、金融资产交易、申办税收优惠等相关信息。在企业无法运营下去时,可进行“申请破产”操作。

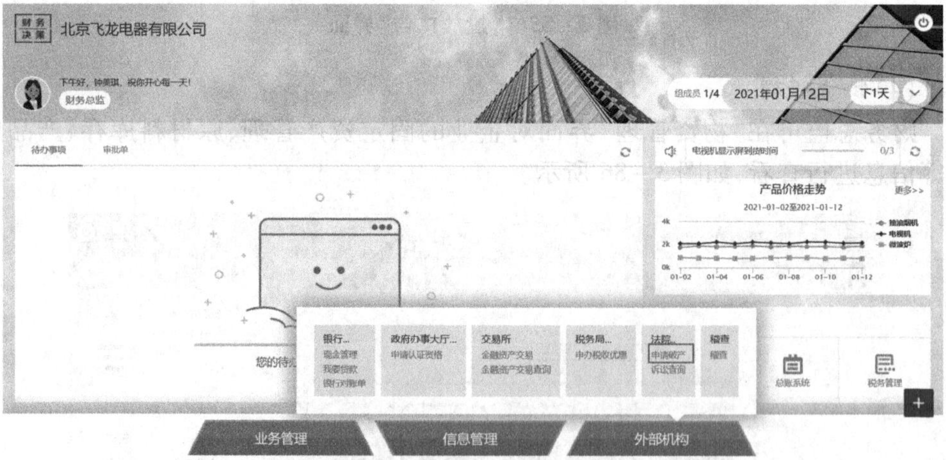

图 3 – 88 “外部机构”界面

4)其他菜单

与运营管理岗位类似,详情请参考运营管理岗位“其他菜单”部分的内容。

3.1.3　资金管理岗位

3.1.3.1　工作职责

资金管理负责现金收付、银行存款收付、银行内部转账、交易性金融资产买卖、贷款等现金流管理业务以及系统单的录入、月末手工单的录入。

3.1.3.2　工作规则

3.1.3.2.1　金融资产投资规则

1)知识点

金融资产是单位和个人所拥有的以价值形态存在的资产。企业结合自己的业务特点、投资策略和风险管理要求,将取得的金融资产在初始确认时划分为以下三类:以公允价值计量且其变动计入当期损益的金融资产、以摊余成本计量的金融资产、以公允价值计量且其变动计入其他综合收益的金融资产。

平台中涉及的金融资产只有股票投资。会计核算时应遵行《企业会计准则第22号——金融工具确认和计量》的规定。

在财务决策平台中,投资股票的目的如果是为了近期内出售,应当在初始投资的时候划分为以公允价值计量且其变动计入当期损益的金融资产。

(1)取得时

借:交易性金融资产——成本

　　投资收益(发生的交易费用)

　　应收股利(已宣告但尚未发放的现金股利)

　　应交税费——应交增值税(进项税额)

　　贷:银行存款等

(2)持有期间的股利处理

借:应收股利(被投资单位宣告发放的现金股利×投资持股比例)

　　贷:投资收益

(3)资产负债表日公允价值变动

★公允价值上升:

借:交易性金融资产——公允价值变动

　　贷:公允价值变动损益

★公允价值下降:

借:公允价值变动损益

　　贷:交易性金融资产——公允价值变动

(4)出售交易性金融资产

借:银行存款等(价款扣除手续费)

　　贷:交易性金融资产——成本

　　　　交易性金融资产——公允价值变动

应交税费——转化金融商品应交增值税

投资收益(差额,也可能在借方)

2)实战规则

★股票投资上限为10万手,每手100股。

★股票在月初才可购买,购买与卖出时间在“财务总监”界面提醒,购买与卖出信息在“资金管理”界面提示。

★资产负债表日需调整公允价值变动损益。

3.1.3.2.2　筹资规则

1)知识点

平台中涉及的筹资主要有短期贷款、按揭贷款。

(1)短期贷款

短期贷款业务涉及的会计核算主要有:取得贷款、支付贷款所需手续费用、支付贷款利息、归还贷款本息,月末还涉及借款合同印花税的计算。

企业借入短期借款,按照贷款合同会计处理如下:

①取得短期借款:

借:银行存款——××支行

　　贷:短期借款——××支行

②支付借款相关手续费:

借:财务费用——××手续费

　　贷:银行存款——××支行

③支付借款利息:

借:财务费用——利息费用

　　贷:银行存款——××支行

④归还短期借款本金:

借:短期借款——××支行

　　贷:银行存款——××支行

⑤印花税:

一般是在纳税申报并缴款时一次性集中处理。

借:税金及附加——印花税

　　贷:银行存款——××支行

(2)按揭贷款

企业按揭购入固定资产的账务处理主要涉及以下几个问题:

★如何确定固定资产的入账价值。

★如何确定负债的入账价值。

★如何处理停止资本化后的应付按揭利息。

★如何计提折旧。

在账务处理时，因按揭购入固定资产不同于一般的固定资产，可在“固定资产”一级科目下另设二级明细科目“按揭购入固定资产”进行核算。

对于负债的入账价值，按揭购入固定资产，不论按揭的是购入即可投入使用的固定资产，还是不能马上投入使用的固定资产，其负债的入账价值均可比照企业长期借款方式，按照不考虑按揭利息所需支付的价款确定。在进行账务处理时，考虑到按揭时间比较长（一般都在一年以上），可在“长期应付款”下另设明细科目“应付按揭贷款”进行核算。

按揭贷款购置资产涉及的相关账务处理如下：

①按揭贷款购入时：

借：固定资产——按揭的固定资产（含该固定资产的售价、保险费、手续费等使固定资产达到预定可使用状态前的相关费用）

　贷：银行存款——××支行（已经支付的货币资金部分）

　　长期应付款——应付按揭贷款（余款）

②计提和支付价款利息时：

借：财务费用（利息部分）

　贷：长期应付款——应付按揭贷款

借：长期应付款——应付按揭贷款（还款金额）

　贷：银行存款——××支行

按揭贷款可采用等额本息还款法、等额本金还款法，以等额本息还款法为例，计算每月还款金额，假定利率不变。每个月的还款金额系按照年金复利系数计算得出的，则：

$$\text{每个月的还款金额} = \frac{\text{贷款本金} \times \text{月利率}}{1-(1+\text{月利率})^{-n}}$$

其中：n 为还款期数。

银行从每月月供款中，先收剩余本金利息，后收本金；利息在月供款中的比例中随剩余本金的减少而降低，本金在月供款中的比例因而升高，但月供总额保持不变。

计算原则：每月归还的本金额始终不变，利息随剩余本金的减少而减少。

每月应还利息和应还本金计算公式如下：

$$\text{每月利息} = \text{剩余本金} \times \text{贷款月利率}$$

$$\text{每月本金} = \text{每月月供额} - \text{每月利息}$$

2）实战规则

（1）短期贷款规则

★信誉值在 80～100 分可以进行短期贷款。

★贷款最高限额＝实收资本×信誉值比例。信誉值比例＝信誉值/100。

★贷款利率每年变动，由平台给定，已贷款项不受影响，贷款期限不超过 1 年。

★按月支付利息，到期一次还本。

★可以提前还贷，利息按照使用资金天数计算。提前还款，借款合同终止。

★利息要当期支付,不能延迟支付。

(2)按揭贷款规则

★按揭贷款只适用于购买房产,房产购入后即可使用,贷款最高限额为房产价值的70%。

★贷款利率每年变动,已贷款项不受影响,贷款期限1~3年。

★按月归还固定本息,采用等额本息还款方式偿还,还款的利息和本金会在银行单据上直接显示,无须再进行计算。

★按揭贷款应缴纳保险费,保险费 = 贷款金额 ×0.5%。

(3)贷款资金到账日期

短期贷款、抵押贷款和按揭贷款1~5天内到账,具体时间随机确定。

3.1.3.3 资金管理岗位主功能界面

学生登录资金管理岗位后,进入资金管理岗位主功能界面,如图3-89所示。

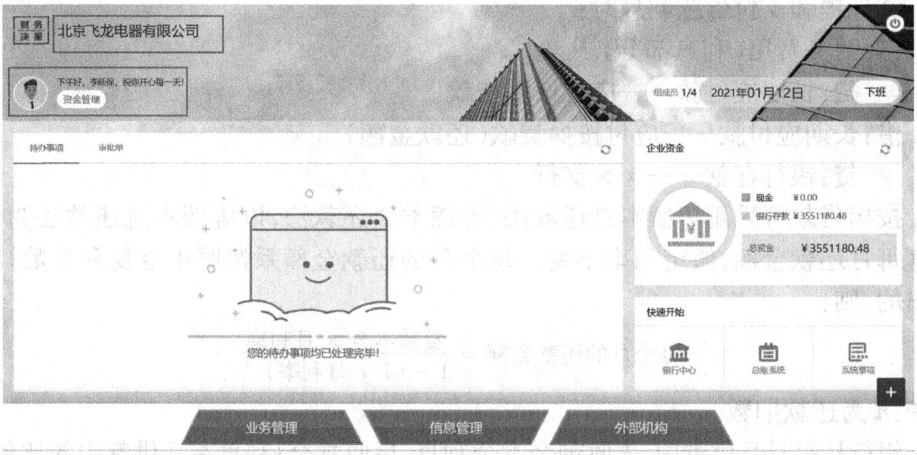

图3-89 资金管理主功能界面

3.1.3.3.1 角色信息、成员信息

1)角色信息

主功能界面的左侧为企业名称、角色头像和相应的角色名称(这里可点击角色名称进行角色切换)。

2)成员信息

点击"组成员",可以查看小组成员的信息,如果其他成员已下班但还有事项未完成,资金管理可以通过该界面将其召回加班。

3.1.3.3.2 待办事项、审批单

1)待办事项

"待办事项"为企业经营过程中待办理的事项,不必一有事项就处理(如款项支付事项),但当待办事项出现红色背景的"今日任务"字样时,必须当日处理完毕,否则无法进入下一天。

2)审批单

"审批单"是企业经营中需要审批的单据,单据审批后相关业务才能继续执行,如图3-90所示。

图3-90 "待办事项、审批单"界面

3.1.3.3.3 快速开始

在财务决策平台中,资金管理常用的"快速开始"有"银行中心""交易所"等,如图3-91所示。

图3-91 "快速开始"界面

3.1.3.3.4 主功能菜单

资金管理岗位主要有两大主功能菜单,包括“信息管理”和“外部机构”。

1)信息管理

(1)数据查询

资金管理可在“基本信息”查看公司的基本资料、财务信息等,如图3-92所示。

图3-92 “基本信息”界面

(2)数据处理

数据处理中的主要功能是“财务共享服务中心”,进行资金管理可从“共享服务中心”进入“财务共享服务中心”界面,操作合同管理、报账审核、会计核算以及原始单据查询等,如图3-93、图3-94所示

图3-93 进入“共享服务中心”界面

图 3－94 “财务共享服务中心”界面

①合同管理：

通过按需求输入“合同编号”“合同名称”“日期时间”等信息可以在“合同管理”查找所需合同进行资金管理，在“合同管理”查询合同的相关信息。

②报账审核（系统单录入）：

企业发生的大部分典型业务通过“信息管理—共享服务中心—报账审核”完成。资金管理或者运营管理进入“报账审核”界面后，左侧一栏显示“未处理”项目，该栏排列的单据为待处理单据，如图 3－95、图 3－96 所示。

根据相关单据作出判断，然后在右侧依次选择“单据类型”“业务类型”“单据简称”，如图 3－97 所示。

点击“保存”，下方显示出相应会计分录，如图 3－98 所示。

图 3－95 “报账审核”界面

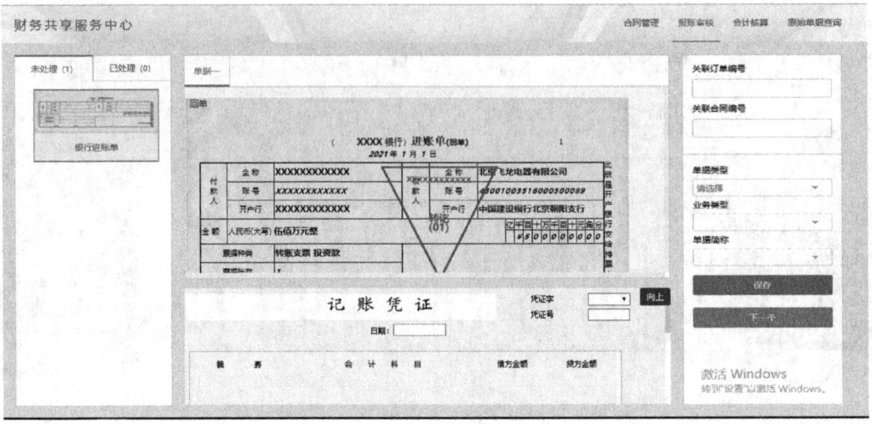

图 3-96　未处理单据界面

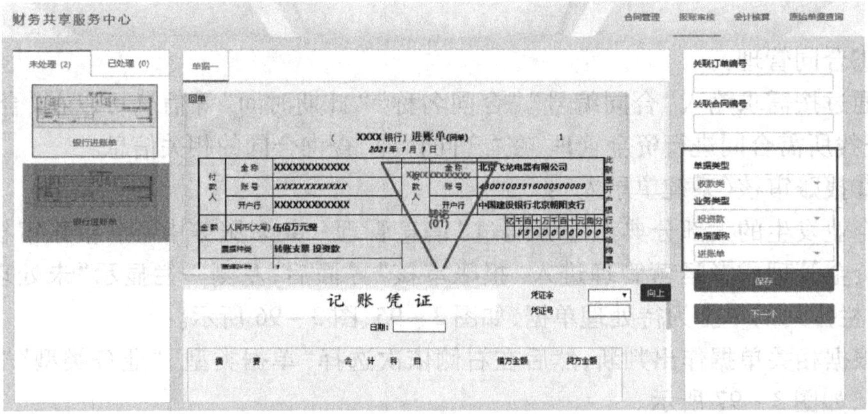

图 3-97　处理单据界面

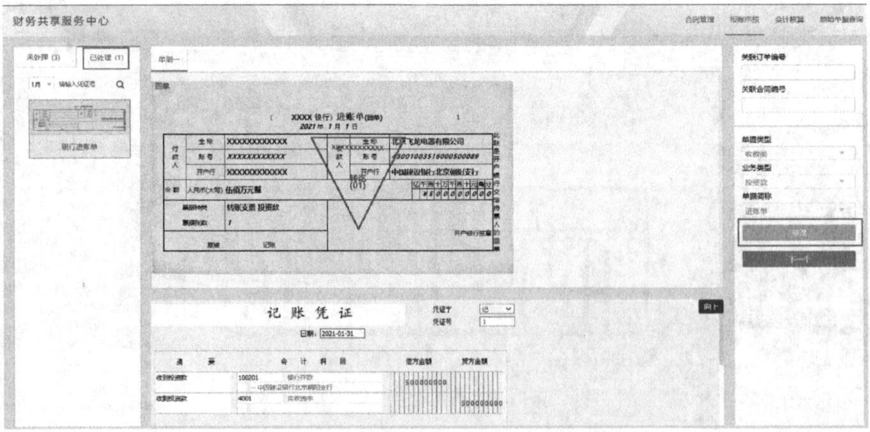

图 3-98　自动生成记账凭证界面

如果发现错误,可点击“修改”重新选择。

③会计核算(手工录入):

系统将一部分典型业务放在总账系统,需要手动录入,主要包括两大类:一类是“直接录入,无原始单据凭证”,另一类是“录入,稽核原始单据凭证”。

资金管理可以由主功能界面中的“信息管理—共享服务中心—会计核算”,选择“总账系统”进入总账系统,手工录入凭证,如图3-99所示。

图3-99 选择“总账系统”界面

在“总账系统”界面中,点击“凭证录入”,进入“记账凭证录入”界面,如图3-100所示。

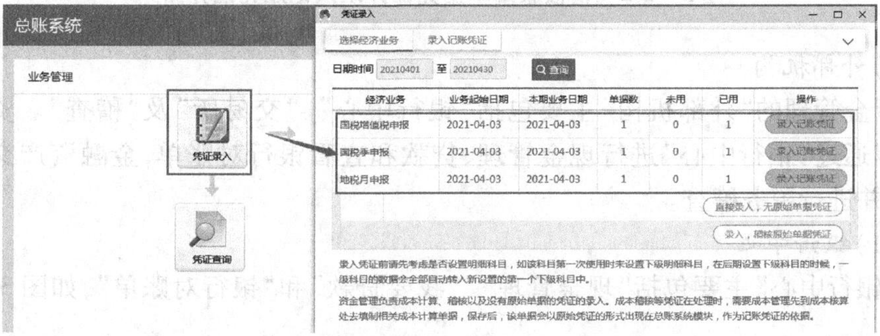

图3-100 进入“凭证录入”界面

*直接录入,无原始单据凭证。点击“直接录入,无原始单据凭证”,直接跳过原始单据选择页面,进入记账凭证录入页面。

*录入,稽核原始单据凭证。针对月末成本计算等需要在月末进行统计分配的经济业务,点击“录入,稽核原始单据凭证”,进入原始单据选择页面,根据需要稽核的经济业务,如计提分配工资、制造费用分配、产成品入库和产成品出库等。查询当期需附带的原始单据,点击“录入记账凭证”,进入记账凭证录入页面,如图3-101、图3-102所示。

在记账凭证录入页面中,输入摘要,双击会计科目栏选择会计科目,输入金额,完成一条会计分录的录入,最后保存。

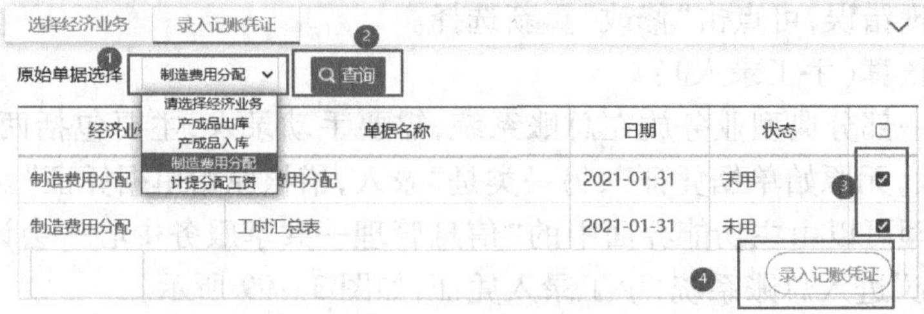

图 3-101　选择原始单据界面

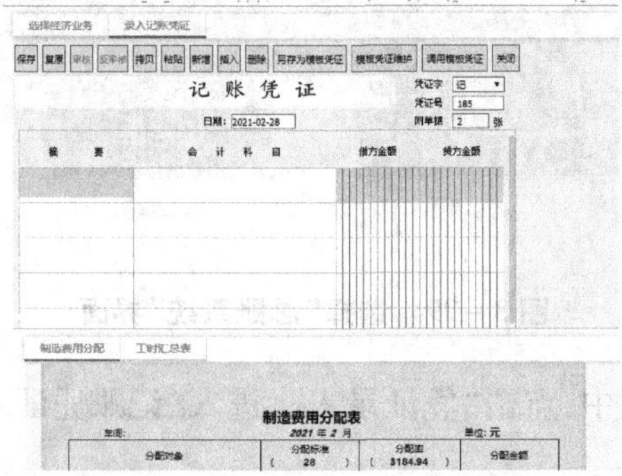

图 3-102　稽核原始单据凭证并录入记账凭证界面

2) 外部机构

资金管理的“外部机构”主要包括“银行中心”、“交易所”及“稽查”。资金管理可以通过“银行中心”进行现金管理、贷款和查看银行对账单，金融资产交易和查询，并进行税务稽查。

(1) 银行中心

“银行中心”主要包括“现金管理”、“我要贷款”和“银行对账单”，如图 3-103 所示。

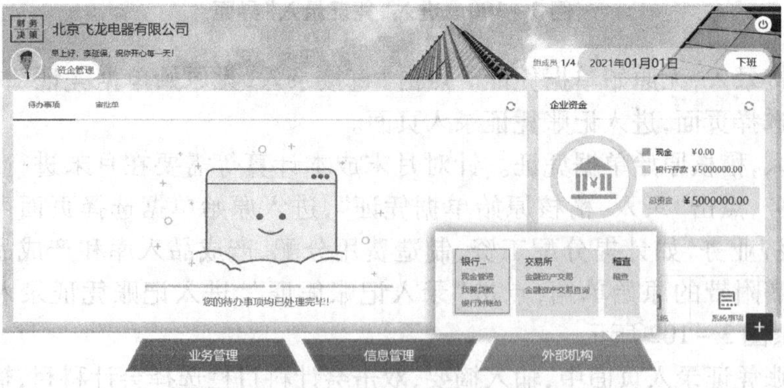

图 3-103　“银行中心”界面

①现金管理：

资金管理可以在“现金管理”进行存取现金的操作，如图 3－104、图 3－105 所示。

图 3－104　“现金管理”界面

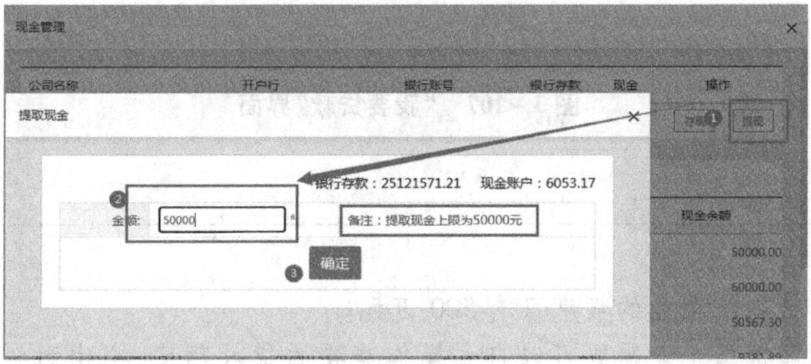

图 3－105　“提取现金”界面

②我要贷款：

资金管理可在“我要贷款”进行银行贷款，如图 3－106 所示。

图 3－106　进入“我要贷款”界面

当企业需要进行银行贷款时，可由资金管理来到主功能界面中外部机构的“银行中心”，点击“我要贷款”，如图 3－107 所示。

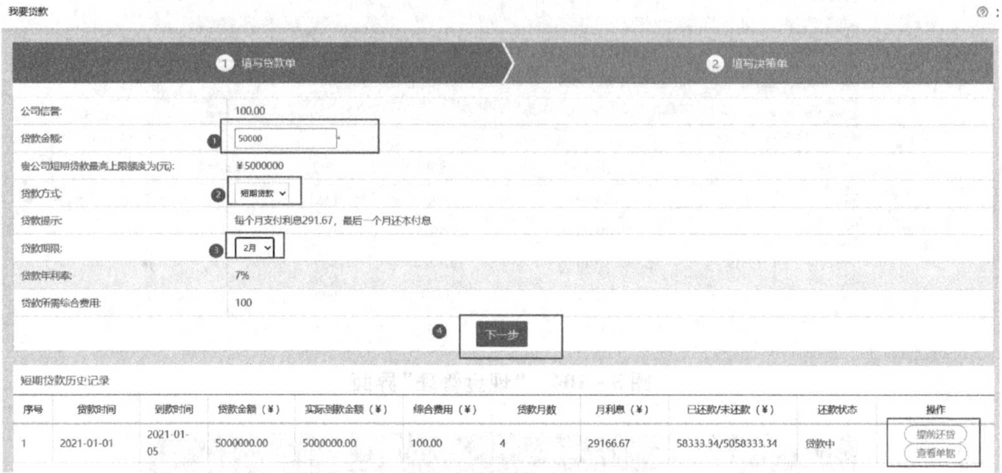

图 3－107 “我要贷款”界面

★ 说明：

银行能贷款给企业的额度只有 500 万元。

资金管理根据企业需要可以自主操作需要的贷款额度，交由财务总监审批。审批完成后，贷款额会在 5 天内转入企业银行，如图 3－108 所示。

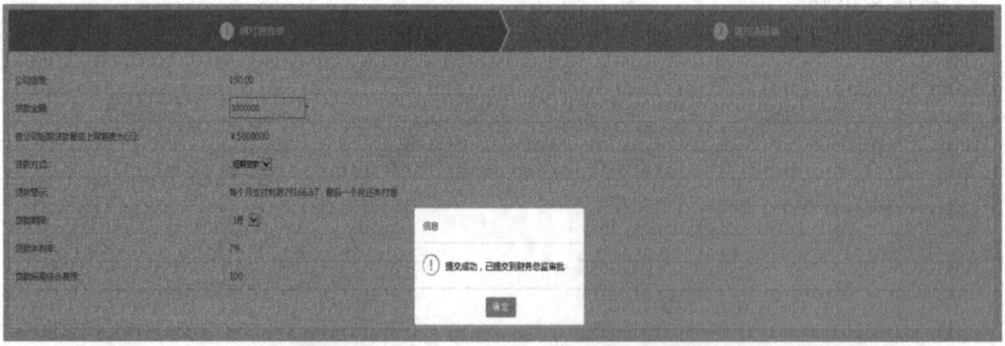

图 3－108 贷款申请提交成功界面

③银行对账单：

资金管理可以在“银行对账单”查询企业的银行存款，如图 3－109 所示。

银行对账单

日期时间 2021-01-01 至 2021-01-31 查询

序号	时间	对方单位	摘要	借方金额	贷方金额	余额
1	2021-01-31		承接其他业务[股票投资],买入股票[美的电器]350000.00股,单价15.89,金额5567061.50,其他税费金额5561.50付款确认	5567061.50		332859.87
2	2021-01-31		承接其他业务[股票投资],买入股票[深万科]260000.00股,单价8.50,金额2212210.00,其他税费金额2210.00付款确认	2212210.00		5899921.37
3	2021-01-31		银行手续费	54.00		8112131.37
4	2021-01-29		低值易耗品	16800.00		8113716.18
5	2021-01-29		办公用电费	1530.81		8112185.37
6	2021-01-29		生产用水费	12600.00		8130516.18
7	2021-01-29		业务招待费	89929.32		8145048.36
8	2021-01-29		办公用水费	1932.18		8143116.18
9	2021-01-29		生产用电费	16800.00		8234977.68
10	2021-01-28	郑州美达电器批发有限公司	抽油烟机订单800-01合同货到付款,一次性付款,银行收款确认,金额1733040.32		1733040.32	8251777.68

< 1 2 3 4 5 > 每页10行/共43行，到第 2 页 确定

图 3－109　“银行对账单”查询界面

(2)交易所

本平台提供金融资产交易功能,可以在特定的时间里前往交易所进行金融资产的交易和查询操作。

开展金融资产交易时,资金管理必须时刻关注市场的变化,包括宏观经济政策、专家预测、证券市场的涨跌等,以把握良好时机,控制企业经营风险。特别股票投资由资金管理负责,更要时时关注市场行情的变化。

*查询市场资讯。在主功能界面的右侧有一个“＋”,在此处可以进行市场资讯的查询,如图 3－110 所示。

图 3－110　进入“市场资讯”界面

点击“市场资讯”，在市场资讯界面，相应的资讯会不定时出现，相关资讯前标有该资讯的出现时间，如图 3－111 所示。

图 3－111 “市场资讯”界面

★交易性金融资产的购买。当企业需要进行金融资产交易时，可由资金管理来到主功能界面中“外部机构”的“交易所”，点击“金融资产交易”，进入“金融资产交易”界面，如图 3－112 所示。

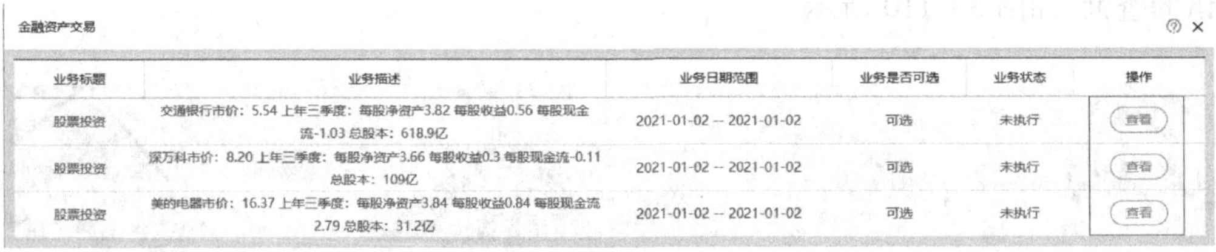
金融资产交易

业务标题	业务描述	业务日期范围	业务是否可选	业务状态	操作
股票投资	交通银行市价：5.54 上年三季度：每股净资产3.82 每股收益0.56 每股现金流-1.03 总股本：618.9亿	2021-01-02 -- 2021-01-02	可选	未执行	查看
股票投资	深万科市价：8.20 上年三季度：每股净资产3.66 每股收益0.3 每股现金流-0.11 总股本：109亿	2021-01-02 -- 2021-01-02	可选	未执行	查看
股票投资	美的电器市价：16.37 上年三季度：每股净资产3.84 每股收益0.84 每股现金流2.79 总股本：31.2亿	2021-01-02 -- 2021-01-02	可选	未执行	查看

图 3－112 “金融资产交易”界面

一般来说，股票的买与卖只能在月初或月末进行，可进行交易金融资产的当天，资金管理会收到系统发送的消息提醒。

选好相应的股票后点击“查看”即可进入“金融资产买入/卖出”界面，同一业务仅可执行一次，执行业务前务必检查、确认所有业务信息，输入相应数量，点击“执行业务”后，交由财务总监审批，即完成了金融交易资产的流程，如图 3－113 所示。

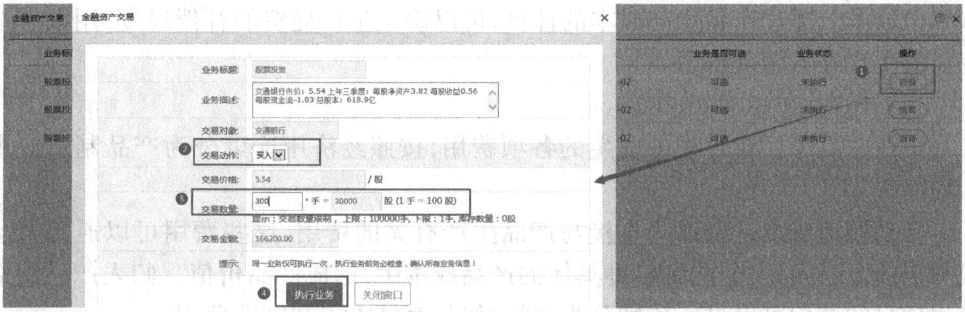

图 3-113 “买入/卖出”界面

(3)稽查

点击“稽查”,资金管理可进入“税务稽查系统”界面进行账务的稽查。与运营管理类似,详情请参考运营管理岗位。

(4)其他菜单

与运营管理岗位类似,详情请参考运营管理岗位的“其他菜单”。

3.1.4 成本管理岗位

3.1.4.1 工作职责

成本管理负责付款审核通过(金额超过 100 万元的还需财务总监审核)、索取发票、开具发票、确认工资薪酬、分配制造费用、填制成本计算表、电子报税等账务事项的处理。

3.1.4.2 工作规则

3.1.4.2.1 产品生产成本核算规则

1)知识点

生产过程是制造企业经营活动的主要内容,它的主要任务是将原材料等按要素投入生产,经过工人的劳动加工,制造出符合需要的产品。企业在产品的生产过程中,一方面,劳动者借助劳动资料对劳动对象进行加工制造产品,以满足社会需要;另一方面,为了制造产品,企业必然要发生诸如固定资产的磨损、材料的消耗以及劳动力的耗费(生产工人和管理人员)等各项生产耗费。企业在一定时期内发生的、能够用货币金额表现的生产耗费,叫作生产费用。生产费用按是否计入产品成本可以分为产品生产费用和期间费用。企业为生产一定种类和数量的产品所发生的各项生产费用的总和,称为产品的生产成本。因此,在产品生产过程中制造费用的发生、归集和分配,以及产品生产成本的计算,构成了产品生产过程核算的主要内容。

生产过程中产品成本的计算,就是把生产过程中发生的应当计入产品成本的费用,以产品成本归集和分配的对象,运用一定的计算方法,计算出产品的总成本和单位成本。通过产品生产成本的计算，可以确定生产耗费的补偿尺度，用以考核企业的生产经营管理水平。

(1)产品生产成本的内容

企业在生产经营过程中发生的各项费用，按照经济用途可分为产品制造成本和期间费用。

产品制造成本是指那些直接与产品生产有关的费用，这些费用可以通过直接或间接的方式归集、分配到各种具体的产品成本中，形成产品价值。归入产品制造成本项目的费用可以进一步细分为直接材料、直接人工和制造费用。

期间费用是指不能计入产品成本，而应当计入期间损益的费用。这些费用是企业生产经营活动过程中发生的，与产品生产没有直接联系，不能明确确定成本归集对象，但是可以确定其发生期间和归属期间的费用，所以不能计入产品成本，参与成本计算，只能作为期间费用，计入当期损益。对于工业企业来说，这些费用主要包括管理费用、财务费用和销售费用。

(2)产品生产成本的计算过程

产品生产过程中，产品生产成本的计算过程就是按不同的成本计算对象归集分配费用的过程。企业发生的生产费用，若只为生产某种产品而直接发生，应当在费用发生时直接计入该种产品成本；若为生产多种产品共同发生的材料及人工费，应在费用发生时通过一定的方法对费用进行分配，进而计算出各种产品应当分摊的成本。需要注意的是，对于企业为生产产品而发生的制造费用，由于它属于间接费用，因此，月末应采用适当的分配标准(如生产工人工资、生产工时、机器工时以及耗用的原材料数量或成本等)对其进行分配。

制造费用经过分配后，结转到产品生产成本账户中，然后就可以将生产费用在完工产品和月末在产品之间进行分配。采用的分配方法有约当产量法、定额成本法和定额比例法等。

产品成本由直接材料、直接人工及制造费用构成。企业月末要对本月生产的产品进行成本计算，并将完工产品结转入库。企业产品成本计算的基本方法有三种:品种法、分批法、分步法。成本核算的一般程序包括:

归集和分配各种要素费用；

开设成本明细账；

分配制造费用；

分配计算各种完工产品和在产品成本。

①材料费用的归集与分配:

用于产品生产的原料及主要材料，通常是按照产品分别领用的，属于直接费用，应根据领用材料凭证直接计入各种产品成本的“直接材料”项目。但是，有时一批材料为几批产品共同耗用，在消耗定额比较准确的情况下，通常采用材料定额消耗量比例或材料定额成本的比例进行分配，计算公式如下:

$$分配率=\frac{材料实际总消耗量(或实际成本)}{各种产品材料定额消耗量(或定额成本之和)}$$

某种产品应分配的材料数量(费用)=该种产品的材料定额消耗量(或定额成本)×分配率

②直接人工费用的归集与分配:

直接人工费用是指直接从事产品生产人员的工资费用,如果由一种产品产生,直接计入该产品成本,由几种产品共同发生,则应将人工费用在几个产品间直接进行分配计入。

$$分配率=\frac{生产工人工资总额}{各种产品实用工时之和}$$

某种产品应分配的工资费用=该种产品实用工时×制造费用分配率

月末企业应对工资费用进行分配,计提工会经费、住房公积金、社会保险费等。涉及的相关账务处理如下:

★计提职工工资:

借:生产成本——××产品——直接人工

　制造费用——工资

　销售费用——工资

　管理费用——工资

　贷:应付职工薪酬——工资

其中,计提工资时,需要计提个人承担的个人所得税与其他费用。

借:应付职工薪酬——工资

　贷:应交税费——应交个人所得税

　　其他应付款——社会保险费(个人负担部分)

　　其他应付款——住房公积金(个人负担部分)

★实际发放职工工资:

借:应付职工薪酬——工资

　贷:银行存款——××支行(实发金额)

★计提企业承担的社会保险费等:

借:生产成本——××产品——直接人工

　制造费用——工资

　管理费用——工资

　销售费用——工资

　贷:应付职工薪酬——社会保险费(单位负担部分)

　　应付职工薪酬——住房公积金(单位负担部分)

★缴纳社会保险、住房公积金:

借:应付职工薪酬——社会保险费(单位负担部分)

　应付职工薪酬——住房公积金(单位负担部分)

　其他应付款——社会保险费(个人负担部分)

其他应付款——住房公积金(个人负担部分)

贷:银行存款——××支行

③制造费用的归集与分配:

企业发生的各项制造费用,根据有关付款凭证、各项要素费用分配表、辅助生产费用分配表等,将有关费用记入"制造费用"账户及各明细账户有关项目栏。月终时,采用适当的分配方法将这些费用在各种产品之间进行分配,计入各产品成本的制造费用项目栏。

制造费用分配的方法包括:按产品的实用工时比例分配、按生产工人工资比例分配、按机器工时比例分配、按产品产量比例分配等。

制造费用分配率=制造费用总额÷各种产品分配标准总数

某种产品应承担的制造费用=该种产品的分配标准×制造费用分配率

制造费用分配相关的账务处理如下:

借:生产成本——××产品——制造费用

贷:制造费用——××产品

④分配计算各种完工产品与在产品成本:

通过对各项发生费用的归集和分配,基本生产车间在生产过程中发生的各项费用已经集中反映在"生产成本——基本生产成本"科目及其明细账的借方,并按成本项目予以反映。如果企业或车间月末没有在产品或不计算在产品成本,则这些费用就是完工产品的总成本。如果月末既有完工产品又有在产品,那么应由本月产品负担的费用(包括月初在产品成本加上本月发生的应由本月产品负担的生产费用),就要在本月完工产品和月末在产品之间进行分配,以求得本月完工产品成本。

生产费用在完工产品与在产品之间的分配,在成本计算工作中是一个重要而又比较复杂的问题。企业应当根据产品的生产特点,如月末结存在产品数量的多少,各月月末在产品结存数量变化的大小,月末结存在产品价值的大小,各项费用在成本中所占比重的高低,以及企业定额管理基础工作的扎实与否等,结合企业的管理要求,选择既合理又简便的分配方法。用于分配生产费用的方法通常有七种,分别是:

★不计算在产品成本(即在产品成本为零),自来水生产企业、采掘企业等可采用此方法。

★在产品按完工产品成本法计算,即将在产品视同完工产品计算、分配生产费用。这种方法适用于月末在产品已接近完工,或产品已经加工完毕但尚未验收或包装入库的产品。

★在产品成本按年初数固定计算,例如,冶炼、化工企业的产品,由于高炉和化学反应装置的容积固定,其在产品成本就可采用这种方法。

★在产品成本按其所耗用的原材料费用计算,纺织、造纸和酿酒等工业的产品都可以采用这种分配方法。

★约当产量法。这种方法适用范围较广泛，特别是月末在产品结存数量较大，且各月月末在产品结存不稳定，变化比较大，其他分配方法受到限制，不宜采用时，尤为适合。

★在产品成本按定额成本计算。这种方法适用于各项消耗定额或成本定额比较准确、稳定，而且各月末在产品数量变化不是很大的产品。

★定额比例法。它适用于各项消耗定额比较健全、稳定，定额管理基础比较好的，各月末在产品数量变动较大的产品。

1）实战规则

★直接材料由投入生产的原材料构成。原材料入库成本采用实际成本法计算。原材料领用成本采用移动加权平均法，在生产开始时一次性投入，完工产品与在产品所耗原材料成本是相等的，原材料成本按照完工产品和在产品数量分配。

直接材料 = 投入生产的原材料领用数量 × 移动加权单价

★直接人工薪酬由员工工资薪酬构成。直接人工薪酬归集到各类产品中，并在完工产品及在产品中分配。按照月底获得的工时汇总表、工资汇总表和薪酬类费用表计算并填写工资费用分配表。

★制造费用包括低值易耗品、劳保费、生产用电费、生产用水费、厂房租金（折旧）、维护费、生产线管理人员的工资薪酬等。月末根据工时汇总表，归集各类产品的制造费用，计算并填写制造费用分配表，并在完工产品及在产品中分配。

低值易耗品每月采购一次，一次性投入，直接计入当期制造费用。

当月生产用电费 = 当月完工产品数量 ×2 元（含税）

当月生产用水费 = 当月完工产品数量 ×1.5 元（含税）

★产品成本在月末计算和结转。完工产品出库成本结转根据企业财务制度要求结转。完工产品和在产品成本分配的方法为约当产量法。约当产量比例在“信息管理—业务信息—生产信息”查看产成品比例，如图 3 – 114 所示。

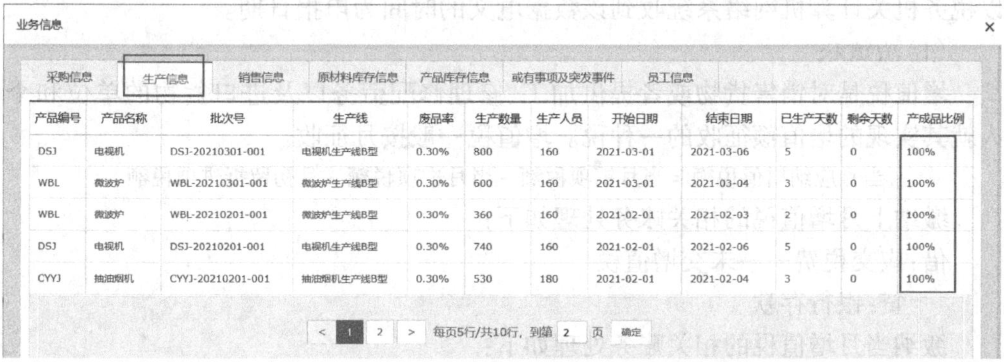

产品编号	产品名称	批次号	生产线	废品率	生产数量	生产人员	开始日期	结束日期	已生产天数	剩余天数	产成品比例
DSJ	电视机	DSJ-20210301-001	电视机生产线B型	0.30%	800	160	2021-03-01	2021-03-06	5	0	100%
WBL	微波炉	WBL-20210301-001	微波炉生产线B型	0.30%	600	160	2021-03-01	2021-03-04	3	0	100%
WBL	微波炉	WBL-20210201-001	微波炉生产线B型	0.30%	360	160	2021-02-01	2021-02-03	2	0	100%
DSJ	电视机	DSJ-20210201-001	电视机生产线B型	0.30%	740	160	2021-02-01	2021-02-06	5	0	100%
CYYJ	抽油烟机	CYYJ-20210201-001	抽油烟机生产线B型	0.30%	530	180	2021-02-01	2021-02-04	3	0	100%

< 1 2 > 每页5行/共10行，到第 2 页 确定

图 3 – 114 “生产信息”界面

3.1.4.2.2　纳税申报规则

1）知识点

税收是企业经营中的重要成本项目，企业在决策时应树立依法纳税的观念和税收筹划的意识，从投资计划的制订、运营业务的设计开始就需要将税收列入重点考虑的因素。实际工作中，财务部门相关人员应及时学习税收法规，正确解读税收法律条款，严格执行税收征管流程，不仅做到依法纳税，避免企业受到不必要的损失，又能提出合理的税收筹划方案，为管理层的决策提供有用的信息。

纳税申报是企业履行纳税义务的重要环节。办税人员在纳税申报时，首先要关注企业运营的形式和实质，正确计算应纳税额，其次要关注纳税申报表填写的规范（如纳税申报表数据的内在逻辑关系），纳税申报的地点、形式和期限。

办税人员要根据税种和税收征管机关的规定，分税种到税务机关进行纳税申报，主要有增值税、企业所得税、城市维护建设税、教育费附加、印花税、个人所得税、房产税、车船使用税（年报）等。

从纳税申报的形式来看，《税收征管法》第二十六条规定："纳税人、扣缴义务人可以直接到税务机关办理纳税申报或者报送代扣代缴、代收代缴税款报告表，也可以按照规定采取邮寄、数据电文或者其他方式办理上述申报、报送事项。"

目前，纳税申报的形式主要有以下三种：

*直接申报，是指纳税人自行到税务机关办理纳税申报。这是一种传统申报方式。

*邮寄申报，是指经税务机关批准的纳税人使用统一规定的纳税申报特快专递专用信封，通过邮政部门办理交寄手续，并向邮政部门索取收据作为申报凭据的方式。

*数据电文申报，是指经税务机关确定的电话语音、电子数据交换和网络传输等电子方式。目前，纳税人的网上申报方式就是数据电文申报的一种形式。

从纳税申报的期限来看，可以分为月报、季度报和年报。

纳税申报日期的确定与申报方式也有一定的联系。例如，以邮寄方式申报纳税的，以邮件寄出的邮戳日期为实际申报日期；以数据电文方式办理纳税申报的，以税务机关计算机网络系统收到该数据电文的时间为申报日期。

（1）增值税

增值税是对销售货物或者提供加工、修理修配劳务以及进口货物的单位和个人就其实现的增值额征收的一种税。增值税一般按月征收。

当月应纳增值税额 = 当月销项税额 - 当月进项税额 - 月初留抵进项税额

缴纳上月增值税的相关账务处理如下：

借：应交税费——未交增值税

　　贷：银行存款

缴纳当月增值税的相关账务处理如下：

借：应交税费——应交增值税（已交税金）

　　贷：银行存款——××支行

(2)企业所得税

企业所得税是对我国境内的企业和其他取得收入的组织的生产经营所得和其他所得征收的一种直接税。企业所得税按年计征,分月或分季度预缴,年终汇算清缴,多退少补。

居民企业应缴纳所得税税额的基本计算公式为:

应纳税费 = 应纳税所得额 × 适用税率 − 减免税额 − 抵免税额

非居民企业应缴纳所得税税额的基本计算公式为:

应纳所得税税额 = 应纳税所得额 × 税率

缴纳企业所得税的相关账务处理如下:

借:应交税费——应交企业所得税

　贷:银行存款——××支行

(3)个人所得税

个人所得税是调整征税机关与自然人(居民、非居民)之间在个人所得税的征纳与管理过程中所发生的社会关系的法律规范的总称。个人所得税的税目共九项,包括工资薪金所得,经营所得,劳务报酬所得,稿酬所得,特许权使用费所得,利息、股息、红利所得,财产租赁所得,财产转让所得,偶然所得。会计应根据个人所得税计算公式查询和统计相关的数据。

应纳个人所得税额 = 应纳税所得额 × 适用税率

缴纳个人所得税相关账务处理如下:

借:应交税费——应交个人所得税

　贷:银行存款——××支行

(4)印花税

印花税是以经济活动中签立的各种合同、产权转移书据、营业账簿、权利许可证照等应税凭证文件为对象所征的税。印花税的税目共13项,包括购销合同、借款合同、财产租赁合同、加工承揽合同、建设工程勘察设计合同、建筑安装工程承包合同、货物运输合同、仓储保管合同、财产保险合同、技术合同、产权转移书据、资金账簿、权利许可证照。会计应根据印花税计算公式查询和统计相关的数据。

应纳印花税额 = 应税凭证计税金额(或应税凭证件数) × 适用税率

缴纳印花税的相关账务处理如下:

借:税金及附加——印花税

　贷:银行存款——××支行

(5)城建税与教育费附加

城市维护建设税和教育费附加是增值税、消费税二类流转税的附加税,只要缴纳了增值税、消费税,就要同时缴纳城市维护建设税和教育费附加。城市维护建设税根据地区不同税率分为7%(市区)、5%(县城镇)和1%,教育费附加税率是3%。这两个附加税是用实际缴纳的增值税与消费税之和作为基数,乘以相应的税率计算应纳的附加税金额。

缴纳城建税和教育费附加账务处理如下：

借：应交税费——应交城市维护建设税

　应交税费——应交教育费附加

　贷：银行存款——××支行

2）实战规则

★财务决策平台采用的是网上申报（数据电文）的方式。每个月，成本管理岗位需在规定时间内申报缴纳上月的税收。纳税申报时需要重点关注税费计算、申报表填写规范、纳税地点、纳税期限。成本管理在进行税费计算和纳税申报表填写时，基础数据主要通过查询电算化模块中的“明细账”来获取有用的数据，必要时还可点击“明细账”中的“查看”按钮，查询相关的原始凭证。

★成本管理需填写计税金额，系统会自动计算应纳税额。

财务决策中涉及的印花税税目有：

购销合同，按照购销金额乘以税率0.03%计征。

财产租赁合同，按照租赁金额乘以税率0.1%计征。

借款合同，按照借款金额乘以税率0.005%计征。

货物运输合同，按照运输收取费用0.05%计征。

权利许可证照，按照单位取得的房屋产权证、工商营业执照、商标注册证、专利证、土地使用证每件5元计征。

营业账簿（记载资金的营业账簿），按照记载资金的账簿，实收资本和资本公积的合计金额0.025%计征。

★为方便学生进行纳税申报，系统在月末会自动计算出应纳个人所得税额，成本管理可查询“应交税费—应交个人所得税”明细账确定应纳个人所得税额。

3.1.4.3 成本管理岗位主功能界面

学生登录“成本管理”，进入成本管理岗位主功能界面，如图3-115所示。

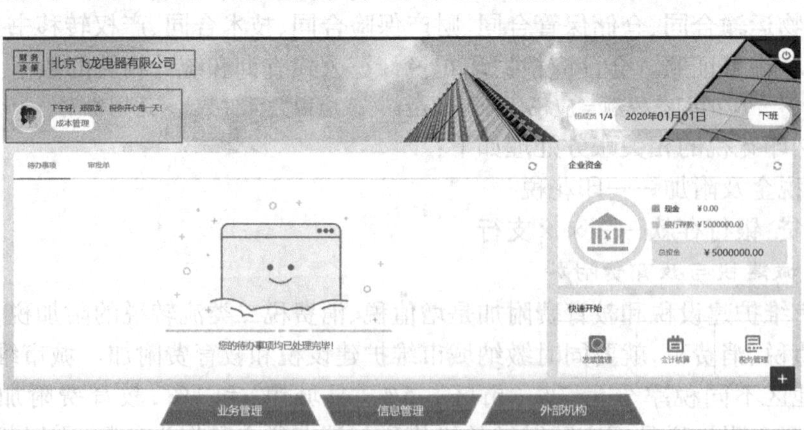

图3-115 成本管理主功能界面

3.1.4.3.1 角色信息、成员信息

1)角色信息

主功能界面的左侧为企业名称、角色头像和相应的角色名称(这里可点击角色名称进行角色切换)。

2)成员信息

点击“组成员”,可以查看小组的信息,如果其他成员已下班,但还有事项未完成,其他成员可以通过该界面将其召回加班。

3.1.4.3.2 待办事项、审批单

1)待办事项

“待办事项”为企业经营过程中待办的事项,不必一有事项就处理(如款项支付),但当待办事项出现红色背景的“今日任务”时,必须当日处理完毕,否则无法进入下一天。

2)审批单

“审批单”是企业经营中需要审批通过的单据,单据审批后相关业务才能继续执行,如图3-116所示。

图3-116 “待办事项、审批单”界面

3.1.4.3.3 快速开始

系统根据每个角色的不同操作要求,设置有快速访问的入口,成本管理岗位常用的“快速开始”有“发票管理”“会计核算”“税务管理”等,如图3-117所示。

3.1.4.3.4 主功能菜单

成本管理主要有三大主功能菜单,包括“业务管理”“信息管理”“外部机构”。

图 3－117 “快速开始”界面

1)信息管理

成本管理可在“信息管理”查询企业基本信息、业务信息、资产信息等，并进行合同管理、发票管理、会计核算、税务管理以及原始单据查询等数据处理。

(1)数据查询

①基本信息：

成本管理可在“基本信息”查看企业的基本资料、财务制度、基本财务信息和金融资产信息。

②业务信息：

成本管理可在“业务信息”里查看相关的业务信息，如采购、生产、销售信息，原材料与产成品库存信息，员工信息等，如图 3－118 所示。

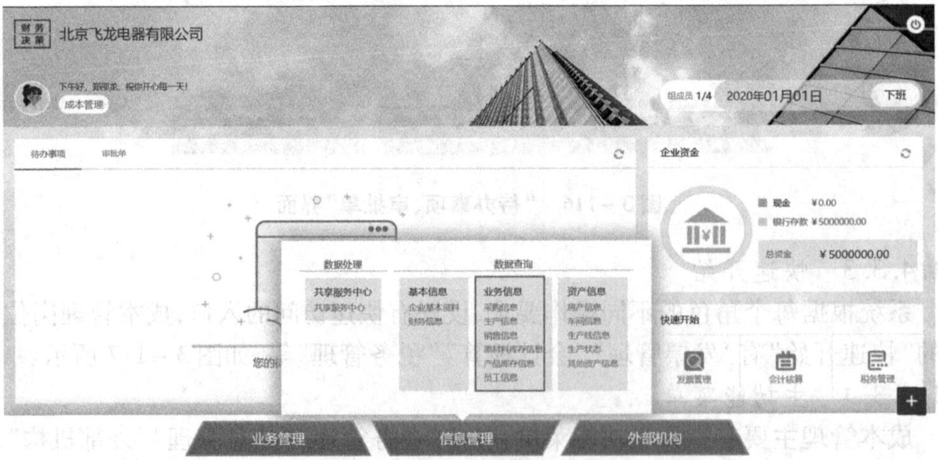

图 3－118 “业务信息”界面

③资产信息：

成本管理可在“资产信息”查看企业的房产、车间、生产线、生产状态、其他资产等信息，如图 3－119 所示。

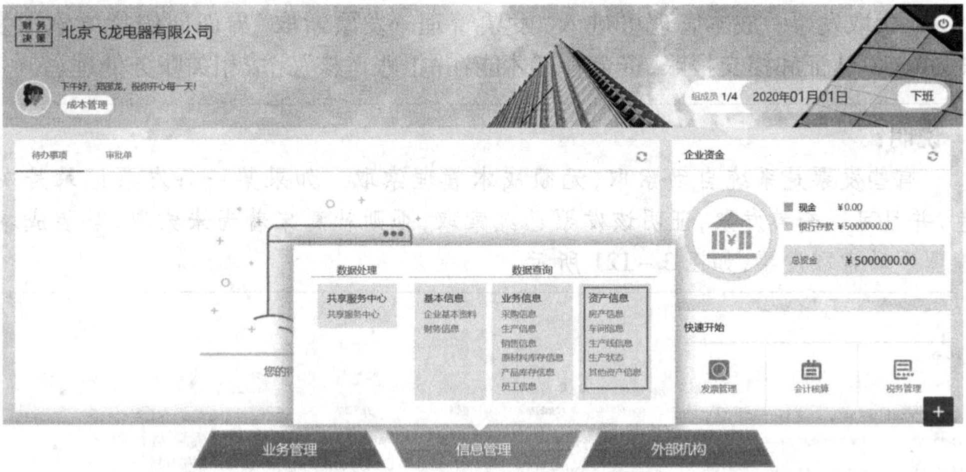

图 3－119　“资产信息”界面

(2) 数据处理

数据处理主要在共享服务中心。成本管理可以在“共享服务中心”进行合同管理、发票管理、会计核算以及税务管理和原始单据查询等操作，如图 3－120 所示。

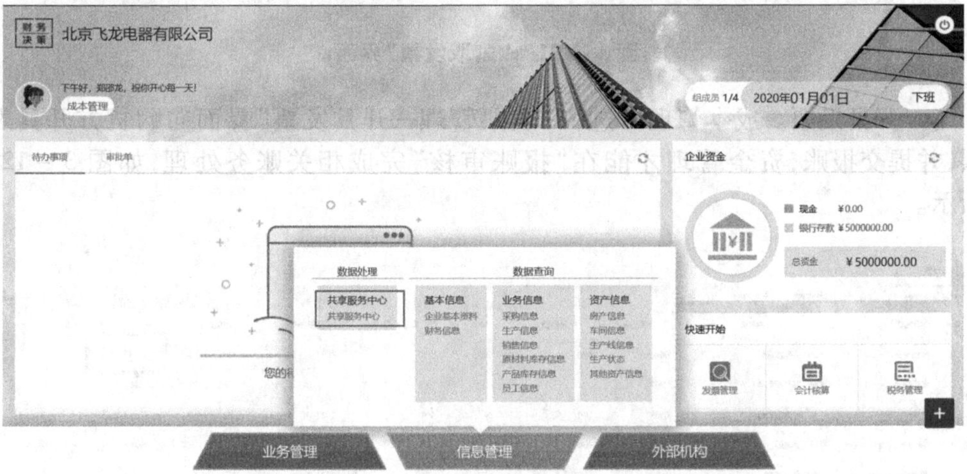

图 3－120　“共享服务中心”界面

①合同管理：

资金管理可通过按需求输入“合同编号”“合同名称”“日期时间”等信息在“合同管理”查找所需合同，也可以在“合同管理”查询合同的相关信息。

②发票管理：

★索取发票。成本管理可进入“发票管理—发票索取”界面向销货方索取发票，并集中认证和提交报账，资金管理才能在“报账审核”完成相关账务处理。

> ★ **说明：**
>
> 有些发票是系统自动索取，无须成本管理索取。如果某一条发票记录是灰色，并且可以查看发票，证明该发票已经索取，否则就意味着尚未索取，需要成本管理手动索取发票，如图 3－121 所示。

索取发票

采购索票　易货索票

操作类型	合同名称	交易日期	到货日期	开票日期	状态	操作
租赁固定资产	租赁房产固定资产[办公用房A]	2021-01-01	2021-01-02	2021-01-02	未完成	索取发票 查看发票
租赁固定资产	租赁房产固定资产[厂房A]	2021-01-01	2021-01-02	2021-01-02	未完成	索取发票 | 查看发票
租赁固定资产	租赁房产固定资产[厂房A]	2021-01-01	2021-01-02	2021-01-02	未完成	索取发票 | 查看发票
租赁固定资产	租赁房产固定资产[厂房A]	2021-01-01	2021-01-02	2021-01-02	未完成	索取发票 | 查看发票
租赁固定资产	租赁生产线固定资产[微波炉生产线B型]	2021-01-01	2021-01-02	2021-01-02	未完成	索取发票 | 查看发票
租赁固定资产	租赁生产线固定资产[电视机生产线B型]	2021-01-01	2021-01-02	2021-01-02	未完成	索取发票 | 查看发票
租赁固定资产	租赁生产线固定资产[抽油烟机生产线B型]	2021-01-01	2021-01-02	2021-01-02	未完成	索取发票 | 查看发票
购买原材料	采购原材料[微波炉辅材]数量[1800.00]	2021-01-01	2021-01-05		未完成	索取发票 | 查看发票
购买原材料	采购原材料[微波炉面板]数量[1800.00]	2021-01-01	2021-01-02		未完成	索取发票 | 查看发票
购买原材料	采购原材料[微波炉发热材料]数量[1800.00]	2021-01-01	2021-01-02		未完成	索取发票 | 查看发票

< 1 2 > 每页10行/共14行，到第 2 页 确定

图 3－121　“索取发票”界面

★开具发票。成本管理可进入“发票管理—开具发票”界面向购货方开具发票，并提交报账，资金管理才能在“报账审核”完成相关账务处理，如图 3－122 所示。

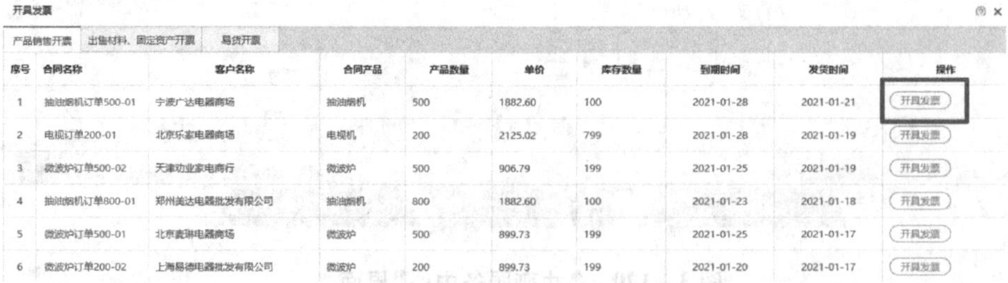

开具发票

产品销售开票　出售材料、固定资产开票　易货开票

序号	合同名称	客户名称	合同产品	产品数量	单价	库存数量	到期时间	发货时间	操作
1	抽油烟机订单500-01	宁波广达电器商场	抽油烟机	500	1882.60	100	2021-01-28	2021-01-21	开具发票
2	电视订单200-01	北京乐家电器商场	电视机	200	2125.02	799	2021-01-28	2021-01-19	开具发票
3	微波炉订单500-02	天津功业家电商行	微波炉	500	906.79	199	2021-01-25	2021-01-19	开具发票
4	抽油烟机订单800-01	郑州美达电器批发有限公司	抽油烟机	800	1882.60	100	2021-01-23	2021-01-18	开具发票
5	微波炉订单500-01	北京麦琳电器商场	微波炉	500	899.73	199	2021-01-25	2021-01-17	开具发票
6	微波炉订单200-02	上海易德电器批发有限公司	微波炉	200	899.73	199	2021-01-20	2021-01-17	开具发票

图 3－122　“开具发票”界面

③会计核算：

月末成本管理在“会计核算—成本核算”功能菜单处进行成本计算，主要包括制造费用分配表、工资薪酬费用分配表、完工产品与月末在产品成本分配表、固定资产明细表的增设和填制，如图 3－123 所示。

图 3－123　“成本核算”界面

④税务管理：

成本管理可在税务管理界面进行增值税及所得税申报和其他税费申报，如图 3－124 所示。

图 3－124　税务管理界面

次月由成本管理在规定时间前进行纳税申报，点击“增值税及所得税申报”进行增值税及所得税的纳税申报，点击“其他税费申报”进行其他税费的纳税申报，如图 3－125、图 3－126 所示。

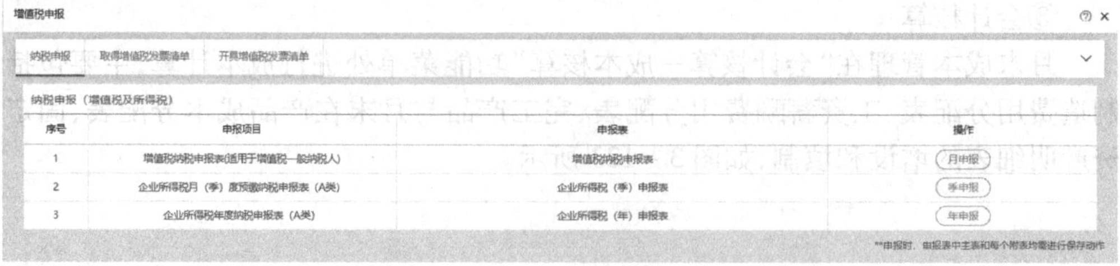

图 3－125　“增值税及所得税申报”界面

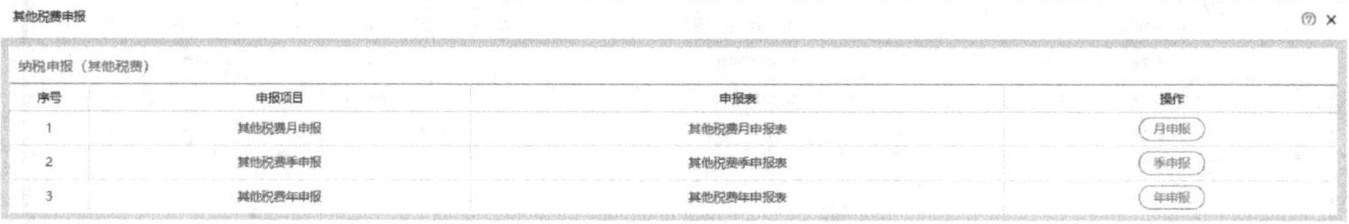

图 3－126　“其他税费申报”界面

⑤原始单据查询：

成本管理可以进入“原始单据查询”，按需求输入“经济业务”、“单据名称”、单据日期等信息，以更精准地查找所需单据，如图 3－127 所示。

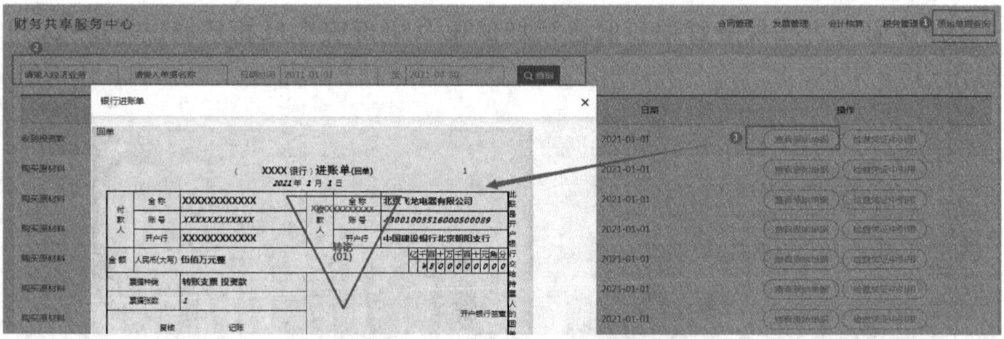

图 3－127　“原始单据查询”界面

2）业务管理—物资管理

成本管理可通过“业务管理—物资管理”查询固定资产管理、固定资产交易记录、库存实盘、原材料实盘、产成品变动记录等信息，如图 3－128 所示。

3）外部机构

成本管理的“外部机构”主要包括“银行中心”、“税务局”以及“稽查”。成本管理可从“外部机构”查询银行对账单、申办税收优惠和进行税务稽查，如图 3－129、图 3－130 所示。

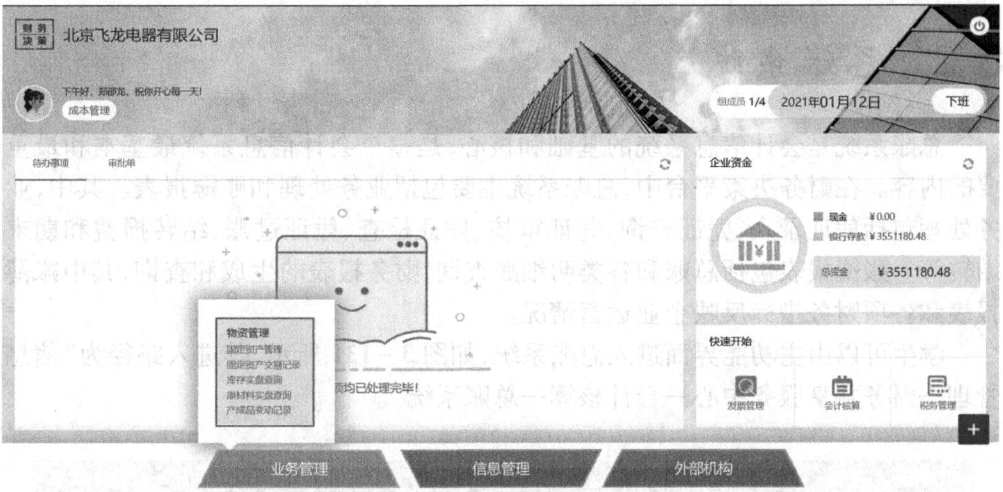

图 3－128 “物资管理”界面

图 3－129 “外部机构”界面

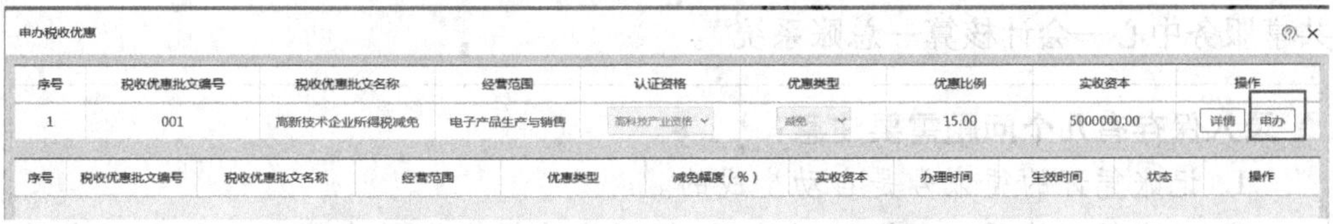

图 3－130 进入“申办税收优惠”界面

4)其他菜单

与运营管理岗位类似,详情请参考运营管理岗位的“其他菜单”。

3.2 总账系统

总账系统是会计信息系统的基础和核心，是整个会计信息系统最基本和最重要的内容。在财务决策平台中，总账系统主要包括业务处理和账簿报表。其中，业务处理包括凭证录入、凭证查询、凭证审核、凭证检查、凭证过账、结转损益和期末结转等。账簿报表包括总账和各类明细账查询，财务报表的生成和查询，其中账簿报表和各项财务指标反映企业运营情况。

学生可以由主功能界面进入总账系统，如图 3－131 所示，其进入路径为“信息管理—财务共享服务中心—会计核算—总账系统”。

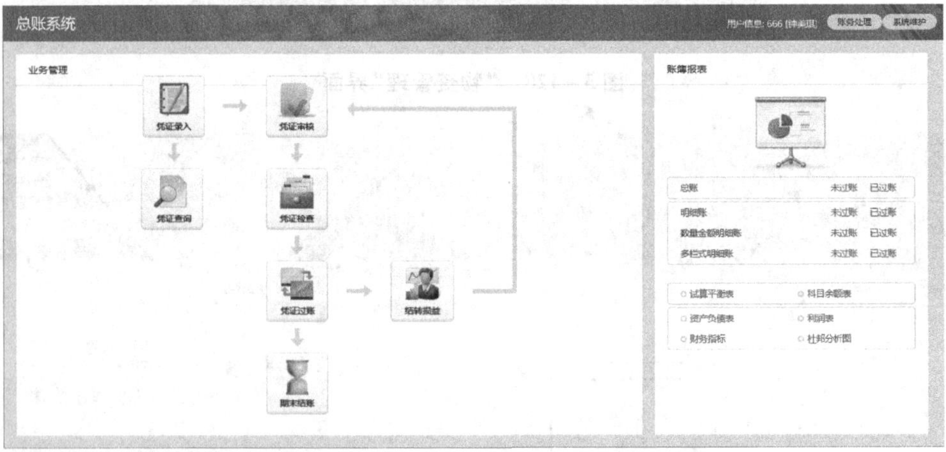

图 3－131 “总账系统”界面

3.2.1 业务管理

3.2.1.1 凭证录入

凭证录入操作具体见各岗位介绍的“财务共享服务中心—报账审核”或“财务共享服务中心—会计核算—总账系统”。

> **★ 录入保存有几个问题需要注意：**
>
> 1. 记账凭证的凭证号是自动生成的。
>
> 2. 记账凭证的凭证日期可以选择，但不能选择当期最末张凭证的日期之前的日期；并且不可选择上期已结账的日期或超出本期会计期间的日期。
>
> 3. 当会计科目为原材料或库存商品时，需要点选那条会计分录，在下方数量单价框输入数值，单价根据借贷方金额与数量自动换算。

4. 上方一列“提供”按钮中，拷贝、粘贴、新增、插入、删除用于会计分录的复制、新增、删除等。

5. 模板凭证功能供学生自由维护模板凭证，每次录入凭证时可以选择已维护模板凭证，进行会计分录摘要、会计科目的快速选择，之后只需要输入金额即可，大大提高录入凭证的效率。

3.2.1.2 凭证查询

点击“凭证查询”，进入会计分录序时簿，如图 3－132 所示。

日期	凭证字号	附件数	摘要	科目代码	科目名称	借方金额	贷方金额	数量	单价	录入类型	操作	审核	过账
2021-01-31	记-1	1	收到投资款	100201	银行存款 -- 中国建设银行北京朝阳支行	5000000.00				系统生成	查看	√	√
			收到投资款	4001	实收资本		5000000.00						
2021-01-31	记-2	1	支付租金	112309	预付账款 -- 北京晨深房地产有限公司	33332.00				系统生成	查看	√	√
			支付租金	100201	银行存款 -- 中国建设银行北京朝阳支行		33332.00						
2021-01-31	记-3	1	支付租金	112307	预付账款 -- 北京安远地产股份有限公司	133332.00				系统生成	查看	√	√
			支付租金	100201	银行存款 -- 中国建设银行北京朝阳支行		133332.00						
2021-01-31	记-4	1	支付租金	112307	预付账款 -- 北京安远地产股份有限公司	133332.00				系统生成	查看	√	√
			支付租金	100201	银行存款 -- 中国建设银行北京朝阳支行		133332.00						
2021-01-31	记-5	1	支付租金	112307	预付账款 -- 北京安远地产股份有限公司	133332.00				系统生成	查看	√	√
			支付租金	100201	银行存款 -- 中国建设银行北京朝阳支行		133332.00						
2021-01-31	记-6	1	支付租金	112315	预付账款 -- 北京裕隆机械制造有限公司	720000.00				系统生成	查看	√	√
			支付租金	100201	银行存款 -- 中国建设银行北京朝阳支行		720000.00						
2021-01-31	记-7	1	支付租金	112314	预付账款 -- 北京裕丰机械制造有限公司	960000.00				系统生成	查看	√	√
			支付租金	100201	银行存款 -- 中国建设银行北京朝阳支行		960000.00						
2021-01-31	记-8	1	支付租金	112302	预付账款 -- 北京上佳机械制造有限公司	800000.00				系统生成	查看	√	√
			支付租金	100201	银行存款 -- 中国建设银行北京朝阳支行		800000.00						

图 3－132　会计分录序时簿界面

在会计分录序时簿中，可双击每条会计分录或点击查看凭证的明细内容，如图 3－133 所示。

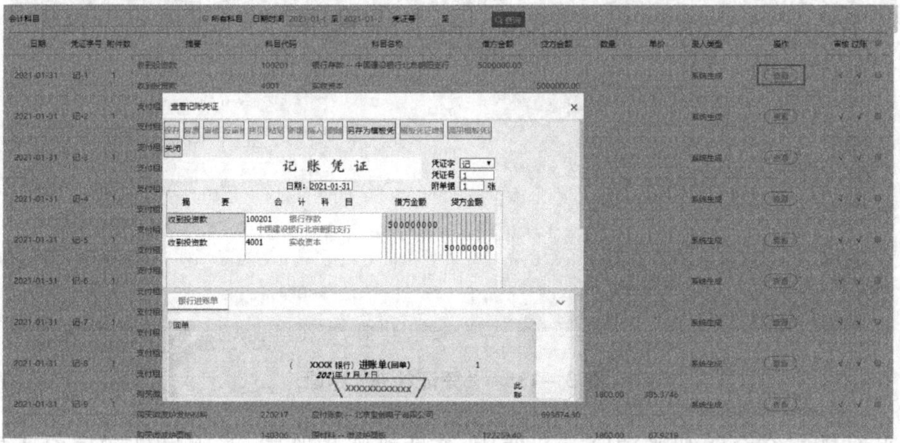

图 3－133　查看会计分录序时簿界面

3.2.1.3 凭证审核

财务总监在凭证查询的基础上，查看并审核凭证。审核无误后，选择相应业务进行审核，如图 3－134 所示。

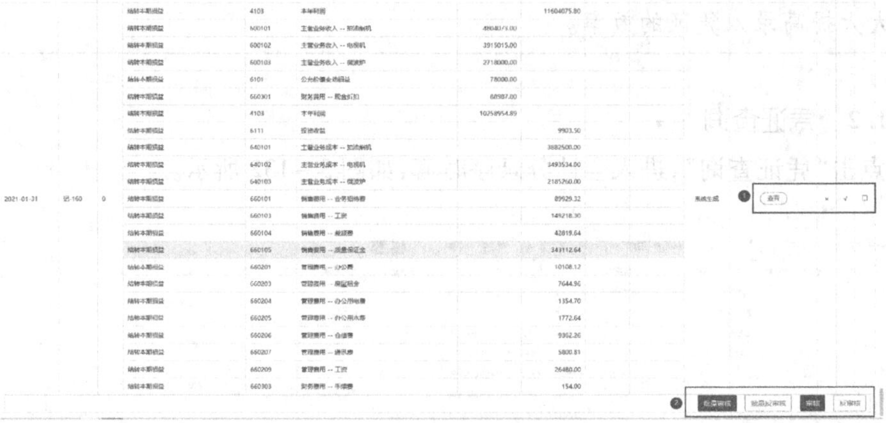

图 3－134 审核凭证界面

3.2.1.4 凭证整理

财务总监点击“凭证检查”，进入“凭证检查”界面进行凭证整理。如果过账时提示由于资产类科目为负数不能过账，可进入该模块进行凭证检查与调整，如图 3－135 所示。

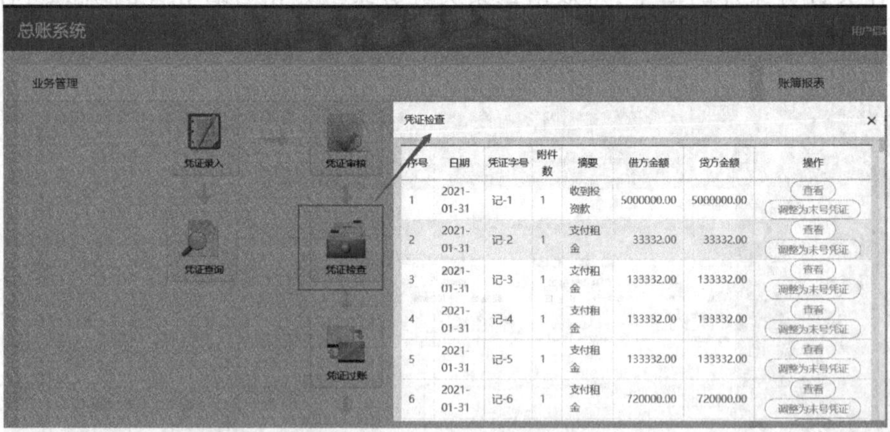

图 3－135 “凭证检查”界面

此功能需结合明细账预览一起使用，在明细账预览中，对因凭证顺序录入失误导致资产类会计科目出现某日余额负数，则可通过凭证整理解决问题，将某一记账凭证调整至末号凭证，等同于对凭证进行重新排序，不过凭证日期只能保存为当期最末的凭证日期。

3.2.1.5 凭证过账

点击“凭证过账”，进入“凭证过账”界面，如图3－136所示。

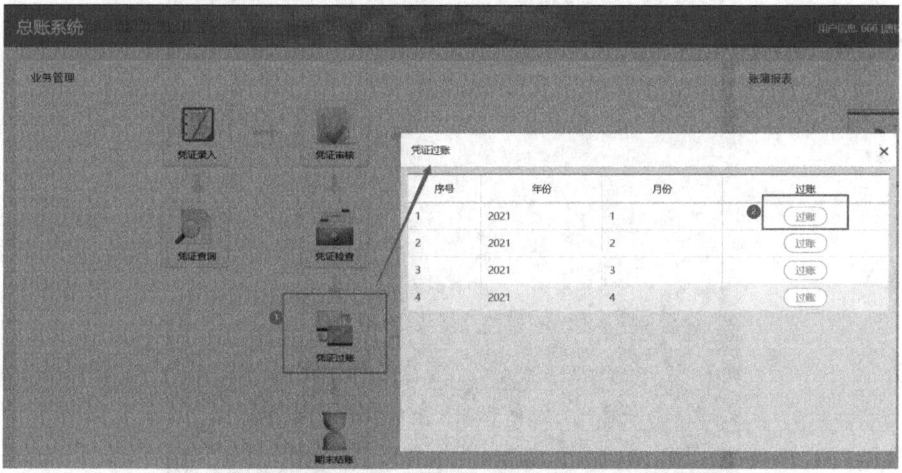

图3－136 “凭证过账”界面

根据目前学生运营到的年度月份，列表中列出可以过账的年月，点击“过账”即可对当前月进行凭证过账，若当期存在未审核凭证或凭证号重复不连续及资产类科目余额为负数等情况，将予以警告提示，并取消当前过账操作。此时需修改凭证或者进入凭证检查模块对凭证重新整理，方可正常过账，当期可继续录入凭证并重复过账，如图3－137所示。

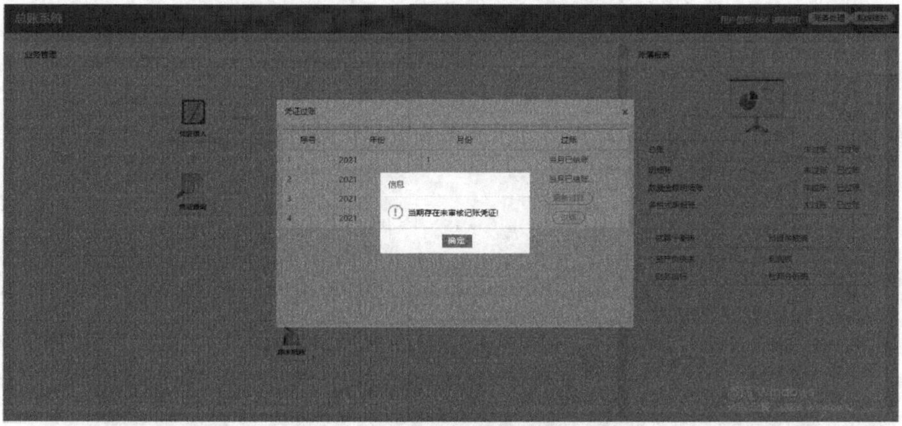

图3－137 “当期存在未审核记账凭证”提示

3.2.1.6 结转损益

点击“结转损益”，进入“结转损益”界面，如图 3－138 所示。

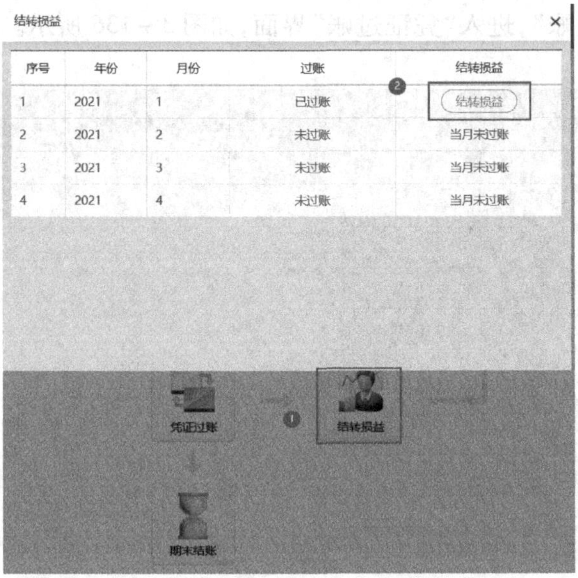

图 3－138 “结转损益”界面

根据目前学生运营到的年度月份，列表中列出可以结转损益的年月，点击“结转损益”即可对当前年月进行结转损益，系统将根据已过账的凭证中的损益类科目进行余额结转，生成一张结转损益的记账凭证，之后由成本管理审核，并重新过账。

3.2.1.7 期末结账

点击“期末结账”，进入“期末结账”界面，如图 3－139 所示。

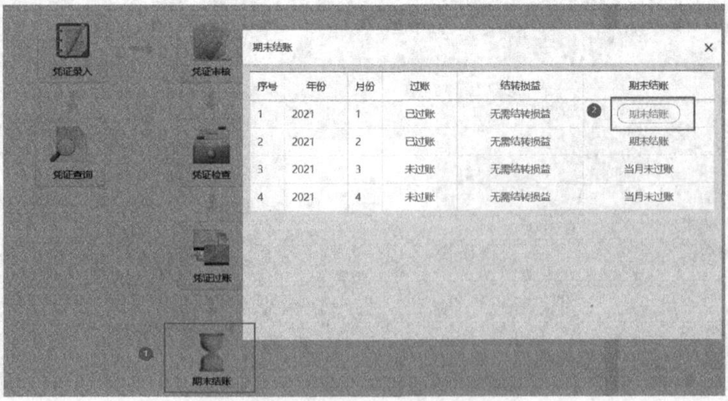

图 3－139 “期末结账”界面

根据目前运营到的年度月份，列表中列出可以期末结账的年月，点击“期末结账”即可对当前年月进行期末结账，结账之后该年月不可再进行凭证过账、结转损益等账务处理。如需更改事先错误凭证，要进行反结账处理，如图 3－140 所示。

期末结账 ×

序号	年份	月份	过账	结转损益	期末结账
1	2021	1	已过账	无需结转损益	当月已结账 反结账
2	2021	2	已过账	无需结转损益	期末结账
3	2021	3	未过账	无需结转损益	当月未过账
4	2021	4	未过账	无需结转损益	当月未过账

图 3－140　“反结账”界面

3.2.2　账簿、报表

在总账系统中可以查看相关的账簿、报表、相关财务指标等财务资料，如图 3－141 所示。

图 3－141　“账簿报表”界面

3.2.2.1　账簿与报表

根据需要，可以查询通过账务处理生成的总账、明细账、资产负债表、利润表等相关账簿报表，如图 3－142、图 3－143、图 3－144、图 3－145 所示。

2021 ▾ 1 ▾ 3 ▾ 查询

科目代码	科目名称	年	月	日	凭证字号	摘要	借方	贷方		余额
1001	库存现金	2021	1	1		建账初始余额	0.00	0.00	借	0.00
		2021	1	31	汇	本期合计	90000.00	89370.50	借	629.50
		2021	1	31		本年累计	90000.00	89370.50	借	629.50
		2021	2	1		期初余额	0.00	0.00	借	629.50
		2021	2	28	汇	本期合计	85000.00	85414.14	借	215.36
		2021	2	28		本年累计	175000.00	174784.64	借	215.36
		2021	3	1		期初余额	0.00	0.00	借	215.36
		2021	3	31	汇	本期合计	80000.00	79644.47	借	570.89
		2021	3	31		本年累计	255000.00	254429.11	借	570.89
1002	银行存款	2021	1	1		建账初始余额	0.00	0.00	借	0.00
		2021	1	31	汇	本期合计	14587234.44	10125380.79	借	4461853.65
		2021	1	31		本年累计	14587234.44	10125380.79	借	4461853.65
		2021	2	1		期初余额	0.00	0.00	借	4461853.65
		2021	2	28	汇	本期合计	3657413.37	3898667.95	借	4220599.07
		2021	2	28		本年累计	18244647.81	14024048.74	借	4220599.07
		2021	3	1		期初余额	0.00	0.00	借	4220599.07
		2021	3	31	汇	本期合计	4081319.48	5152847.89	借	3149070.66
		2021	3	31		本年累计	22325967.29	19176896.63	借	3149070.66
1012	其他货币资金	2021	1	1		建账初始余额	0.00	0.00	借	0.00
		2021	1	31	汇	本期合计	0.00	0.00	借	0.00

图 3－142　总账界面

会计科目： 2021 ▾ 3 ▾ 3 ▾ 查询

1001--库存现金
1002--银行存款
1012--其他货币资金
1101--交易性金融资产
1121--应收票据
1122--应收账款
1123--预付账款
1131--应收股利
1132--应收利息
1221--其他应收款
1231--坏账准备
1321--委托贷款
1401--材料采购
1402--在途物资
1403--原材料
1404--材料成本差异
1405--库存商品
1406--发出商品
1407--商品进销差价
1408--委托加工物资

日期			对方科目	借方金额	贷方金额		余额	操作
2021-03-(				0.00	0.00	借	215.36	
2021-03-(				0.00	0.00	借	215.36	
2021-03-3			中国建设银行北京朝阳支行	48000.00		借	48215.36	查看
2021-03-3			差旅费		37871.71	借	10343.65	查看
2021-03-3			中国建设银行北京朝阳支行	1000.00		借	11343.65	查看
2021-03-3			办公费		10864.80	借	478.85	查看
2021-03-3			中国建设银行北京朝阳支行	31000.00		借	31478.85	查看
2021-03-31	记-42	报销费用	业务招待费		30907.96	借	570.89	查看
2021-03-31	通-	本日合计		80000.00	79644.47	借	570.89	
2021-03-31	通-	本期合计		80000.00	79644.47	借	570.89	
2021-03-31	通-	本年累计		255000.00	254429.11	借	570.89	

图 3－143　明细账界面

资产负债表

会企01表

编制单位：北京飞龙电器有限公司　　　　2021　　　　单位：

资产	行次	期末余额	年初余额	负债和所有者权益（或股东权益）	行次	期末余额	年初余额
流动资产：				流动负债：			
货币资金	1	4220814.43	0.00	短期借款	30	5000000.00	0.00
以公允价值计量且其变动计入当期损益的金融资产	2	530000.00	0.00	以公允价值计量且其变动计入当期损益的金融负债	31	0.00	0.00
衍生金融资产	3	0.00	0.00	衍生金融负债	32	0.00	0.00
应收票据	4	0.00	0.00	应付票据	33	0.00	0.00
应收账款	5	0.00	0.00	应付账款	34	2388813.28	0.00
预付款项	6	1311409.30	0.00	预收款项	35	0.00	0.00
其他应收款	7	0.00	0.00	应付职工薪酬	36	2263059.07	0.00
存货	8	4859084.57	0.00	应交税费	37	1054.75	0.00
持有待售资产	9	0.00	0.00	其他应付款	38	108540.00	0.00
一年内到期的非流动资产	10	0.00	0.00	持有待售负债	39	0.00	0.00
其他流动资产	11	518073.47	0.00	一年内到期的非流动负债	40	0.00	0.00
流动资产合计	12	11439381.77	0.00	其他流动负债	41	0.00	0.00
非流动资产：				流动负债合计	42	9761467.10	0.00
可供出售金融资产	13	0.00	0.00	非流动负债：			
持有至到期投资	14	0.00	0.00	长期借款	43	0.00	0.00
长期应收款	15	0.00	0.00	应付债券	44	0.00	0.00
长期股权投资	16	0.00	0.00	其中：优先股	45	0.00	0.00
投资性房地产	17	0.00	0.00	永续债	46	0.00	0.00
固定资产	18	70684.45	0.00	长期应付款	47	0.00	0.00
在建工程	19	0.00	0.00	预计负债	48	218817.39	0.00
生产性生物资产	20	0.00	0.00	递延收益	49	0.00	0.00
油气资产	21	0.00	0.00	递延所得税负债	50	0	0
无形资产	22	0.00	0.00	其他非流动负债	51	0.00	0.00
开发支出	23	0.00	0.00	非流动负债合计	52	218817.39	0.00
商誉	24	0.00	0.00	负债合计	53	9980284.49	0.00
长期待摊费用	25	0.00	0.00	所有者权益（或股东权益）：			
递延所得税资产	26	0.00	0.00	实收资本（或股本）	54	5000000.00	0.00
其他非流动资产	27	0.00	0.00	其他权益工具	55	0.00	0.00
非流动资产合计	28	70684.45	0.00	其中：优先股	56	0.00	0.00
				永续债	57	0.00	0.00
				资本公积	58	0.00	0.00
				减：库存股	59	0.00	0.00
				其他综合收益	60	0.00	0.00
				专项储备	61	0.00	0.00
				盈余公积	62	0.00	0.00
				未分配利润	63	-3470218.27	0.00
				所有者权益（或股东权益）合计	64	1529781.73	0.00
资产总计	29	11510066.22	0.00	负债和所有者权益（或股东权益）总计	65	11510066.22	0.00

单位负责人：　　　　主管会计工作负责人：　　　　会计机构负责人：

图 3－144　“资产负债表”界面

利润表

会企02表

编制单位：北京飞龙电器有限公司　　2021　　单位：

项目	行次	本期金额	上期金额
一、营业收入	1	4059499.50	0
减：营业成本	2	4701384.10	0
税金及附加	3	0	0
销售费用	4	604144.12	0
管理费用	5	95052.55	0
研发费用	6	201789.57	0
财务费用	7	-67194.21	0
其中：利息费用	8	0	0
利息收入	9	0	0
加：其他收益	10	0	0
投资收益（损失以"-"号填列）	11	-565.00	0
其中：对联营企业和合营企业的投资收益	12	0	0
公允价值变动收益（损失以"-"号填列）	13	0	0
资产减值损失（损失以"-"号填列）	14	0	0
资产处置收益（损失以"-"号填列）	15	0	0
二、营业利润（亏损以"-"号填列）	16	-1476241.63	0
加：营业外收入	17	0	0
减：营业外支出	18	0	0
三、利润总额（亏损总额以"-"号填列）	19	-1476241.63	0
减：所得税费用	20	0	0
四、净利润（净亏损以"-"号填列）	21	-1476241.63	0
（一）持续经营净利润（净亏损以"-"号填列）	22	-1476241.63	0
（二）终止经营净利润（净亏损以"-"号填列）	23	0	0
五、其他综合收益的税后净额	24	0	0
（一）不能重分类进损益的其他综合收益	25	0	0
1. 重新计量设定受益计划变动额	26	0	0
2. 权益法下不能转损益的其他综合收益	27	0	0
（二）将重分类进损益的其他综合收益	28	0	0
1. 权益法下可转损益的其他综合收益	29	0	0
2. 可供出售金融资产公允价值变动损益	30	0	0
3. 持有至到期投资重分类为可供出售金融资产损益	31	0	0
4. 现金流量套期损益的有效部分	32	0	0
5. 外币财务报表折算差额	33	0	0
六、综合收益总额	34	-1476241.63	0
七、每股收益：	35		
（一）基本每股收益	36		
（二）稀释每股收益	37		

单位负责人：　　主管会计工作负责人：　　会计机构负责人：

图 3－145 "利润表"界面

3.2.2.2 财务指标

系统会根据已生成报表自动计算各项财务指标,学生可以通过“财务指标”进行查看,如图 3-146 所示。

财务指标

一.短期偿债能力指标	
1.流动比率	2.3070
2.速动比率	2.1697
二.长期偿债能力指标	
1.资产负债率	0.4629
2.权益乘数	1.8618
三.营运能力指标	
1.应收账款周转天数	12.7087
2.存货周转天数	1.0798
3.资产周转天数	39.5061
四.盈利能力比率	
1.销售净利率	0.1584
2.资产净利率	0.3648
3.权益净利率	0.6793

图 3-146 “财务指标”界面

3.2.2.3 杜邦分析图

系统除了会根据已生成报表自动计算各项财务指标外,还可直观显示在杜邦分析图中,如图 3-147 所示。

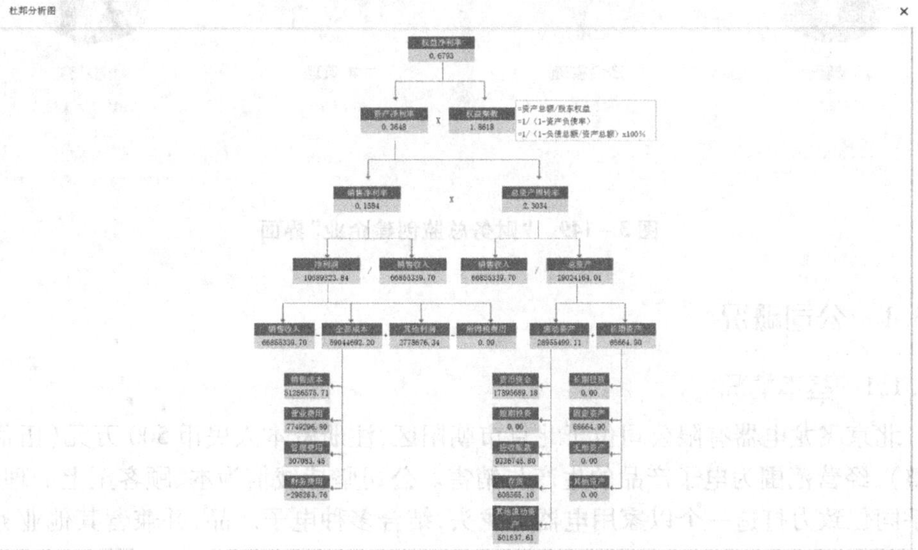

图 3-147 “杜邦分析图”界面

3.3 工作准备

首先，由财务总监登录平台，创建一家企业——北京飞龙电器有限公司，然后对每个角色进行检测，最后企业创建成功，如图 3－148、图 3－149 所示。

图 3－148 “学生登录平台”界面

图 3－149 “财务总监创建企业”界面

3.3.1 公司概况

3.3.1.1 基本情况

北京飞龙电器有限公司位于北京市朝阳区，注册资本人民币 500 万元(伍佰万圆整)，经营范围为电子产品的生产与销售。公司坚持诚信为本、顾客至上的理念，携手同仁致力打造一个以家用电器为龙头，结合多种电子产品，并兼营其他业务的现代化企业。

3.3.1.2 财务制度

✱采用实际成本法计算材料成本；材料出库采用移动加权平均，低值易耗品每月采购一次，一次性投入，直接计入当期制造费用。

✱生产成本采用品种法分配结转；生产材料在生产开始时一次投料，完工产品与在产品所耗原材料费用是相等的，原材料费用按照完工产品和在产品数量分配，制造费用和工资薪金按照完工产品和在产品约当产量进行分配。

✱固定资产折旧方法采用直线法。

✱产成品出库采用月末一次加权平均法。

✱股票买卖采用移动加权平均法结转股票成本。

✱所得税每季度末一次性根据企业利润计提（无须进行纳税调整，纳税调整事项统一体现在所得税申报表上）。

为了保证成本核算均衡，工资福利费等薪酬当月计提，次月支付。

✱月末无须计提本月利息费用，次月支付时直接计入当期费用。

✱月末无须计提印花税，次月申报缴纳时直接计入对应科目即可。

✱企业在每年第四季度会支付劳保费，主要为生产车间工人提供防寒防冻的用品。

✱关于坏账计提方式：企业在分期收款方式下销售商品，如果二期款在合同约定时间未收到，企业财务人员应将未收款项全额计提坏账准备。

✱印花税申报时，货物运输合同、仓储保管合同、加工承揽合同、销售原材料业务的购销合同以企业当期收到的上述发票的未税金额作为计税基础。

3.3.1.3 岗位设置

北京飞龙电器有限公司人员岗位设置如下：

王坤雨——运营管理；钟美琪——财务总监；李延保——资金管理；郑邵龙——成本管理。

3.3.1.4 角色分配/权限

3.3.1.4.1 外部单位操作权限

外部单位操作权限如表3-1所示。

表3-1 外部单位操作权限表

	财务总监	运营管理	成本管理	资金管理
税务局	√	—	√	—
办事大厅	√	√	—	—
法院	√	—	—	—
采购市场	—	√	—	—
银行	√（贷款审批）	—	√	√

3.3.1.4.2 企业内部单位操作权限

(1)财务共享服务中心

财务共享服务中心如表3-2所示。

表3-2 财务共享服务中心操作权限表

	财务总监	运营管理	成本管理	资金管理
合同管理	√	√	√	√
原始单据查询	√	√	√	√
会计核算	√(总账系统)	√(总账系统)	√(成本核算、凭证查询)	√(总账系统)
发票管理	—	—	√	—
报账审核	—	√	—	√
税务管理	√(审批)	—	√(申报)	—

(2)其他相关操作权限

其他相关操作权限如表3-3所示。

表3-3 其他相关操作权限表

	财务总监	运营管理	成本管理	资金管理
人力资源	—	√	—	—
销售管理	—	√	—	—
物资管理	√	√	√	—
生产管理	√	√	—	—
企业基本信息	√	√	√	√
财务信息	√	—	√	√
资产信息	√	√	√	—
库存信息	√	√	√	—
业务信息	√	√	√	—

3.3.2 其他说明

★索取和开具发票:企业按合同完成经济业务后,应索取或开具相应发票;如果不索取或开具发票,账务处理时将看不到此单据。索取和开具发票的工作由成本管理在日常工作中完成,主要是索取采购发票和开具销售发票。

★财务决策平台中,会计核算独立于运营业务,可于月底集中进行;对虚拟企业当期运营业务的会计处理,除日常业务外还应对月底必办业务进行梳理,防止遗漏。

3.4　典型业务操作

3.4.1　日常经营业务

3.4.1.1　筹资业务

1)收到投资

在收到投资时,由资金管理进入“财务共享服务中心”—“报账审核”,根据“银行进账单”完成账务处理,如图 3－150 所示。

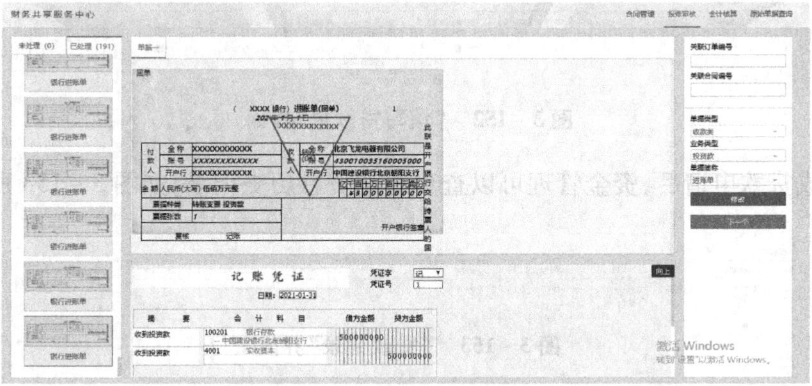

图 3－150　收到投资后的账务处理界面

2)贷款业务

(1)主功能界面

在本案例中,企业需要进行借款。资金管理进入“外部机构”—“银行中心”,点击“我要贷款”按钮,如图 3－151 所示。

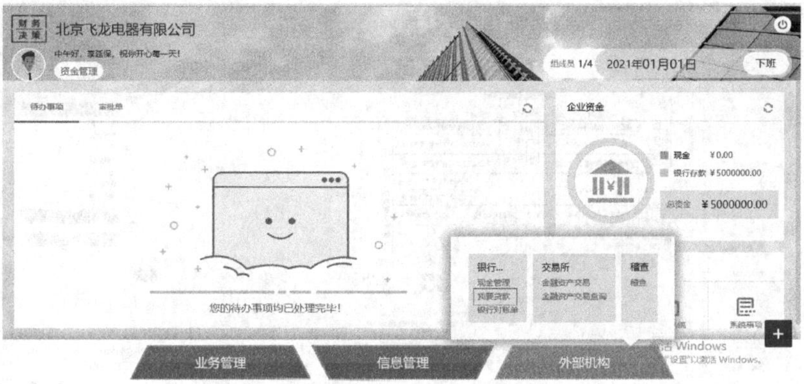

图 3－151　“我要贷款”界面

选择贷款类型，输入贷款金额和贷款期限，点击“下一步”，提交给财务总监审批，完成贷款申请，如图 3－152 所示。

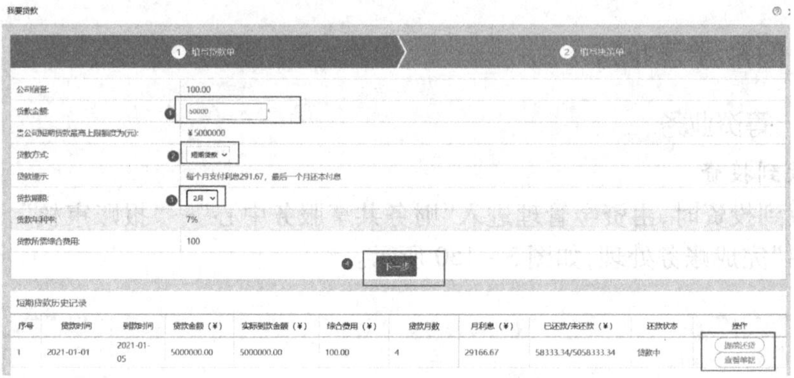

图 3－152 “填写贷款单”界面

完成贷款申请后，资金管理可以查看短期贷款历史记录，如图 3－153 所示。

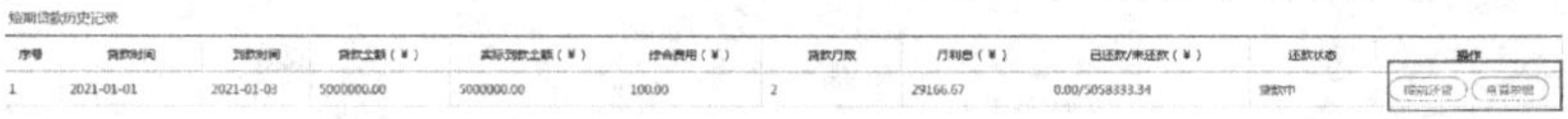

图 3－153 “贷款记录”界面

如果需要提前还贷，点击“我要贷款”，下拉找到“短期贷款历史记录”界面，点击“提前还贷”按钮，即可完成提前还贷。

（2）财务共享服务中心

在收到贷款额时，由资金管理进入“财务共享服务中心”—“报账审核”，根据“借款借据”“银行收费凭证”“收费凭证”等原始单据完成账务处理，如图 3－154、图 3－155 所示。

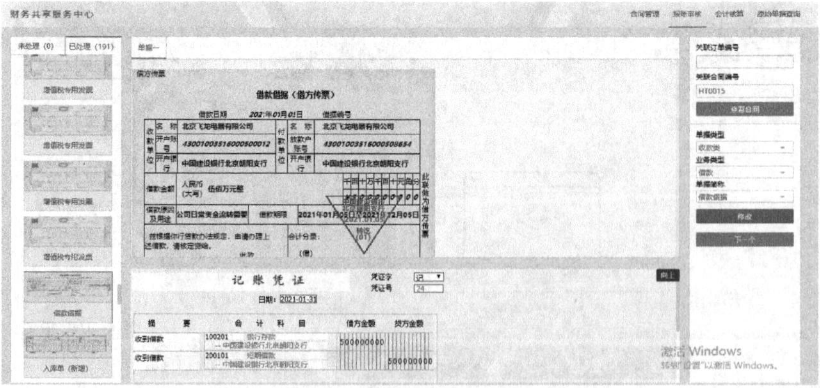

图 3－154 短期贷款业务 A 处理界面

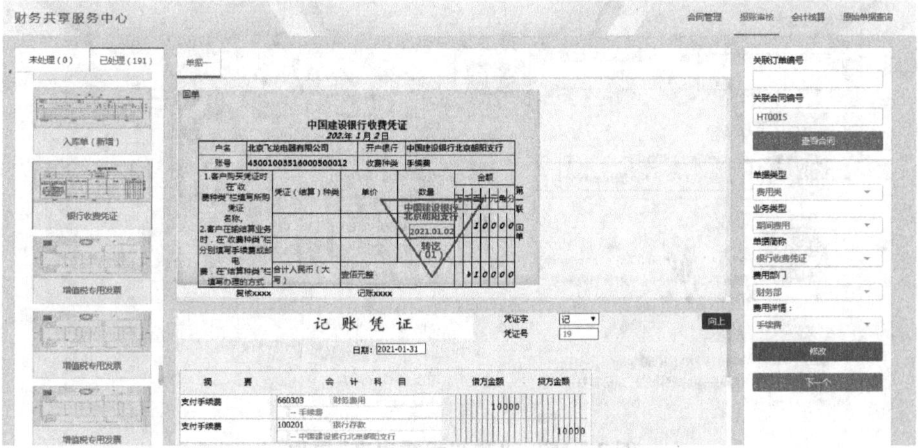

图 3-155　短期贷款业务 B 处理界面

3.4.1.2　投资业务

1)固定资产:

(1)租赁/购买厂房

①主功能界面:

本业务采用租赁方式取得厂房。运营管理点击"业务管理"—"购买租赁房产",进入"购买租赁房产"界面,选择需要购买租赁的厂房,如图 3-156 所示。

图 3-156　进入"购买租赁房产"界面

选择"厂房",点击需要租赁的厂房(以厂房 A 为例)的"租赁",进入"租赁房产"界面,填写租赁单,然后点击"下一步"提交,由财务总监进行审批,如图 3-157、图 3-158 所示。

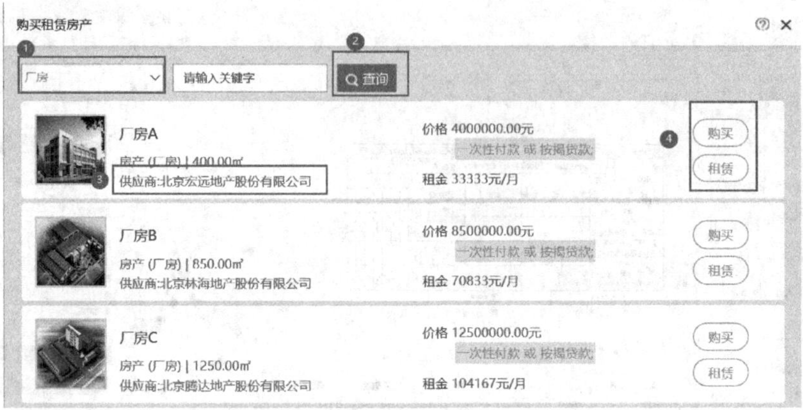

图 3－157 “购买租赁房产”界面

图 3－158 “租赁房产”界面

财务总监在“审批单”查看待审批的事项“租赁厂房 A”，点击“通过”完成审批，如图 3－159 所示。

图 3－159 审批租赁厂房界面

财务总监审批通过后，运营管理在“审批单”下的“租赁厂房 A”，点击“执行”，如图 3－160 所示。

图 3－160 执行租赁厂房界面

成本管理在“待办事项”界面，找到待办事项“租赁房产固定资产（厂房 A）”，点击“审批通过”，如图 3－161 所示。

图 3－161 审批支付厂房租金界面

资金管理根据成本管理已审批事项，办理款项支付业务。进入“待办事项”，进行支付款项的审核，无误时按付款流程办理支付，符合支付要求的点击“银行支付”，如图 3－162 所示。

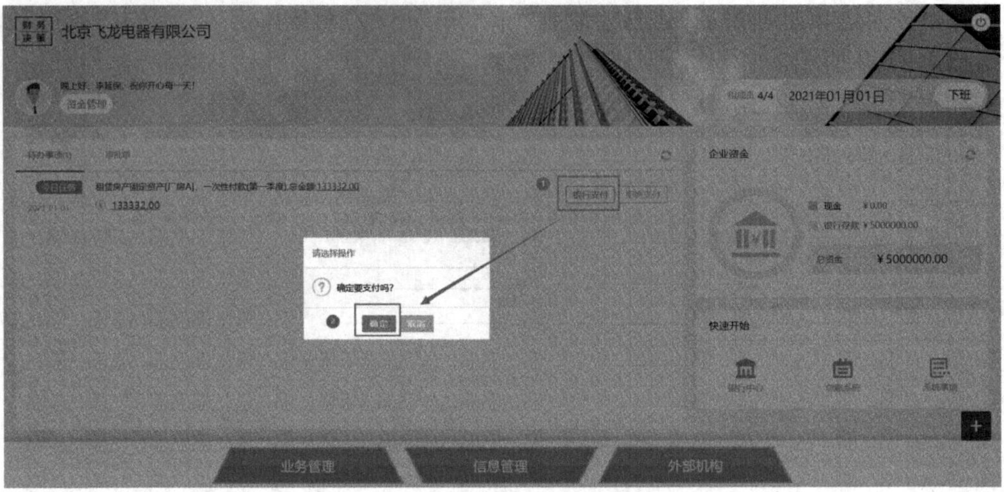

图 3－162　支付厂房 A 租金界面

注意:如果不符合支付条件或企业资金不足无法支付,则点击“拒绝支付”。

②财务共享服务中心:

本业务由资金管理进入“财务共享服务中心”—“报账审核”,根据“银行进账单”“增值税专用发票”等原始单据完成其账务处理,如图 3－163、图 3－164 所示。

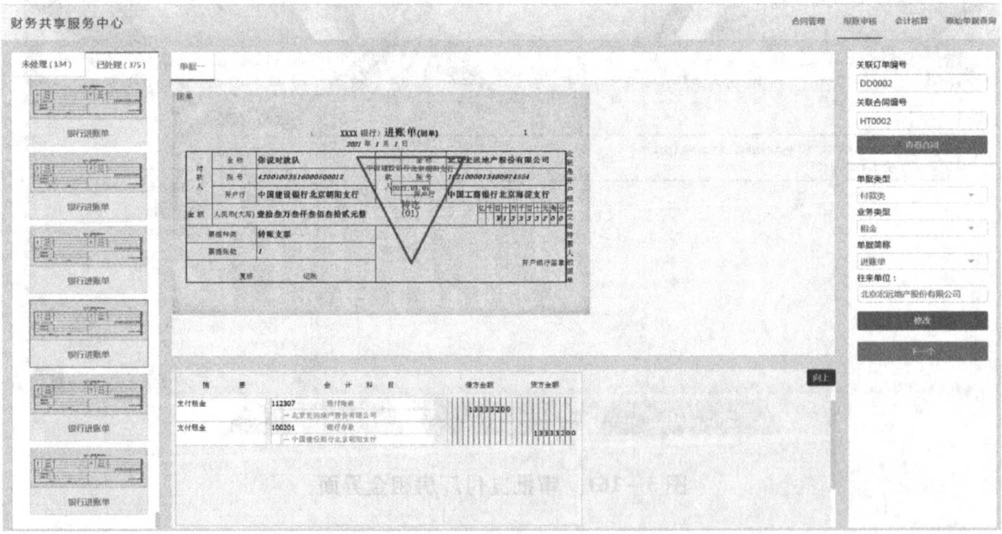

图 3－163　租赁厂房业务 A 处理界面

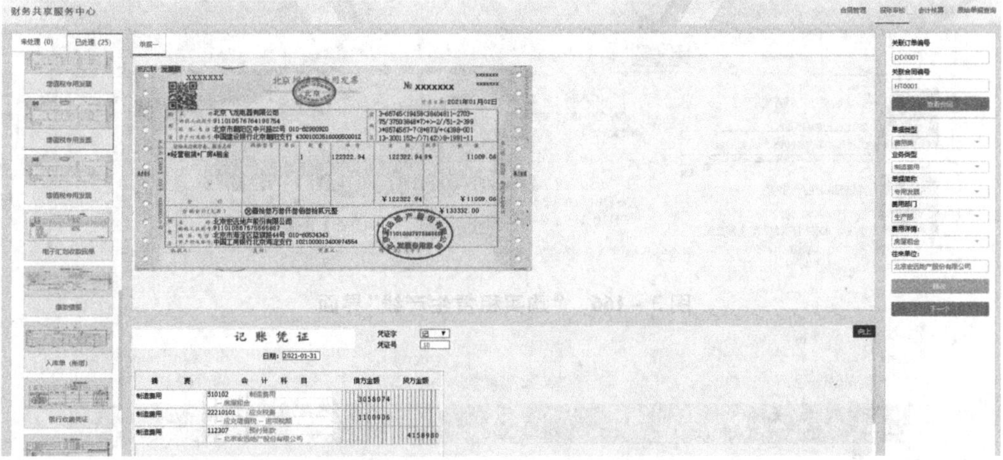

图 3－164 租赁厂房业务 B 处理界面

（2）租赁/购买生产线

①主功能界面：

本业务采用租赁生产线。运营管理点击“业务管理”—“购买租赁生产线”，进入“购买租赁生产线”界面，选择需要租赁的生产线，如图 3－165 所示。

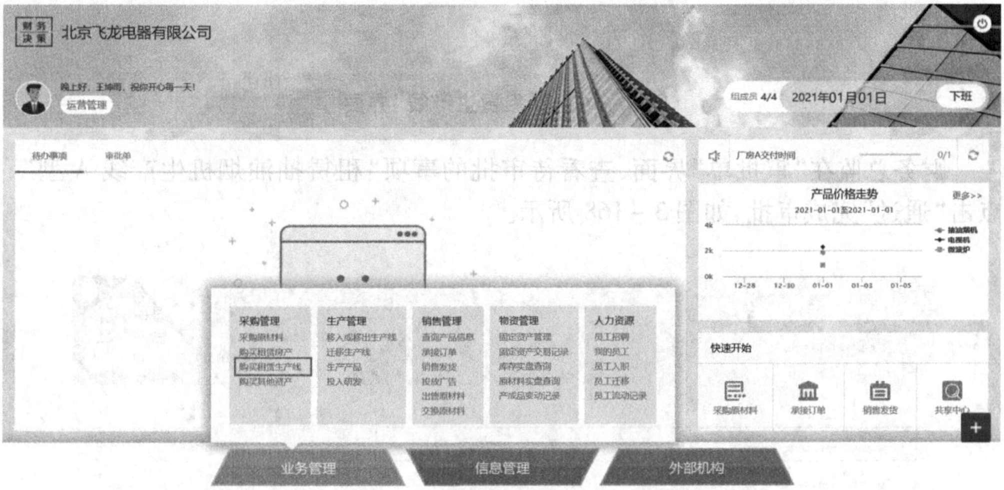

图 3－165 进入“购买租赁生产线”界面

以抽油烟机生产线 A 型为例，点击“租赁”，进入“租赁生产线”界面填写租赁单，点击“下一步”，并填写“决策单”交由财务总监审批，如图 3－166、图 3－167 所示。

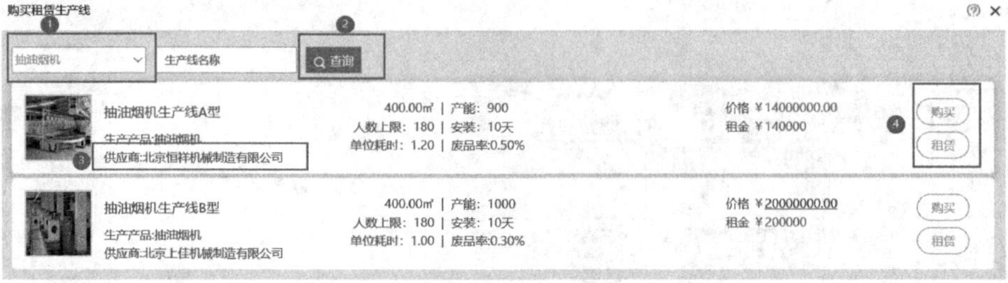

图 3－166 “购买租赁生产线”界面

图 3－167 “租赁生产线”界面

财务总监在“审批单”界面，查看待审批的事项“租赁抽油烟机生产线 A 型”，点击“通过”完成审批，如图 3－168 所示。

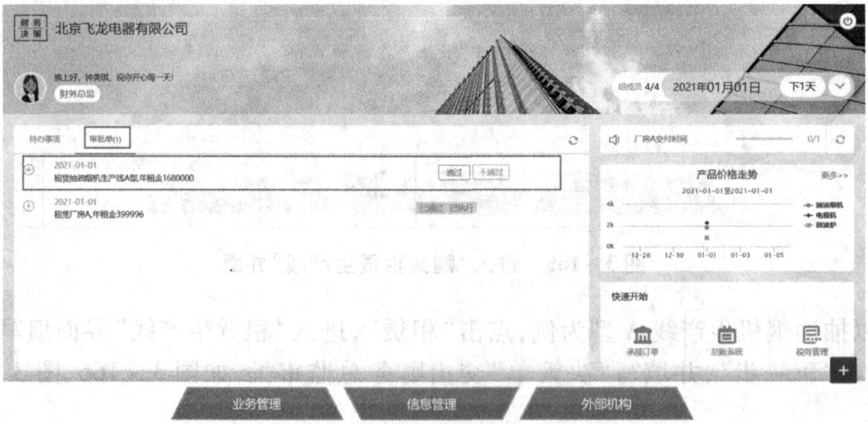

图 3－168 审批租赁生产线界面

运营管理在“审批单”界面，对“租赁抽油烟机生产线 A 型”点击“执行”，如图 3－169 所示。

图 3－169　执行租赁生产线界面

成本管理进入“待办事项”界面，点击“租赁生产线固定资产（抽油烟机生产线 A 型）”—“审批通过”，并按“确定”，如图 3－170 所示。

图 3－170　审批租赁生产线租金界面

资金管理根据成本管理已审批事项，办理款项支付业务。然后进入“待办事项”，按应待办事项逐一进行支付款项的审核，无误时按付款流程办理支付；符合支付要求的点击“银行支付”，如图 3－171 所示。

②财务共享服务中心：

本业务由资金管理进入“财务共享服务中心”—“报账审核”根据“银行进账单”“增值税专用发票”“生产线租赁合同”等原始单据完成其账务处理，如图 3－172、图 3－173 所示。

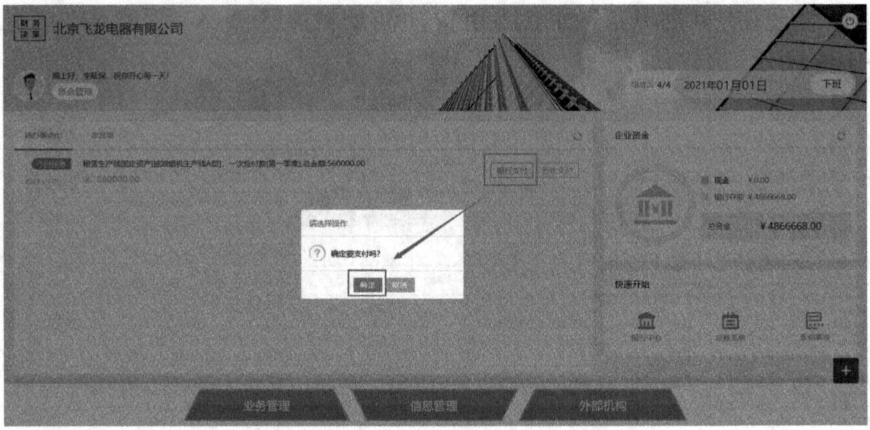

图 3－171　支付厂房租金界面

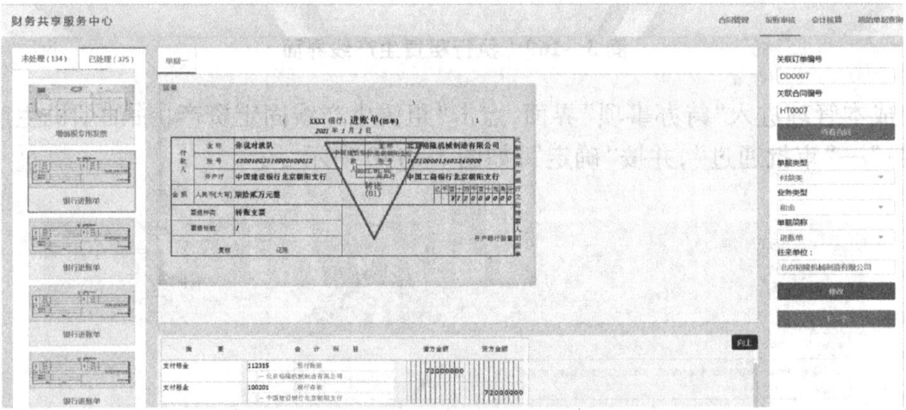

图 3－172　租赁生产线业务 A 处理界面

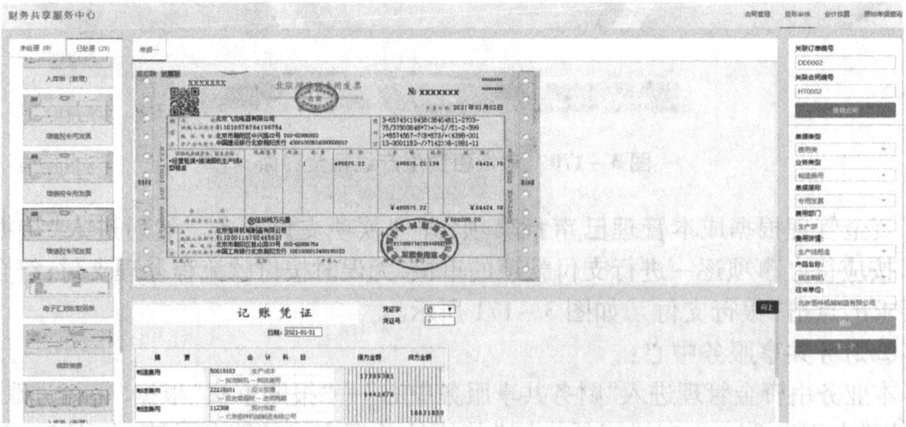

图 3－173　租赁生产线业务 B 处理界面

（3）租赁/购买办公房

①主功能界面：

本业务采用租赁办公房。运营管理点击“业务管理”—“购买租赁房产”，进入“购买租赁房产”界面，选择需要租赁的办公房，如图 3－174 所示。

图 3－174　进入“购买租赁房产”界面

以办公用房 A 为例，点击“租赁”，进入“租赁房产”界面，填写租赁单，点击“下一步”后交由财务总监审批，如图 3－175、图 3－176 所示。

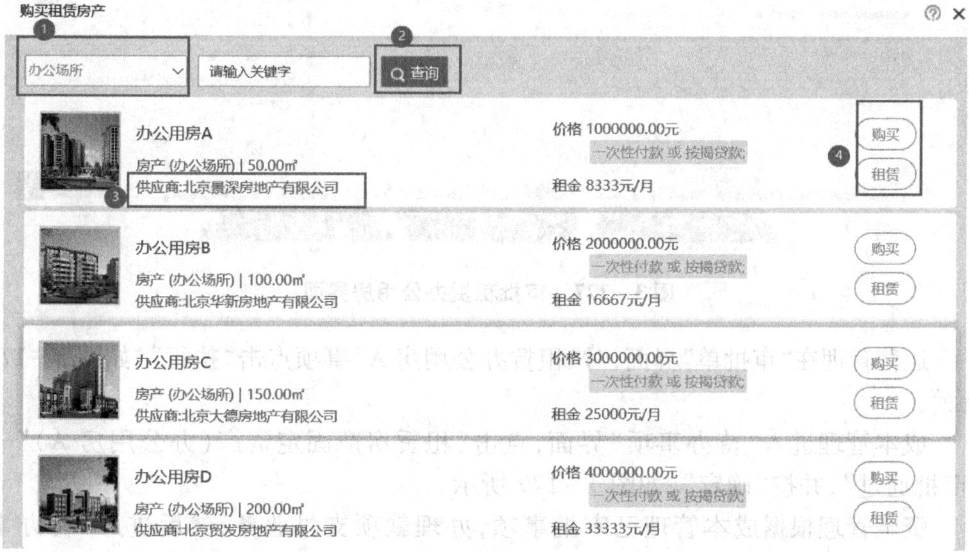

图 3－175　“购买租赁房产”界面

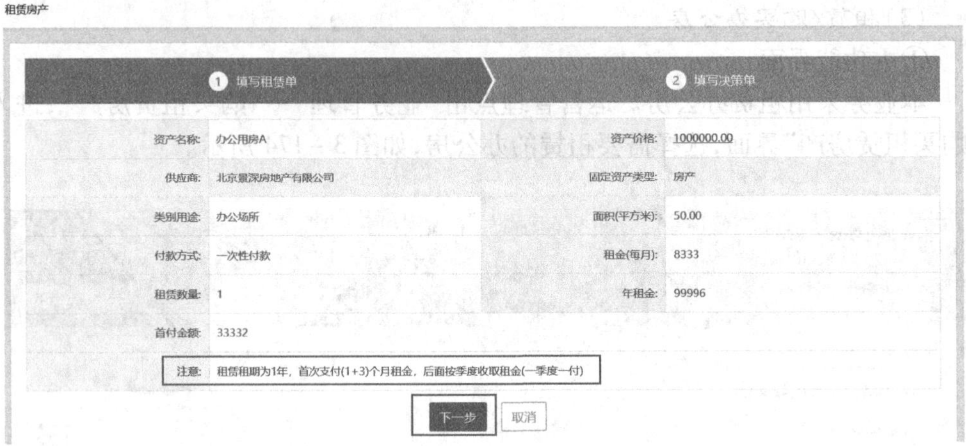

图 3－176 “租赁房产”界面

财务总监在“审批单”界面，查看待审批的事项“租赁办公用房 A”，点击“通过”完成审批，如图 3－177 所示。

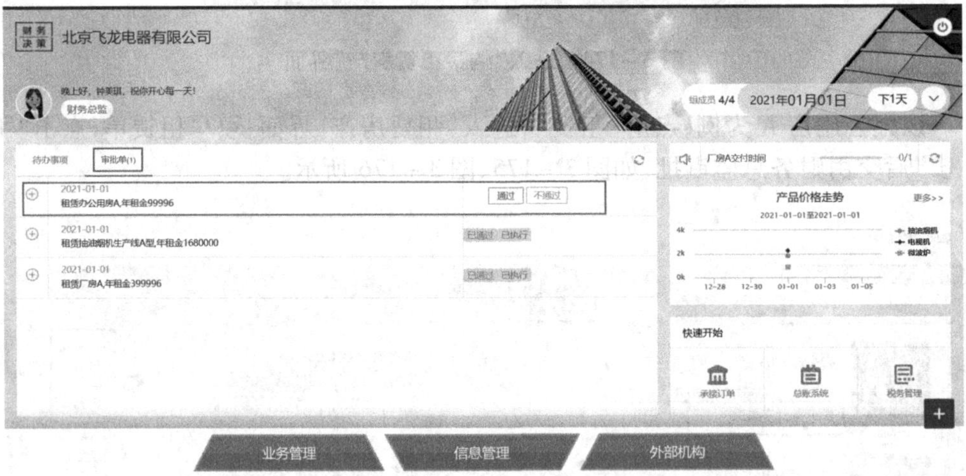

图 3－177 审批租赁办公用房界面

运营管理在“审批单”界面，对“租赁办公用房 A”事项点击“执行”，如图 3－178 所示。

成本管理进入“待办事项”界面，点击“租赁房产固定资产（办公用房 A）”—“审批通过”，并按“确定”，如图 3－179 所示。

资金管理根据成本管理已审批事项，办理款项支付业务；然后进入“待办事项”，按应待办事项逐一进行支付款项的审核，无误时按付款流程办理支付；符合支付要求的点击“银行支付”，如图 3－180 所示。

图 3－178　执行租赁办公用房界面

图 3－179　审批租赁办公用房租金界面

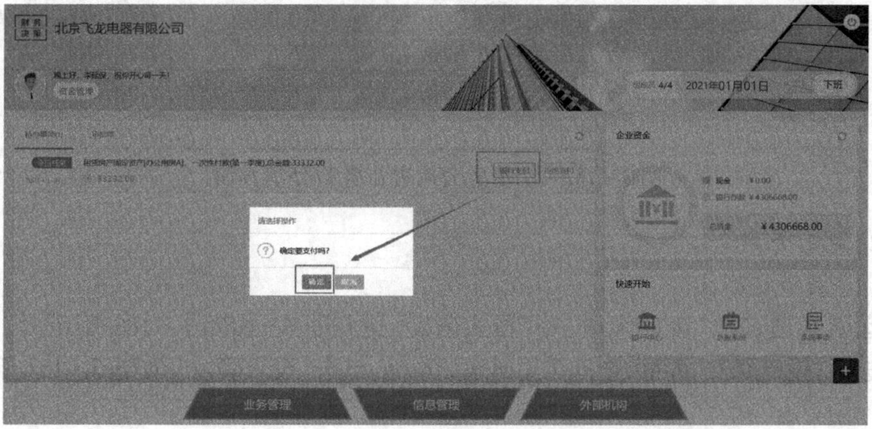

图 3－180　支付办公用房租金界面

②财务共享服务中心：

本业务由资金管理进入“财务共享服务中心”—“报账审核”根据“银行进账单”“房屋租赁合同”“增值税专用发票”等原始单据完成其账务处理，如图 3－181、图 3－182 所示。

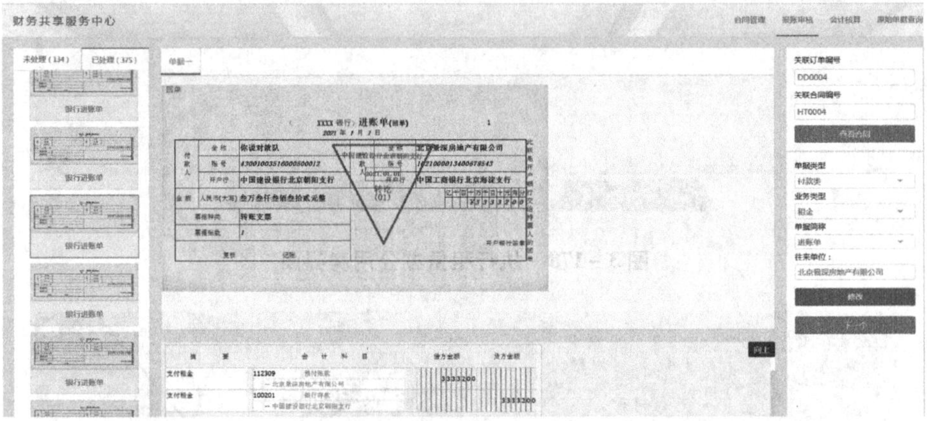

图 3－181　租赁办公用房业务 A 处理界面

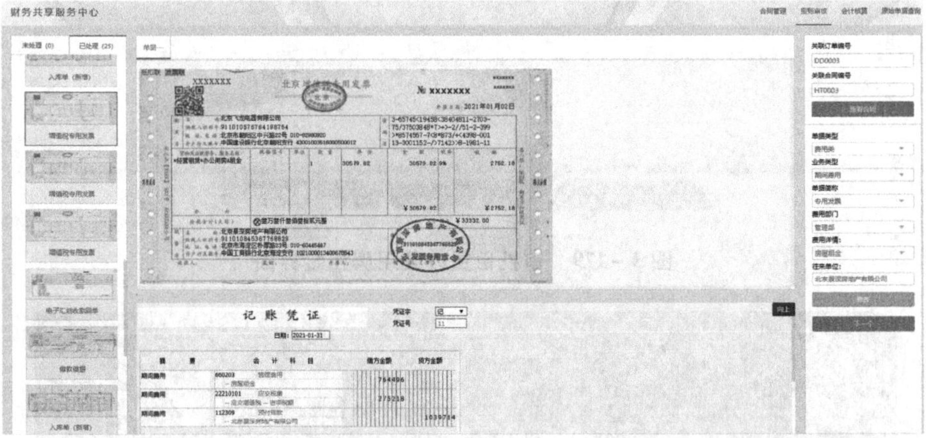

图 3－182　租赁办公用房业务 B 处理界面

2）无形资产①

（1）主功能界面

运营管理点击“业务管理”—“投入研发”进行研发，如图 3－183 所示。

进入“投入研发”界面，选择需要研发的产品，点击“投入研发”，如图 3－184 所示。

① 该业务可以根据运营方案选择是否操作。

图 3－183　进入“投入研发”界面

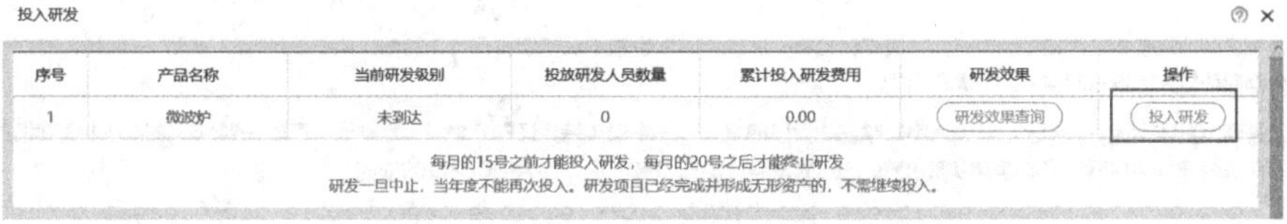
投入研发

序号	产品名称	当前研发级别	投放研发人员数量	累计投入研发费用	研发效果	操作
1	微波炉	未到达	0	0.00	研发效果查询	投入研发

每月的15号之前才能投入研发，每月的20号之后才能终止研发
研发一旦中止，当年度不能再次投入。研发项目已经完成并形成无形资产的，不需继续投入。

图 3－184　选择研发产品界面

进入该产品“投入研发”界面，填写投入原材料数量和研发人员，点击“下一步”，完成研发投入。在产品研发历史记录中可以查看到每次投入研发的内容及金额。当研发投入到一定程度时，会增加产品的附加值，影响产品市价；达到高新企业标准的，还可以申请高新企业认证，如图 3－185 所示。

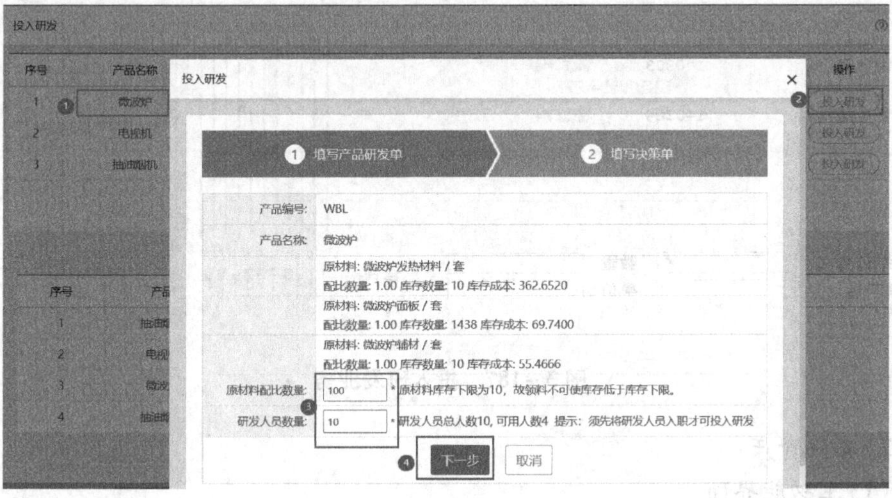

图 3－185　“投入研发”界面

(2)财务共享服务中心

本业务由资金管理进入“总账系统”—“凭证录入”,根据相关单据完成账务处理,如图3-186、图3-187所示。

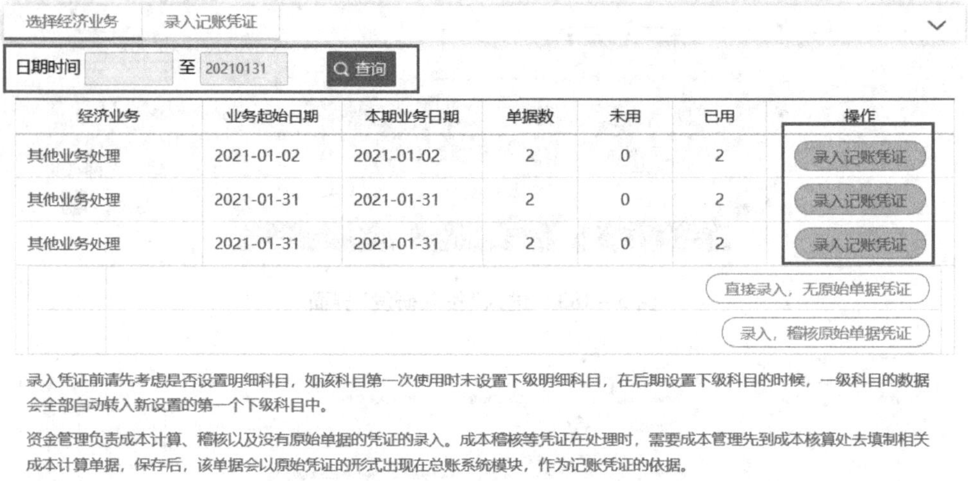

图3-186 进入凭证录入界面

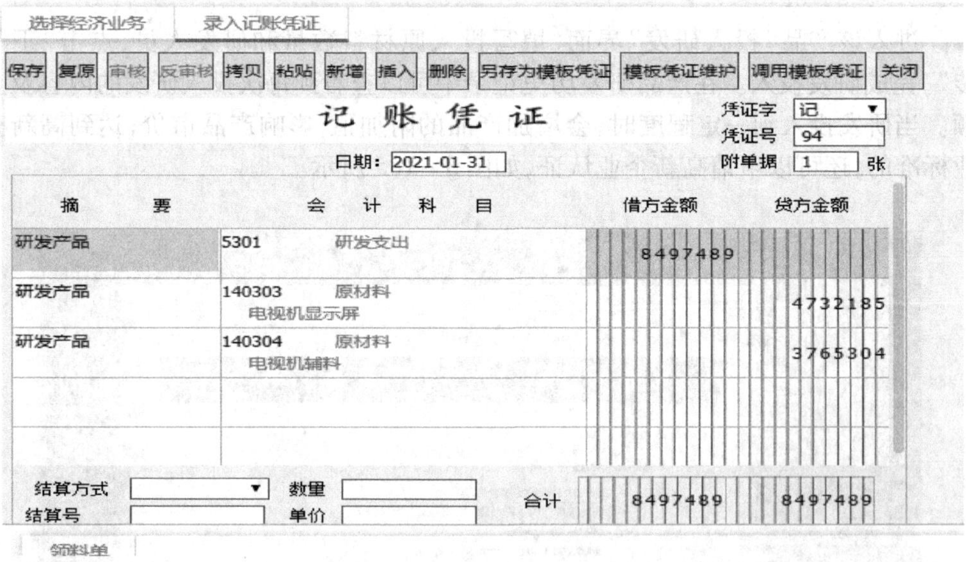

图3-187 投入研发业务

3)其他资产

(1)主功能界面

运营管理点击“业务管理”—“购买其他资产”,进入“购买其他资产”界面,如

图 3－188 所示。

图 3－188　进入“购买其他资产”界面

在“购买其他资产”界面选择需要的办公用品（以复印机为例），点击“购买”，如图 3－189 所示。

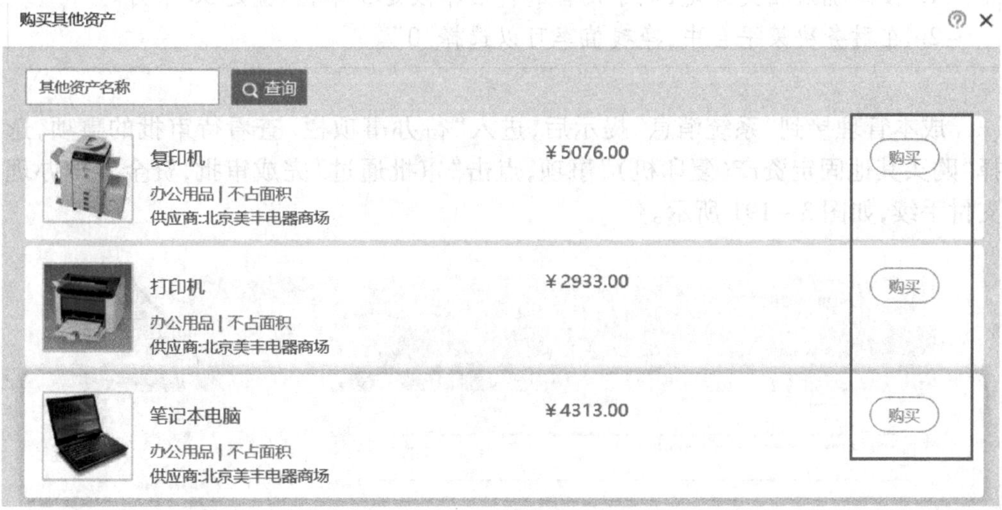

图 3－189　“购买其他资产”界面

进入“采购管理—购买其他资产”界面，在该对话框下输入选择好的资产的“折旧月份”“净残值率”“购买数量”，点击“提交”，如图 3－190 所示。

图 3－190　“采购其他资产合同信息”界面

★ **说明：**

1. 按照税法相关规定，电子设备的折旧年限是 3 年，也就是 36 个月。
2. 在财务决策平台中，净残值率可以选择“0”。

成本管理接到“系统消息”提示后，进入“待办事项栏”查看待审批的事项，选择“购买其他固定资产（复印机）”事项，点击“审批通过”完成审批，资金管理办理支付手续，如图 3－191 所示。

图 3－191　审批购买其他固定资产界面

（2）财务共享服务中心

本业务由资金管理进入“财务共享服务中心”—“报账审核”根据“银行进账单”“增值税专用发票”等原始单据完成其账务处理，如图 3－192、图 3－193 所示。

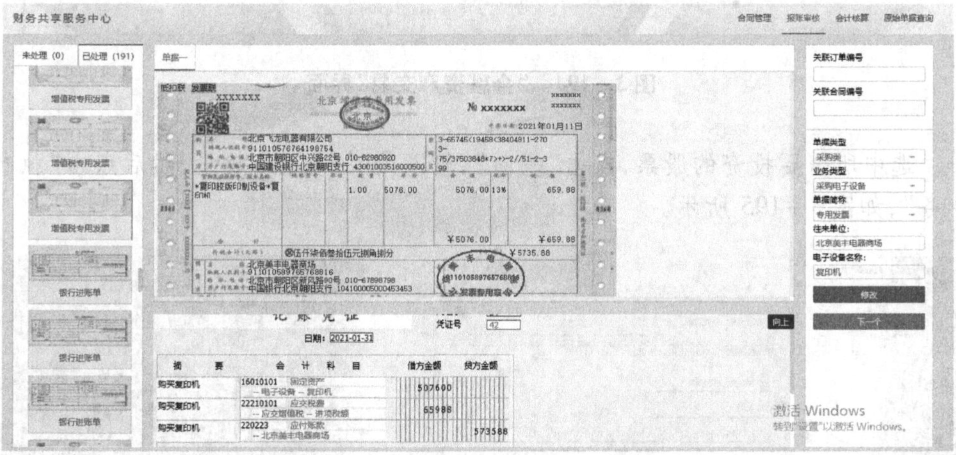

图 3－192　购买复印机业务 A 处理界面

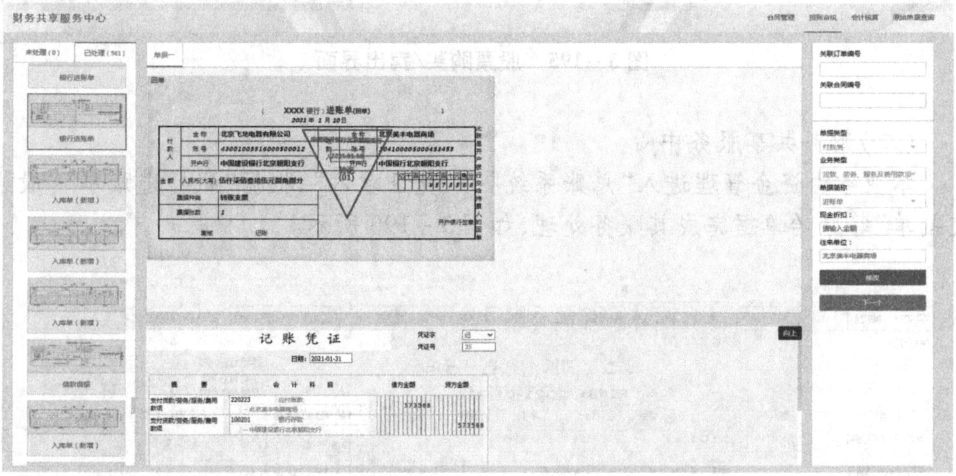

图 3－193　购买复印机业务 B 处理界面

★ 知识拓展一：金融资产

（一）主功能界面

资金管理点击“外部机构”—“金融资产交易”进入“金融资产交易”界面，可查看已完成的投资事项，也可以查看其他可投资的事项，如图 3－194 所示。

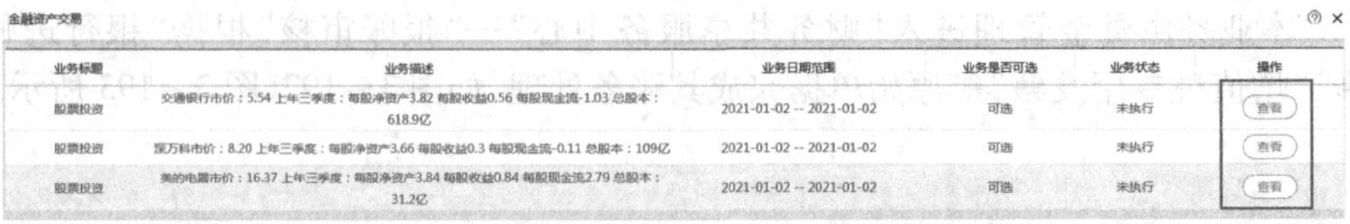

图 3 – 194 “金融资产交易”界面

选中所需要投资的股票，点击“查看”，输入购买（卖出）数量，然后点击“执行业务”，如图 3 – 195 所示。

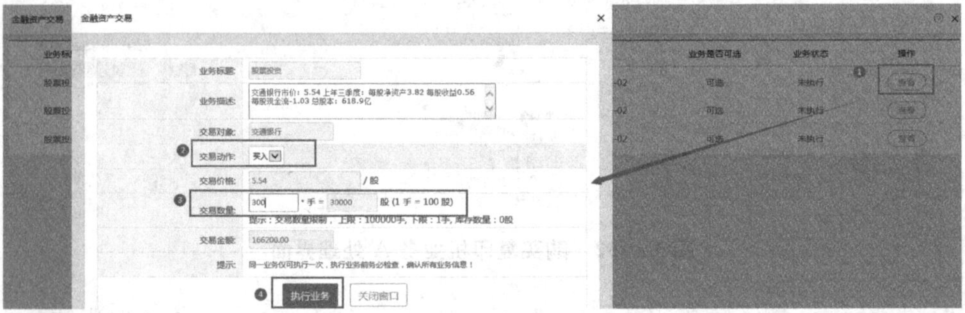

图 3 – 195 股票购买/卖出界面

（二）财务共享服务中心

本业务由资金管理进入“总账系统”—“凭证录入”，根据“银行进账单”“股票交割单”等原始单据完成其账务处理，如图 3 – 196 所示。

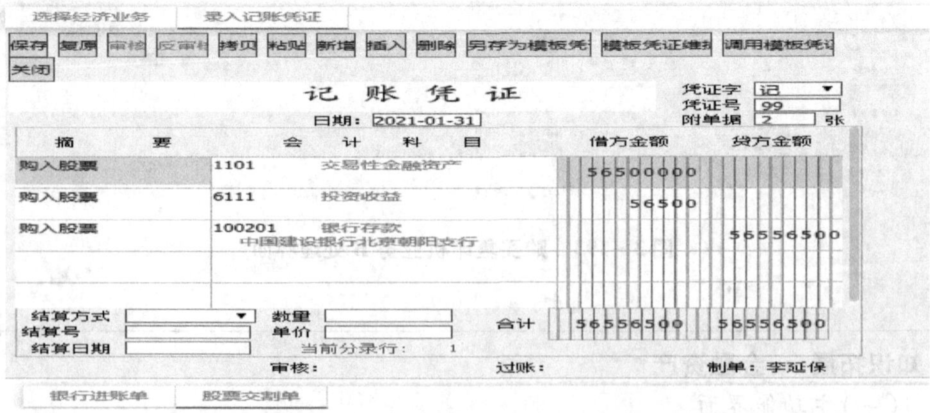

图 3 – 196 股票购买业务处理界面

3.4.1.3 人员招聘、入职

运营管理进入“业务管理”—“人力资源”，点击“员工招聘”，可以看到招聘员工的类型及所应支付的月工资，如图 3－197、图 3－198 所示。

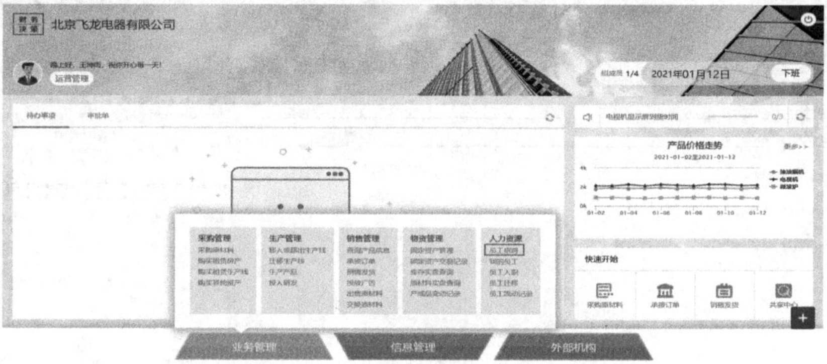

图 3－197 “业务管理”界面

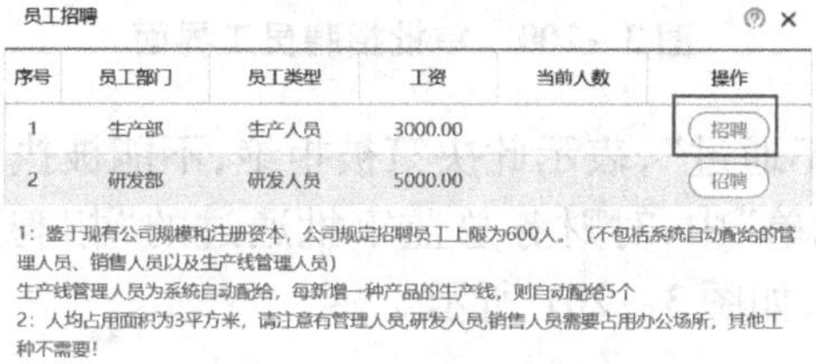

图 3－198 “员工招聘”界面

选择需要招聘的员工类型①，点击“招聘”，填写招聘数量后点击“确认招聘”，提交至财务总监审批，如图 3－199 所示。

图 3－199 “招聘员工”界面

① 这里招聘的是生产人员。

财务总监在“审批单”里对运营提交的“招聘生产人员”事项申请进行审批，点击“通过”，如图3－200所示。

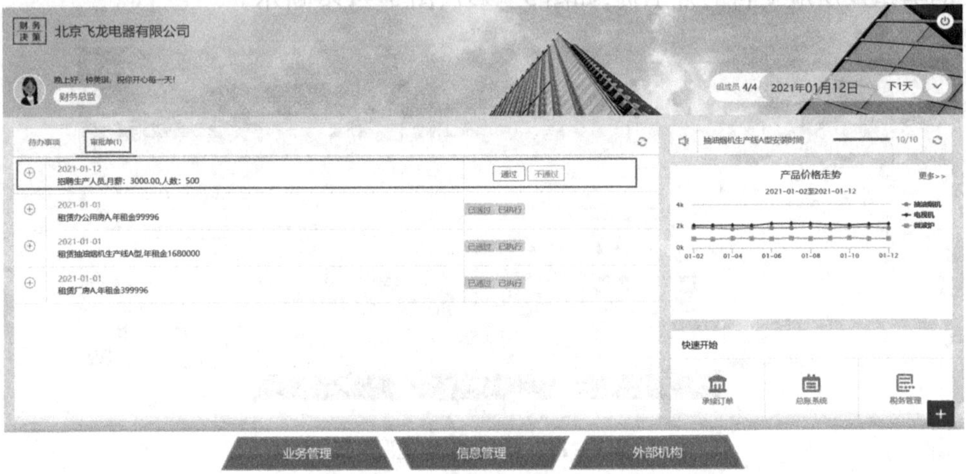

图3－200　审批招聘员工界面

注意：如果点击“不通过”，表示此决策被拒绝，不能被执行。

运营管理在“审批单”中，对财务总监审批通过的“招聘生产人员”事项，可以选择“执行”或“作废”，如图3－201所示。

图3－201　执行员工招聘界面

管理人员、销售人员和研发人员需要办理入职手续，点击“业务管理”—“员工入职”进入“员工入职”界面。在员工入职界面的右上方选择对应的“办公用房”，对“未入职的员工”勾选入职的员工类型，并填写“移入人数”，点击“移入”完成入职,如图 3－202 所示。

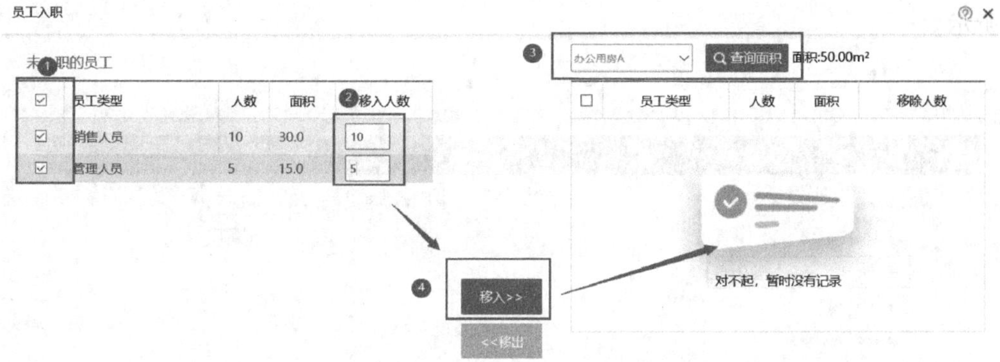

图 3－202 “员工入职”界面

注意:人均占用面积为 3 平方米,若移入员工占用的房屋面积超过可用面积,则不能完成入职。

3.4.1.4 采购业务

1) 主功能界面

运营管理点击“业务管理”—“采购原材料”,进入“采购原材料”界面,运营可选择采购哪种原材料以及哪一家供应商,如图 3－203 所示。

图 3－203 选择购买原材料界面

可通过翻页找到合适的价格,点击“购买”,进入购买原材料详细页面(以抽油烟机电机为例),其他材料购买也在此界面完成。运营管理需要考虑购买数量，购买量越大所享受的商业折扣越大，然后选择发货方式和付款方式，然后点击“下一步”，填写决策单，点击“提交”后，由财务总监进行决策审批，如图 3 – 204 所示。

图 3 – 204 “采购原材料”界面

注意：如果财务总监不通过，则运营管理无法执行；如果通过，则由运营管理确定执行或者作废，如图 3 – 205 所示。

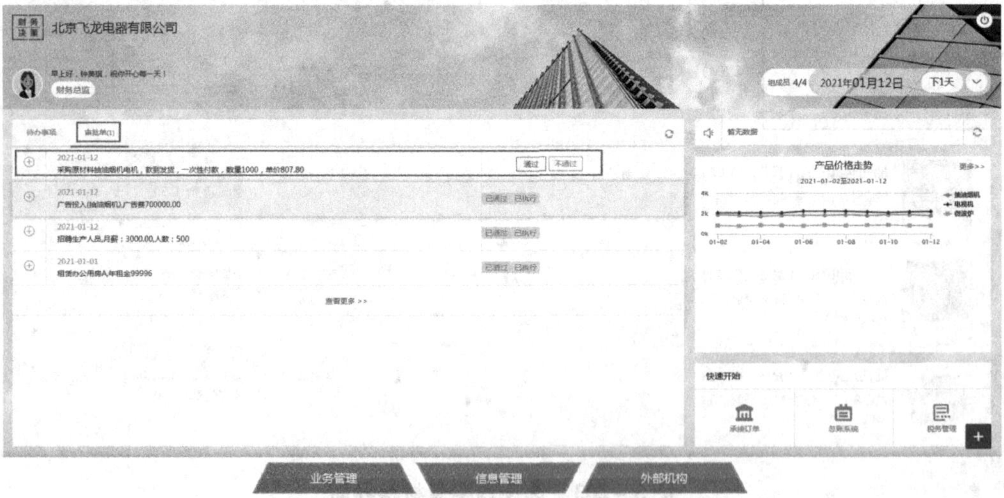

图 3 – 205 审批采购原材料界面

运营管理执行后，则“购买原材料（抽油烟机电机）”业务正式执行完毕，如

图 3－206 所示。

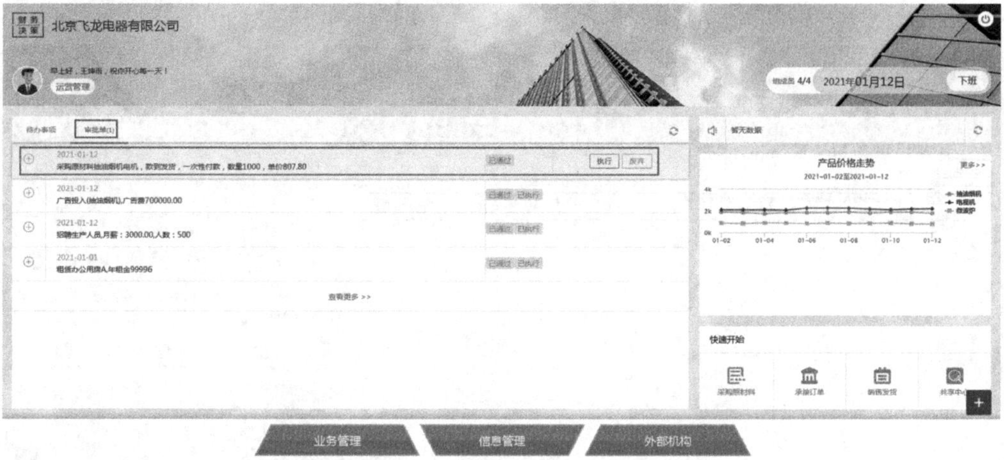

图 3－206　执行采购原材料界面

如果选择款到发货，则将产生相应的付款要求，需要成本管理审批，资金管理付款后才会收到原材料；如果选择货到付款，则付款要求会在原材料到货之后产生，支付货款需要成本管理审批，之后交由资金管理进行货款支付，如图 3－207 所示。

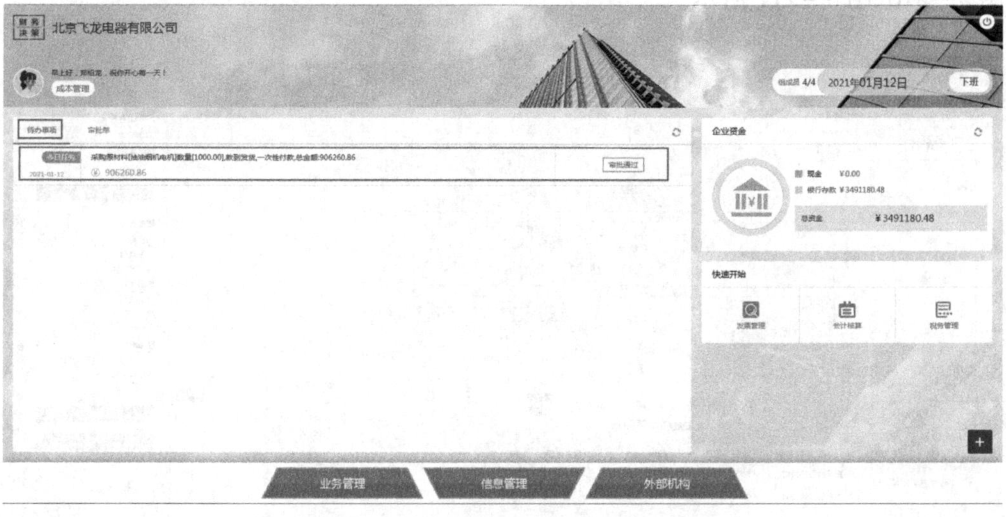

图 3－207　审批购买原材料款项界面

注意：如果选择作废，则无采购业务。

成本管理审批通过后，资金管理进行付款操作。如果后续不付款，将会产生违约情况，产生相应的滞纳金甚至违约金；如果再拒不支付，最终将进入法院强制处理，如图 3－208 所示。

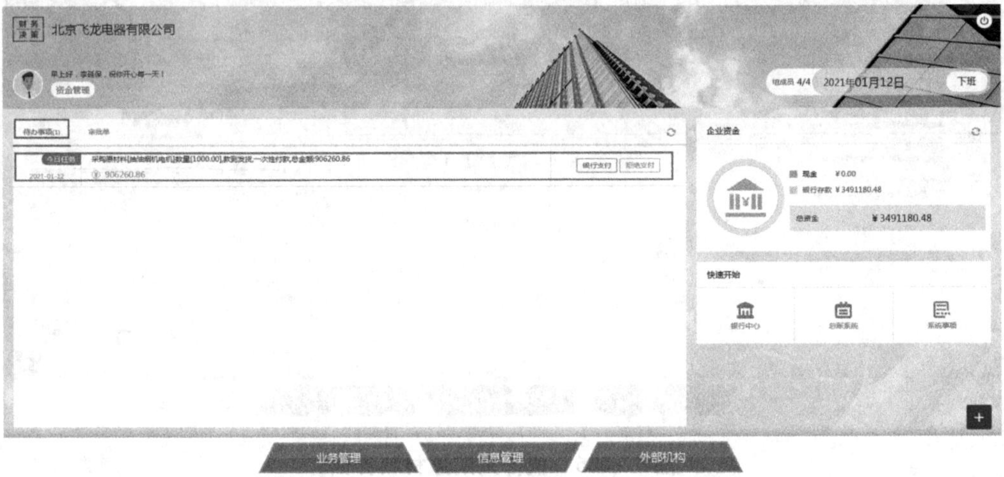

图 3－208　支付购买原材料款项界面

2）财务共享服务中心

本业务由资金管理进入“财务共享服务中心”—“报账审核”，根据“入库单”“电子汇划收款回单”“增值税专用发票”等原始单据完成相应业务处理，如图 3－209、图 3－210、图 3－211 所示。

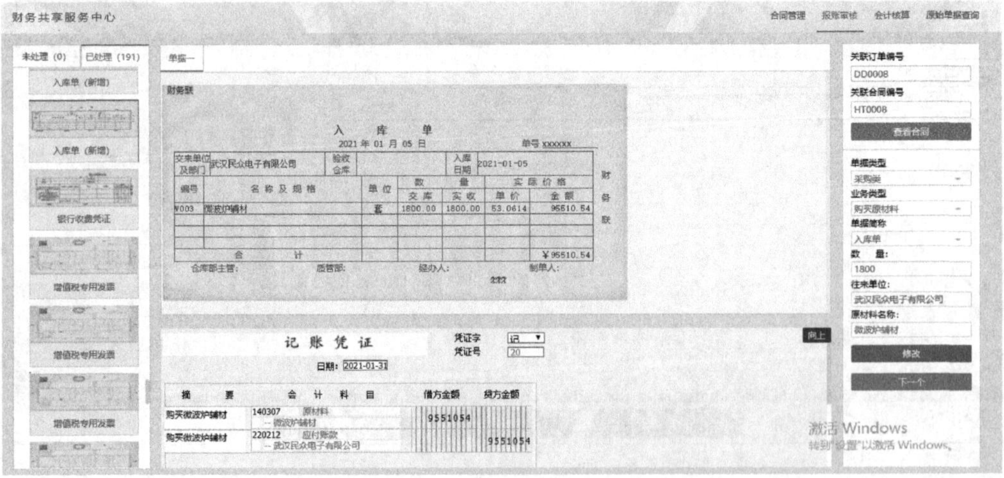

图 3－209　购买材料业务 A 处理界面

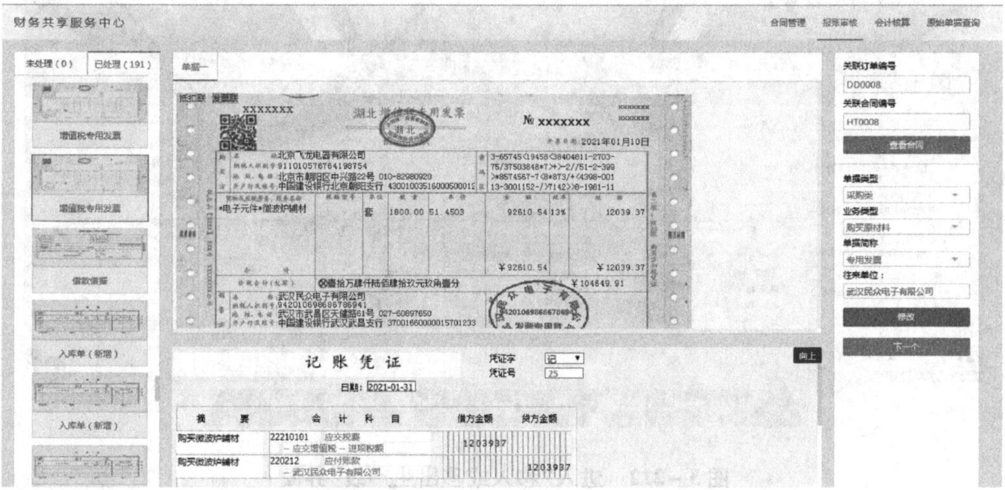

图 3－210　购买材料业务 B 处理界面

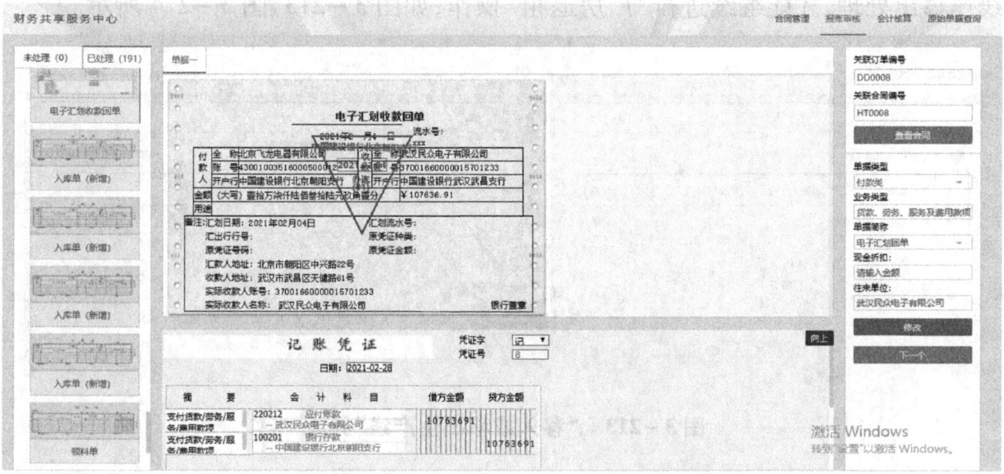

图 3－211　购买材料业务 C 处理界面

3.4.1.5　生产业务

1）生产线安装

企业在租赁或者购买厂房和生产线后，需要进行生产线安装调试；运营管理点击“业务管理”—“移入或移出生产线”，进行生产线安装或移出，如图 3－212 所示。

图 3－212　进入“移入或移出生产线”界面

选择需要移入厂房的生产线和被移入生产线的厂房后点击“移入”后进行安装，生产线的安装需要 10 天。企业如果想退租相应的厂房，需要把厂房内的生产线作移出处理，才能继续进行“厂房退租”操作，如图 3－213、图 3－214 所示。

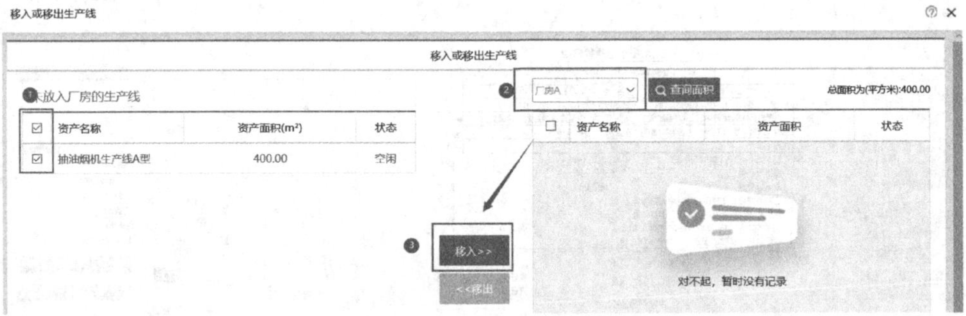

图 3－213　“移入或移出生产线”界面

图 3－214　移入成功界面

2）产品生产

（1）主功能界面

由运营管理点击“业务管理”—“生产产品”，进行产品生产的决策，如图3－215所示。

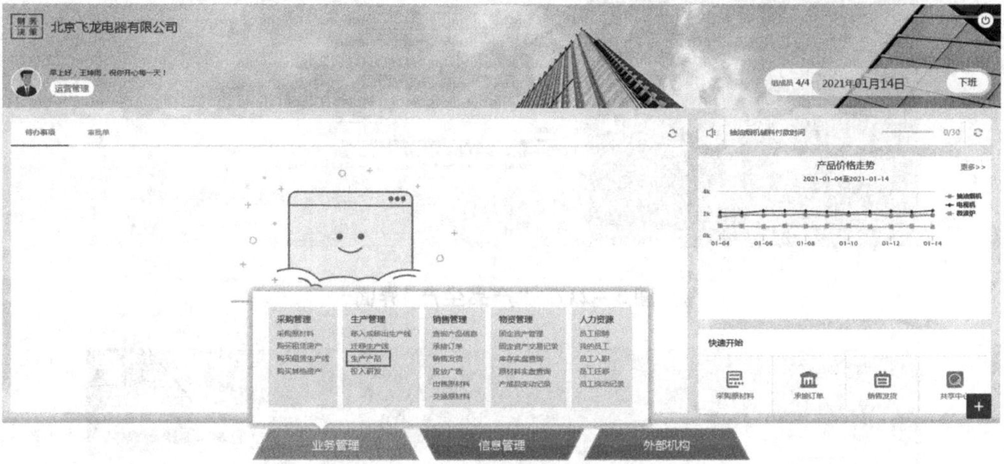

图3－215 进入“生产产品”界面

进入“生产产品”界面，选择需要生产的产品，点击“立即生产”（以抽油烟机为例），如图3－216所示。

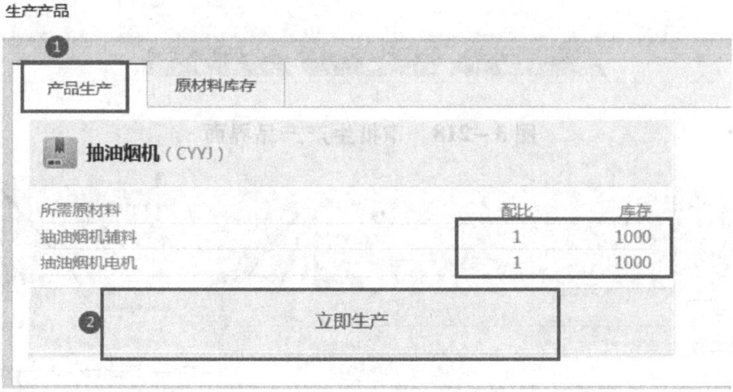

图3－216 “生产产品”界面

输入需要生产的数量、投入生产人员的数量，点击“下一步”后，提交决策申请至财务总监处，如图3－217所示。

财务总监对运营管理所作出的生产决策进行审批，财务总监通过决策后，由运营管理执行生产业务，如图3－218、图3－219所示。

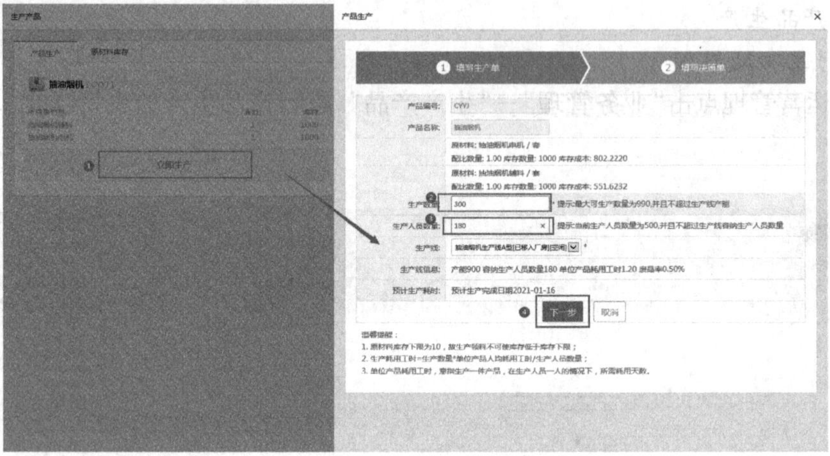

图 3-217 “产品生产”界面

图 3-218 审批生产产品界面

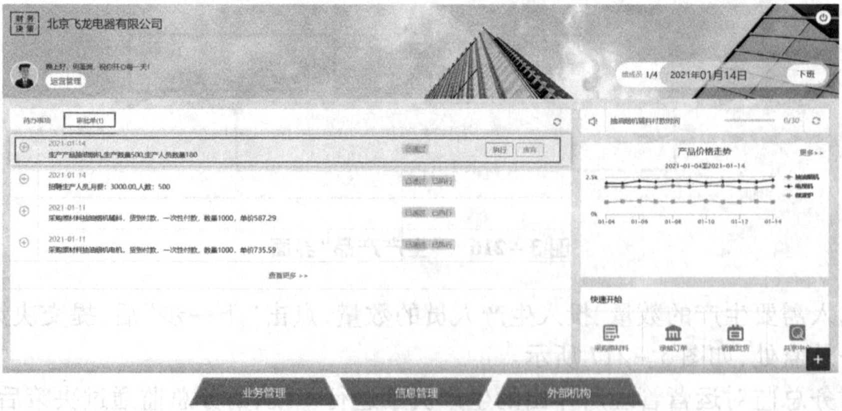

图 3-219 执行生产产品界面

执行后，将提示生产将在几天后完成，也可以从“信息管理”—“业务信息”—“生产信息”中查看各产品的生产情况，如图3－220所示。

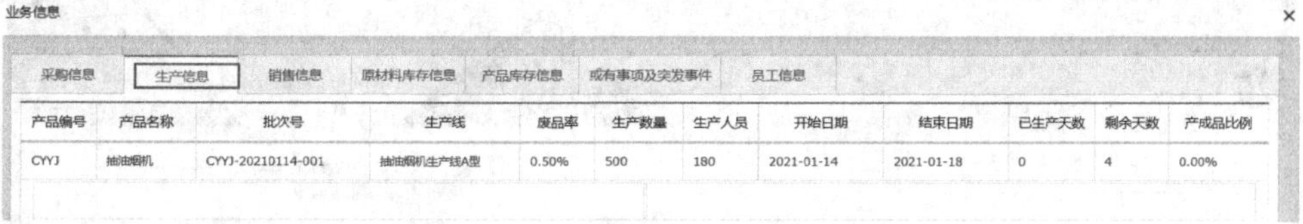

图3－220　查看“生产信息”界面

★ **说明：**

企业在进行生产时，应注意查看原材料的相关配比信息，生产数量不能超过生产线的产能，生产人员数量由学生自主选择，同样也不能超过生产线所能容纳的最大人数，在生产产品时要注意生产线的基本状况。

（2）财务共享服务中心

本业务由资金管理进入“财务共享服务中心”—“报账审核”，根据“领料单”完成相应的业务处理，如图3－221所示。

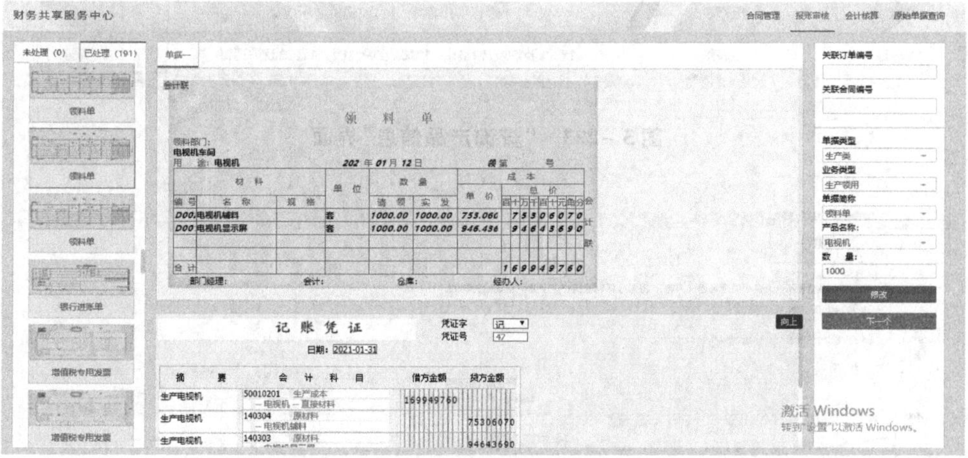

图3－221　生产领用材料业务处理界面

3.4.1.6　销售业务

1）承接订单

运营管理点击“业务管理”—“销售管理”—“查询产品信息”，查看产品信息，了解产品的市场，根据产品市场价格趋势来确定何时承接主营业务订单，如图3－222、

图 3－223、图 3－224 所示。

图 3－222　进入“查询产品信息”界面

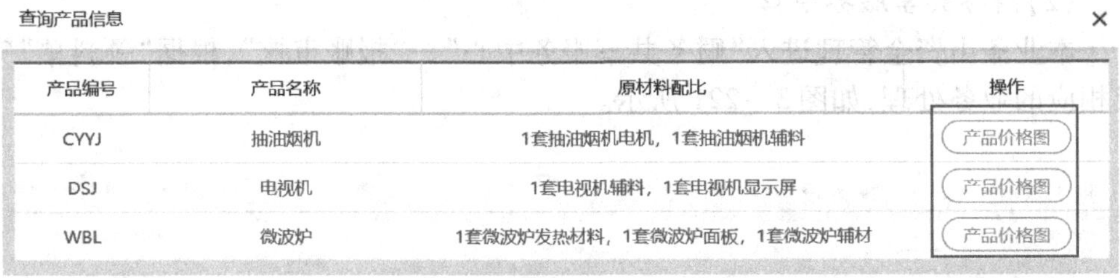
查询产品信息

产品编号	产品名称	原材料配比	操作
CYYJ	抽油烟机	1套抽油烟机电机，1套抽油烟机辅料	产品价格图
DSJ	电视机	1套电视机辅料，1套电视机显示屏	产品价格图
WBL	微波炉	1套微波炉发热材料，1套微波炉面板，1套微波炉辅材	产品价格图

图 3－223　“查询产品信息”界面

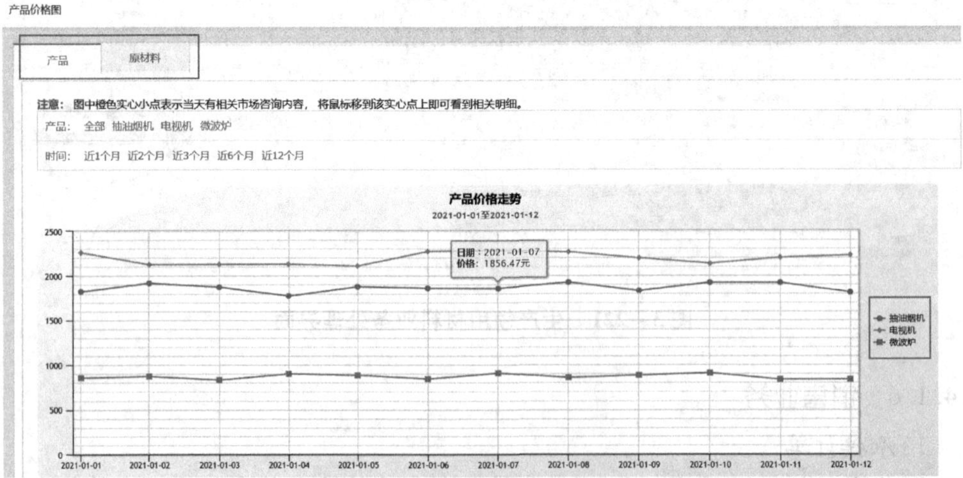

图 3－224　“产品价格图”界面

回到主功能界面，点击“业务管理”—“销售管理”—“承接订单”，进入“承接订单”界面，如图 3－225 所示。

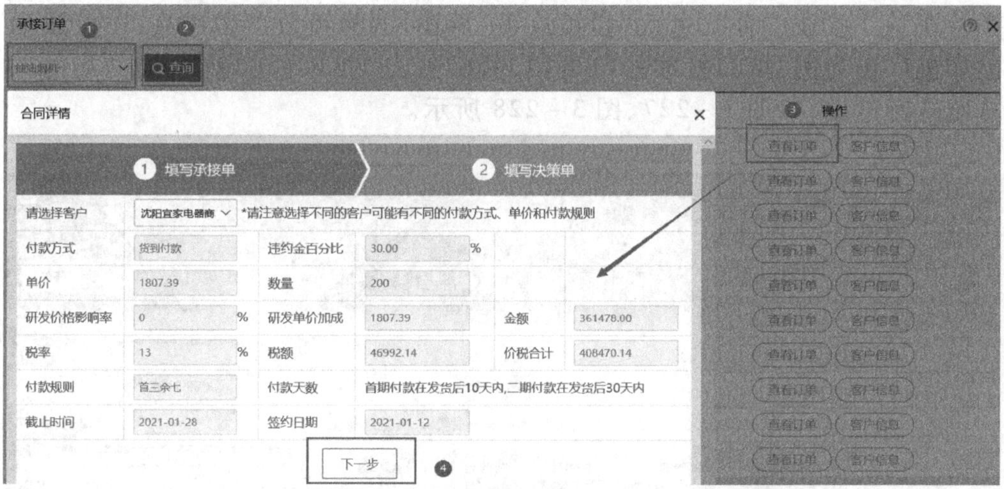

图 3－225 “承接订单”界面

选择所需订单，点击“客户信息”，可查看该订单对应的客户的详细信息，如图 3－226 所示。

图 3－226 查看客户信息界面

点击“下一步”后交由财务总监审批，完成订单合同的签订，在“销售发货”中可以查看订单合同。

2）广告投入

（1）主功能界面

投放一定的广告费后，企业可以接到更高级别的订单；运营管理点击“业务管理”—“投放广告”，进入“投放广告”界面，选择投放广告产品；以投放抽油烟机广告为例，填写投放的广告额，然后点击“投入广告费”，提交给财务总监进行审批，如图 3－227、图 3－228 所示。

图 3－227　进入“投放广告”界面

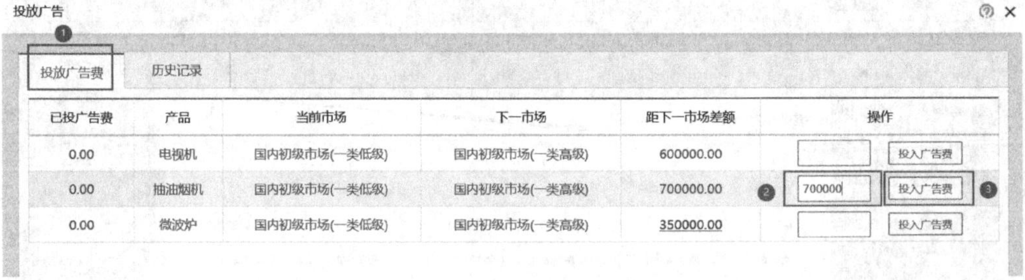

投放广告

投放广告费　历史记录

已投广告费	产品	当前市场	下一市场	距下一市场差额	操作
0.00	电视机	国内初级市场(一类低级)	国内初级市场(一类高级)	600000.00	投入广告费
0.00	抽油烟机	国内初级市场(一类低级)	国内初级市场(一类高级)	700000.00	700000 投入广告费
0.00	微波炉	国内初级市场(一类低级)	国内初级市场(一类高级)	350000.00	投入广告费

图 3－228　填写决策清单界面

财务总监在“审批单”界面对“广告投放（抽油烟机）”的决策进行审批，点击“通过”，表示这个决策审批通过，如图 3－229 所示。

运营在“审批单”里对财务总监审批通过的“广告投放（抽油烟机）”决策点击“执行”，并产生付款申请到成本管理进行审批，如图 3－230 所示。

成本管理对提交的付款申请进行审批，如图 3－231 所示。

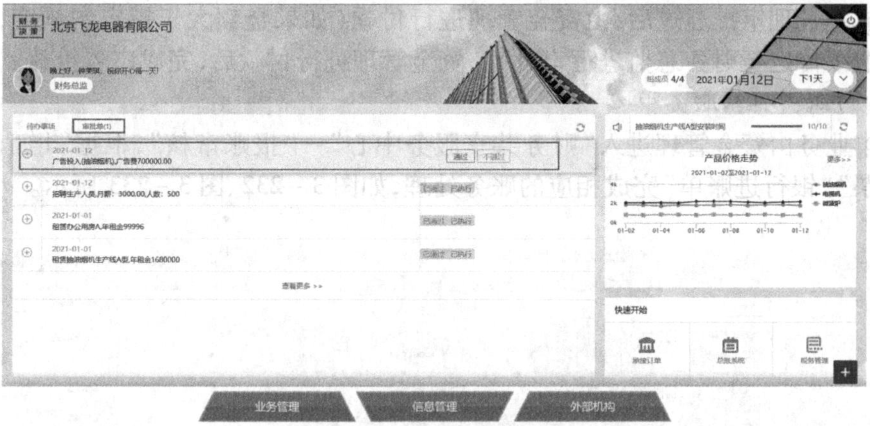

图 3－229　审批广告投入界面

图 3－230　执行广告投入界面

图 3－231　审批广告投放款界面

成本管理审批通过后，由资金管理进行付款（如果金额大于指定的额度，审批单将继续传达至财务总监进行审批）。资金管理进行付款后，完成广告投放。

（2）财务共享服务中心

本业务由资金管理进入“财务共享服务中心”—“报账审核”，根据“增值税专用发票”“银行进账单”完成相应的账务处理，如图 3－232、图 3－233 所示。

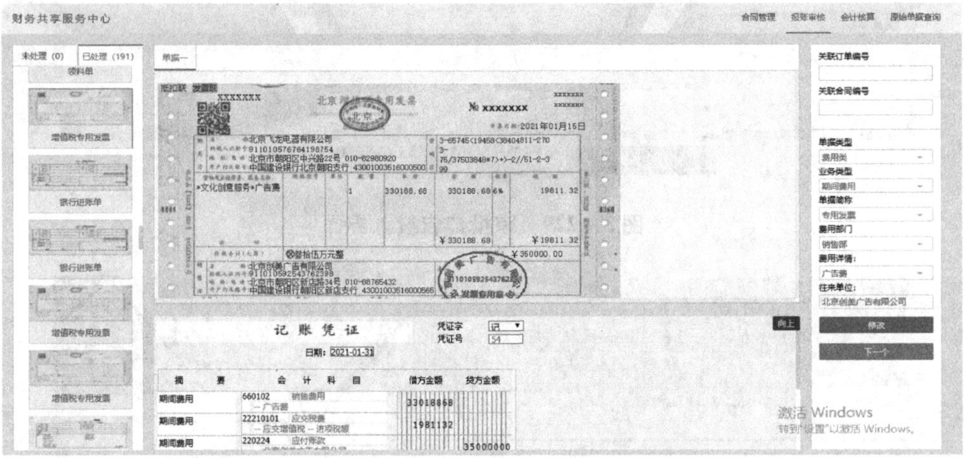

图 3－232　支付广告费业务 A 处理界面

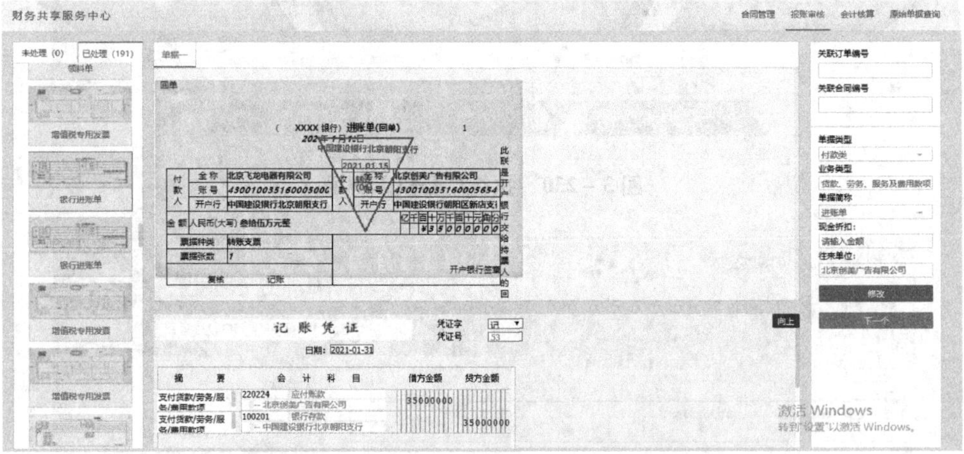

图 3－233　支付广告费业务 B 处理界面

3）销售发货

（1）主功能界面

运营管理点击“业务管理”—“销售管理”—“销售发货”，进行产品发货操作，如图 3－234 所示。

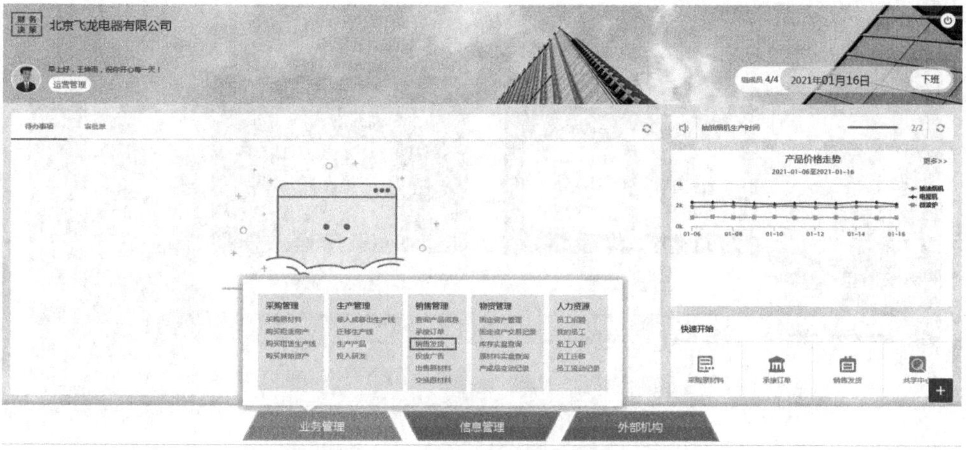

图 3－234　进入“销售发货”界面

选择适合的发货数量进行发货，如图 3－235 所示。

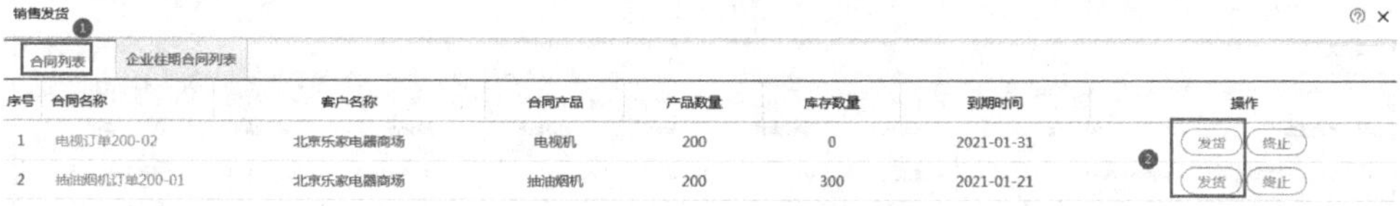

序号	合同名称	客户名称	合同产品	产品数量	库存数量	到期时间	操作
1	电视订单200-02	北京乐家电器商场	电视机	200	0	2021-01-31	发货　终止
2	抽油烟机订单200-01	北京乐家电器商场	抽油烟机	200	300	2021-01-21	发货　终止

图 3－235　“销售发货”界面

销售业务完成需要开具发票，由成本管理点击“信息管理”—“财务共享服务中心”—“发票管理”，进入“发票开具”界面，如图 3－236、图 3－237 所示。

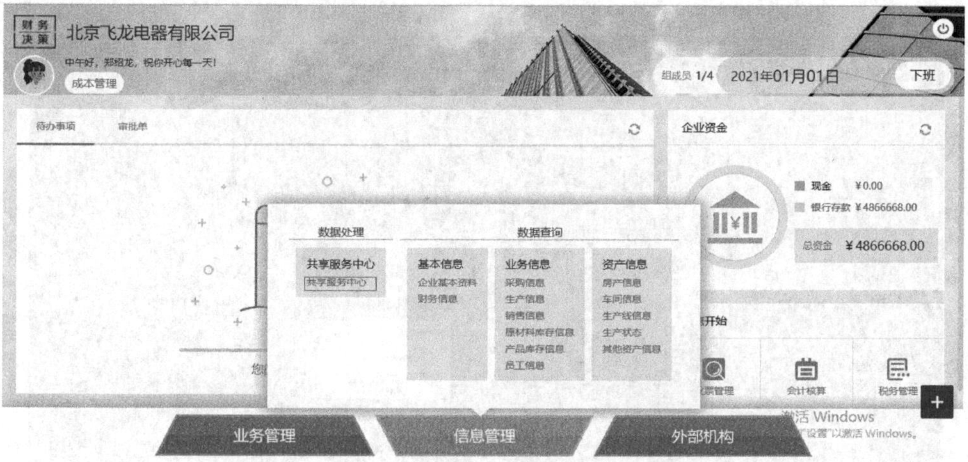

图 3－236　进入“共享服务中心”界面

图 3－237 “发票开具”界面

点击“发票开具”，发票即开具成功；发票开具成功后，返回“财务共享服务中心”界面，点击“提交报账”，如图 3－238、图 3－239 所示。

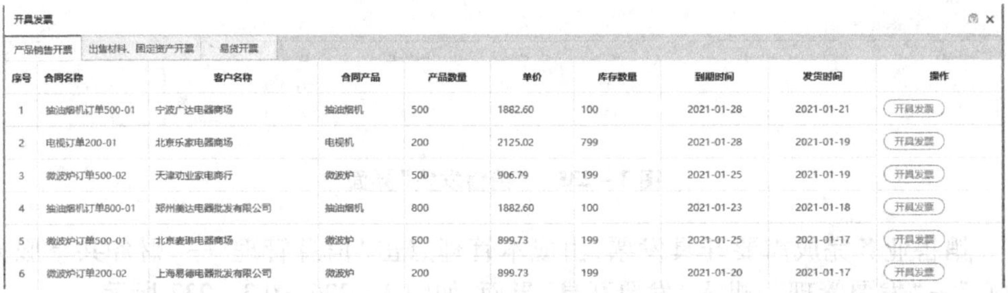

开具发票

产品销售开票 | 出售材料、固定资产开票 | 易货开票

序号	合同名称	客户名称	合同产品	产品数量	单价	库存数量	到期时间	发货时间	操作
1	抽油烟机订单500-01	宁波广达电器商场	抽油烟机	500	1882.60	100	2021-01-28	2021-01-21	开具发票
2	电视订单200-01	北京乐家电器商场	电视机	200	2125.02	799	2021-01-28	2021-01-19	开具发票
3	微波炉订单500-02	天津功业家电商行	微波炉	500	906.79	199	2021-01-25	2021-01-19	开具发票
4	抽油烟机订单800-01	郑州美达电器批发有限公司	抽油烟机	800	1882.60	100	2021-01-23	2021-01-18	开具发票
5	微波炉订单500-01	北京麦琳电器商场	微波炉	500	899.73	199	2021-01-25	2021-01-17	开具发票
6	微波炉订单200-02	上海易德电器批发有限公司	微波炉	200	899.73	199	2021-01-20	2021-01-17	开具发票

图 3－238 “开具发票”界面

图 3－239 “提交报账”界面

(2)财务共享服务中心

本业务由资金管理进入“财务共享服务中心”—“报账审核”,根据“增值税专用发票”“电子汇划收款回单”等完成相应的账务处理,如图3-240、图3-241所示。

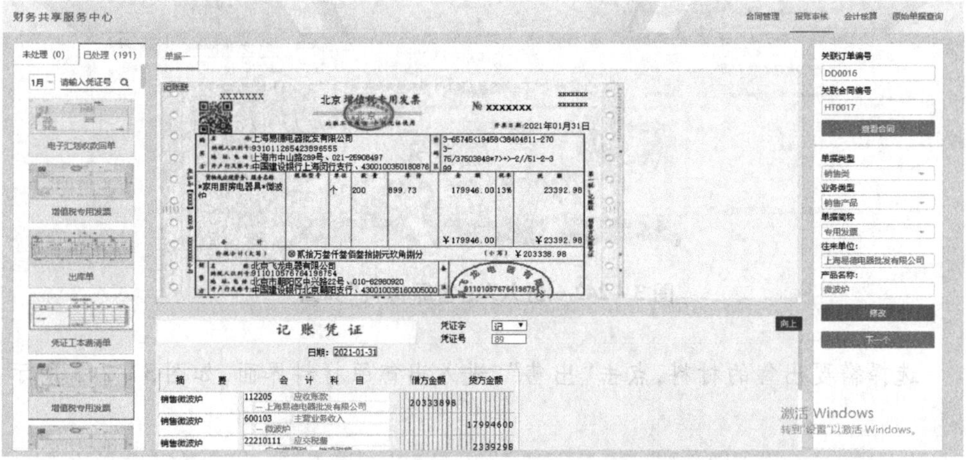

图3-240 销售商品业务A处理界面

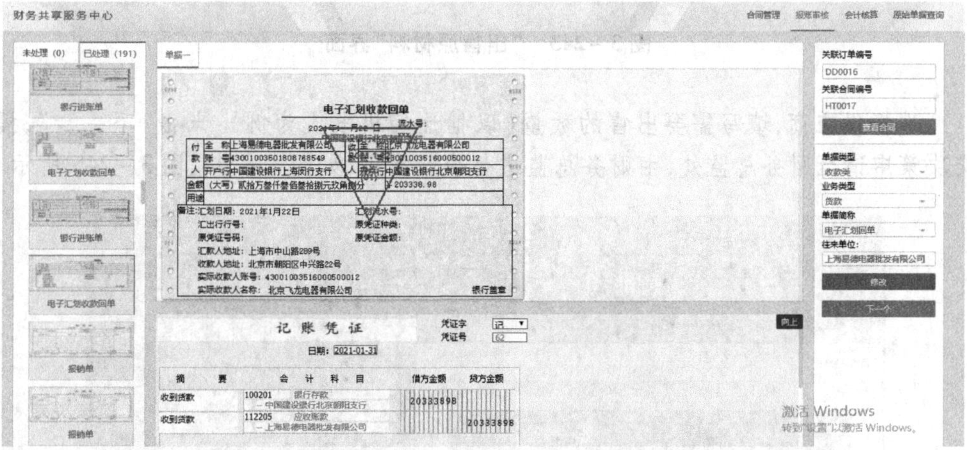

图3-241 销售商品业务B处理界面

★ 知识拓展二:出售原材料

(一)主功能界面

运营管理点击“业务管理”—“出售原材料”,进入“出售原材料”界面,如图3-242所示。

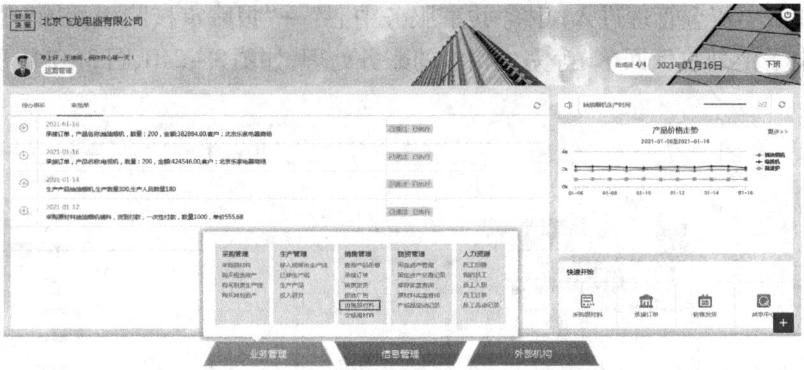

图 3-242　进入“出售原材料”界面

选择需要出售的材料,点击“出售”,进入出售原材料界面,如图 3-243 所示。

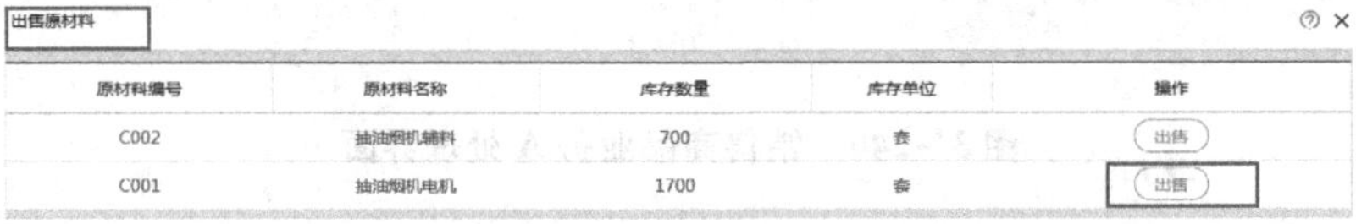

图 3-243　“出售原材料”界面

选择供应商,填写需要出售的数量(以抽油烟机电机为例),点击“下一步”,提交决策申请至财务总监处,由财务总监进行决策审批,如图 3-244、图 3-245 所示。

图 3-244　“填写出售单”界面

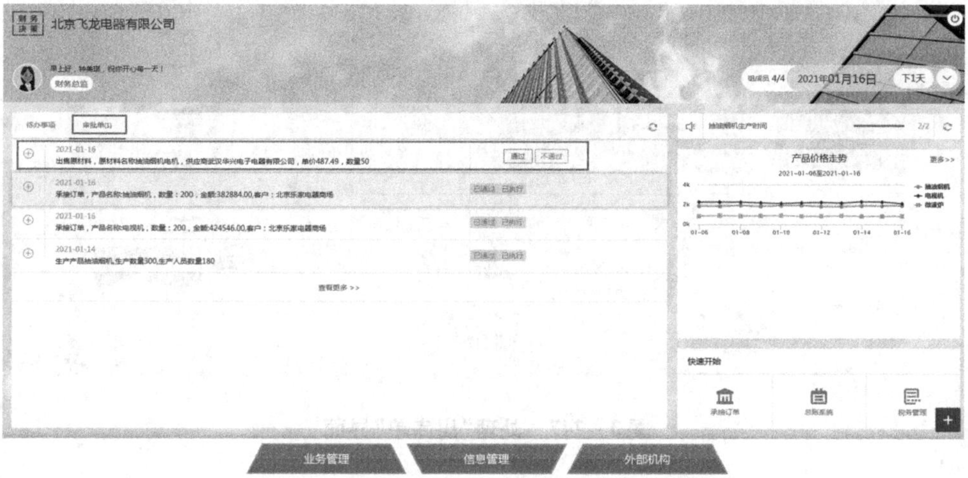

图 3－245　审批出售原材料界面

财务总监审核通过后，由运营管理执行该业务，运营管理确认执行业务后，出售原材料正式完成，原材料将进行出库确认，如图 3－246 所示。

图 3－246　执行出售原材料界面

（二）财务共享服务中心

本业务由资金管理进入“财务共享服务中心”—“报账审核”，根据“电子汇划收款回单”“出库单”“增值税专用发票”等原始单据完成相应的账务处理，如图 3－247、图 3－248、图 3－249 所示。

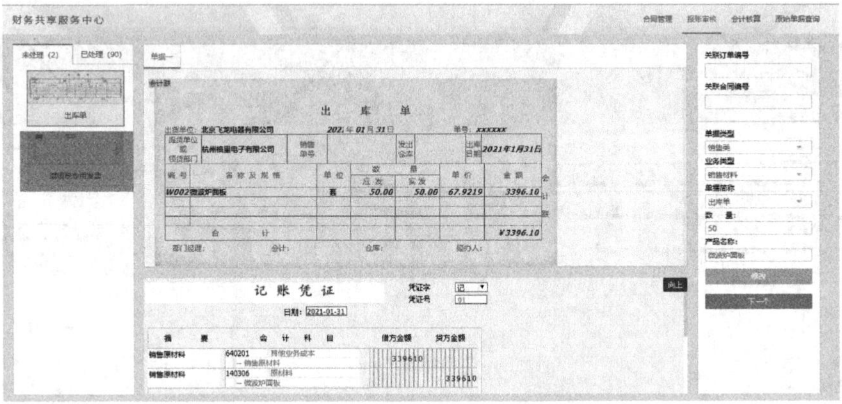

图 3－247　处理“出库单”界面

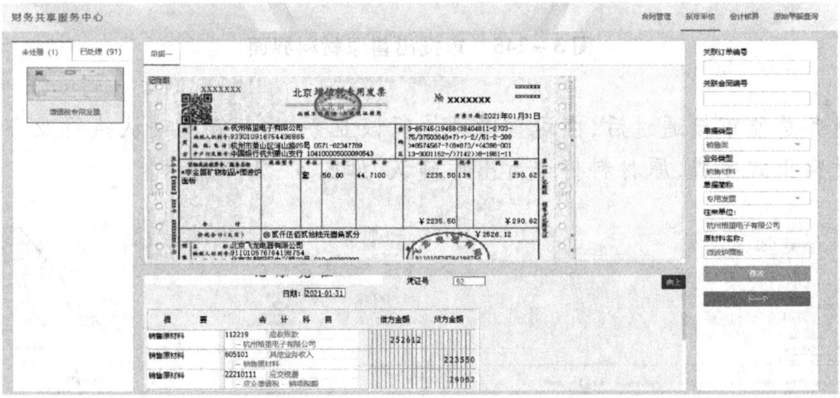

图 3－248　处理“增值税专用发票”界面

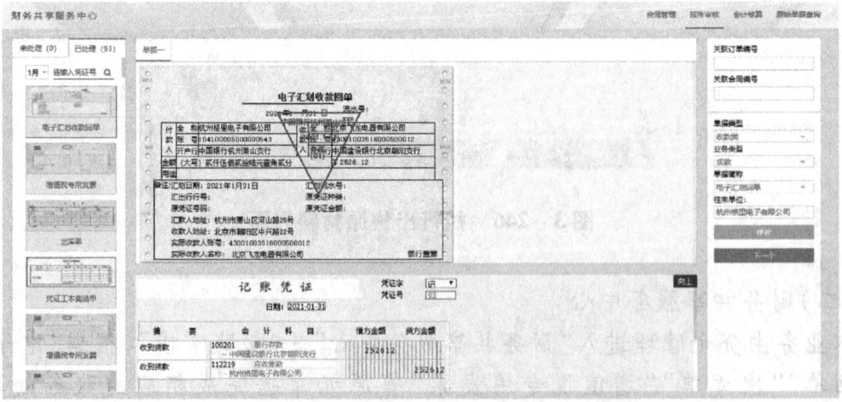

图 3－249　处理“电子汇划收款回单”界面

★ 知识拓展三:非货币性交易

(一)主功能界面

运营管理点击“业务管理”—“销售管理”—“交换原材料”,进入“交换原材料”界面,如图3-250所示。

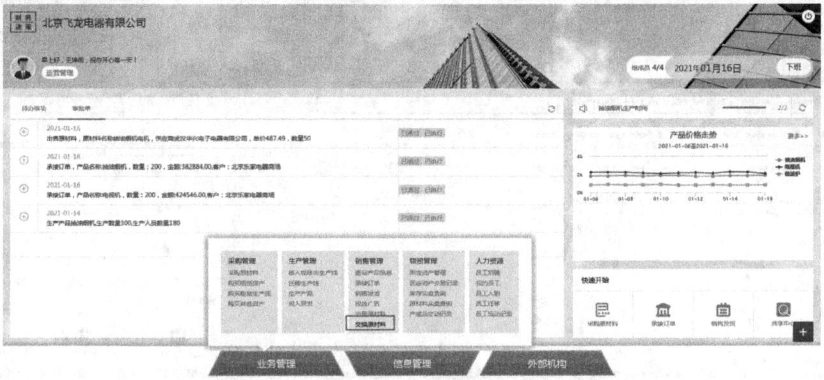

图3-250 进入“交换原材料”界面

选择需要进行交换的产品,如图3-251所示。

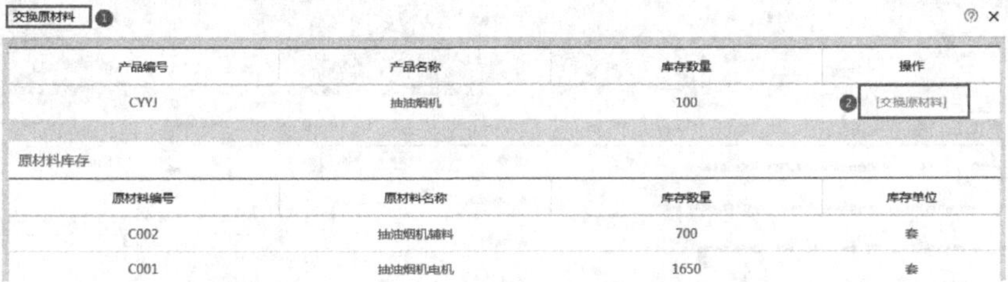

图3-251 “交换原材料”界面

填上合适的数量,点击“下一步”,如图3-252所示。

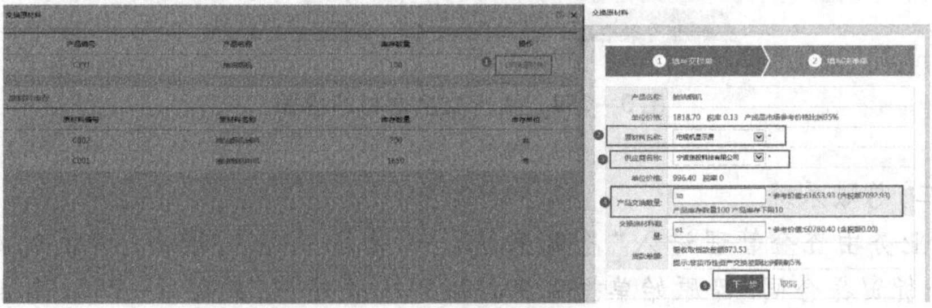

图3-252 “交换原材料”清单界面

在财务总监确认通过“审批单”后，由运营管理执行该业务，如图 3－253、图 3－254 所示。

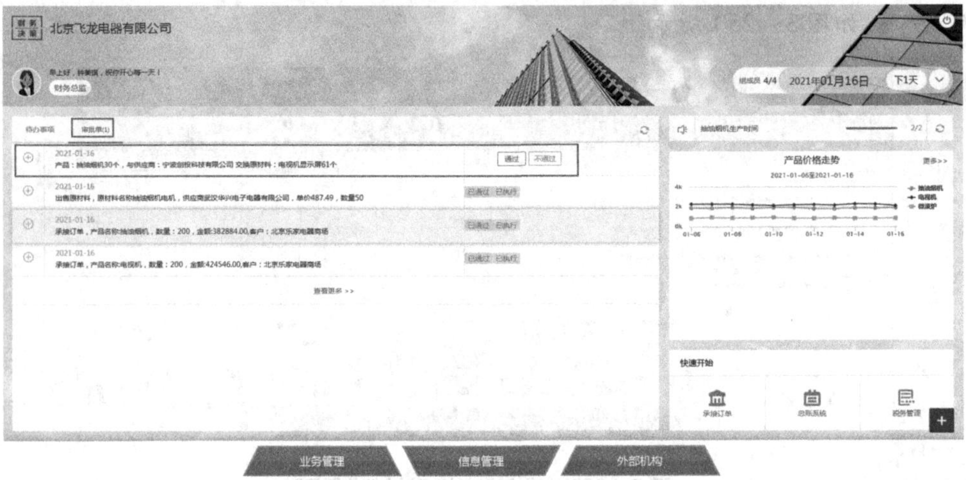

图 3－253　审批交换原材料界面

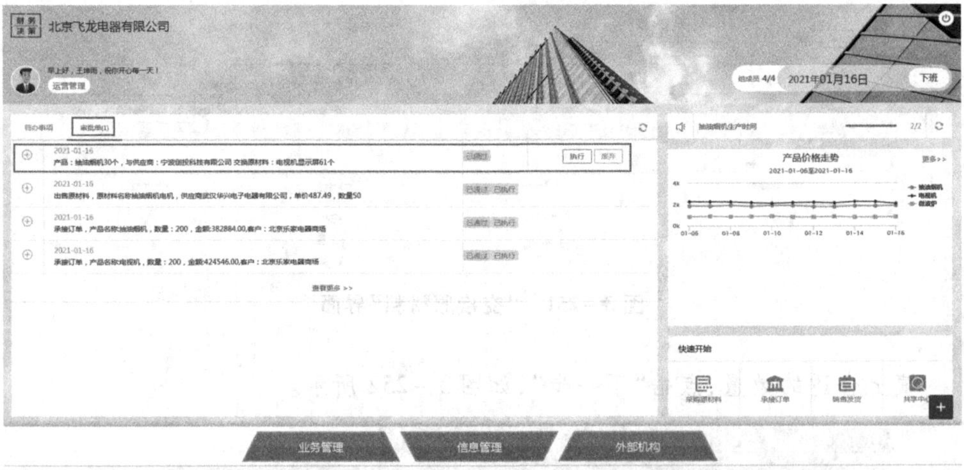

图 3－254　执行交换原材料界面

（二）总账系统

本业务由资金管理进入“总账系统”—“凭证录入”，根据“增值税专用发票”“易货贸易合同”等原始单据完成相应的账务处理，如图 3－255、图 3－256 所示。

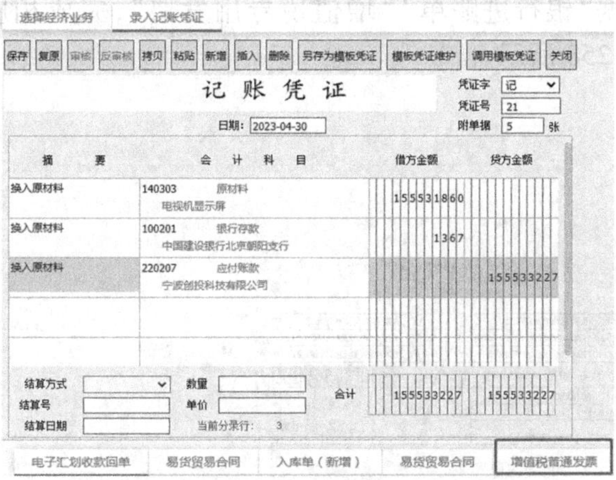

图 3-255 “换入原材料”业务处理界面

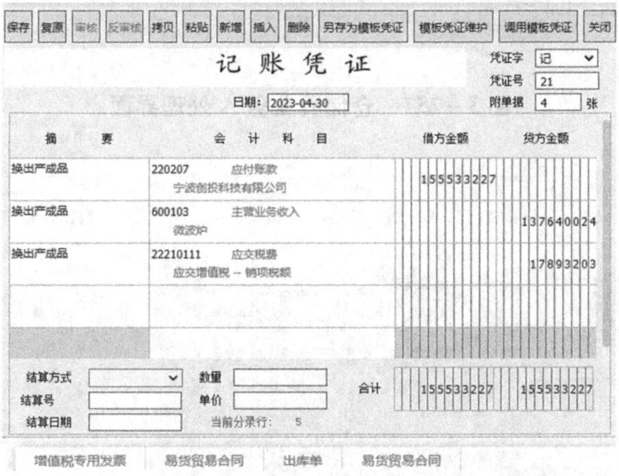

图 3-256 “换出产成品”业务处理界面

3.4.1.7 其他费用

本平台涉及的其他费用(如仓储费、差旅费等),其原始单据由系统自动生成。一般来说,办公费、差旅费、通信费(以 1 月份为例,一般在当月的 20 日左右发生),生产用水电费、办公用水电费、业务招待费、低值易耗品等(以 1 月份为例,一般会在当月的 28 日左右发生)。当企业发生这些日常费用时,会出现在成本管理的“待办事项”界面,并需要财务总监对相关费用“审批通过”。当审批通过后,各项业务需要资金管理进行业务款项的支付处理。支付完成后,由资金管理前往“财务共享服务中心”,根据各业务的原始单据进行“报账审核”。

1）仓储费

资金管理根据“银行进账单”“增值税专用发票”，完成相应的业务处理，如图 3 – 257、图 3 – 258 所示。

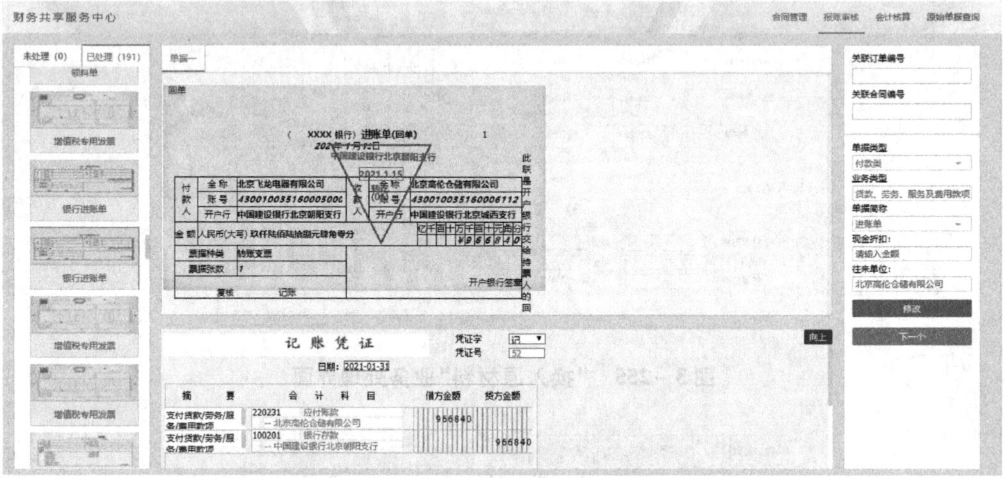

图 3 – 257　仓储费业务 A 处理界面

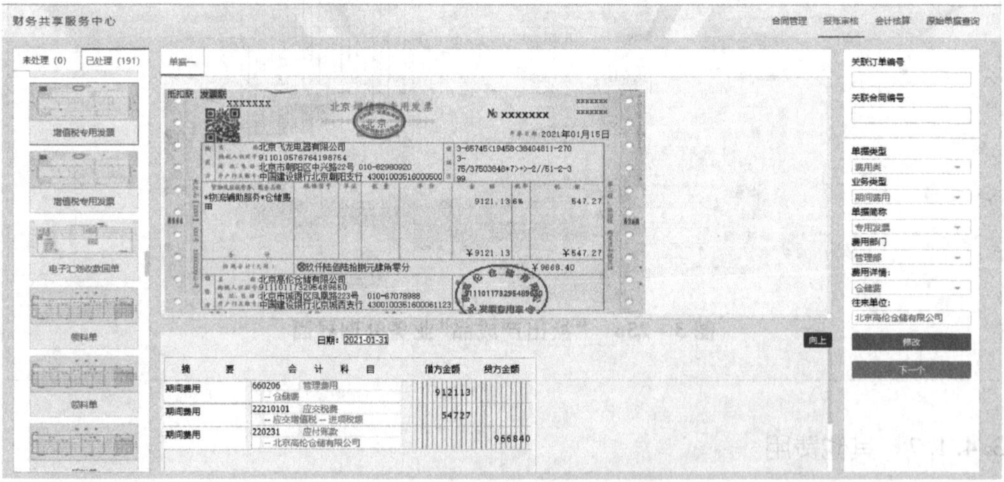

图 3 – 258　仓储费业务 B 处理界面

2）差旅费

资金管理根据“报销单”，完成相应的业务处理，如图 3 – 259 所示。

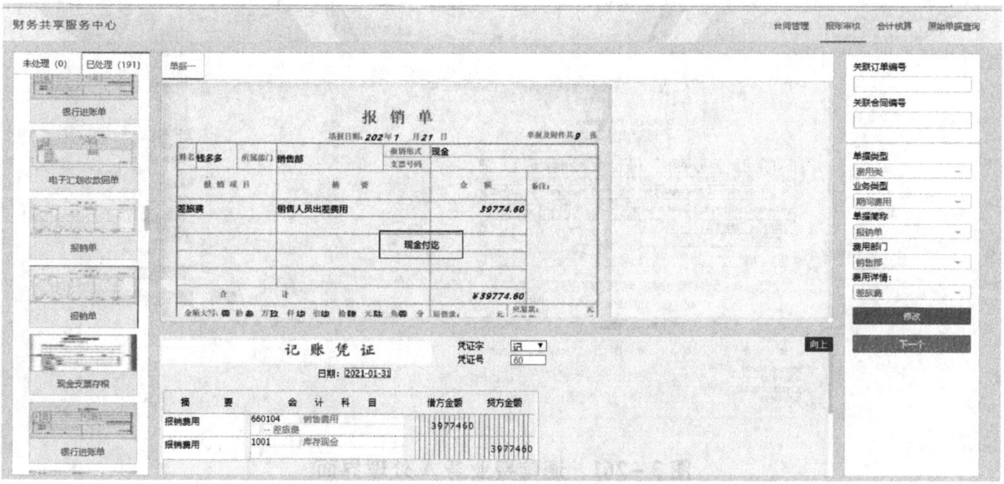

图 3－259 “差旅费”业务处理界面

3）办公费

资金管理根据“报销单”，完成相应的业务处理，如图 3－260 所示。

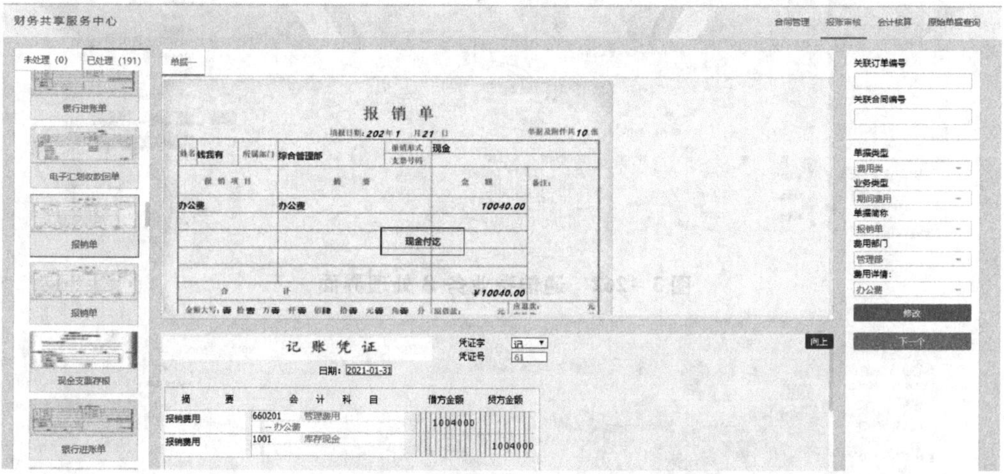

图 3－260 “办公费”业务处理界面

4）通信费

资金管理根据“银行进账单”“增值税专用发票”，完成相应的业务处理，如图 3－261、图 3－262 所示。

5）办公用水费

资金管理根据“银行进账单”“增值税专用发票”，完成相应的业务处理，如图 3－263、图 3－264 所示。

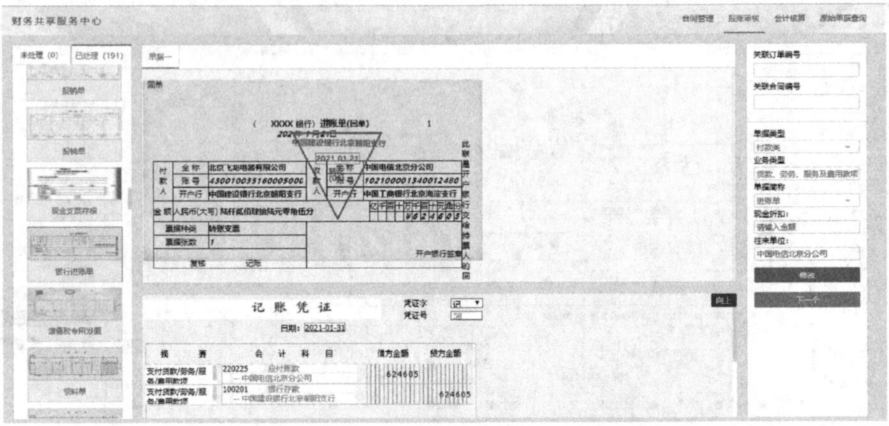

图 3－261　通信费业务 A 处理界面

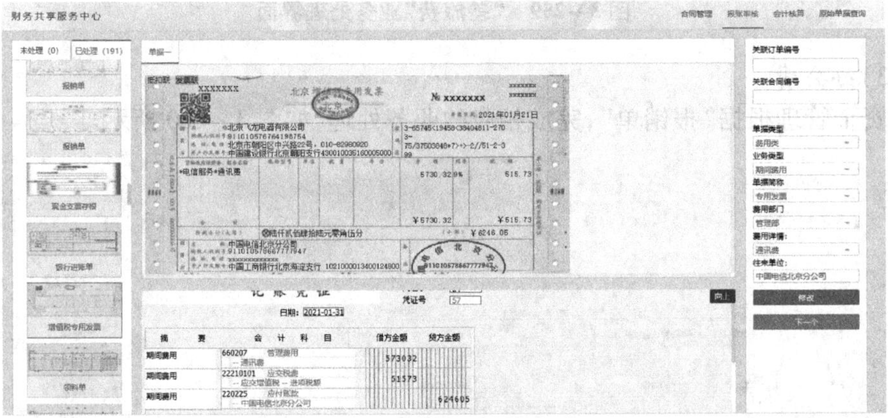

图 3－262　通信费业务 B 处理界面

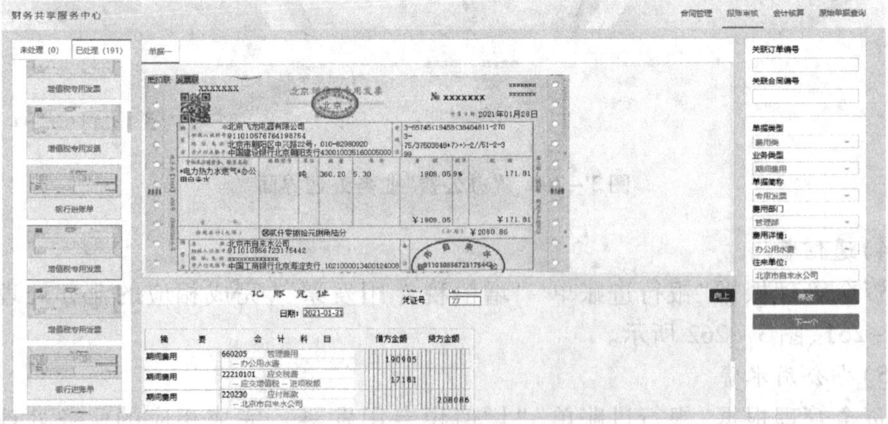

图 3－263　办公用水费业务 A 处理界面

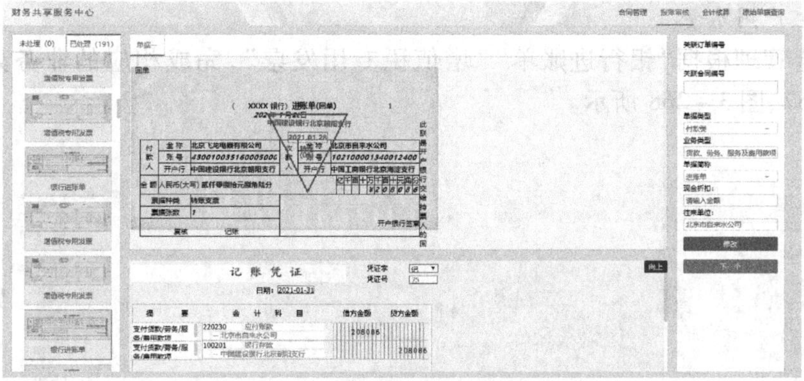

图3－264 办公用水费业务B处理界面

6)办公用电费

资金管理根据“银行进账单”“增值税专用发票”,完成相应的业务处理,如图3－265、图3－266所示。

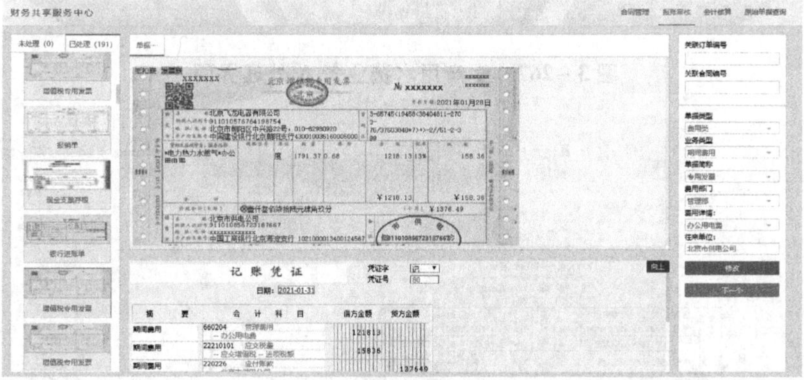

图3－265 办公用电费业务A处理界面

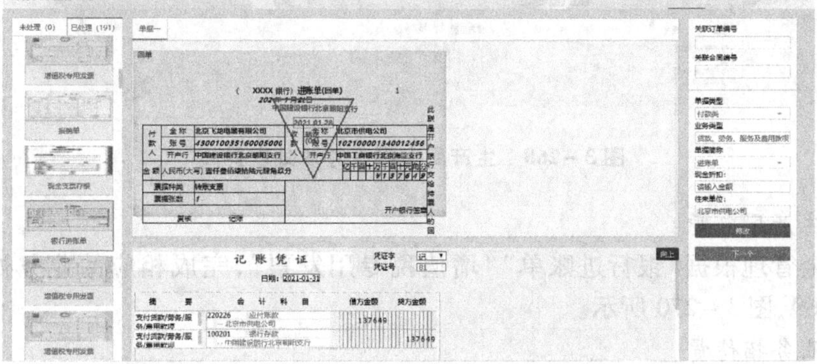

图3－266 办公用电费业务B处理界面

7)生产用水费

资金管理根据“银行进账单”“增值税专用发票”,完成相应的业务处理,如图 3－267、图 3－268 所示。

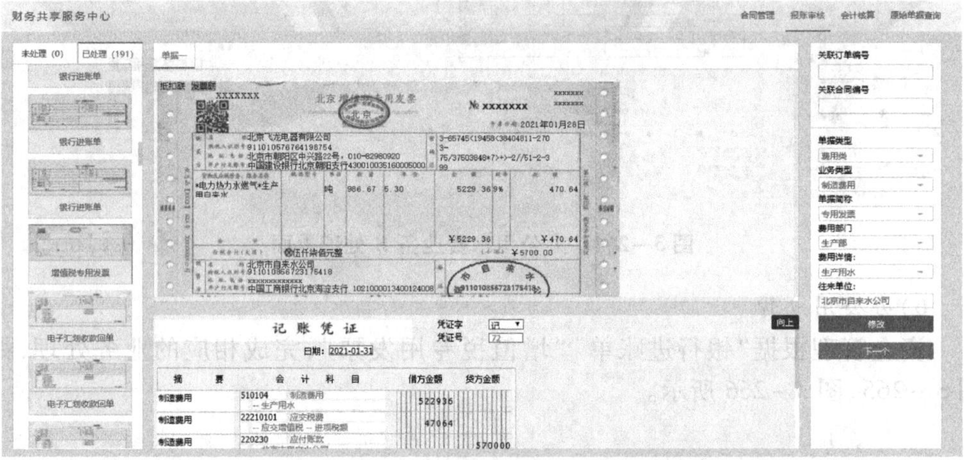

图 3－267　生产用水费业务 A 处理界面

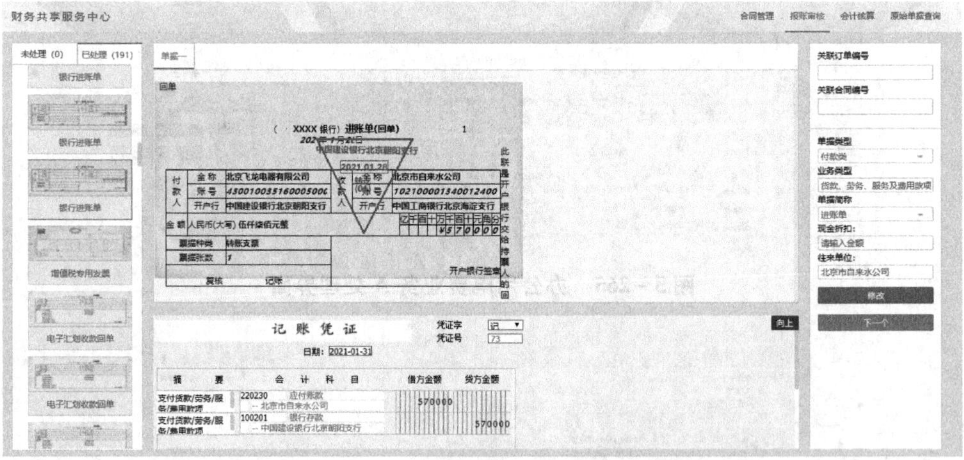

图 3－268　生产用水费业务 B 处理界面

8)生产用电费

资金管理根据“银行进账单”“增值税专用发票”,完成相应的业务处理,如图 3－269、图 3－270 所示。

9)业务招待费

资金管理根据“报销单”,完成相应的业务处理,如图 3－271 所示。

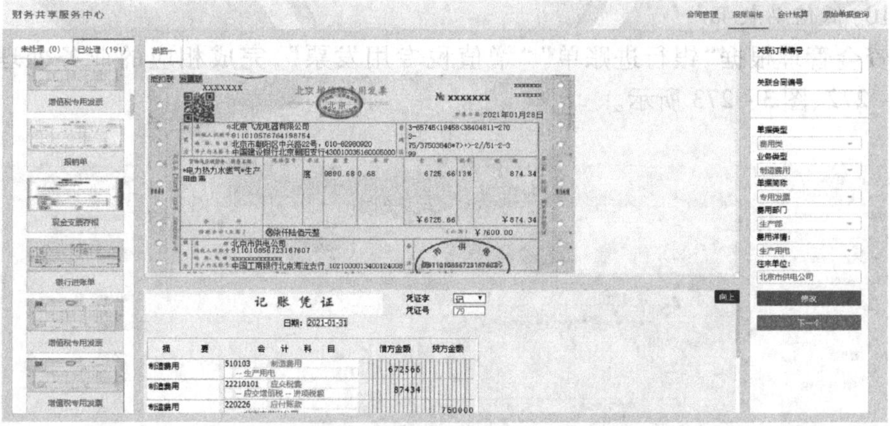

图 3－269 生产用电费业务 A 处理界面

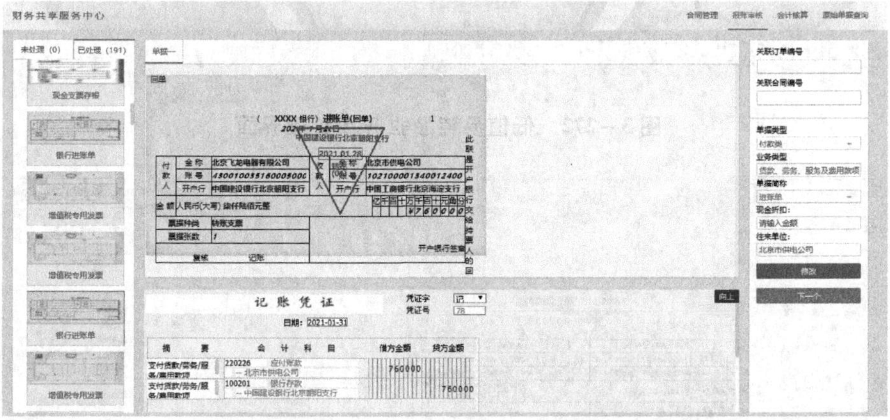

图 3－270 生产用电费业务 B 处理界面

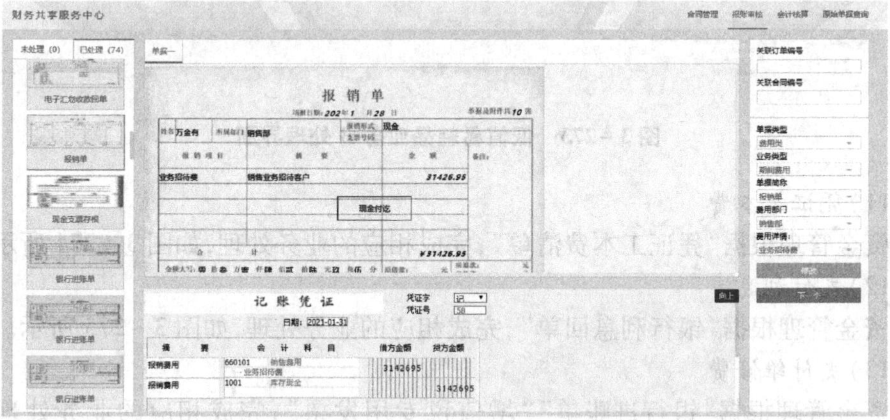

图 3－271 “业务招待费”业务处理界面

10）低值易耗品

资金管理根据“银行进账单”“增值税专用发票”，完成相应的业务处理，如图 3－272、图 3－273 所示。

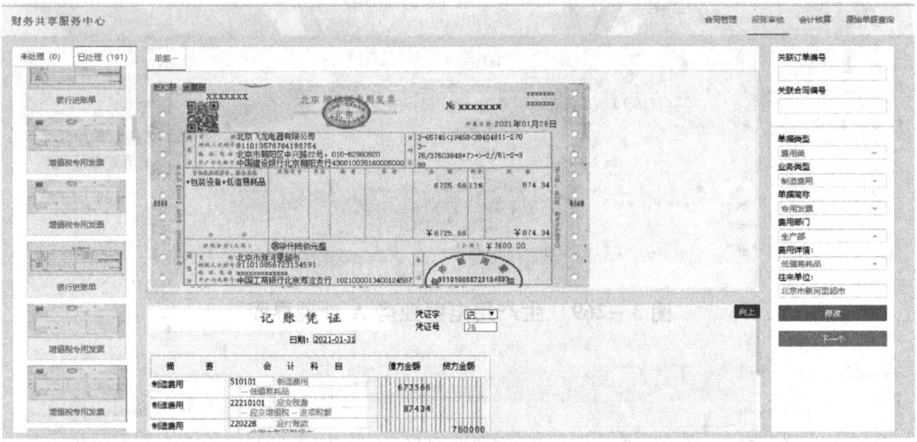

图 3－272　低值易耗品业务 A 处理界面

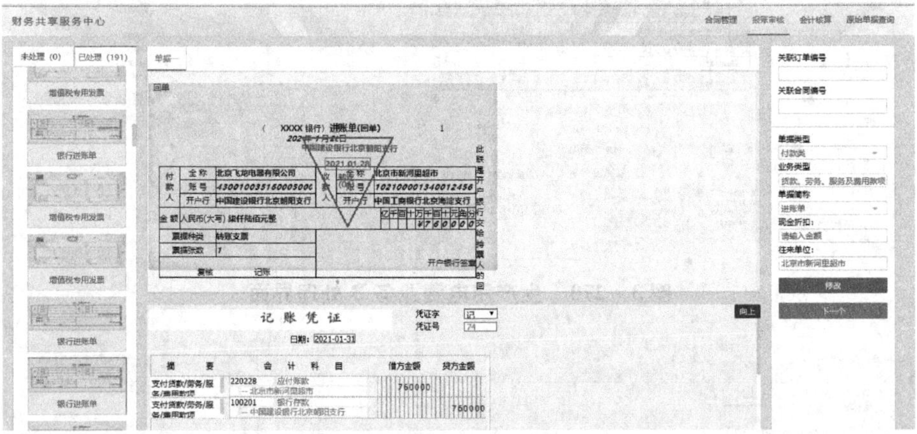

图 3－273　低值易耗品业务 B 处理界面

11）凭证工本费

资金管理根据“凭证工本费清单”，完成相应的业务处理，如图 3－274 所示。

12）支付利息

资金管理根据“银行利息回单”，完成相应的业务处理，如图 3－275 所示。

13）支付维修费

资金管理根据“银行进账单”“增值税专用发票”，完成相应的业务处理，如图 3－276、图 3－277 所示。

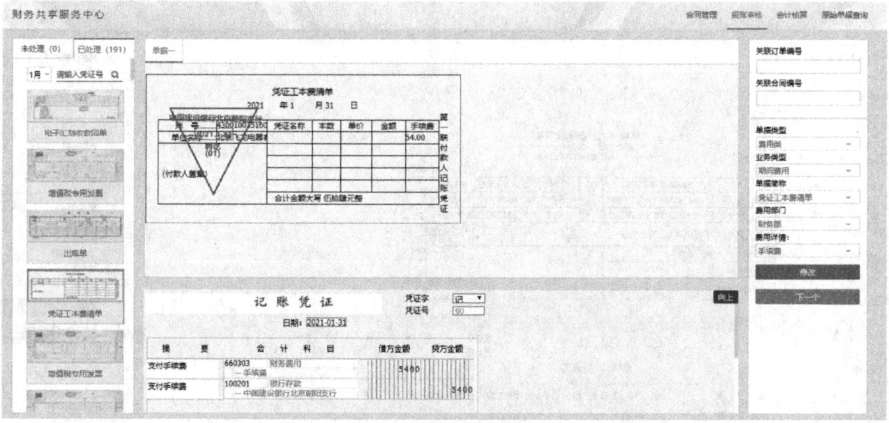

图 3－274　凭证工本费业务处理界面

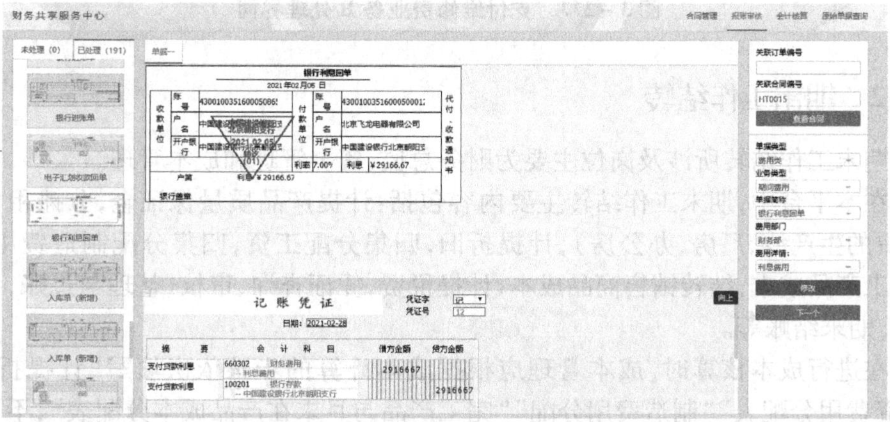

图 3－275　支付利息业务处理界面

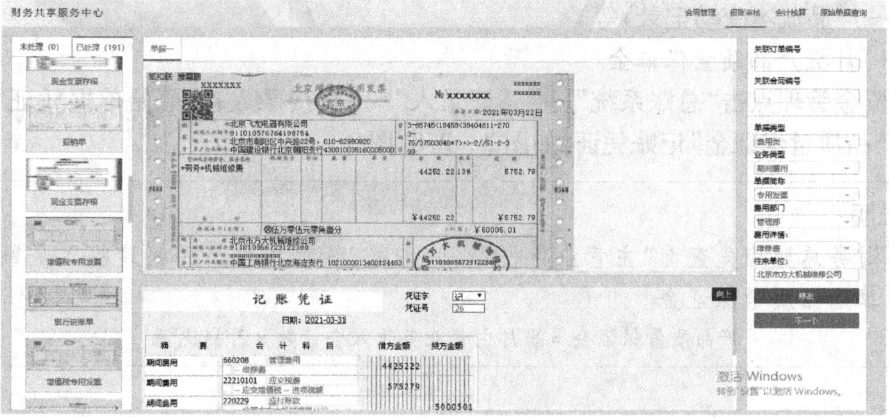

图 3－276　支付维修费业务 A 处理界面

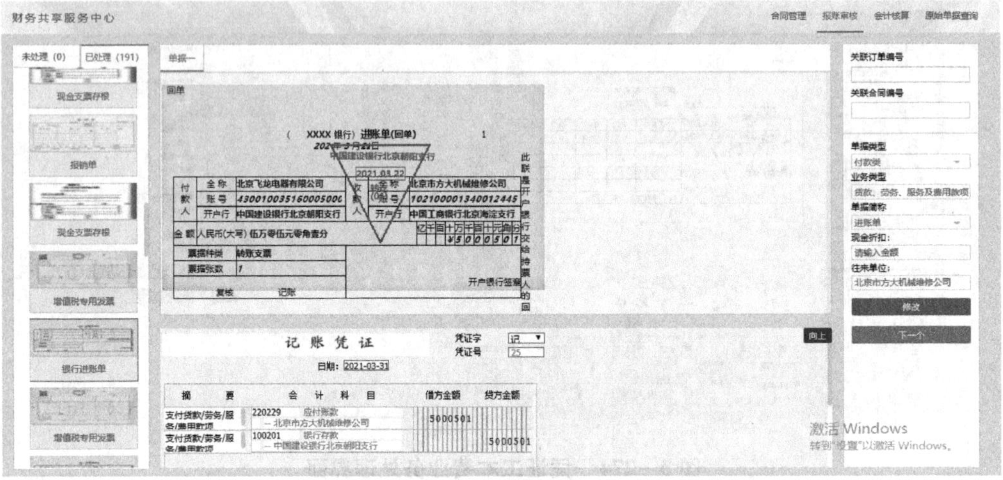

图 3－277　支付维修费业务 B 处理界面

3.4.2　期末工作结转

期末工作结转所涉及岗位主要为财务总监、资金管理和成本管理。

在本平台中，期末工作结转主要内容包括：计提产品质量保证金，分摊租赁费（租赁的生产线、厂房、办公房），计提折旧，归集分配工资，归集分配制造费用，结转完工产品成本，结转销售商品成本，计提税费，凭证查询、审核、整理与过账，结转损益，期末结账等。

在进行成本核算时，成本管理应根据成本计算的步骤依次填写“计提折旧”“工资费用分配表”“制造费用分配”“完工产品与月末在产品成本分配表”，不可调整填写顺序。在填写成本分配表时，除了依据界面下方提供的原始单据外，还应查询所需要的明细账，例如“生产成本”“制造费用”明细账，产品出库、入库数量（物资部—产品成本变动记录）等。

1）计提产品质量保证金

资金管理点击“总账系统”—“凭证录入”—“直接录入，无原始单据凭证”，填制“产品质量保证金”记账凭证，如图 3－278、图 3－279 所示。

> ★ **说明：**
>
> 财务总监应先查询“主营业务收入”明细账，统计本月产品销售收入金额，然后计算产品质量保证金。
>
> 产品质量保证金 = 当月主营业务收入合计数 × 计提比例

6001	主营业务收入	2021	1	1		建账初始余额	0.00	0.00	贷	0.00
		2021	1	31	汇	本期合计	0.00	4057264.00	贷	4057264.00
		2021	1	31		本年累计	0.00	4057264.00	贷	4057264.00
6051	其他业务收入	2021	1	1		建账初始余额	0.00	0.00	贷	0.00
		2021	1	31	汇	本期合计	0.00	2235.50	贷	2235.50
		2021	1	31		本年累计	0.00	2235.50	贷	2235.50

图 3－278　查询主营业务收入额界面

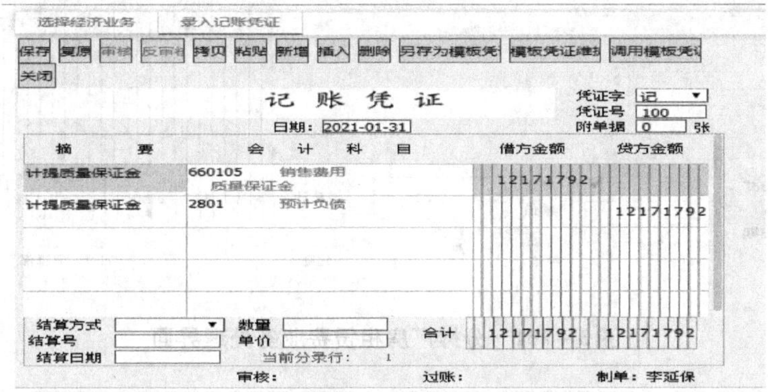

图 3－279　计提产品质量保证金业务处理界面

2）分摊租赁费

按照权责发生制原则，每月末需要对预付的租赁费进行分摊。在本案例中，生产线、厂房、办公房都是租赁的，因此，需要每月末分摊租赁费（注意：1 月份的租赁费分摊在“报账审核”处理租赁增值税专用发票时已经分摊了，这里的月末分摊租赁费主要是 2 月、3 月）。分摊时，要注意租赁公司名称，不可选错对象。资金管理点击“总账系统”—“凭证录入”—“直接录入，无原始单据凭证”，填制“分摊租赁费”记账凭证。

★分摊生产线租赁费（主要是第二、三个月末），如图 3－280 所示。

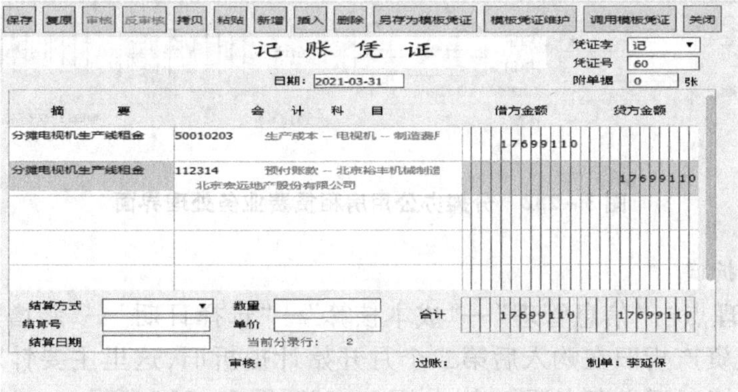

图 3－280　分摊生产线租赁费业务处理界面

*分摊厂房租赁费(主要是第二、三个月末),如图 3－281 所示。

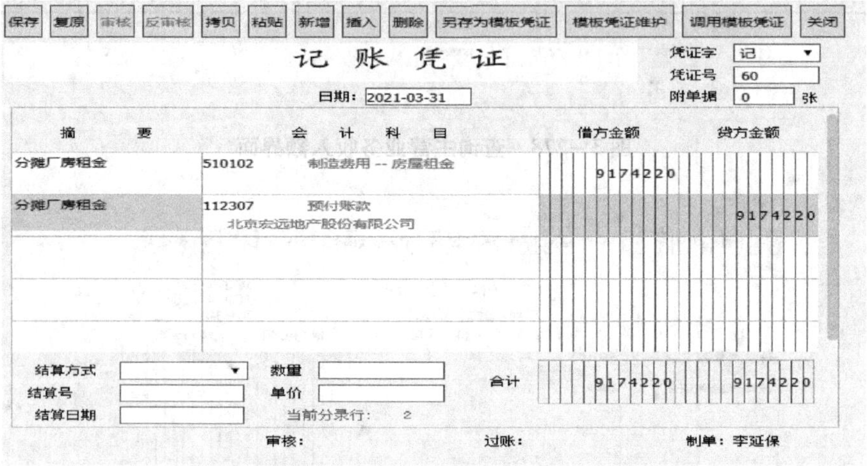

图 3－281　分摊厂房租赁费业务处理界面

*分摊办公房租赁费(主要是第二、三个月末),如图 3－282 所示。

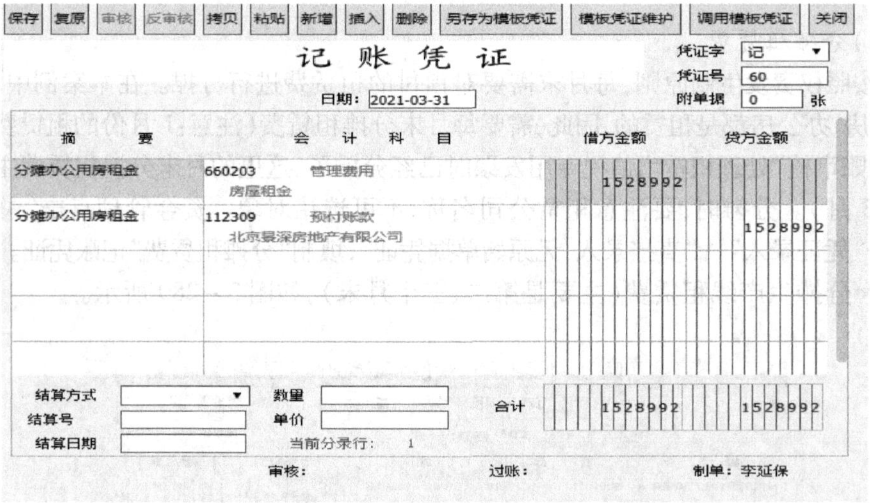

图 3－282　分摊办公用房租赁费业务处理界面

3)计提折旧

成本管理点击“信息管理”—“成本核算”—“选择日期”—“新增固定资产明细表”(固定资产折旧在购入后第二个月开始计提折旧,这里主要针对外购设备计提折旧),填制固定资产明细表,如图 3－283、图 3－284 所示。

图 3－283　进入“固定资产明细表”界面

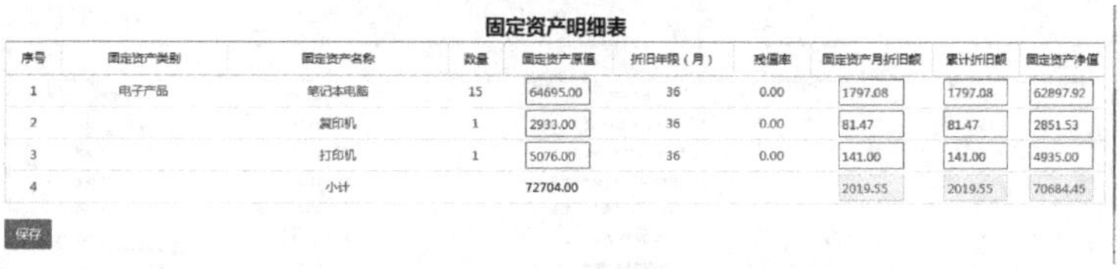

固定资产明细表

序号	固定资产类别	固定资产名称	数量	固定资产原值	折旧年限（月）	残值率	固定资产月折旧额	累计折旧额	固定资产净值
1	电子产品	笔记本电脑	15	64695.00	36	0.00	1797.08	1797.08	62897.92
2		复印机	1	2933.00	36	0.00	81.47	81.47	2851.53
3		打印机	1	5076.00	36	0.00	141.00	141.00	4935.00
4		小计		72704.00			2019.55	2019.55	70684.45

保存

图 3－284　“固定资产明细表”界面

★ **说明：**

平台中企业拥有的生产线、不动产和其他资产应当计提折旧，采用直线法按月计提折旧额，折旧年限及净残值率根据企业具体情况设置，超过税法规定的标准，年终应当进行纳税调整。若企业采用购买方式取得企业生产用厂房、生产线，则应在每个经营月末对所拥有的厂房、生产线按规定计提折旧，当月增加的当月不提折旧，从下个月开始计提。采用租赁方式取得的厂房、生产线不用计提折旧。

资金管理进入“凭证录入”界面，根据“固定资产明细表”，作出相应账务处理，如图 3－285 所示。

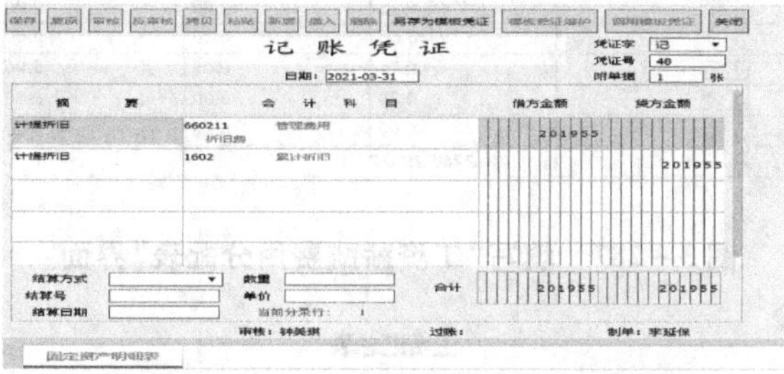

图 3－285　“计提折旧”业务处理界面

4）归集分配工资

成本管理点击“会计核算”—“成本核算”—“选择日期”—“新增工资分配表”，填制工资薪酬费用分配表，如图 3－286、图 3－287、图 3－288、图 3－289、图 3－290 所示。

★ **说明：**

1. 按照品种法计提分配当月的工资费用，填写工资薪酬费用分配表。
2. 按照系统给定的人工工时表单，根据工时标准将直接人工成本在各个产品之间进行分配。
3. 按照收益对象，将可以直接计入其他费用的工资薪酬，直接计入其费用科目。
4. 将填好的表单保存，并与系统给定的工资薪酬费用计提表相互比对核实。

图 3－286　进入“工资薪酬费用分配表”界面

工资薪酬费用分配表

2023年 1月 31日　　　　单位：元

应借科目		成本或费用项目	直接计入	分配计入		工资费用合计
				分配标准	分配金额（分配率）	
生产成本	抽油烟机	直接人工	0.00	3420.00	225.05	769680.00
生产成本	电视机	直接人工	0.00	3040.00	225.05	684160.00
生产成本	微波炉	直接人工	0.00	3040.00	225.05	684160.00
生产成本	小计	-	0.00	9500.00	0.00	2138000.00
管理费用	-	工资	26480.00	0.00	0.00	26480.00
销售费用	-	工资	164600.02	0.00	0.00	164600.02
制造费用	-	工资	79440.00	0.00	0.00	79440.00
研发支出	-	工资	0.00	0.00	0.00	0.00
其他业务成本	-	工资	0.00	0.00	0.00	0.00
其他业务成本	-	工资	0.00	0.00	0.00	0.00
合计	-	-	270520.02	-	-	2408520.02

图 3－287　填写“工资薪酬费用分配表”界面

工资汇总表

单位：百岁山队　　　　日期：20230131

部门名称	人员类别	人数	基本工资	绩效工资	应发工资	社保个人部分	个税	实发工资	社保单位部分
综合管理部	管理人员	5	20000.00	0.00	20000.00	1005.00	44.85	18950.15	3280.00
销售部	销售人员	10	20000.00	129451.00	149451.00	2010.00	18060.25	129380.75	6560.00
生产部	生产人员	500	1500000.00	0.00	1500000.00	100500.00	0.00	1399500.00	328000.00
生产部	生产线管理人员	15	60000.00	0.00	60000.00	3015.00	134.55	56850.45	9840.00
合 计		530	1600000.00	129451.00	1729451.00	106530.00	18239.65	1604681.35	347680.00

图 3－288　“工资汇总表”界面

工时汇总表

2023年 1月 31日

产品品种	机械工时(天)	人工工时(天)
抽油烟机	19.00	3420.00
电视机	19.00	3040.00
微波炉	19.00	3040.00
合 计	57.00	9500.00

图 3 - 289 "工时汇总表"界面

计提分配工资

单位:百岁山队　　日期:20230131

部门名称	人员类别	人数	工资	工会经费	福利费	职工教育经费	社保单位部分	总和
综合管理部	管理人员	5	20000.00	400.00	2500.00	300.00	3280.00	26480.00
销售部	销售人员	10	149451.00	2989.02	5000.00	600.00	6560.00	164600.02
生产部	生产人员	500	1500000.00	30000.00	250000.00	30000.00	328000.00	2138000.00

图 3 - 290 "计提分配工资"界面

资金管理进入"凭证录入"界面,根据工资薪酬相关单据,作出相应账务处理,如图 3 - 291 所示。

摘要	会计科目	借方金额	贷方金额
计提分配工资	50010102 生产成本 抽油烟机 -- 直接人工	76968000	
计提分配工资	50010202 生产成本 电视机 -- 直接人工	68416000	
计提分配工资	50010302 生产成本 微波炉 -- 直接人工	68416000	
计提分配工资	660103 销售费用 工资	16460002	
计提分配工资	660209 管理费用 工资	2648000	
结算方式 [　] 数量 [　] 结算号 [　] 单价 [　]	合计	240852002	240852002

图 3 - 291 计提工资业务处理界面

相关分录:

借:生产成本——对应产品——直接人工(按产品列出)

　销售费用——工资

　管理费用——工资

　制造费用——工资

　管理费用——研发费用(若本期有研发)

贷:应付职工薪酬——工资(实发工资)

　应付职工薪酬——工会经费

应付职工薪酬——职工教育经费
应付职工薪酬——福利费
应付职工薪酬——社会保险费（单位部分）
应交税费——应交个人所得税（个人部分）
其他应付款——个人社会保险费

5）归集分配制造费用

成本管理点击“会计核算”—“成本核算”—“填制成本计算表”—“选择日期”—“新增制造费用分配表”，填制制造费用分配表，如图 3－292、图 3－293、图 3－294 所示。

图 3－292　进入“制造费用分配表”界面

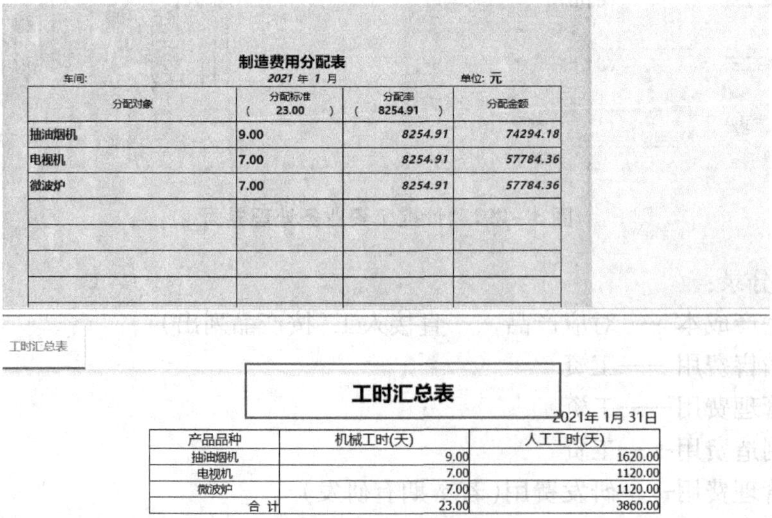

制造费用分配表

车间:　　2021 年 1 月　　单位: 元

分配对象	分配标准（23.00）	分配率（8254.91）	分配金额
抽油烟机	9.00	8254.91	74294.18
电视机	7.00	8254.91	57784.36
微波炉	7.00	8254.91	57784.36

工时汇总表

工时汇总表

2021年 1月 31日

产品品种	机械工时(天)	人工工时(天)
抽油烟机	9.00	1620.00
电视机	7.00	1120.00
微波炉	7.00	1120.00
合 计	23.00	3860.00

图 3－293　“工时汇总表”界面

制造费用分配表

车间: 2021 年 1 月 单位: 元

分配对象	分配标准 (23.00)	分配率 (8254.91)	分配金额
抽油烟机	9.00	8254.91	74294.18
电视机	7.00	8254.91	57784.36
微波炉	7.00	8254.91	57784.36

图 3-294 “制造费用分配表”界面

★ **说明:**

1. 按照品种法分配制造费用,填制制造费用分配表。
2. 本平台中未设置辅助车间,制造费用建议使用机械工时分配。
3. 按照系统给定的机械工时表单,根据工时标准将制造费用在各个产品之间进行分配,计入各个产品的制造费用。

资金管理进入“凭证录入”界面,根据制造费用分配相关单据,作出相应账务处理,如图 3-295 所示。

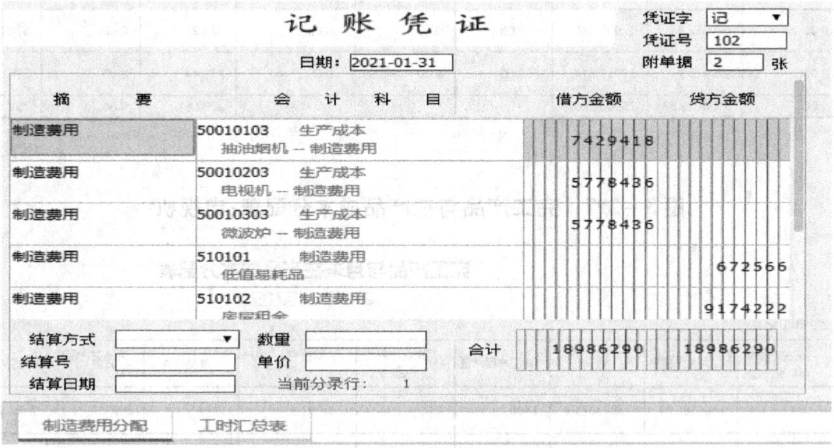

图 3-295 制造费用分配业务处理界面

相关分录:

借:生产成本——××产品——制造费用(按产品列出)

贷:制造费用——×××(具体看明细科目)

6)结转完工产品成本

成本管理点击“信息管理”—“财务共享服务中心”—“成本核算”—“选择日期”—“新增完工产品及在产品成本分配表”，填制完工产品及在产品成本分配表，如图 3－296、图 3－297、图 3－398、图 3－299 所示。

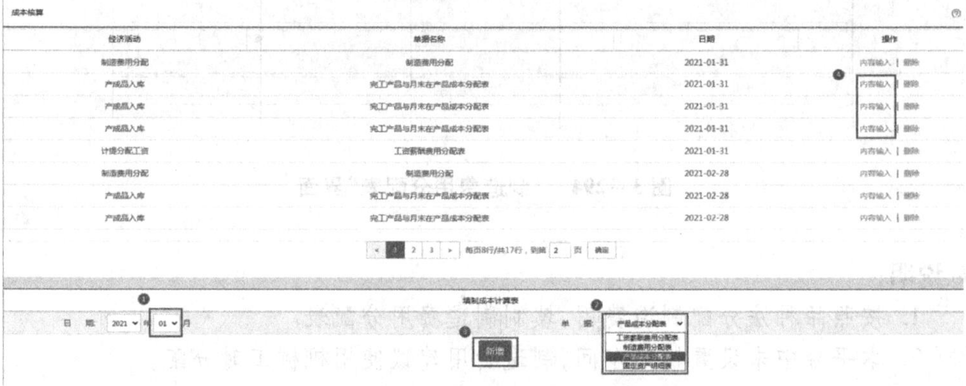

图 3－296　进入“产品成本分配表”界面

完工产品与月末在产品成本分配表

2021年01月31日

产品：电视机

成本项目	月初在产品成本	本月生产费用	合计	完工产品产量	月末在产品产量	月末在产品约当产量	单位成本	月末在产品成本	完工产品成本
直接材料	0.00	1699497.60	1699497.60	999.00	0.00	0.00	1701.20	0.00	1699497.60
直接人工	0.00	620352.33	620352.33	999.00	0.00	0.00	620.97	0.00	620352.33
制造费用	0.00	270173.74	270173.74	999.00	0.00	0.00	270.44	0.00	270173.74
合计	0.00	2590023.67	2590023.67	--	--	--	2592.61	0.00	2590023.67

保存

图 3－297　完工产品与在产品成本分配表：电视机

完工产品与月末在产品成本分配表

2021年01月31日

产品：抽油烟机

成本项目	月初在产品成本	本月生产费用	合计	完工产品产量	月末在产品产量	月末在产品约当产量	单位成本	月末在产品成本	完工产品成本
直接材料	0.00	1784382.04	1784382.04	1400.00	0.00	0.00	1274.56	0.00	1784382.04
直接人工	0.00	897295.34	897295.34	1400.00	0.00	0.00	640.93	0.00	897295.34
制造费用	0.00	251285.33	251285.33	1400.00	0.00	0.00	179.49	0.00	251285.33
合计	0.00	2932962.71	2932962.71	--	--	--	2094.98	0.00	2932962.71

保存

图 3－298　完工产品与在产品成本分配表：抽油烟机

完工产品与月末在产品成本分配表

2021年01月31日

产品：微波炉

成本项目	月初在产品成本	本月生产费用	合 计	完工产品产量	月末在产品产量	月末在产品约当产量	单位成本	月末在产品成本	完工产品成本
直接材料	0.00	708901.06	708901.06	1399.00	0.00	0.00	506.72	0.00	708901.06
直接人工	0.00	620352.33	620352.33	1399.00	0.00	0.00	443.43	0.00	620352.33
制造费用	0.00	217076.40	217076.40	1399.00	0.00	0.00	155.17	0.00	217076.40
合计	0.00	1546329.79	1546329.79	--	--	--	1105.32	0.00	1546329.79

保存

图 3－299　完工产品与在产品成本分配表：微波炉

★ 说明：

1. 按照约当产量法把生产成本在完工产品和在产品之间分配。

2. 如果企业在月末有在产品，则需要用到成本分配表，将产品的料、工、费在完工产品与月末在产品之间分配。

3. 在平台中，材料是一次性投入生产的，完工产品和在产品所耗费的原材料是相等的，所以原材料费用按照完工产品数量和在产品数量分配，而制造费用和工资薪酬按照完工产品和在产品约当产量分配。

资金管理进入“凭证录入”界面，根据完工产品及在产品成本分配表作出相应账务处理，如图 3－300 所示。

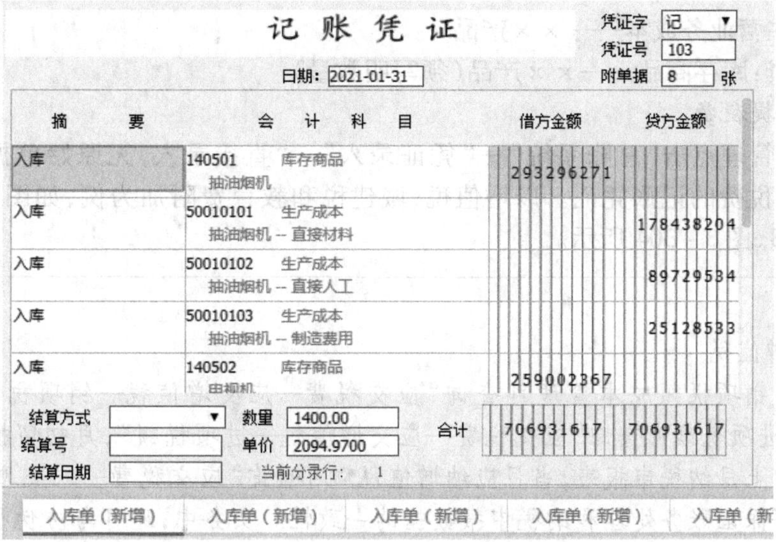

图 3－300　产品入库业务处理界面

相关分录：

借：库存商品——××产品（须写明数量）

贷：生产成本——直接材料

7）结转销售商品成本

资金管理点击“总账系统”—“凭证录入”—“录入、稽核原始单据凭证”，并填制记账凭证，如图3－301所示。

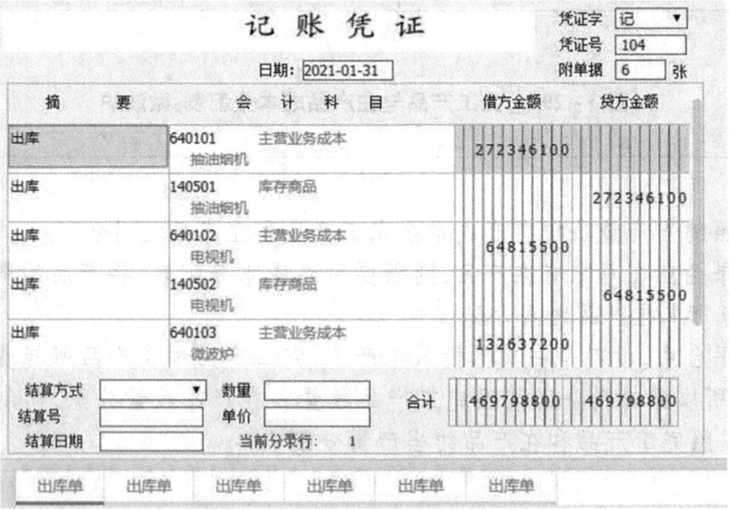

图3－301 产品出库业务处理界面

相关分录：

借：主营业务成本——××产品

贷：库存商品——××产品（须写明数量）

8）计提税费

资金管理点击“总账系统”—“凭证录入”—“直接录入，无原始单据凭证”，填制计提税费的记账凭证。以增值税、城建税和教育费附加为例，如图3－302、图3－303、图3－304所示。

> ★ **说明：**
>
> 1. 增值税
>
> 当月销项税额成本管理可查询“应交税费—应交增值税—销项税额”明细账，当月进项税额可查询“应交税费—应交增值税—进项税额”，月初留抵进项税额可查询上月纳税申报表，当月应纳增值税额可查询“应交税费—未交增值税”，这样才可保证账务处理和纳税申报数据的一致性。实务中，还可与防伪税控开票系统的数据和认证相符申报抵扣的增值税专用发票数据相核对。

2. 城建税与教育费附加

成本管理可查询“应交税费—未交增值税”“应交税费—应交消费税”明细账,确定实际缴纳的增值税、消费税的金额,作为计税依据,按照相应比率计算城建税(7%)与教育附加(3%)。

补充:

若当月进项大于销项,则不用作分录,税留下月抵扣。

当下月转出未交增值税时,

未交增值税 = 销项 - 进项 - 上月留抵进项税(如上月没有留抵则不应扣除留抵税)

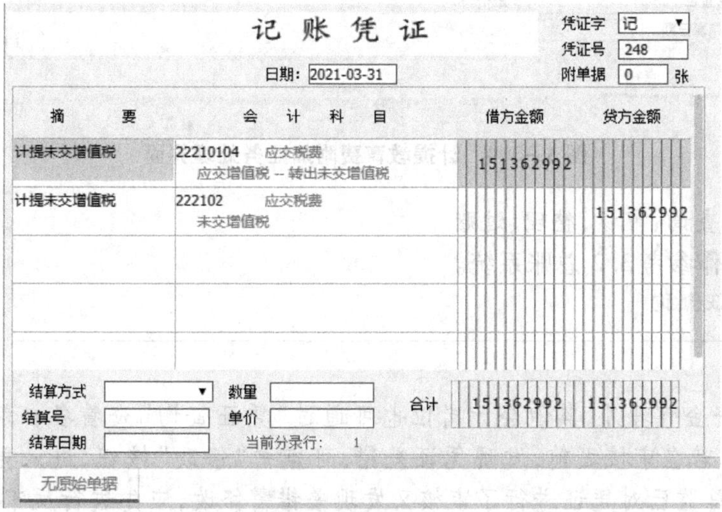

图 3-302 转出未交增值税业务处理界面

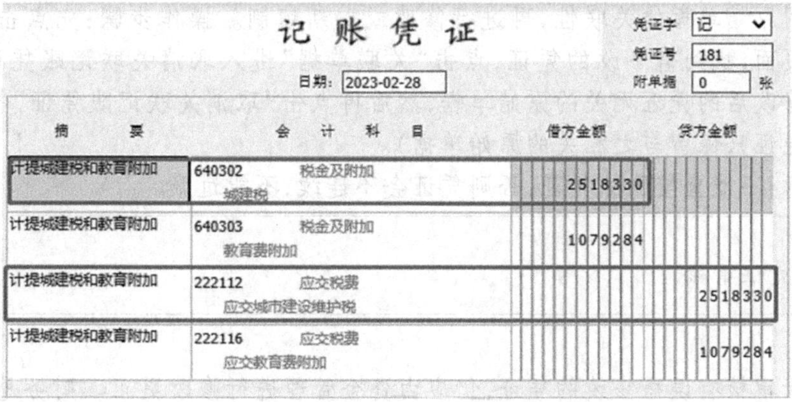

图 3-303 计提城建税业务处理界面

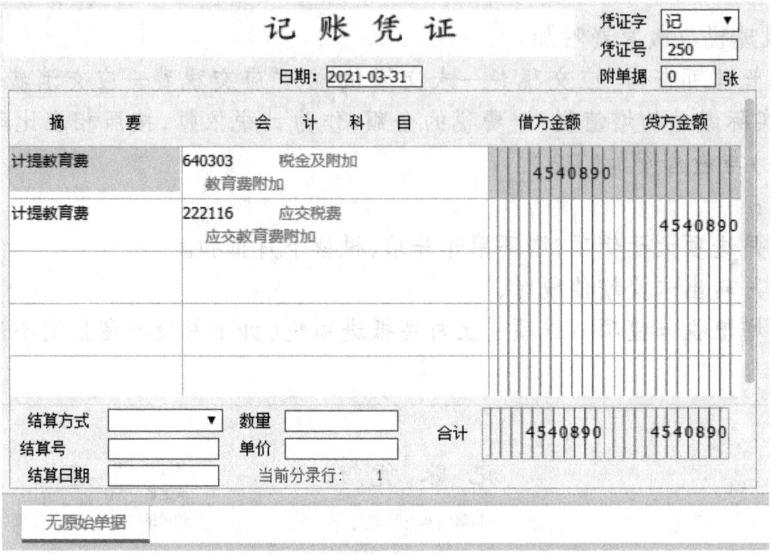

图 3－304　计提教育费附加业务处理界面

9)凭证查询、审核、整理、过账

具体操作参考 3.2 总账系统。

(1)凭证查询

> ★ **说明:**
>
> 1. 除资金管理外,其他会计岗位也可通过“凭证查询”查看各自录入完成的会计凭证。若在审核之前,发现凭证差错,可点击“修改”按钮,进入凭证修改状态;若财务总监已对凭证进行了审核又发现差错需修改,应先进行反审核,然后由资金管理进行修改,其他岗位无法对资金管理填制的出错凭证进行修改。
>
> 2. 已填制完成生成的记账凭证,如修改时涉及原始单据的关联问题,则应先取消已用原始单据的关联性,再进行修改或重新填制。操作步骤:先点击进入凭证查询页面,找到需修改的凭证,点击“关联单据”进入取消关联记账凭证页面,勾选与修改后的凭证无关的原始单据,然后再点击“取消关联记账凭证”按钮(修改后的凭证只保留与之相关的原始单据)。
>
> 注意:不能直接删除凭证,否则凭证会不连续,不能过账。

(2)凭证审核

> ★ **说明:**
>
> 对于审核有误需修改的凭证,仍应由资金管理进行修改更正。财务总监点击“凭证审核”进入会计分录序时簿,点击屏幕右侧“查看”按钮,即可对某字号凭证

进行查看。在屏幕右侧勾选要进行审核的凭证,然后点击屏幕右下角“审核”按钮,进入凭证审核界面。经过审核的凭证在审核栏会显示“√”,未审核的凭证则审核栏显示“×”。已审核过的凭证之后又发现差错需要修改的,应进行反审核操作,点击屏幕右下角“反审核”按钮,取消审核。

(3)凭证整理

★ **说明:**

此功能需结合明细账预览一起使用,在明细账预览中,对因凭证顺序录入失误导致资产类会计科目出现某日余额负数,可通过凭证整理解决问题,将某一记账凭证调整至末号凭证,等同于对凭证进行重新排序,不过凭证日期只能保存为当期最末的凭证日期。

(4)凭证过账

★ **说明:**

列表中,根据目前学生运营到的年度月份,列出可以过账的年月,点击“过账”即可对当年月进行凭证过账,若出现当期存在未审核凭证或凭证号重复不连续及资产类科目余额为负数等情况,将予以警告提示,并取消当前过账操作。须修改凭证,或者进入凭证检查模块对凭证重新整理后方可正常过账,当期可继续录入凭证并重复过账。按系统提示逐步进行操作。

10)结转损益

具体操作参考3.2总账系统。

★ **说明:**

1. 列表中,根据目前运营到的年度月份,列出可以结转损益的年月,点击“结转损益”即可对当年月进行结转损益,系统将根据已过账的凭证中的损益类科目进行余额结转,生成一张结转损益的记账凭证,之后需财务总监审核,并重新过账。

2. 本平台损益的结转操作步骤如下(四个角色):

①将企业本期发生的所有经济业务全部处理完毕,并填制会计凭证,保证没有遗漏,即确保损益结转的凭证为本期最后一张凭证。

②由财务总监对所有凭证进行审核,确保凭证无误。

③财务总监对审核无误的凭证进行过账。

④过账后,财务总监进行损益结转,系统自动生成结转损益的凭证。

⑤财务总监对系统自动生成的损益结转凭证再进行审核、过账的操作;预生成资产负债表和利润表。

⑥财务总监审核预生成的资产负债表、利润表,确保无误后,方可进行结账。当期结账后将不能再进行录入凭证等账务处理操作,系统自动跳转到下个会计月份。

11)期末结账

具体操作参考3.2总账系统。

★ **说明:**

1. 列表中,根据目前学生运营到的年度月份,列出可以期末结账的年月,点击“期末结账”即可对当年月进行期末结账,结账之后该年月不可再进行凭证过账、结转损益等账务处理。

2. 系统提供未结账前预生成报表功能,并可以进行报表预览,进行报表核对,确认报表无误后可再行结账。

3. 对预生成的报表进行审核时,如发现问题,可进行相应的修改;期末结账后,财务经理可进行反结账操作。

12)账簿报表

具体操作参考3.2总账系统。

3.4.3 纳税申报业务

1)纳税申报流程

本平台纳税申报主要涉及财务总监和成本管理岗位,其中成本管理主要履行填写和申报各税种税单的职责,并在申报成功后进行相应的账务处理;财务总监负责审批相关申报表格并查看相应申报回单。以增值税为例,如表3-4所示:

表3-4 增值税(月申报)纳税申报流程

角色	财务总监	成本管理
具体执行	4. 审批增值税纳税申报表 5. 缴纳增值税费 6. 查看增值税回单	1. 选择增值税 2. 选择增值税纳税申报表 3. 填写或修改增值税申报表,提交审批申请 7. 查看增值税并作出账务处理

2）增值税月申报

成本管理点击“信息管理”—“税务管理”—“增值税及所得税申报”，进入相应的申报界面，如图3－305所示。

图3－305 纳税申报界面

成本管理点击“增值税及所得税申报—纳税申报—月申报”，依次填写“增值税纳税申报表附列资料（一）（本期销售情况明细）”、“增值税纳税申报表附列资料（二）（本期进项税额明细）”、“增值税纳税申报表附列资料（三）（服务、不动产和无形资产扣除项目明细）”、“增值税纳税申报表附列资料（四）（税额抵减情况表）”、增值税减免税申报明细等附表，填写完附表后，主表“增值税纳税申报表（适用于增值税一般纳税人）”上的数据自动生成，如图3－306、图3－307、图3－308、图3－309所示。

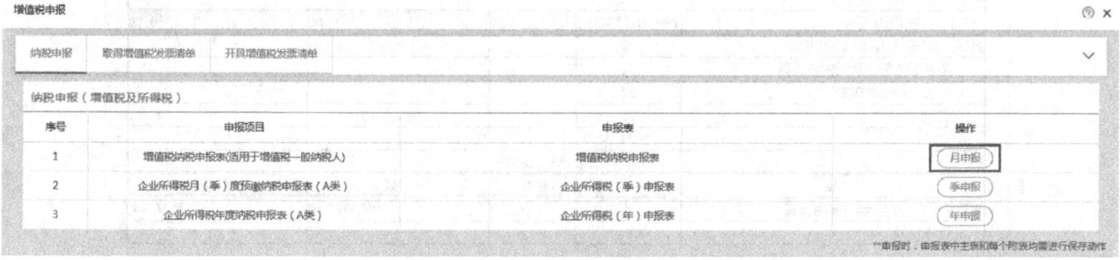

图3－306 “增值税申报”界面

增值税纳税申报表附列资料（一）：填写“13%税率的货物及加工修理修配劳务”的销项税额，其他相关数据会自动生成，因不涉及相关业务，其他空格不用填写，点击“确认”即可。

增值税申报

增值税纳税申报 | 取得增值税发票清单 | 开具增值税发票清单

返回

增值税纳税申报表附列资料(附列表... | 增值税纳税申报表附列资料(附列表... | 增值税纳税申报表附列资料(附列表... | 增值税纳税申报表附列资料(附列表... | 增值税减免税申报明细表

增值税纳税申报表附列资料（一）

（本期销售情况明细）

纳税人识别号:911010576764198754　　纳税人名称:北京飞龙电器有限公司

所属时期:20210101　　至20210131　　填表日期:20210201

项目及栏次				开具增值税专用发票		开具其他发票		未开具发票		纳税检查调整		合计		
				销售额	销项(应纳)税额	销售额	销项(应纳)税额	销售额	销项(应纳)税额	销售额	销项(应纳)税额	销售额	销项(应纳)税额	价税合计
				1	2	3	4	5	6	7	8	9=1+3+5+7	10=2+4+6+8	11=9+10
一、一般计税方法计税	全部征税项目	13%税率的货物及加工修理修配劳务	1	4059499.50	527734.94		0.00		0.00		0.00	4059499.50	527734.94	——
		13%税率的服务、不动产和无形资产	2		0.00		0.00		0.00		0.00	0.00	0.00	0.00
		9%税率的货物及加工修理修配劳务	3		0.00		0.00		0.00		0.00	0.00	0.00	——
		9%税率的服务、不动产和无形资产	4		0.00		0.00		0.00		0.00	0.00	0.00	0.00
		6%税率	5		0.00		0.00		0.00		0.00	0.00	0.00	0.00
	其中：即征即退项目	即征即退货物及加工修理修配劳务	6	——	——	——	——	——	——	——	——	0.00	0.00	——
		即征即退服务、不动产和无形资产	7	——	——	——	——	——	——	——	——	0.00	0.00	0.00

图 3－307　“增值税纳税申报表附列资料(一)(本期销售情况明细)”界面

增值税纳税申报表附列资料(二):在项目“其他”的“本期认证相符的增值税专用发票”填写份数、金额以及税额,相关数据会自动生成,因不涉及相关业务,其他空格不用填写,点击“确认”即可。

增值税申报

增值税纳税申报 | 取得增值税发票清单 | 开具增值税发票清单

增值税纳税申报表附列资料(附列表... | 增值税纳税申报表附列资料(附列表... | 增值税纳税申报表附列资料(附列表... | 增值税纳税申报表

项目	栏次	份数	金额	税额
其他应作进项税额转出的情形	23			
三、待抵扣进项税额				
项目	栏次	份数	金额	税额
(一) 认证相符的增值税专用发票	24	------	------	------
期初已认证相符但未申报抵扣	25			
本期认证相符且本期未申报抵扣	26			
期末已认证相符但未申报抵扣	27			
其中：按照税法规定不允许抵扣	28			
(二) 其他扣税凭证	29=30至33之和	0.00	0.00	0.00
其中：海关进口增值税专用缴款书	30			
农产品收购发票或销售发票	31			
代扣代缴税收缴款凭证	32		------	
其他	33			
	34			
四、其 他				
项目	栏次	份数	金额	税额
本期认证相符的增值税专用发票	35	34	9683684.65	1215537.43
代扣代缴税额	36	------	------	

图 3－308　“增值税纳税申报表附列资料(二)(本期进项税额明细)”界面

“增值税纳税申报表附列资料(三)(服务、不动产、无形资产扣除明细)”、“增值税纳税申报表附列资料(四)(税额抵减情况表)”以及“增值税减免申报明细表”,因不涉及相关业务,不用填写,点击“确认”即可。附表填写保存后,相关数据自动关联到“增值税纳税申报表(主表)”。

增值税纳税申报 | 取得增值税发票清单 | 开具增值税发票清单

纳税人识别号：911010576764198754　　纳税人名称：北京飞龙电器有限公司
所属时期：20210101　至20210131　　填表日期：20210201　　金额单位：元至角分

	项目	栏次	一般项目		即征即退项目	
			本月数	本年累计	本月数	本年累计
销售额	（一）按适用税率计税销售额	1	4059499.50	4059499.50		
	其中：应税货物销售额	2	4059499.50	4059499.50		
	应税劳务销售额	3				
	纳税检查调整的销售额	4				
	（二）按简易办法计税销售额	5				
	其中：纳税检查调整的销售额	6				
	（三）免、抵、退办法出口销售额	7			----	----
	（四）免税销售额	8			----	----
	其中：免税货物销售额	9			----	----
	免税劳务销售额	10			----	----
税款计算	销项税额	11	527734.94	541243.11		
	进项税额	12	1215537.43	1215537.43		
	上期留抵税额	13				----
	进项税额转出	14				
	免、抵、退应退税额	15			----	----
	按适用税率计算的纳税检查应补缴税额	16			----	----
	应抵扣税额合计	17=12+13-14-15+16	1215537.43	----	0.00	----
	实际抵扣税额	18（如17<11，则为17，否则为11）	527734.94	0.00	0.00	0.00
	应纳税额	19=11-18	0.00	0.00	0.00	0.00
	期末留抵税额	20=17-18	687802.49		0.00	----
	简易计税办法计算的应纳税额	21				
	按简易计税办法计算的纳税检查应补缴税额	22			----	----
	应纳税额减征额	23				
	应纳税额合计	24=19+21-23	0.00	0.00	0.00	0.00
税款缴纳	期初未缴税额（多缴为负数）	25				
	实收出口开具专用缴款书退税额	26			-----	-----
	本期已缴税额	27=28+29+30+31	0.00	0.00	0.00	0.00
	①分次预缴税额	28		-----		-----
	②出口开具专用缴款书预缴税额	29		-----	-----	-----
	③本期缴纳上期应纳税额	30				
	④本期缴纳欠缴税额	31				
	期末未缴税额（多缴为负数）	32=24+25+26-27	0.00	0.00	0.00	0.00
	其中：欠缴税额（≥0）	33=25+26-27	0.00	-----	0.00	-----
	本期应补（退）税额	34=24-28-29	0.00	-----	0.00	-----
	即征即退实际退税额	35	-----	-----		
	期初未缴查补税额	36			-----	-----
	本期入库查补税额	37			-----	-----
	期末未缴查补税额	38=16+22+36-37	0.00	0.00	-----	-----

图 3－309　增值税纳税申报表(主表)界面

说明：填写增值税纳税申报表时，可查看系统提供的"取得增值税发票清单"和"开具增值税发票清单"。清单反映企业开具、取得的增值税专用发票情况。一般来说，可从"取得增值税发票清单"获取填报当期进项税的相关数据，但所列举的发票不一定都可进行进项抵扣，填报时，需根据税法和具体业务情况进行判断；可从"开具增值税发票清单"获取填报当期销项税的相关数据，如图 3－310、图 3－311 所示。

增值税申报

增值税纳税申报 | 取得增值税发票清单 | 开具增值税发票清单

税率 13% 9%　开始时间 2021-01-01　结束时间 2021-01-31　查询

序号	发票名称	开票日期	客户	金额	税额	操作
1	增值税专用发票	2021-01-17	宁波广达电器商场	¥960315.00	¥124840.95	查看
2	增值税专用发票	2021-01-17	北京乐家电器商场	¥460590.00	¥59876.70	查看
3	增值税专用发票	2021-01-17	北京[illegible]电器商场	¥453395.00	¥58941.35	查看
4	增值税专用发票	2021-01-17	宁波广达电器商场	¥1140750.00	¥148297.50	查看
5	增值税专用发票	2021-01-17	北京乐家电器商场	¥384126.00	¥49936.38	查看
6	增值税专用发票	2021-01-17	上海易德电器批发有限公司	¥181358.00	¥23576.54	查看
7	增值税专用发票	2021-01-22	北京乐家电器商场	¥1842360.00	¥239506.80	查看
8	增值税专用发票	2021-01-22	郑州美达电器批发有限公司	¥725432.00	¥94306.16	查看
9	增值税专用发票	2021-01-22	郑州美达电器批发有限公司	¥1536504.00	¥199745.52	查看
10	增值税专用发票	2021-01-22	京东网上商城	¥178114.00	¥23154.82	查看
11	增值税专用发票	2021-01-25	天津功业家电商行	¥453650.00	¥58974.50	查看
12	增值税专用发票	2021-01-27	宁波广达电器商场	¥1848520.00	¥240307.60	查看
13	增值税专用发票	2021-01-27	天津[illegible]电器批发有限公司	¥1539736.00	¥200165.68	查看

图 3－310　增值税销项查询界面

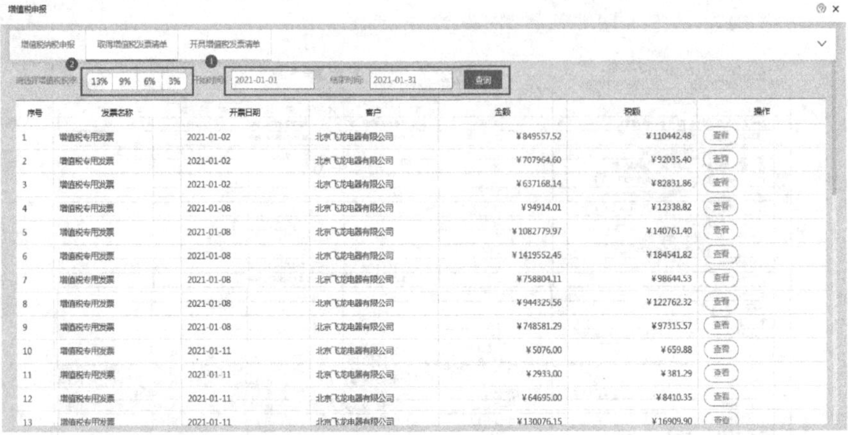

图 3－311　增值税进项查询界面

每份纳税申报表(含附表)填写完后,点击左下角“确定”保存数据,形成“增值税及所得税报税历史记录”,可在操作栏进行“查看”“修改”“删除”(没有提交前可进行“修改”“删除”操作)。确认无误后,点击“审批提交”,等待财务总监审批。审批提交后可“查看回单”,如图 3－312 所示。

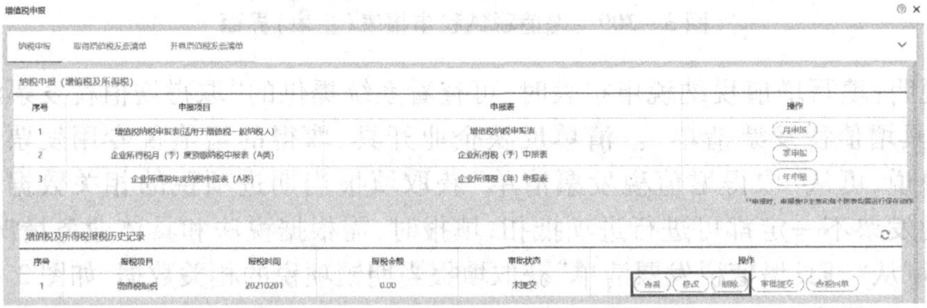

图 3－312　增值税申报审批提交界面

成本管理提交后,财务总监界面的“消息提醒”提示成本管理提交了“纳税申报”申请,等待审批,如图 3－313 所示。

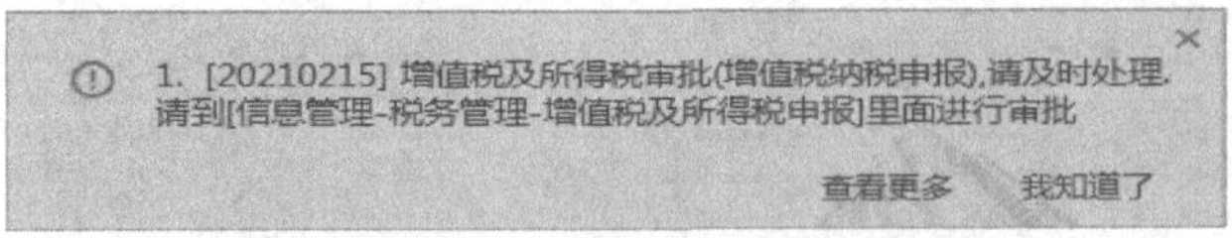

图 3－313　财务总监的消息提醒界面

财务总监点击“信息管理”—“税务管理”—“申报增值税及所得税”—“增值税及所得税报税历史记录”—“查看”,进入审批界面,如图 3－314 所示。

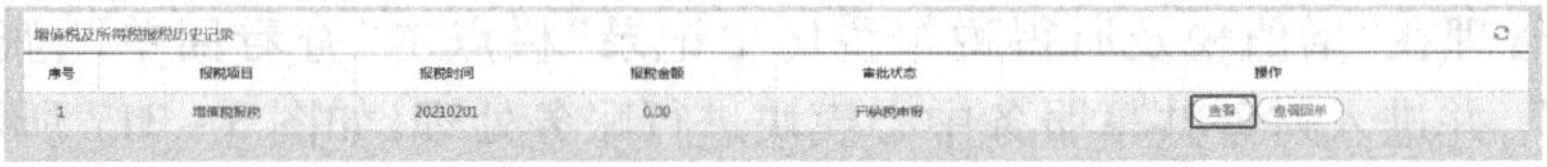

图 3－314 财务总监查看增值税及所得税报税历史记录界面

财务总监判断是否正式对外进行纳税申报，于左下角选择“审批通过”或“审批不通过”，如图 3－315 所示。

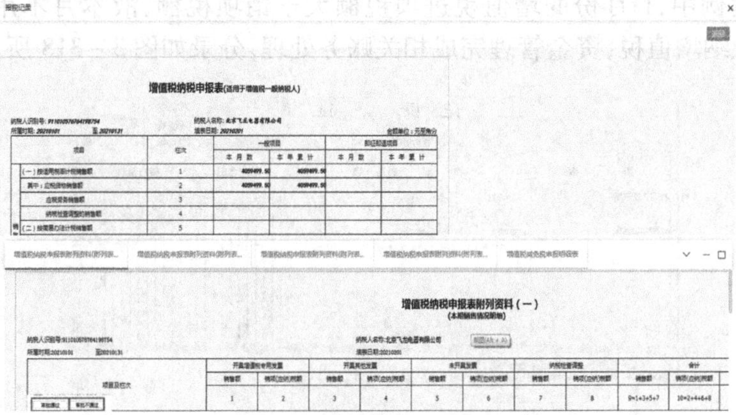

图 3－315 财务总监审批纳税申报表界面

财务总监如选择“审批通过”，点击“纳税提交”，银行自动进行扣款，在此需预先查看银行账户中是否有足够的资金，如图 3－316 所示。

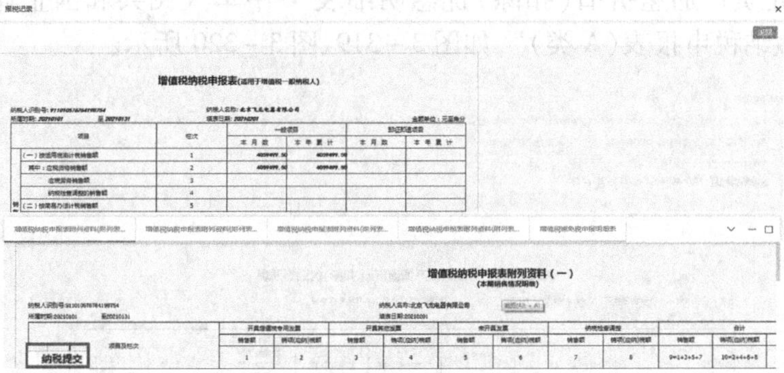

图 3－316 “纳税提交”界面

纳税提交后，可返回“增值税及所得税报税历史记录”点击“查看回单”，查看“电子缴税付款凭证”。

注意：在本业务中，当期的进项税大于销项税，当月无须缴纳增值税，但需要进行纳税申报。

成本管理在“增值税及所得税报税历史记录”栏点击“查看回单”，查看“电子缴税回单”，并进入财务共享服务中心模块进行账务处理，如图 3－317 所示。

图 3－317 “查看回单”界面

在本案例中，1 月份的增值税进项税额大于销项税额，故本月不用缴纳增值税。如需缴纳增值税，资金管理完成相关账务处理，分录如图 3－318 所示。

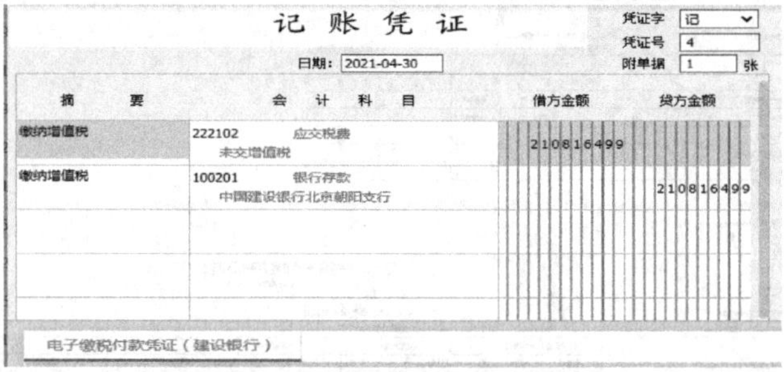

图 3－318 “缴纳增值税”业务处理界面

3）所得税季度预缴申报

成本管理点击“信息管理”—“税务管理”—“申报增值税及所得税”，进入相应的申报界面，选择“企业所得税月（季）度预缴纳税申报表（A 类）”进行季申报。依次填写“固定资产加速折旧（扣除）优惠明细表”“中华人民共和国企业所得税月（季）度预缴纳税申报表（A 类）”，如图 3－319、图 3－320 所示。

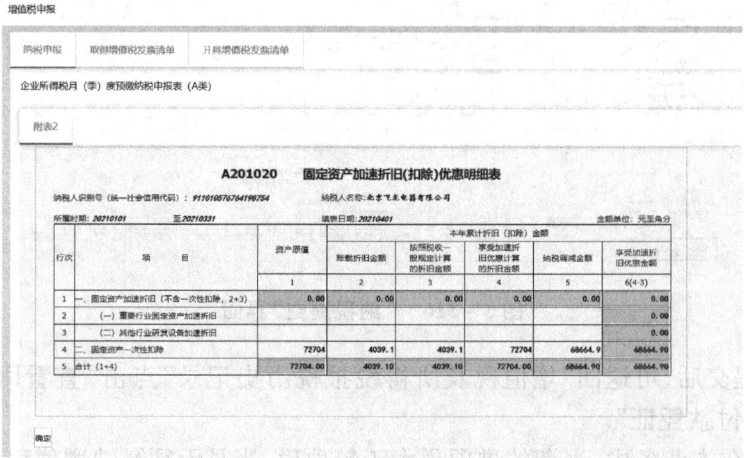
增值税申报

纳税申报　取得增值税发票清单　开具增值税发票清单

企业所得税月（季）度预缴纳税申报表（A类）

附表2

A201020　固定资产加速折旧(扣除)优惠明细表

纳税人识别号（统一社会信用代码）：911010576764198754　纳税人名称：北京飞龙电器有限公司

所属时期：20210101　至20210331　填表日期：20210401　金额单位：元至角分

行次	项目	资产原值	本年累计折旧（扣除）金额				
			账载折旧金额	按照税收一般规定计算的折旧金额	享受加速折旧优惠计算的折旧金额	纳税调减金额	享受加速折旧优惠金额
		1	2	3	4	5	6(4-3)
1	一、固定资产加速折旧（不含一次性扣除，2+3）	0.00	0.00	0.00	0.00	0.00	0.00
2	（一）重要行业固定资产加速折旧						0.00
3	（二）其他行业研发设备加速折旧						0.00
4	二、固定资产一次性扣除	72704	4039.1	4039.1	72704	68664.9	68664.90
5	合计（1+4）	72704.00	4039.10	4039.10	72704.00	68664.90	68664.90

确定

图 3－319 “固定资产加速折旧（扣除）优惠明细表”界面

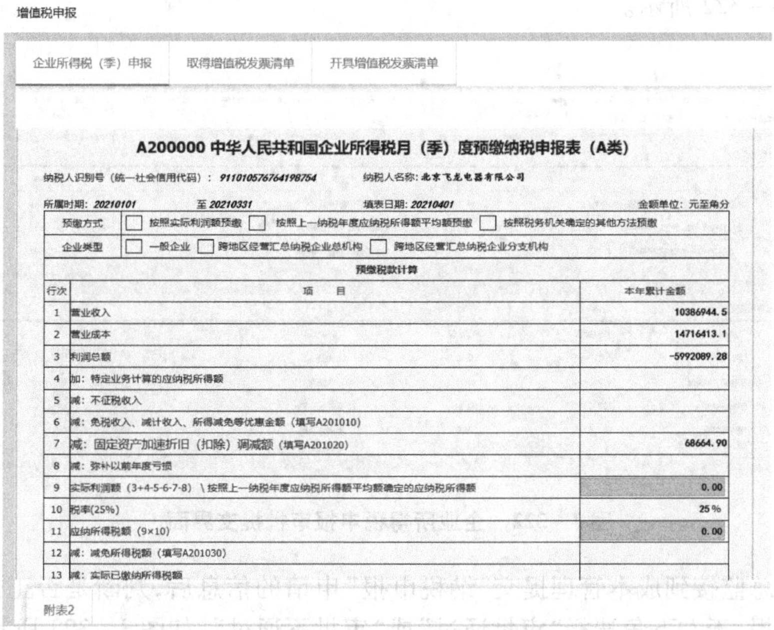
增值税申报

企业所得税（季）申报　取得增值税发票清单　开具增值税发票清单

A200000 中华人民共和国企业所得税月（季）度预缴纳税申报表（A类）

纳税人识别号（统一社会信用代码）：911010576764198754　纳税人名称：北京飞龙电器有限公司

所属时期：20210101　至 20210331　填表日期：20210401　金额单位：元至角分

预缴方式	□ 按照实际利润额预缴 □ 按照上一纳税年度应纳税所得额平均额预缴 □ 按照税务机关确定的其他方法预缴	
企业类型	□ 一般企业 □ 跨地区经营汇总纳税企业总机构 □ 跨地区经营汇总纳税企业分支机构	
预缴税款计算		
行次	项　目	本年累计金额
1	营业收入	10386944.5
2	营业成本	14716413.1
3	利润总额	-5992089.28
4	加：特定业务计算的应纳税所得额	
5	减：不征税收入	
6	减：免税收入、减计收入、所得减免等优惠金额（填写A201010）	
7	减：固定资产加速折旧（扣除）调减额（填写A201020）	68664.90
8	减：弥补以前年度亏损	
9	实际利润额（3+4-5-6-7-8）\按照上一纳税年度应纳税所得额平均额确定的应纳税所得额	0.00
10	税率(25%)	25%
11	应纳所得税额（9×10）	0.00
12	减：减免所得税额（填写A201030）	
13	减：实际已缴纳所得税额	

附表2

图 3－320　“中华人民共和国企业所得税月（季）度预缴纳税申报表（A 类）”界面

填写企业所得税（季）纳税申报表时，可查询系统生成的本季度每月利润表，查找本季度“营业收入”“营业成本”“利润总额”，如图 3－321 所示。

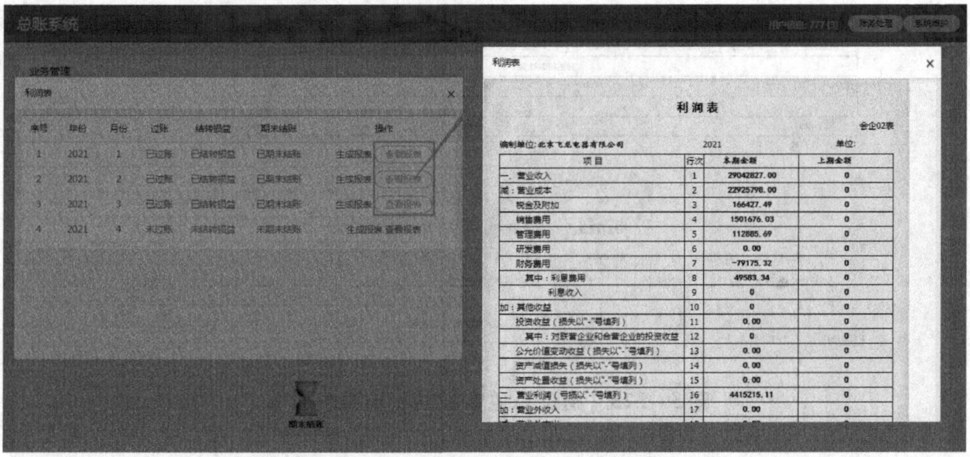

图 3－321　“利润表”界面

每份纳税申报表（含附表）填写完，点击左下角“确定”以保存数据，形成“增值税及所得税报税历史记录”，可以在操作栏进行“查看”“修改”“删除”（没有提交前可进行“修改”“删除”操作）。确认无误后，点击“审批提交”，等待财务总监审批，如图 3－322 所示。

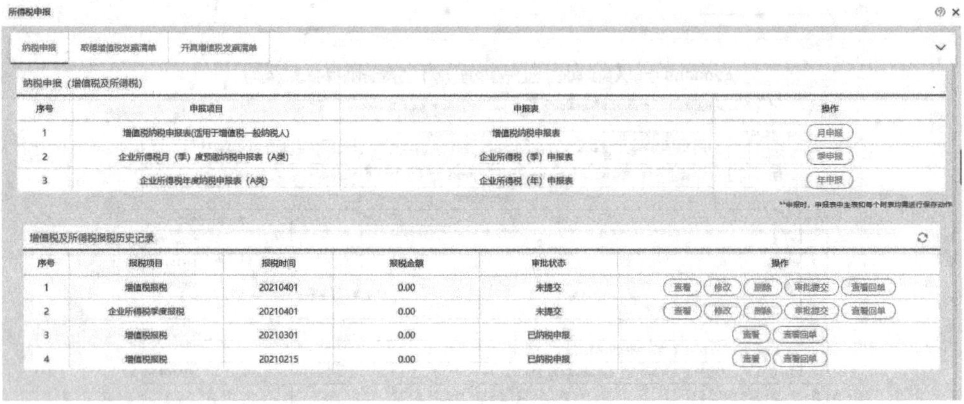

图 3－322　企业所得税申报审批提交界面

财务总监接到成本管理提交“纳税申报”申请的信息后，判断是否正式对外进行纳税申报，于左下角选择“审批通过”或“审批不通过”，如图 3－323 所示。

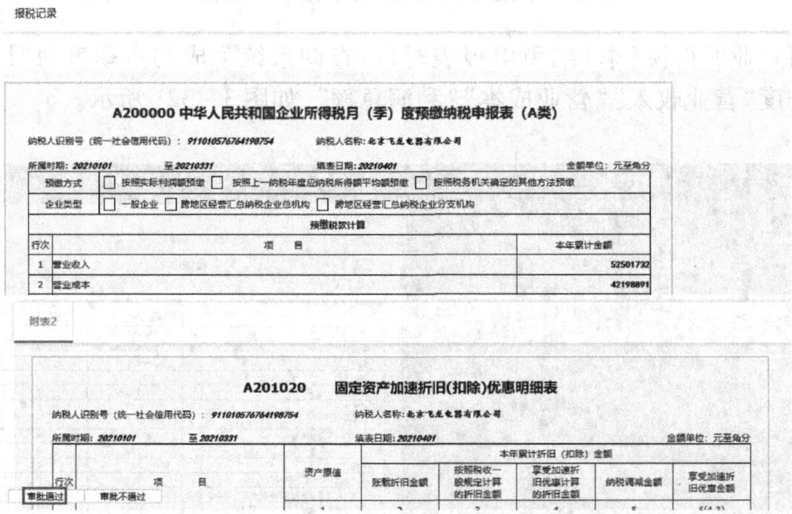

图 3－323　财务总监审批纳税申报表界面

财务总监如选择“审批通过”，点击“纳税提交”，银行自动进行扣款。纳税提交后，可返回“增值税及所得税报税历史记录”，点击“查看回单”，查看“电子缴税付款凭证”。

成本管理在“增值税及所得税报税历史记录”栏点击“查看回单”，查看“电子缴税回单”，如图 3－324 所示。

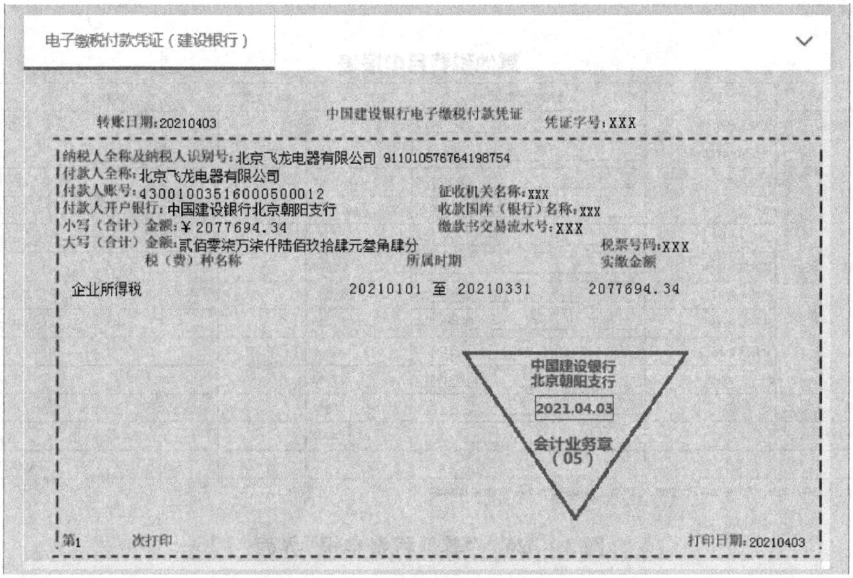

图 3－324 “电子缴税付款凭证”界面

资金管理进入共享服务中心进行账务处理，如图 3－325 所示。

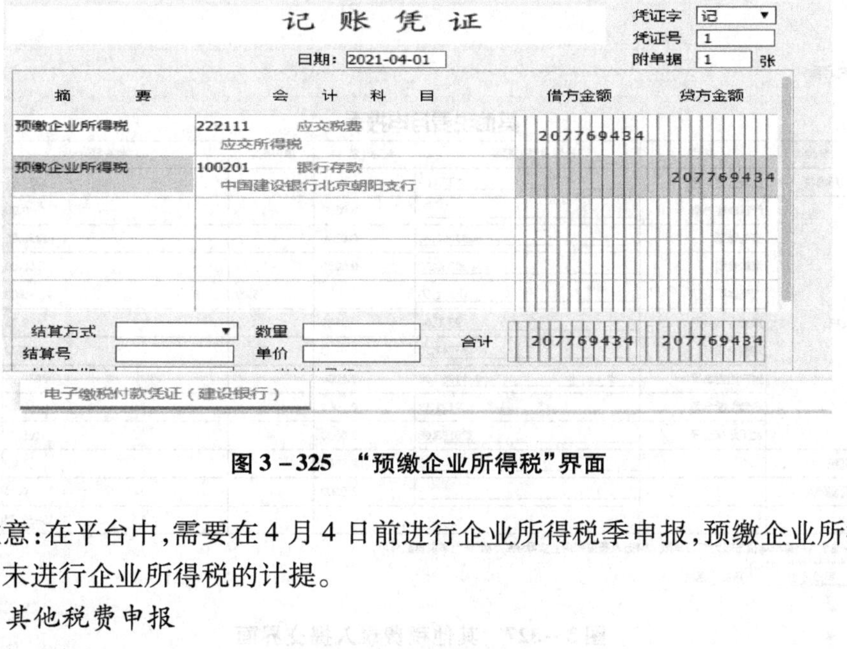

图 3－325 “预缴企业所得税”界面

注意：在平台中，需要在 4 月 4 日前进行企业所得税季申报，预缴企业所得税；在 3 月末进行企业所得税的计提。

4）其他税费申报

（1）月申报

成本管理点击“申报其他税费”—“其他税费申报表”—“月申报”，填写其他税费月申报表，根据表格列示的税种依次填写，如图 3－326 所示。

其他税费申报

其他税费月申报表

税种	税目	计税金额（数量）	税率（%）	单位税额	应纳税额
个人所得税	正常工资薪金	1773.69	-	-	1773.69
印花税	产权转移书据		0.0500	-	0.00
	资金账簿	5000000.00	0.0250	-	1250.00
	借款合同	5000000.00	0.0050	-	250.00
	权利许可证照	1.00	-	5.00	5.00
	货物运输合同	19500.00	0.0500	-	9.75
	购销合同	10455747.10	0.0300	-	3136.72
	财产租赁合同	8839980.00	0.1000	-	8839.98
	仓储保管合同	9121.13	0.1000	-	9.12
	加工承揽合同	330188.68	0.0500	-	165.09
城建税			7.0000	-	0.00
教育费附加			3.0000	-	0.00
合计	-	-	-	-	15439.35

本企业个人所得税申报方式为汇总申报，财务人员根据企业实际缴纳税款作为缴税基数填写。

图 3－326 “其他税费申报”界面

填写完点击“保存”，形成“其他税费报税历史记录”。可以在操作栏进行“查看”“修改”“删除”（没有提交前可进行“修改”“删除”操作）。确认无误后，点击“审批提交”，等待财务总监审批。审批提交后可“查看回单”，如图 3－327 所示。

报税记录

其他税费月申报表

税种	税目	计税金额（数量）	税率（%）	单位税额	应纳税额
个人所得税	正常工资薪金	1773.69	-	-	1773.69
印花税	产权转移书据		0.0500	-	0.00
	资金账簿	5000000.00	0.0250	-	1250.00
	借款合同	5000000.00	0.0050	-	250.00
	权利许可证照	1.00	-	5.00	5.00
	货物运输合同	19500.00	0.0500	-	9.75
	购销合同	10455747.10	0.0300	-	3136.72
	财产租赁合同	8839980.00	0.1000	-	8839.98
	仓储保管合同	9121.13	0.1000	-	9.12
	加工承揽合同	330188.68	0.0500	-	165.09
城建税			7.0000	-	0.00
教育费附加			3.0000	-	0.00
合计	-	-	-	-	15439.35

本企业个人所得税申报方式为汇总申报，财务人员根据企业实际缴纳税款作为缴税基数填写。

审批通过　审批不通过

图 3－327 其他税费录入提交界面

财务总监接到成本管理提交“纳税申报”申请的信息后，判断是否进行正式对外进行纳税申报，于左下角选择“审批通过”或“审批不通过”，如图 3－328 所示。

报税记录

其他税费月申报表

税种	税目	计税金额（数量）	税率（%）	单位税额	应纳税额
个人所得税	正常工资薪金	1773.69	-	-	1773.69
印花税	产权转移书据		0.0500	-	0.00
	资金账簿	5000000.00	0.0250	-	1250.00
	借款合同	5000000.00	0.0050	-	250.00
	权利许可证照	1.00	-	5.00	5.00
	货物运输合同	19500.00	0.0500	-	9.75
	购销合同	10455747.10	0.0300	-	3136.72
	财产租赁合同	8839980.00	0.1000	-	8839.98
	仓储保管合同	9121.13	0.1000	-	9.12
	加工承揽合同	330188.68	0.0500	-	165.09
城建税			7.0000	-	0.00
教育费附加			3.0000	-	0.00
合计	-	-	-	-	15439.35

本企业个人所得税申报方式为汇总申报，财务人员根据企业实际缴纳税款作为缴税基数填写。

审批通过　审批不通过

图 3－328　其他税费申报审批界面

如选择“审批通过”，点击“纳税提交”，银行自动进行扣款，在此需预先查看银行账户中是否有足够的资金，如图 3－329 所示。

报税记录

其他税费月申报表

税种	税目	计税金额（数量）	税率（%）	单位税额	应纳税额
个人所得税	正常工资薪金	1773.69	-	-	1773.69
印花税	产权转移书据		0.0500	-	0.00
	资金账簿	5000000.00	0.0250	-	1250.00
	借款合同	5000000.00	0.0050	-	250.00
	权利许可证照	1.00	-	5.00	5.00
	货物运输合同	19500.00	0.0500	-	9.75
	购销合同	10455747.10	0.0300	-	3136.72
	财产租赁合同	8839980.00	0.1000	-	8839.98
	仓储保管合同	9121.13	0.1000	-	9.12
	加工承揽合同	330188.68	0.0500	-	165.09
城建税			7.0000	-	0.00
教育费附加			3.0000	-	0.00
合计	-	-	-	-	15439.35

本企业个人所得税申报方式为汇总申报，财务人员根据企业实际缴纳税款作为缴税基数填写。

纳税提交

图 3－329　其他税费缴纳提交界面

纳税提交后，财务总监可返回“其他税费报税历史记录”栏点击“查看回单”，查看电子缴税回单，如图 3－330 所示。

成本管理在“其他税费报税历史记录”栏点击“查看回单”，查看电子缴税回单，资金管理进入总账系统进行账务处理，如图 3－331 所示。

表单

电子缴税付款凭证（建设银行）

转账日期：20210215　　中国建设银行电子缴税付款凭证　　凭证字号：XXX

纳税人全称及纳税人识别号：北京飞龙电器有限公司 911010576764198754
付款人全称：北京飞龙电器有限公司
付款人账号：43001003516000500012　　征收机关名称：xxx
付款人开户银行：中国建设银行北京朝阳支行　　收款国库（银行）名称：xxx
小写（合计）金额：￥15439.35　　缴款书交易流水号：XXX
大写（合计）金额：壹万伍仟肆佰叁拾玖元叁角伍分　　税票号码：XXX

税（费）种名称	所属时期	实缴金额
个人所得税 正常工资薪金	20210101 至 20210131	1773.69
印花税 资金账簿	20210101 至 20210131	1250.00
印花税 借款合同	20210101 至 20210131	250.00
印花税 权利许可证照	20210101 至 20210131	5.00
印花税 货物运输合同	20210101 至 20210131	[illegible]
印花税 购销合同	20210101 至 20210131	[illegible]
印花税 财产租赁合同	20210101 至 20210131	8839.98
印花税 仓储保管合同	20210101 至 20210131	9.12
印花税 加工承揽合同	20210101 至 20210131	[illegible]

中国建设银行北京朝阳支行 2021.02.15 会计业务章（05）

第1　次打印　　打印日期：20210215

图 3－330　其他税费电子缴税回单界面

记 账 凭 证

凭证字 记　凭证号 57　附单据 0 张

日期：2021-01-01

摘要	会计科目	借方金额	贷方金额
缴纳其他税费	222115 应交税费 应交个人所得税	177369	
缴纳其他税费	222112 应交税费 应交城市建设维护税	11475755	
缴纳其他税费	222116 应交税费 应交教育费附加	6324495	
缴纳其他税费	640301 税金及附加 印花税	1543935	
缴纳其他税费	10020101 银行存款 建行北京朝阳支行		19521554
合计		19521554	19521554

结算方式　数量
结算号　单价
结算日期　当前分录行：5

图 3－331　“缴纳其他税费”业务处理界面

（2）季申报

平台对房产税进行季申报，申报操作流程参考月申报，如图 3－332 所示。

申报其他税费

其他税费季申报表

房产名称	房产原值	计税比例	税率（年）	计税月份	本期应纳税额
		70%	1.2%		0.00
		70%	1.2%		0.00
合计					0.00

删除　新增一行

本地区从价征收房产税的计税比例为70%，年税率为1.2%，要求企业按季度缴纳。

保存

图 3－332　房产税季度申报表界面

注意：若没有购买房产也要填“零”，并按“保存”。

4 五个角色非财务共享版实战操作

4.1 岗位介绍

4.1.1 运营岗位

4.1.1.1 工作职责

运营岗位负责企业采购、生产、承接订单、人员招聘、研发投入、广告投入等日常生产运营工作以及一些日常账务处理。在执行运营决策时，需要财务总监或财务经理进行决策审批。

4.1.1.2 工作规则

在五个角色非财务共享版中，运营岗位的具体工作规则与四个角色财务共享版类似，详情可参考四个角色财务共享版的运营管理岗位工作规则。

4.1.1.3 运营岗位主功能界面

学生登录运营岗位后，进入运营主功能界面，如图 4－1 所示。

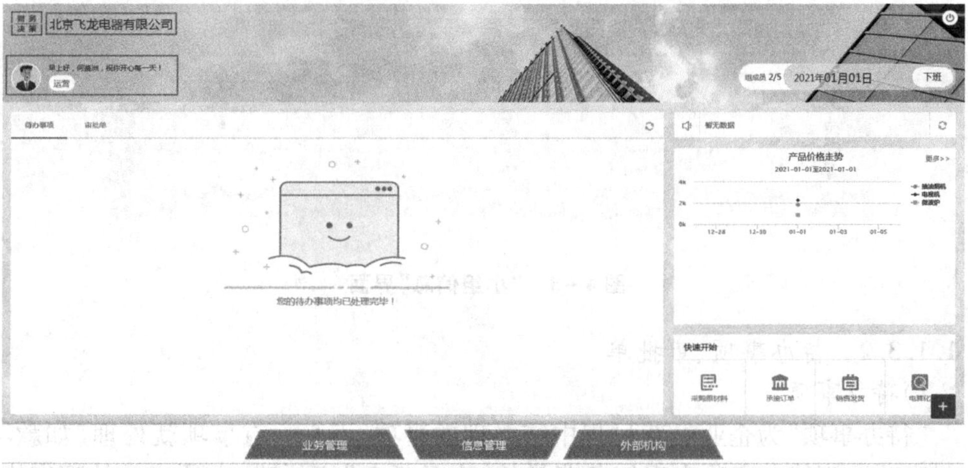

图 4－1 运营主功能界面

4.1.1.3.1 角色信息、成员信息

1）角色信息

在主功能界面的左上方，为企业名称、角色头像和相应的角色名称（这里可

点击角色名称进行角色切换)，如图 4－2 所示。

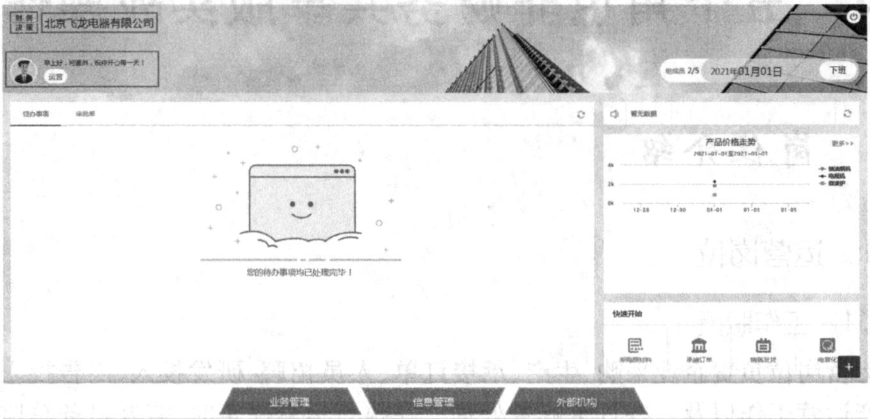

图 4－2　角色信息界面

2)成员信息

点击“组成员”，可以查看小组成员的信息，如果有其他成员已下班，但还有事项未完成，其他成员可以通过该界面将其召回加班，如图 4－3 所示。

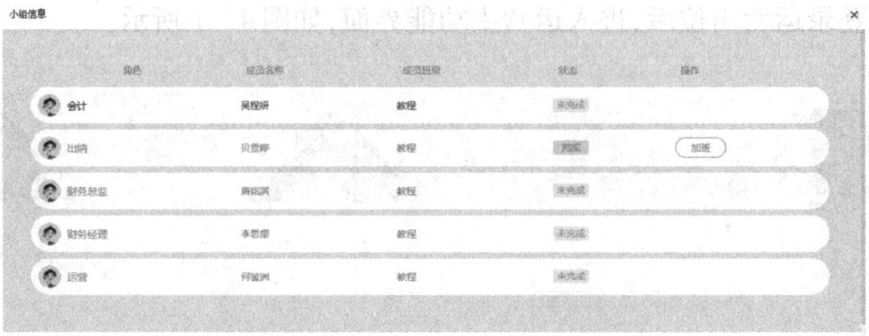

图 4－3　“小组信息”界面

4.1.1.3.2　待办事项、审批单

1)待办事项

“待办事项”为企业经营过程中待办理的事项，不必一有事项就处理(如款项支付事项)，当待办事项出现红色背景的“今日任务”字样时，必须当日处理完毕，否则无法进入下一天。

2)审批单

“审批单”是企业经营中需要审批的单据，单据审批后，相关业务才能继续执行，如图 4－4 所示。

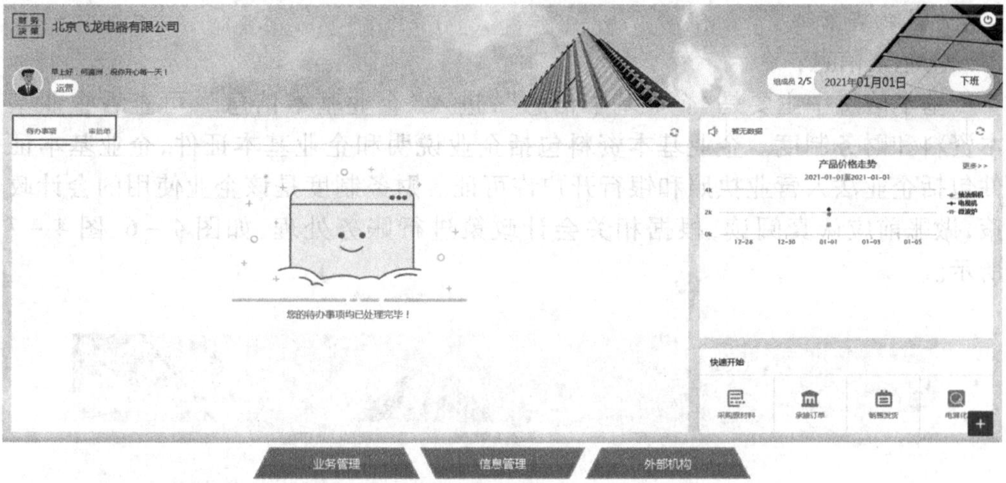

图 4－4 “待办事项、审批单”界面

4.1.1.3.3 快速开始

系统依据每个角色的不同操作需求，设置有快速访问的入口，运营常用的“快速开始”有“采购原材料”“承接订单”“销售发货”等，如图 4－5 所示。

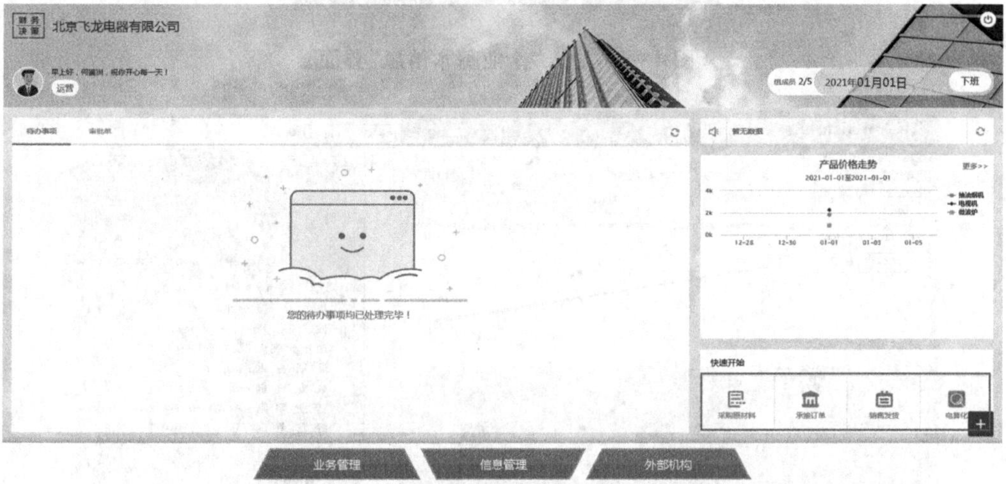

图 4－5 “快速开始”界面

4.1.1.3.4 主功能菜单

运营岗位有三大主功能菜单：“业务管理”、“信息管理”和“外部机构”。

1）信息管理

信息管理包括“数据查询”和“数据处理”。

（1）数据管理

①基本信息：

基本信息中主要是“企业基本信息”，进入“企业基本信息”，可查看企业基本资料和财务制度。企业基本资料包括企业说明和企业基本证件，企业基本证件包括企业法人营业执照和银行开户许可证。财务制度是该企业使用的会计政策，做账前应认真阅读，根据相关会计政策进行账务处理，如图 4－6、图 4－7 所示。

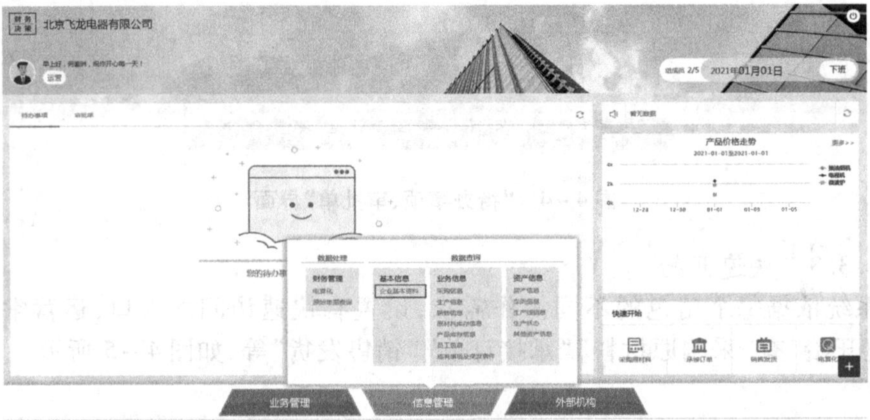

图 4－6　进入“企业基本信息”界面

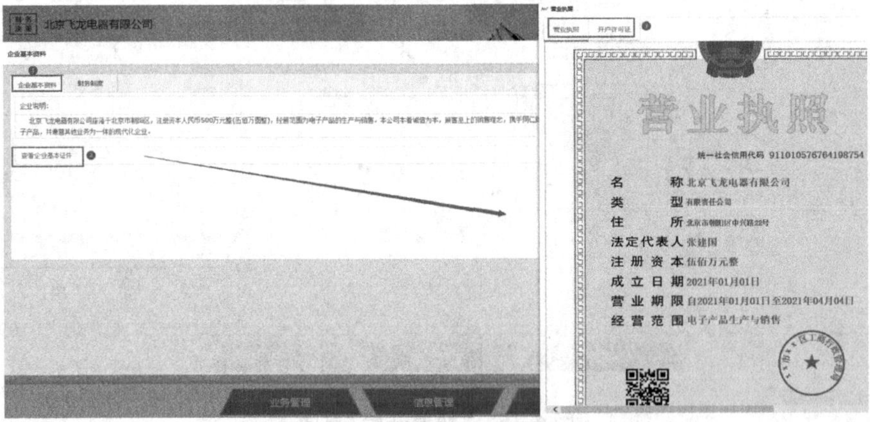

图 4－7　“企业基本证件”界面

②业务信息：

运营可以在“业务信息”里查看业务相关的信息，如采购、生产、销售信息，原材料与产成品库存信息，企业或有事项及突发事件以及员工信息，如图 4－8 所示。

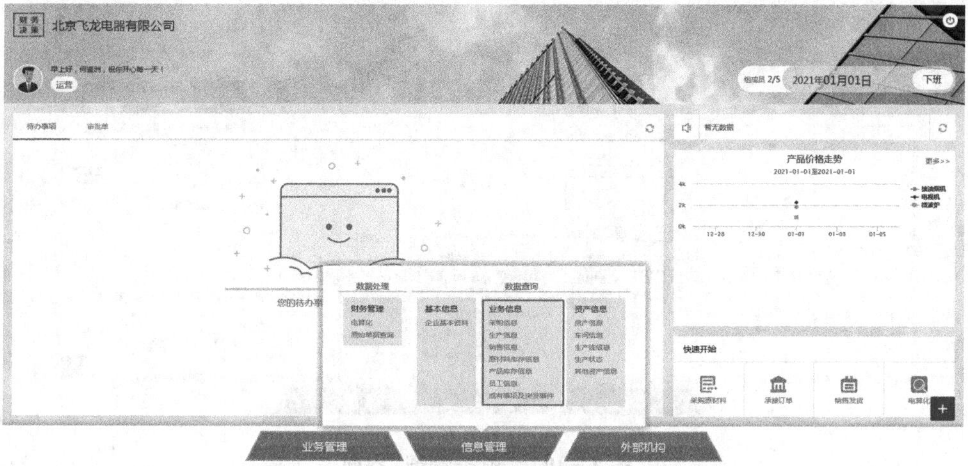

图 4-8　“业务信息”界面

③资产信息：

运营可以在“资产信息”查看企业的房产、车间、生产线、生产状态、其他资产等信息，如图 4-9 所示。

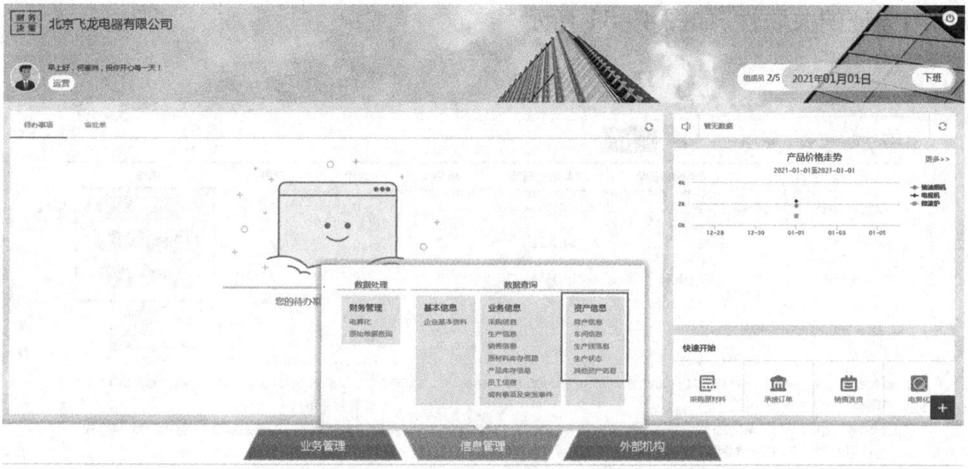

图 4-9　“资产信息”界面

（2）数据处理

数据处理中主要是“财务管理”，运营可以通过“财务管理”进入“电算化”（即总账系统）和进行原始单据查询，如图 4-10 所示。

①电算化：

系统中的电算化（即总账系统）为专门的会计账务处理系统，在此，各角色（除财务总监、财务经理外）均要由财务经理重新进行分工，如：财务经理可将之前的运

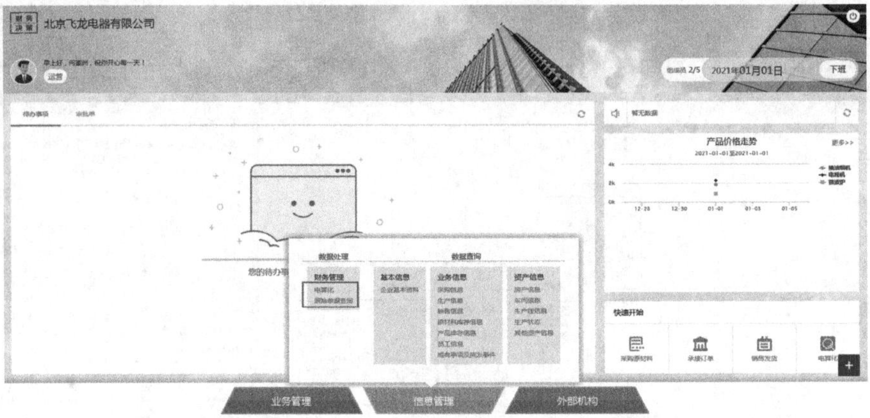

图 4－10 “财务管理”界面

营角色转换为会计 2，主要负责销售业务的会计处理。运营点击“电算化”进入总账系统，点击“凭证录入”进入“记账凭证录入”界面。录入凭证完成后，点击“保存”，即完成一张凭证的录入。本平台会将与该业务相关的原始单据全部集中在一起。在进行会计处理时，应根据业务需要进行选择，已被使用的原始单据将不能再用，如因选择失误导致后期会计处理无原始单据可用，需进行凭证修改，取消已经被选用凭证的关联性，如图 4－11 所示。

图 4－11 进入“录入记账凭证”界面

②原始单据查询：

运营进入“原始单据查询”界面，可以按需求输入“经济业务”“单据名称”“日期时间”等信息，以更精准查找所需单据，如图 4－12 所示。

2）业务管理

业务管理主功能菜单中有“采购管理”“生产管理”“销售管理”“物资管理”“人力资源管理”等。

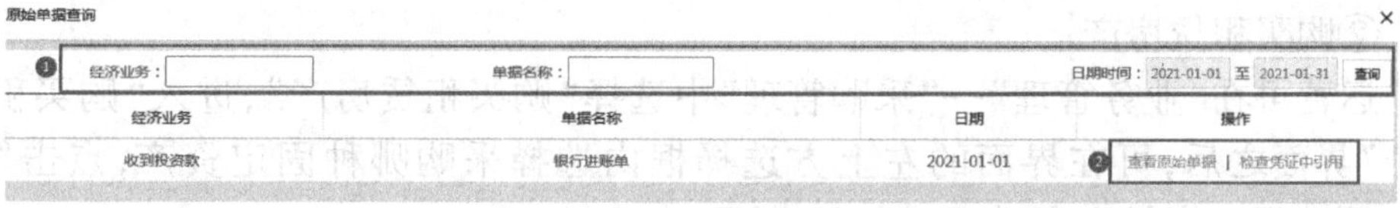

图 4－12 “原始单据查询”界面

(1)采购管理

运营可以在“采购管理”进行采购原材料、购买或租赁固定资产/生产线等操作，如图 4－13 所示。

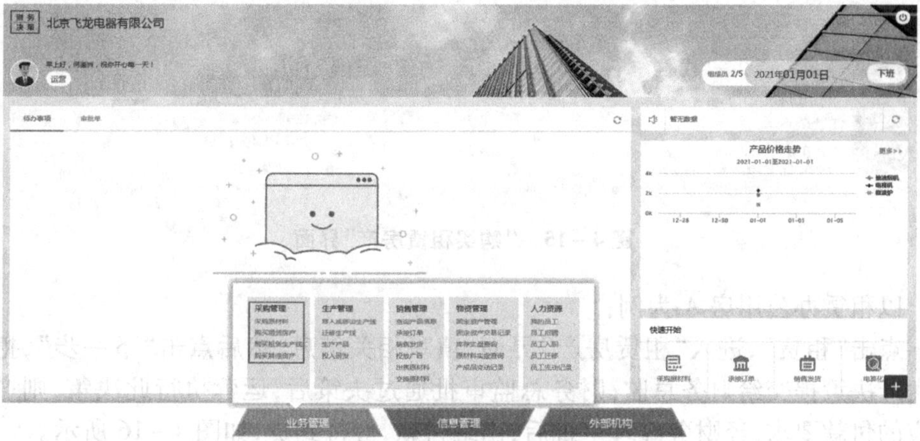

图 4－13 “采购管理”界面

①采购原材料：

运营可在“业务管理”—“采购管理”中点击“采购原材料”，进入“采购原材料”界面进行原材料采购，在界面的左上方选项框内选择采购哪种原材料，点击“查询”，再选择确定一家供应商，如图 4－14 所示。

图 4－14 “采购原材料”界面

②购买租赁房产：

运营可在“业务管理”—“采购管理”中选择“购买租赁房产”，进入“购买租赁房产”界面之后，可在界面的左上方选择框内选择采购哪种固定资产，点击“查询”，再选择一家供应商，如图 4－15 所示。

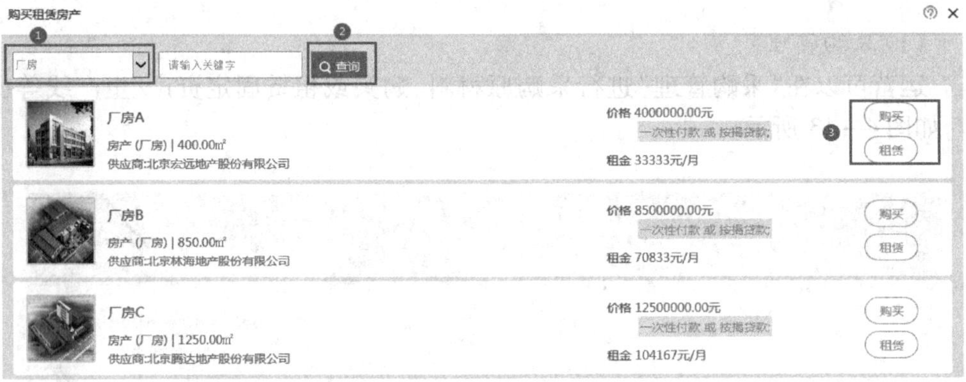

图 4－15　“购买租赁房产”界面

以租赁办公用房 A 为例：

点击“租赁”，进入“租赁房产”界面，填写相关信息，然后点击“下一步”，把租赁房产决策提交给财务总监；财务总监审批通过决策后，运营执行此决策，则产生相应的付款要求；经财务经理审批后，出纳付款，等待到货，如图 4－16 所示。

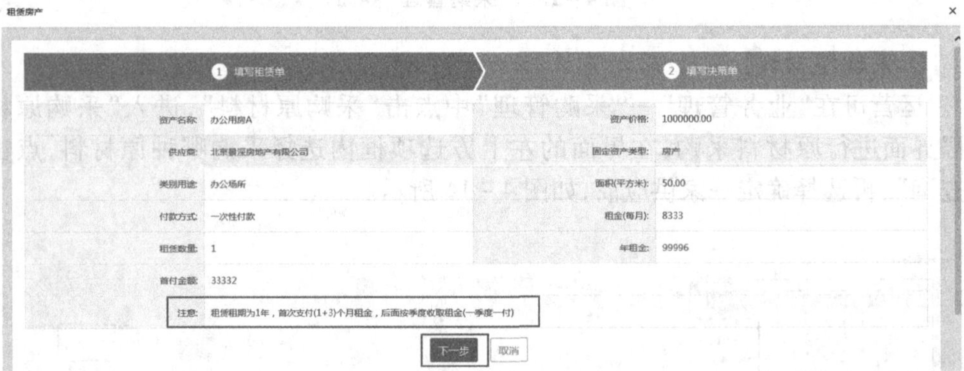

图 4－16　“租赁房产”界面

注意事项：详情请查阅四个角色财务共享版运营管理岗位功能菜单“购买租赁房产”。

③购买租赁生产线：

运营可以在“业务管理”—“采购管理”中选择“购买租赁生产线”，进入“购买租赁生产线”界面之后，可在该界面的左上方选择框内选择采购哪种固定资产，点击“查询”，再选择一家供应商，如图 4－17 所示。

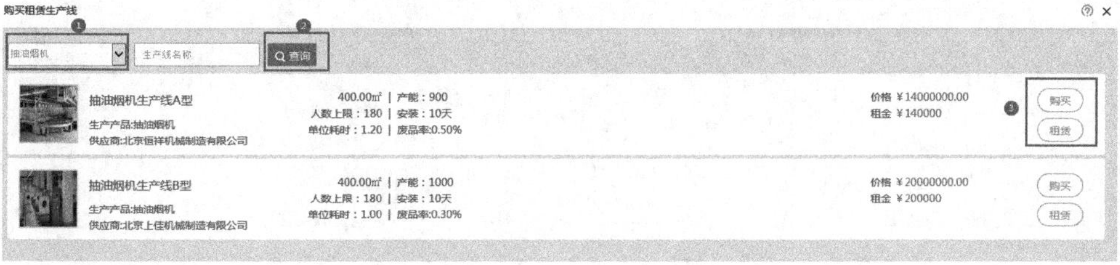

图 4－17　“购买租赁生产线”界面

以购买生产线为例：

点击“购买”，进入购买界面，学生必须填写资产的折旧月份和净残比率，购买生产线及其他固定资产不能选择付款方式，只能一次性付款。点击“下一步”，把购买生产线的决策提交给财务总监；财务总监审批通过决策后，运营执行此决策，则产生相应的付款要求；经财务经理审批后，出纳付款，等待到货，如图 4－18 所示。

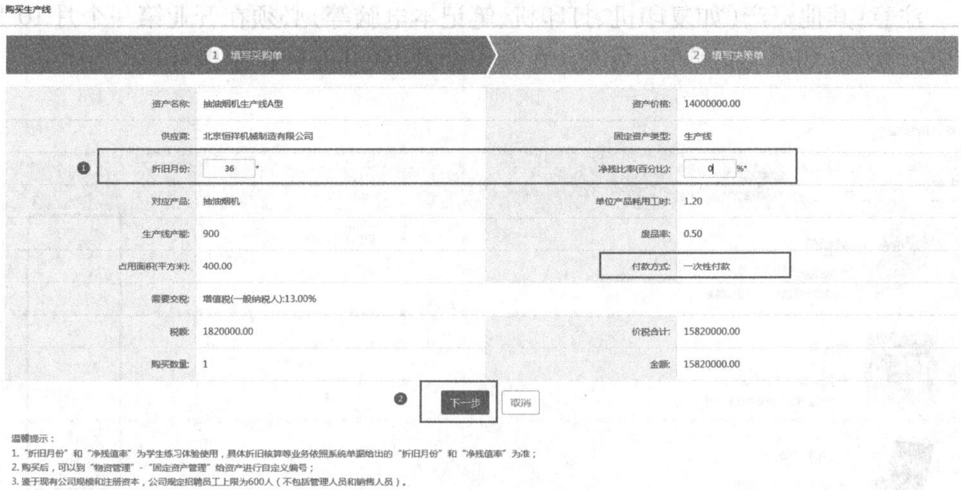

图 4－18　“购买生产线”界面

运营也可以点击“租赁”，进入“租赁生产线”界面，填写相关信息。点击“下一步”，然后填写相应的决策单后点击“提交”，把租赁生产线决策提交给财务总监；财务总监审批通过决策后，运营执行此决策，则产生相应的付款要求；经财务经理审批后，出纳付款，等待到货，如图 4－19 所示。

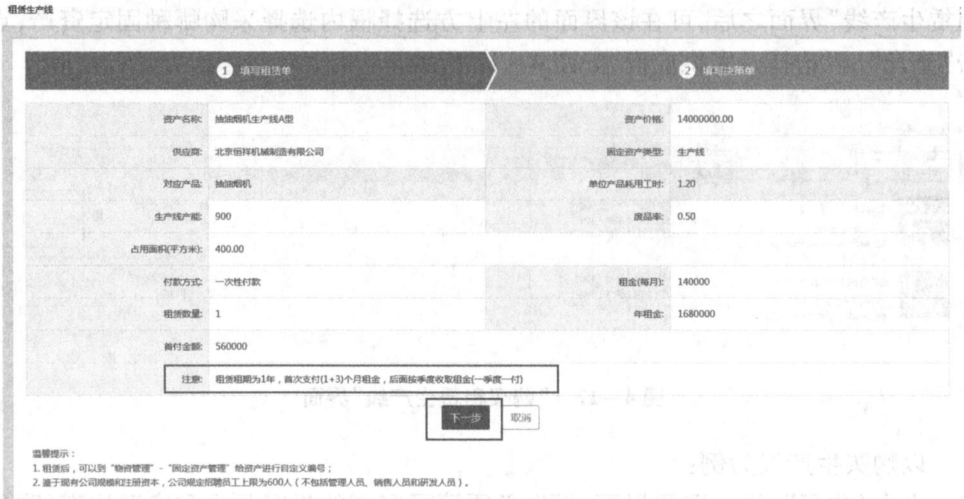

图 4 - 19 "租赁生产线"界面

④购买其他资产：

运营可在"购买其他资产"界面购买复印机、打印机等其他资产，如图 4 - 20 所示。

注意：其他资产（如复印机、打印机、笔记本电脑等）必须在开业第一个月 10 日前进行购买（如果忘记购买，系统会在第一个月 10 日前有相应提示）。

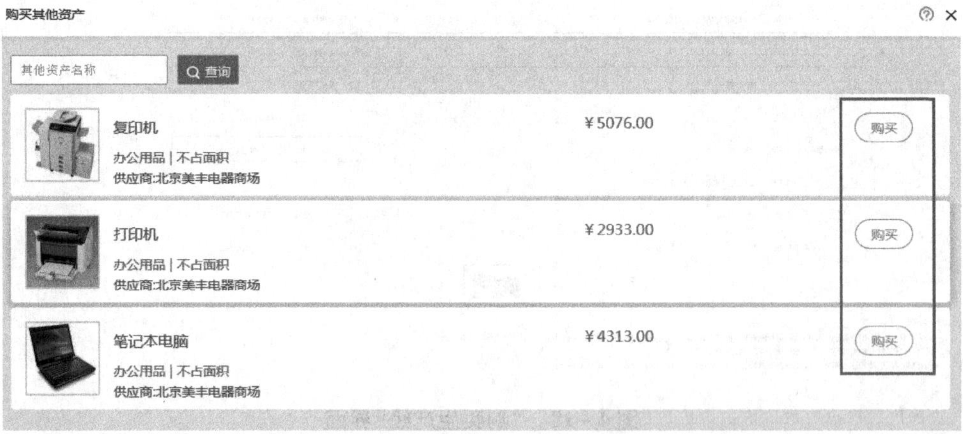

图 4 - 20 "购买其他资产"界面

(2) 生产管理

运营可以在"生产管理"界面进行移入或移出生产线、迁移生产线、生产产品等操作，如图 4 - 21 所示。

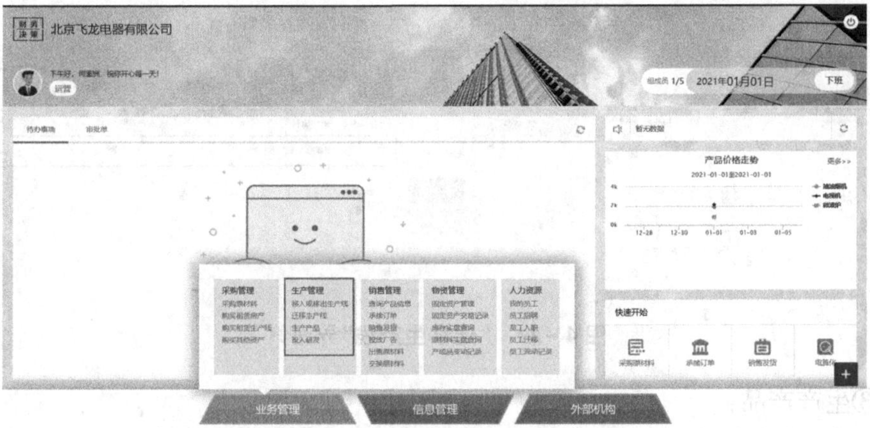

图 4－21　“生产管理”界面

①移入或移出生产线：

点击“移入或移出生产线”，进入“移入或移出生产线”界面。从右边列表勾选未放入厂房的生产线，移入所选择的厂房；或者从厂房中勾选已放入的生产线进行移出操作，如图 4－22 所示。

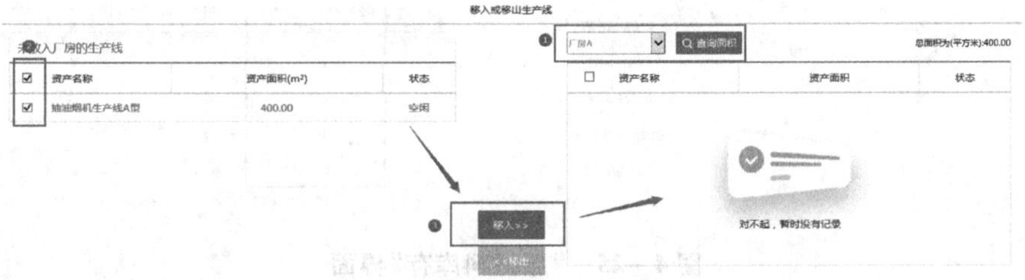

图 4－22　“移入或移出生产线”界面

②迁移生产线：

点击“迁移生产线”，进入“迁移生产线”界面。可以从左或右列表中已选择的厂房内，勾选生产线迁移到另一个厂房内，如图 4－23、图 4－24 所示。

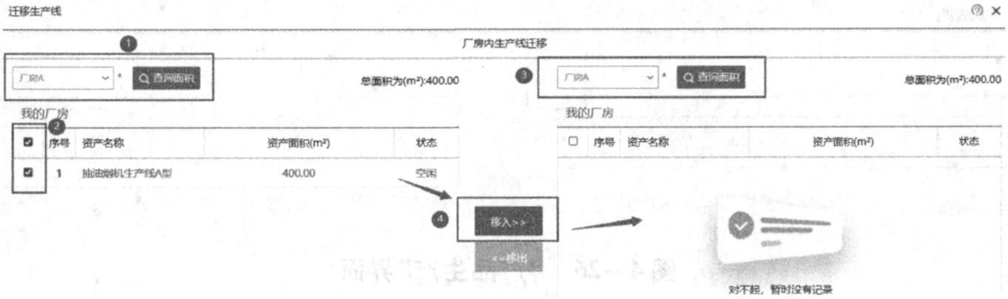

图 4－23　“迁移生产线”界面 A

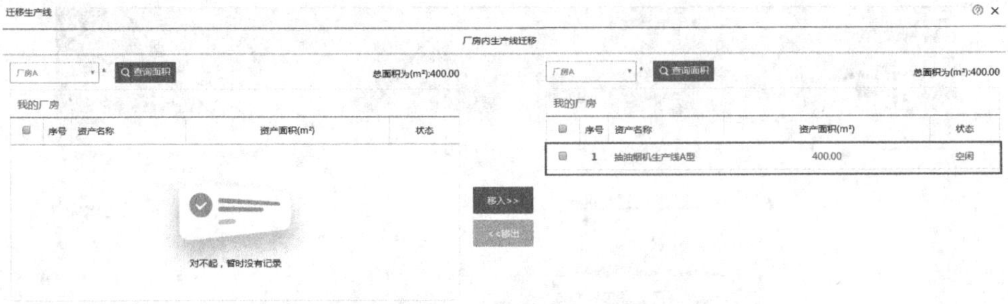

图 4－24 “迁移生产线”界面 B

③生产产品：

点击“生产产品”，进入“生产产品”界面。点击“原材料库存”，可查看当前原材料库存，如图 4－25 所示。

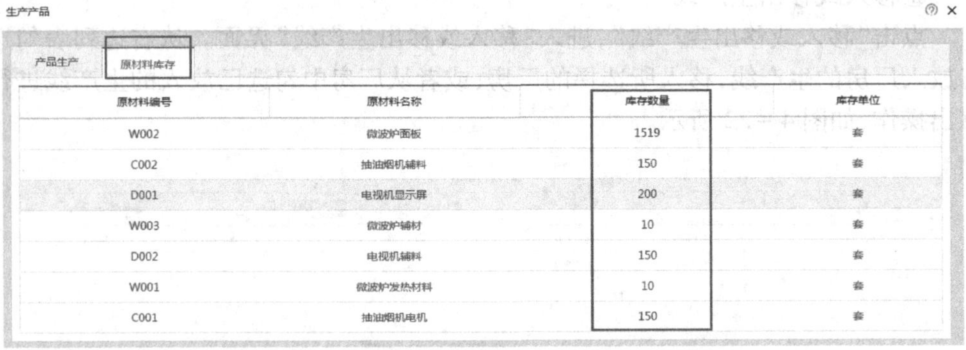

原材料编号	原材料名称	库存数量	库存单位
W002	微波炉面板	1519	套
C002	抽油烟机辅料	150	套
D001	电视机显示屏	200	套
W003	微波炉辅材	10	套
D002	电视机辅料	150	套
W001	微波炉发热材料	10	套
C001	抽油烟机电机	150	套

图 4－25 “原材料库存”界面

点击“产品生产”，可查看生产的产品以及相关原材料配比。选择一种产品，点击“立即生产”，进入“产品生产”界面，如图 4－26 所示。

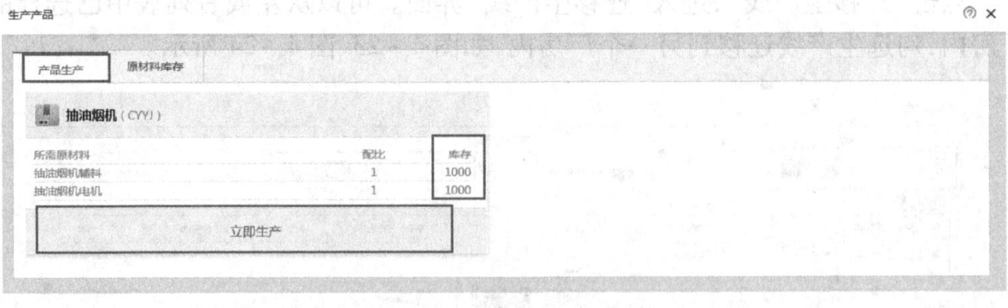

图 4－26 “产品生产”界面

输入生产数量并分配生产人员，如果有多条生产线，则可以选择其中一条生产线，不同生产线的产能、单位产品耗用工时可能都不尽相同，由学生自主判断选择。选择完毕并确认生产数量和生产人员数量后，点击“下一步”，确认进入产品生产，如图 4－27 所示。

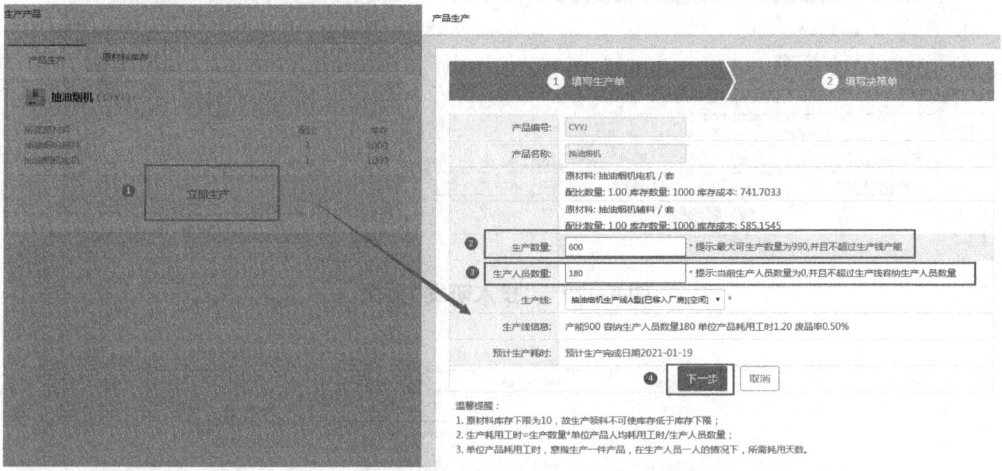

图 4－27　“产品生产”界面

④投入研发：

点击“投入研发”，进入产品“投入研发”界面。上方列表显示可以进行投入研发的产品，以及已经累计投入的研发费用等信息；下方列表显示产品研发的历史记录，并可查看因投入原材料进行产品研发而生成的领料单，如图 4－28 所示。

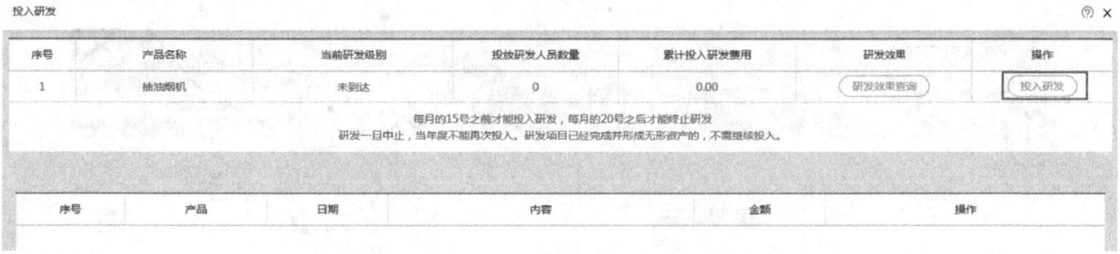

图 4－28　进入“投入研发”界面

填写投入原材料数量和研发人员，点击“下一步”，完成研发投入。在产品研发历史记录中可以查看每次投入研发的内容及金额。当研发投入到一定程度后，会增加产品的附加值，影响产品市价；达到高新企业标准的，可以申请高新企业认证，如图 4－29、图 4－30 所示。

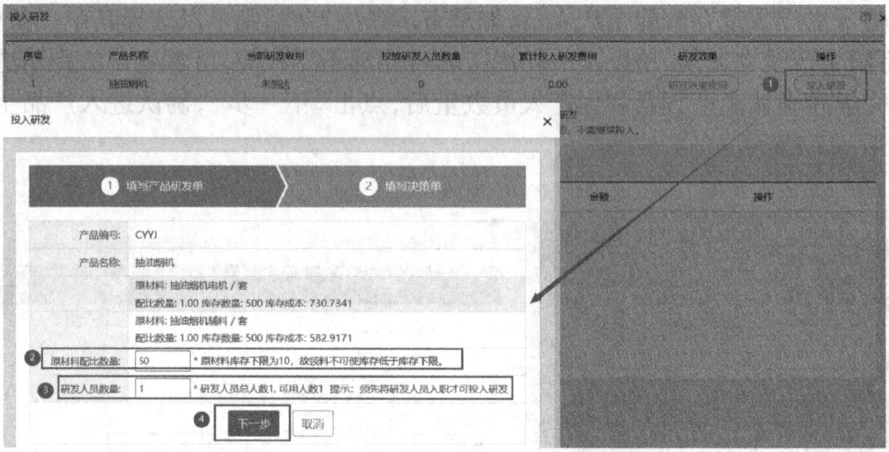

图 4－29　“投入研发”界面

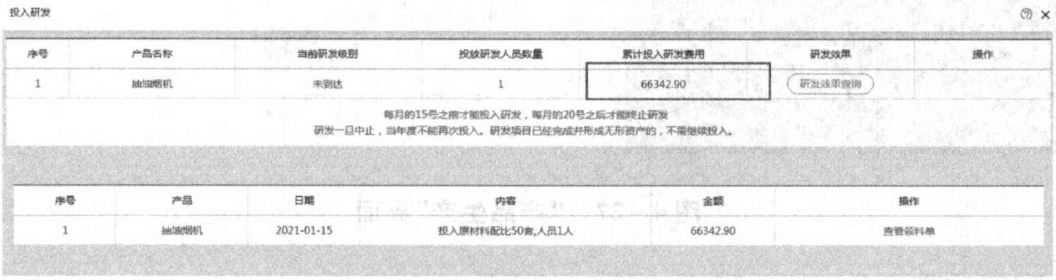

图 4－30　查看投入研发金额界面

(3) 销售管理

运营可在“销售管理”界面进行查询产品信息、承接订单、销售发货、投放广告等操作，如图 4－31 所示。

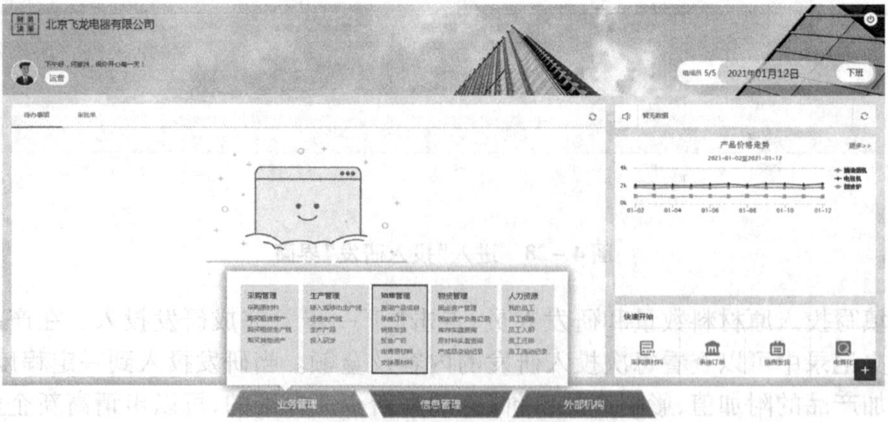

图 4－31　“销售管理”界面

①查询产品信息：

进入“查询产品信息”界面，点击具体产品的“产品价格图”，就可以查看该产品在运营过程中的价格走势，如图 4－32、图 4－33 所示。

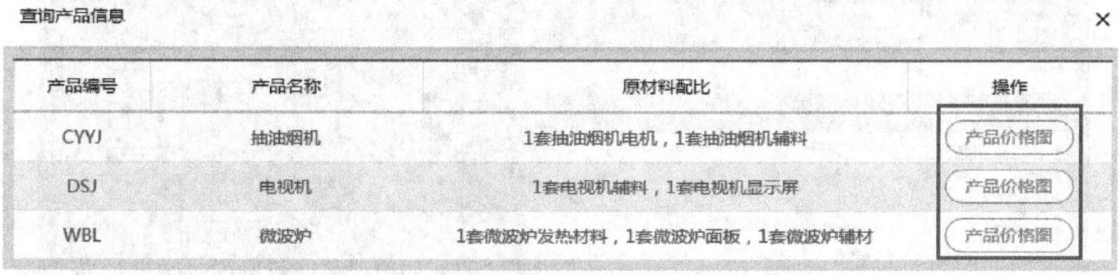
查询产品信息

产品编号	产品名称	原材料配比	操作
CYYJ	抽油烟机	1套抽油烟机电机，1套抽油烟机辅料	产品价格图
DSJ	电视机	1套电视机辅料，1套电视机显示屏	产品价格图
WBL	微波炉	1套微波炉发热材料，1套微波炉面板，1套微波炉辅材	产品价格图

图 4－32 “查询产品信息”界面

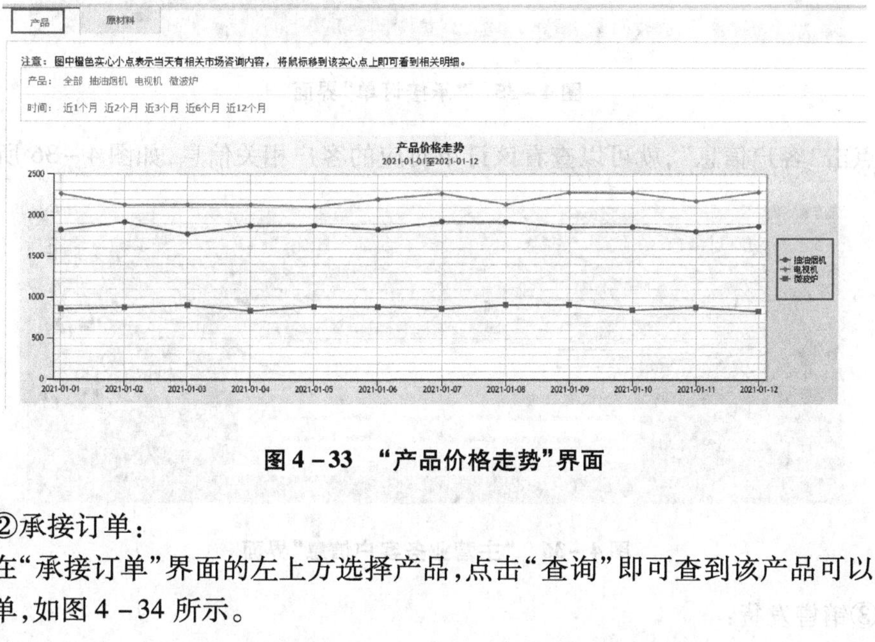

图 4－33 “产品价格走势”界面

②承接订单：

在“承接订单”界面的左上方选择产品，点击“查询”即可查到该产品可以承接的订单，如图 4－34 所示。

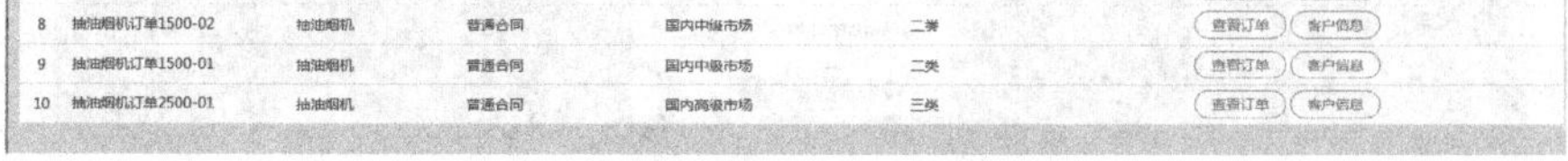
承接订单

抽油烟机 查询

序号	合同名称	合同产品	合同类型	合同所属市场	市场划分	操作
1	抽油烟机订单200-02	抽油烟机	普通合同	国内初级市场	一类低级	查看订单 客户信息
2	抽油烟机订单800-02	抽油烟机	普通合同	国内初级市场	一类低级	查看订单 客户信息
3	抽油烟机订单500-01	抽油烟机	普通合同	国内初级市场	一类低级	查看订单 客户信息
4	抽油烟机订单800-01	抽油烟机	普通合同	国内初级市场	一类低级	查看订单 客户信息
5	抽油烟机订单600-03	抽油烟机	普通合同	国内初级市场	一类高级	查看订单 客户信息
6	抽油烟机订单600-01	抽油烟机	普通合同	国内初级市场	一类高级	查看订单 客户信息
7	抽油烟机订单600-02	抽油烟机	普通合同	国内初级市场	一类高级	查看订单 客户信息
8	抽油烟机订单1500-02	抽油烟机	普通合同	国内中级市场	二类	查看订单 客户信息
9	抽油烟机订单1500-01	抽油烟机	普通合同	国内中级市场	二类	查看订单 客户信息
10	抽油烟机订单2500-01	抽油烟机	普通合同	国内高级市场	三类	查看订单 客户信息

图 4－34 进入“承接订单”界面

点击“查看订单”，进入“合同详情”界面，选择不同的客户，将有不同的付款规则，运营根据实际情况选择好后，点击“承接订单”，即承接了该笔订单，如图 4-35 所示。

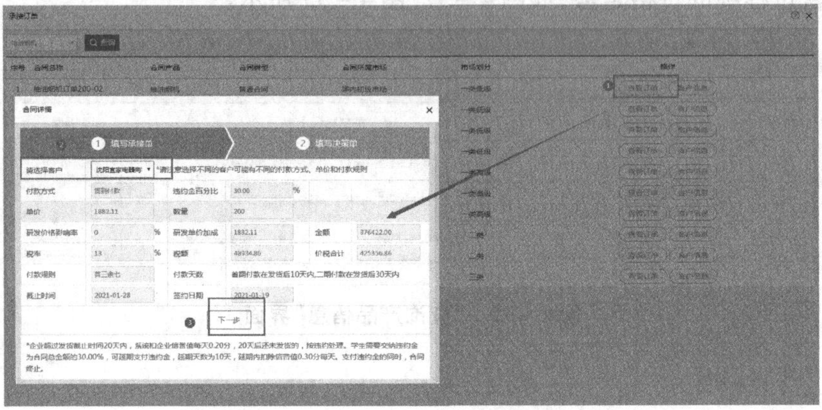

图 4-35 “承接订单”界面

点击“客户信息”，就可以查看该订单对应的客户相关信息，如图 4-36 所示。

图 4-36 “主营业务客户信息”界面

③销售发货：

点击“销售发货”，可查询已承接的所有订单（包括未发货和已发货的），还可以给未发货的订单发货，如图 4-37 所示。

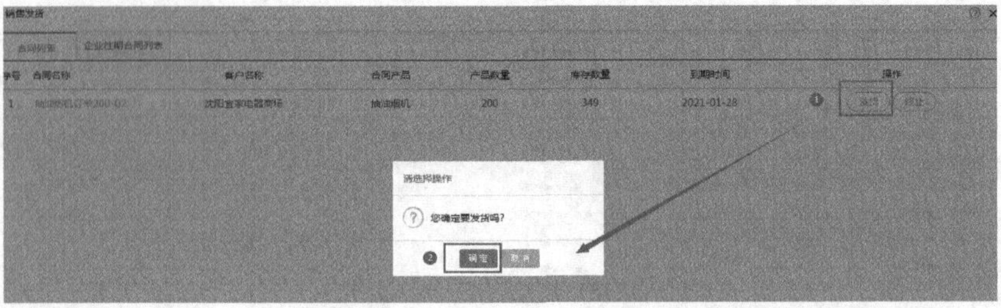

图 4-37 “发货”界面

注意：详情请参阅四个角色财务共享版运营管理岗位功能菜单“销售发货”。

④投放广告：

在“投放广告”界面，点击“投放广告费”，运营根据需求，对产品进行广告投放，选择对应产品，输入投放广告金额，点击“投入广告费”，报财务总监审批，审批通过之后，财务经理审批付款，出纳进行付款操作，如图4－38所示。

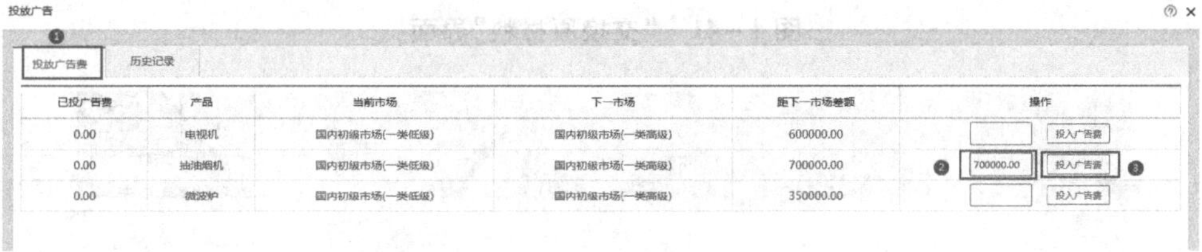

图4－38 “投放广告”界面

投放广告费后，在“投放广告”界面点击“历史记录”—“查看单据”，就可以查看该笔广告费相关的原始单据，如图4－39所示。

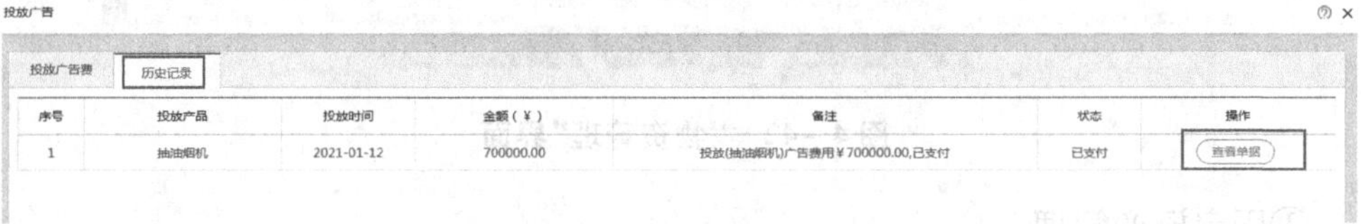

图4－39 “查看单据”界面

⑤出售/交换原材料：

运营可以通过“出售原材料”和“交换原材料”，达到出售或交换原材料的目的，如图4－40、图4－41所示。

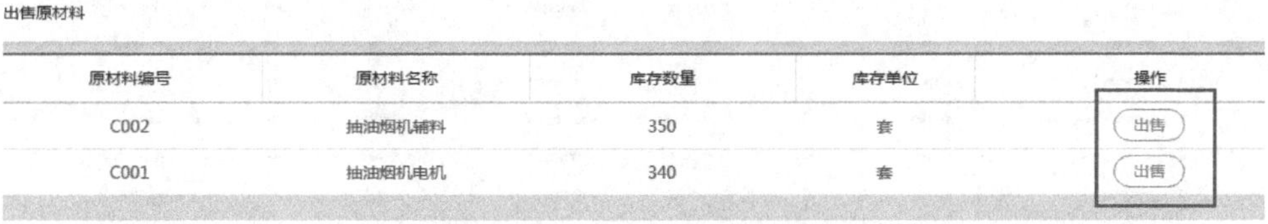

图4－40 “出售原材料”界面

(4)物资管理

运营可在“物资管理”中进行“固定资产管理”“固定资产交易记录”等操作，如图4－42所示。

交换原材料

产品编号	产品名称	库存数量	操作
CYYJ	抽油烟机	399	[交换原材料]

原材料库存

原材料编号	原材料名称	库存数量	库存单位
C002	抽油烟机辅料	350	套
C001	抽油烟机电机	340	套

图 4－41 “交换原材料”界面

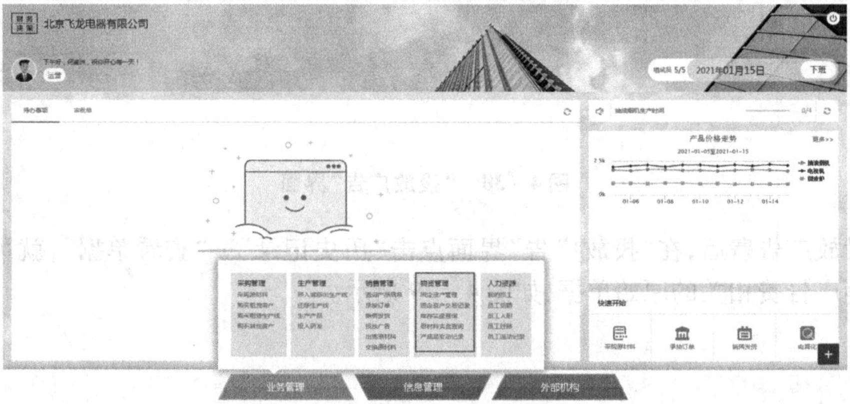

图 4－42 “物资管理”界面

①固定资产管理：

运营可以在“固定资产管理”界面查看公司现在所有固定资产的详细信息，还可以给固定资产进行自定义编码，对空闲的固定资产进行出售，对租赁的房产进行终止或者续租等操作，如图 4－43 所示。

固定资产管理

序号	资产名称	资产价格(¥)	租赁价格(¥)	购买/租赁日期	类型	产权	当前状态	交易方式	操作
1	复印机	5076.00		2021-01-11	其他固定资产		占用	购买	自定义编号
2	打印机	2933.00		2021-01-11	其他固定资产		占用	购买	自定义编号
3	笔记本电脑	4313.00		2021-01-11	其他固定资产		占用	购买	自定义编号
4	笔记本电脑	4313.00		2021-01-11	其他固定资产		占用	购买	自定义编号
5	笔记本电脑	4313.00		2021-01-11	其他固定资产		占用	购买	自定义编号
6	笔记本电脑	4313.00		2021-01-11	其他固定资产		占用	购买	自定义编号
7	笔记本电脑	4313.00		2021-01-11	其他固定资产		占用	购买	自定义编号
8	笔记本电脑	4313.00		2021-01-11	其他固定资产		占用	购买	自定义编号
9	笔记本电脑	4313.00		2021-01-11	其他固定资产		占用	购买	自定义编号
10	笔记本电脑	4313.00		2021-01-11	其他固定资产		占用	购买	自定义编号

« 1 2 » 每页10行/共20行，到第 2 页 确定

退租前提：

生产线退租必须处于空闲状态，且从厂房中移除。厂房退租，必须处于空闲状态。

办公场所退租，必须处于空闲状态，如果只租赁了一间办公用房，由于行政和销售人员不得解聘，所以不能进行退租操作，只能进行续租操作。

图 4－43 “固定资产管理”界面

②固定资产交易记录：

运营可以在“固定资产交易记录”界面查看公司从开始到现在的固定资产租赁记录和交易记录，如图4-44所示。

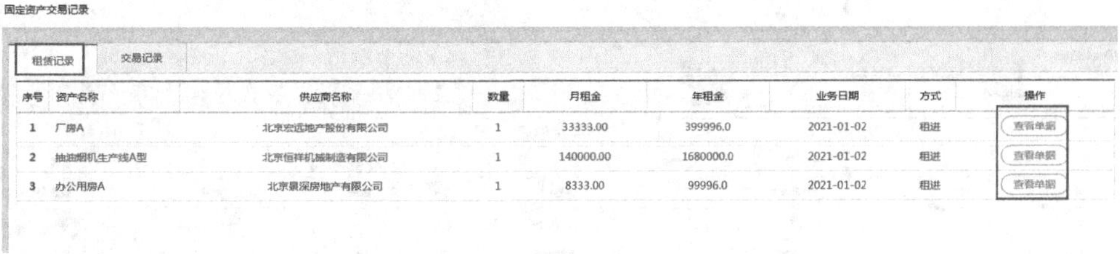

固定资产交易记录

租赁记录 交易记录

序号	资产名称	供应商名称	数量	月租金	年租金	业务日期	方式	操作
1	厂房A	北京宏远地产股份有限公司	1	33333.00	399996.0	2021-01-02	租进	查看单据
2	抽油烟机生产线A型	北京恒祥机械制造有限公司	1	140000.00	1680000.0	2021-01-02	租进	查看单据
3	办公用房A	北京景深房地产有限公司	1	8333.00	99996.0	2021-01-02	租进	查看单据

图4-44 “固定资产交易记录”界面

③库存实盘查询：

在“库存实盘查询”界面，列表中显示了原材料和产品的库存数量，以及当前未结算的仓储费用，如图4-45所示。

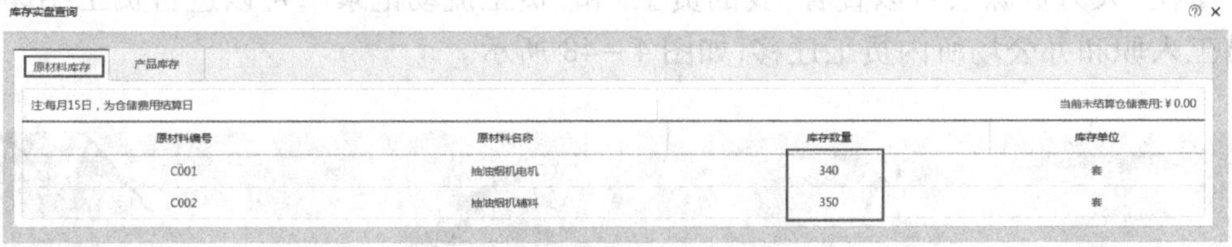

库存实盘查询

原材料库存 产品库存

注:每月15日，为仓储费用结算日　　当前未结算仓储费用: ¥0.00

原材料编号	原材料名称	库存数量	库存单位
C001	抽油烟机电机	340	套
C002	抽油烟机辅料	350	套

图4-45 “库存实盘查询”界面

④原材料实盘查询：

在“原材料实盘查询”界面，可以查看原材料实盘情况，原材料相关信息以数量金额形式展现，使用移动加权平均法计算成本，显示某一月份某种原材料的入出库记录，包含数量、单价、金额及领用部门等信息，如图4-46所示。

原材料实盘查询

抽油烟机辅料 查询年月: 2021 年 1 月 查询

2021年01月

日期		原材料编号/原材料名称/领用部门			入库			出库			余额		
月	日	原材料编号	原材料名称	领用部门	数量	单价	¥金额	数量	单价	¥金额	数量	单价	¥金额
01	01		期初余额								0	0.00	0.00
01	14	C002	抽油烟机辅料		1000	585.1545	585154.50				1000	585.15	585154.50
01	15	C002	抽油烟机辅料	研发部				50	585.1545	29257.73	950	585.15	555896.77
01	15	C002	抽油烟机辅料	生产部				600	585.1545	351092.70	350	585.15	204804.07
01	31		本期合计		1000		585154.50	650		380350.43	350	585.15	204804.07

图4-46 “原材料实盘查询”界面

⑤产成品变动记录：

在“产成品变动记录”界面，可以查看产成品的变动情况。选择好产品、年、月后，点击“查询”，将显示该月该产品的变动记录，包含期初数量、每一次入库和出库的数量等信息，如图 4 －47 所示。

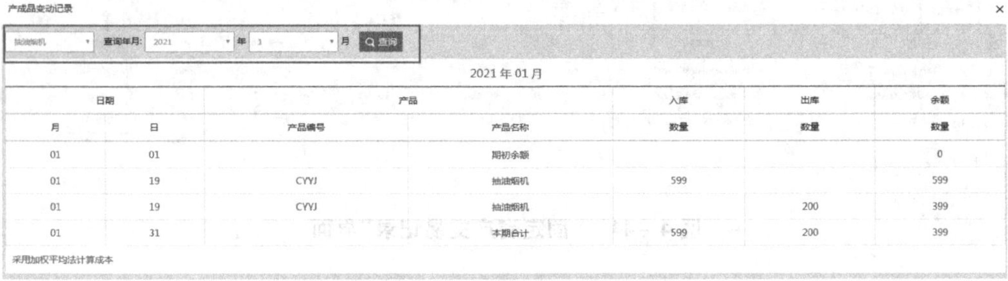

日期		产品		入库	出库	余额
月	日	产品编号	产品名称	数量	数量	数量
01	01		期初余额			0
01	19	CYYJ	抽油烟机	599		599
01	19	CYYJ	抽油烟机		200	399
01	31		本期合计	599	200	399

采用加权平均法计算成本

图 4 －47　“产成品变动记录”界面

(5) 人力资源

在“人力资源”，可以查看“我的员工”和“员工流动记录”，可以进行员工招聘、员工入职和办公场所内员工迁移，如图 4 －48 所示。

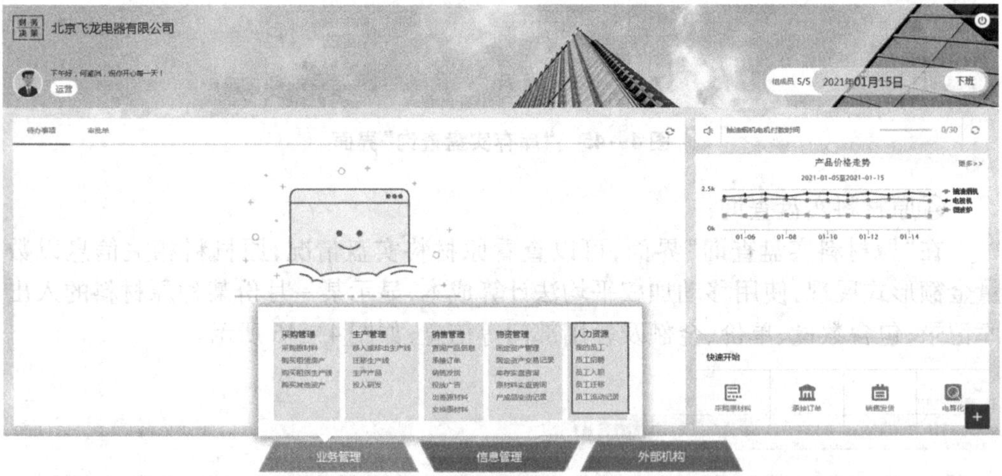

图 4 －48　“人力资源”界面

①我的员工：

在“我的员工”界面，可查看公司当前员工的详细信息，所在部门及各个工种的工资待遇，还可以解雇不需要的员工。解聘员工时，只要输入相应需要解雇的人数就可以，如图 4 －49 所示。

注意：只有生产人员可以解聘。

我的员工 ×

序号	所在部门	员工类型	工资(人/每月)	员工人数	操作
1	销售部	销售人员	2000.00	10	
2	综合管理部	管理人员	4000.00	5	
3	生产部	生产人员	3000.00	500	解雇
4	研发部	研发人员	5000.00	1	解雇
5	生产部	生产线管理人员	4000.00	5	

图 4－49 “我的员工”界面

②员工招聘：

在“员工招聘”界面，可查看各种类型员工的详细信息，并可招聘公司所需要的人才，如图 4－50 所示。

员工招聘 ⓘ ×

序号	员工部门	员工类型	工资	当前人数	操作
1	生产部	生产人员	3000.00		招聘
2	研发部	研发人员	5000.00		招聘

1：鉴于现有公司规模和注册资本，公司规定招聘员工上限为600人。（不包括系统自动配给的管理人员、销售人员以及生产线管理人员）
生产线管理人员为系统自动配给，每新增一种产品的生产线，则自动配给5个
2：人均占用面积为3平方米，请注意有管理人员,研发人员,销售人员需要占用办公场所，其他工种不需要！

图 4－50 “员工招聘”界面

③员工入职：

员工入职是指将招聘进来的员工安排到对应的办公场所里面办公。这样后续才能使用这些员工，可以将人员移入对应的办公场所，或者移出办公场所。只有移入办公场所的人员才属于可以使用的人员，如图 4－51、图 4－52 所示。

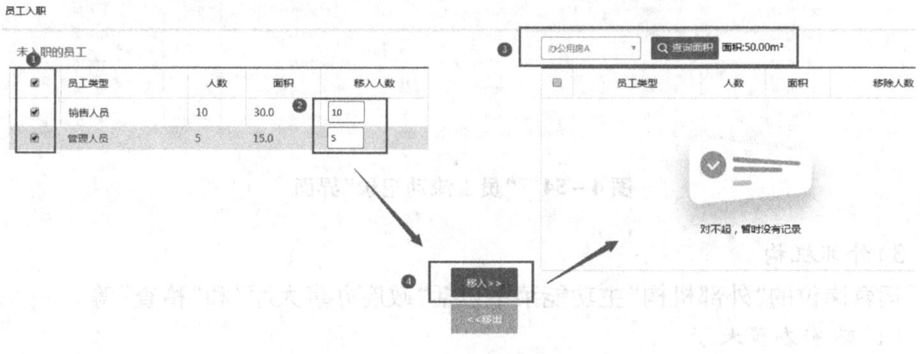

图 4－51 “员工入职”界面 A

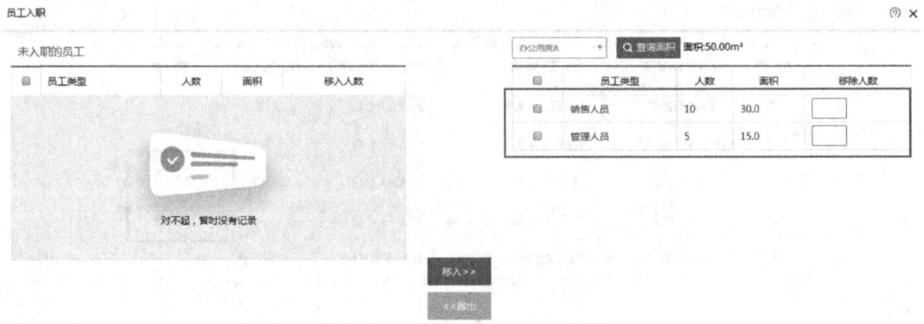

图 4－52 “员工入职”界面 B

注意:必须将全部管理人员及销售人员移入办公场所企业才可以正常运营。

④员工迁移:

办公场所内员工迁移是指将员工从一个场所直接迁移到另外一个场所,以规划场所的空间。选中对应的办公场所,输入相应的人数,就可进行迁移,如图 4－53 所示。

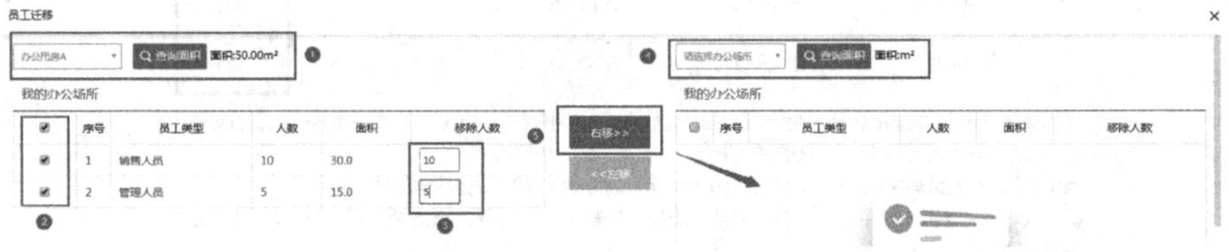

图 4－53 员工迁移界面

⑤员工流动记录:

在“员工流动记录”界面,可查看公司从开始到现在所有员工流动的详细信息,包括流动的人数、方向及日期等,如图 4－54 所示。

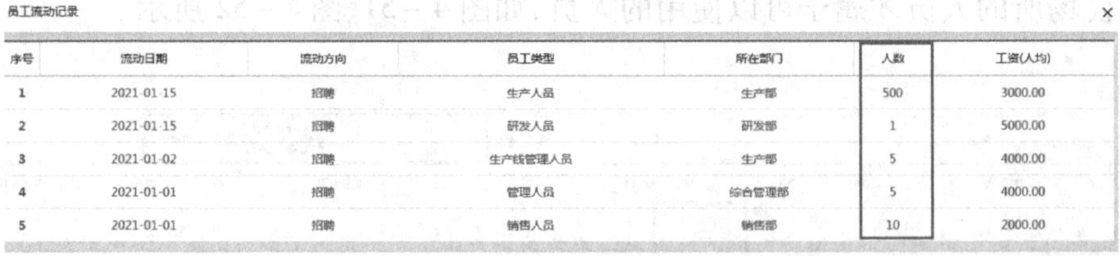

员工流动记录

序号	流动日期	流动方向	员工类型	所在部门	人数	工资(人均)
1	2021-01-15	招聘	生产人员	生产部	500	3000.00
2	2021-01-15	招聘	研发人员	研发部	1	5000.00
3	2021-01-02	招聘	生产线管理人员	生产部	5	4000.00
4	2021-01-01	招聘	管理人员	综合管理部	5	4000.00
5	2021-01-01	招聘	销售人员	销售部	10	2000.00

图 4－54 “员工流动记录”界面

3)外部机构

运营岗位的“外部机构”主功能菜单包括“政府办事大厅”和“稽查”等。

(1)政府办事大厅

在政府办事大厅,可以进行高科技产业资格申请认证,点击“外部机构”—“政府办事大厅”—“申请认证资格”进行申请，如图 4 – 55、图 4 – 56 所示。

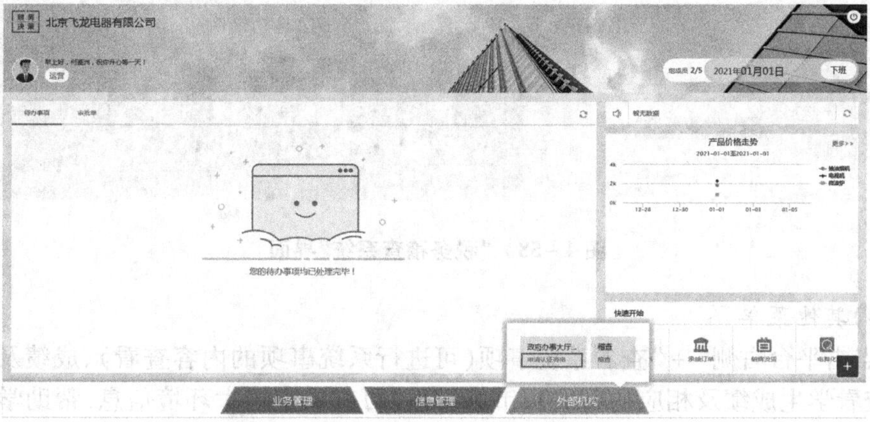

图 4 – 55　进入“申请认证资格”界面

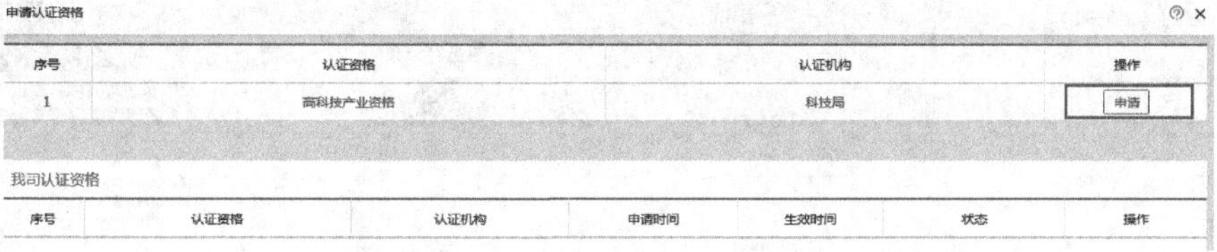

申请认证资格

序号	认证资格	认证机构	操作
1	高科技产业资格	科技局	申请

我司认证资格

序号	认证资格	认证机构	申请时间	生效时间	状态	操作

图 4 – 56　“申请认证资格”界面

(2)稽查

运营可以通过“外部机构”—“稽查”进入稽查界面。点击“稽查”，进入“税务稽查系统”界面进行账务稽查，如图 4 – 57、图 4 – 58 所示。

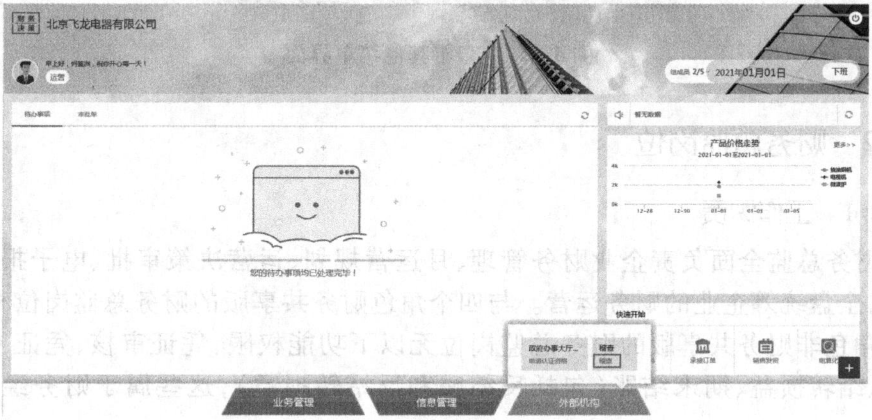

图 4 – 57　进入“稽查”界面

图4－58 “税务稽查系统”界面

4）其他菜单

点击平台右侧“＋”查看系统事项（可进行系统事项的内容查看）、成绩及排名（可查看学生成绩及相应的名次）、市场资讯（可查看市场大环境信息，帮助学生对企业未来的发展作出判断）等，如图4－59所示。

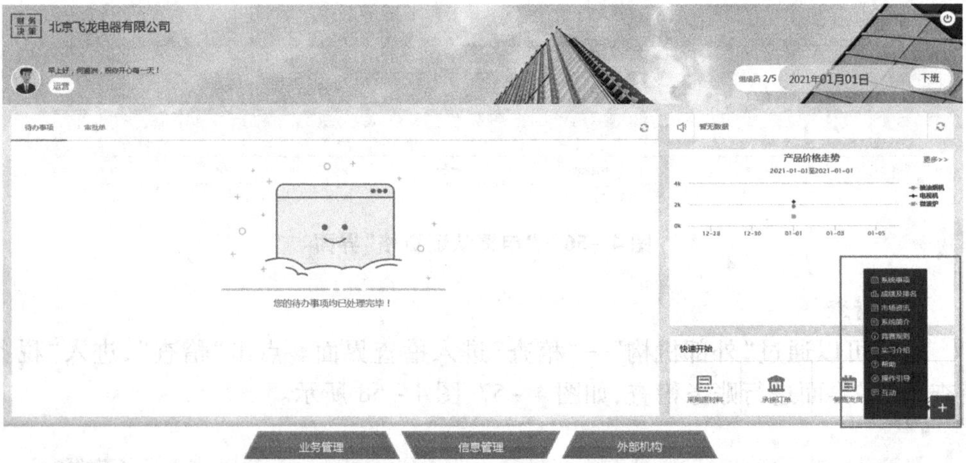

图4－59 查看其他菜单界面

4.1.2 财务总监岗位

4.1.2.1 工作职责

财务总监全面负责企业财务管理、月运营规划、运营决策审批、电子报税审批等，全盘统筹企业的财务运营。与四个角色财务共享版的财务总监岗位相比，五个角色非财务共享版的财务总监岗位无以下功能权限：凭证审核、凭证检查、过账、结转损益、期末结账（包括反结账和反结转损益），这些属于财务经理的权限。

4.1.2.2　工作规则

五个角色非财务共享版中，财务总监岗位的具体工作规则与四个角色财务共享版类似，详情请参考四个角色财务共享版的财务总监岗位工作规则。

4.1.2.3　财务总监岗位主功能界面

学生登录财务总监岗位后，进入财务总监主功能界面，如图4－60所示。

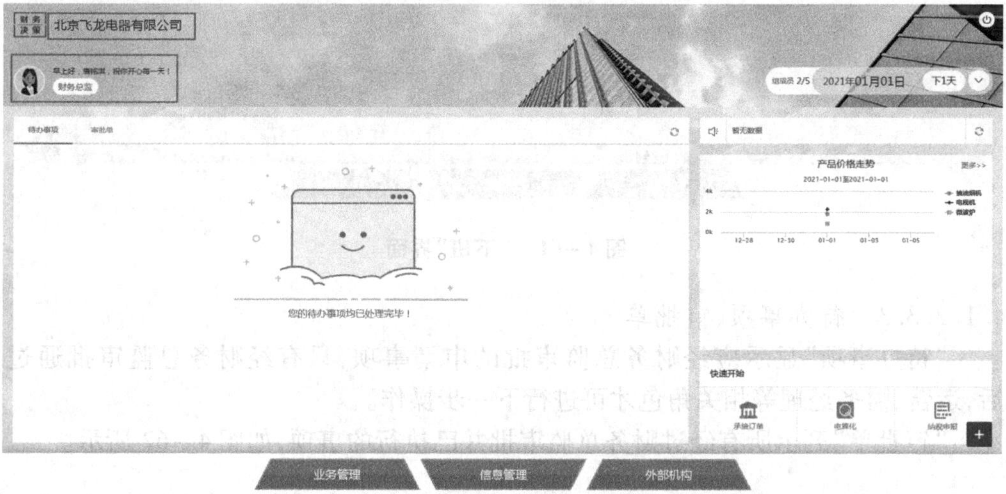

图4－60　财务总监主功能界面

4.1.2.3.1　角色信息

1）角色信息

主功能界面左上侧为企业名称、角色头像和相应角色名称（这里可点击角色名称进行角色切换）。

2）成员信息

点击“组成员”，可查看小组成员信息，如果其他组员已经下班，但有事项未完成，其他成员可通过该界面召回组员加班。

4.1.2.3.2　下班操作

在本平台中，只有财务总监可以选择一次下2天或2天以上的班（其他角色只能下1天班），以加速运作的时间。财务总监点击“下1天”右侧的下拉按钮，可以选择一次下几天班，其他角色完成当天任务，点击“下班”，最后由财务总监来结束当天任务，执行进入下1天，或一次下几天班的操作。一次下班几天时，若中间有需操作的事项，系统会提示且不能继续下班，按提示完成操作后，方可下班，如图4－61所示。

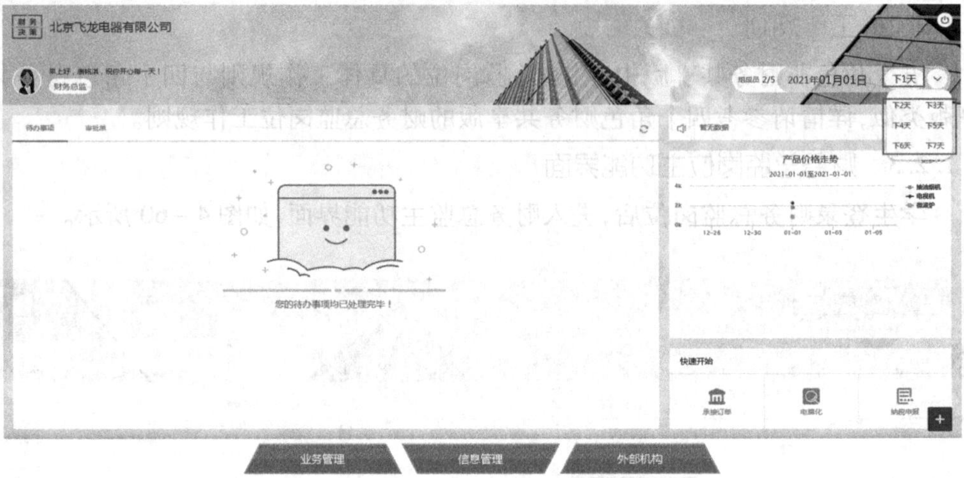

图4-61 “下班”界面

4.1.2.3.3 待办事项、审批单

“待办事项”显示应经财务总监审批的申请事项，只有经财务总监审批通过后，运营、财务经理等相关角色才可进行下一步操作。

“审批单”列示所有经过财务总监审批并已执行的事项，如图4-62所示。

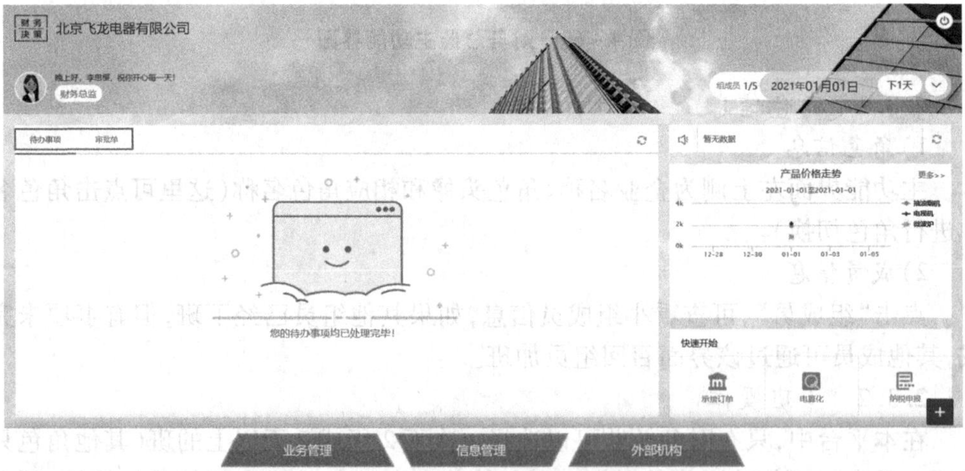

图4-62 “待办事项、审批单”界面

4.1.2.3.4 快速开始

系统依据每个角色职责的不同要求，设置有快速访问入口，财务总监常用的“快速开始”有“电算化”“纳税申报”等，如图4-63所示。

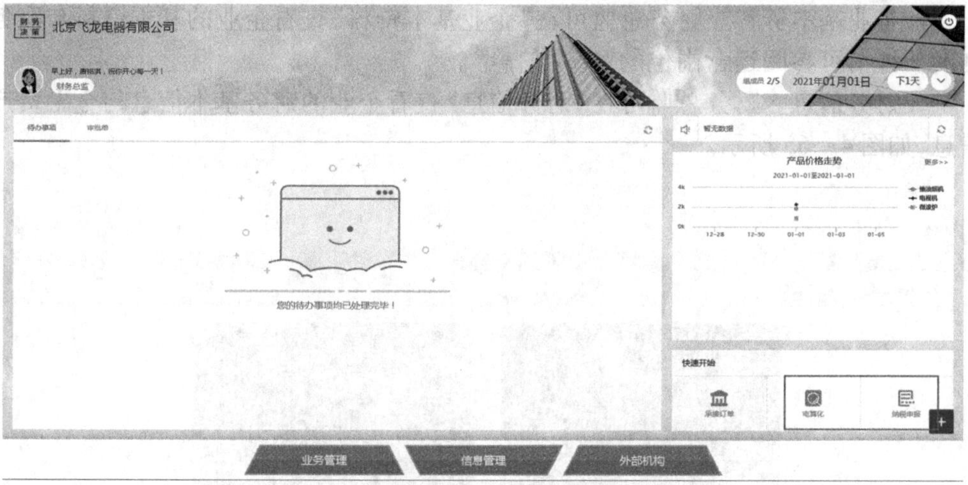

图 4 - 63　“快速开始”界面

4.1.2.3.5　主功能菜单

财务总监岗位有三大主功能菜单：“信息管理”“业务管理”“外部机构”。

1)信息管理

(1)数据查询

财务总监可在“数据查询”对企业基本信息、业务信息、资产信息等进行查询。

①基本信息：

财务总监可以在“基本信息”查看企业基本资料与财务信息，如图 4 - 64 所示。

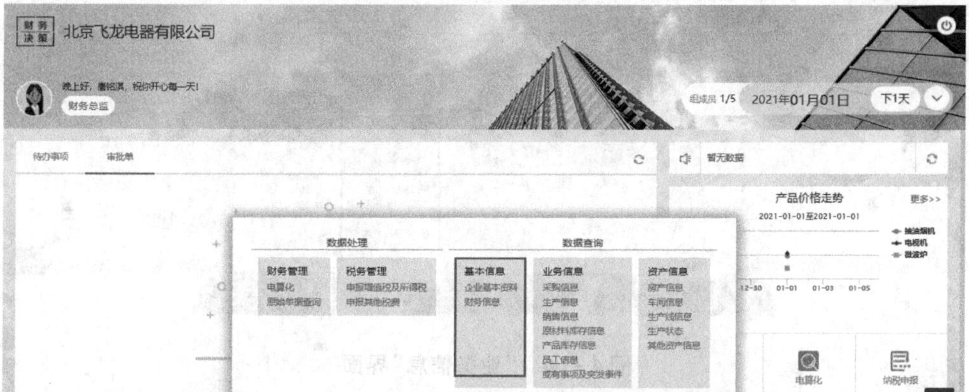

图 4 - 64　“基本信息”界面

★企业基本资料。财务总监可在“企业基本资料”查看企业的基本资料与财务制度。详情可参阅运营岗位的“基本信息”。

★财务信息。财务总监可在“财务信息”查看企业的财务基本信息与金融资产信息，如图 4－65 所示。

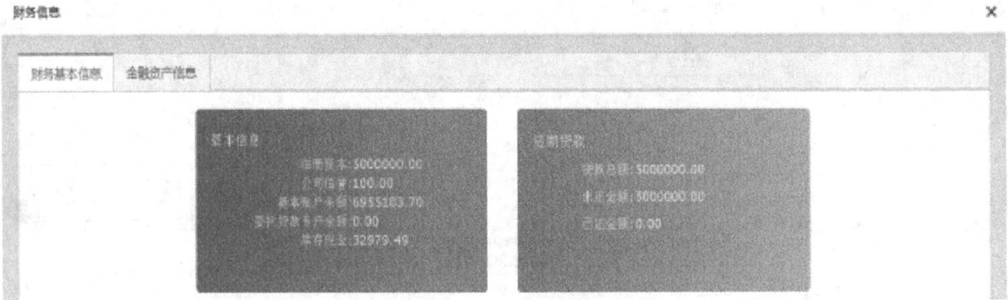

图 4－65　“财务信息”界面

②业务信息：

财务总监可以在“业务信息”查看相关业务的信息，诸如采购、生产、销售信息，原材料与产成品库存信息，企业或有事项及突发事件以及员工信息，如图 4－66 所示。

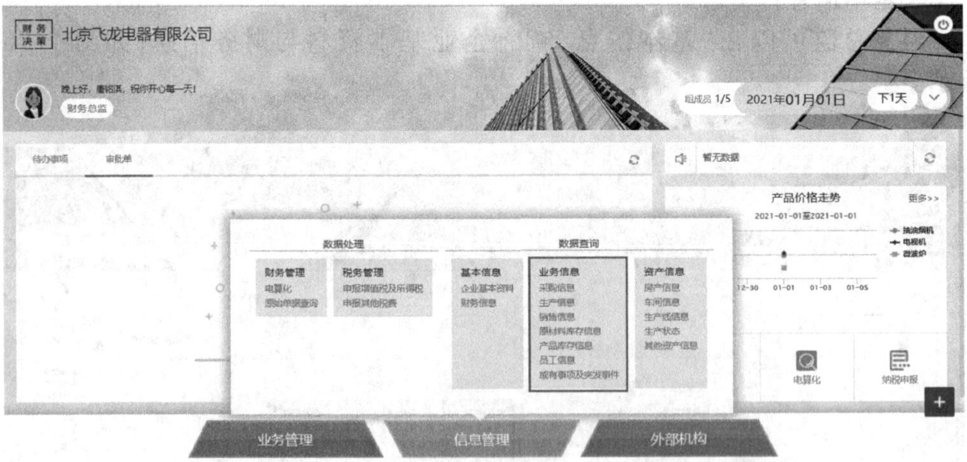

图 4－66　“业务信息”界面

③资产信息：

财务总监可在“资产信息”查看企业的房产、车间、生产线、其他资产等信息，如图 4－67 所示。

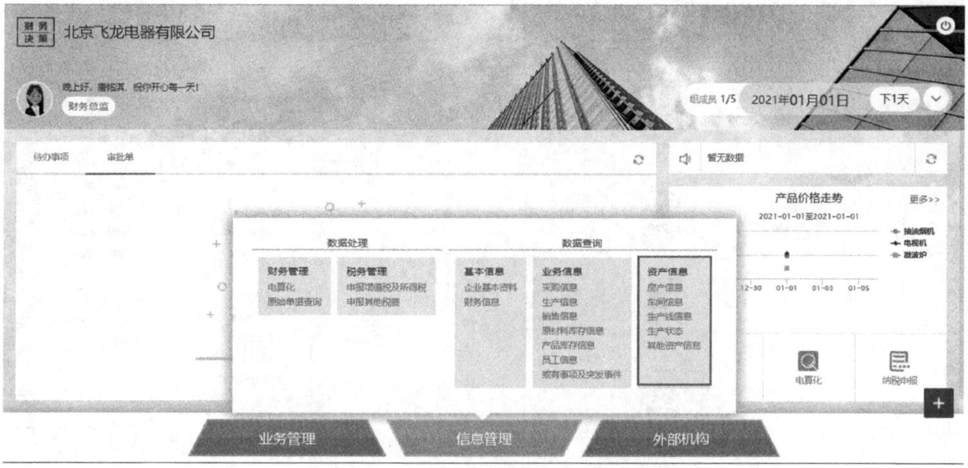

图 4－67 “资产信息”界面

(2)数据处理

数据处理主要包括“财务管理”和“税务管理”。

①财务管理：

财务总监可在“财务管理”进入电算化系统和进行原始单据查询，如图 4－68 所示。

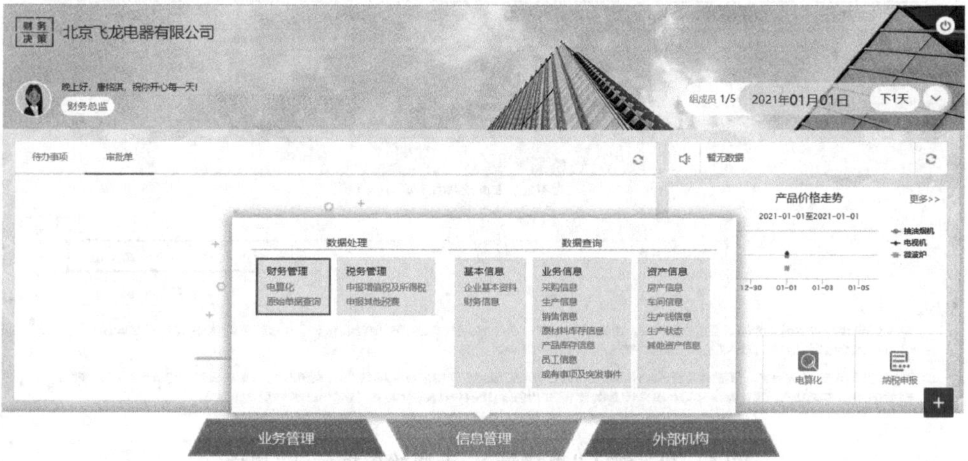

图 4－68 “财务管理”界面

★电算化(总账系统)：

财务总监点击“电算化”，进入“总账系统”界面，如图 4－69 所示。

在总账系统中，财务总监主要负责“直接录入，无原始单据凭证”和“录入，稽核原始单据凭证”等事项。

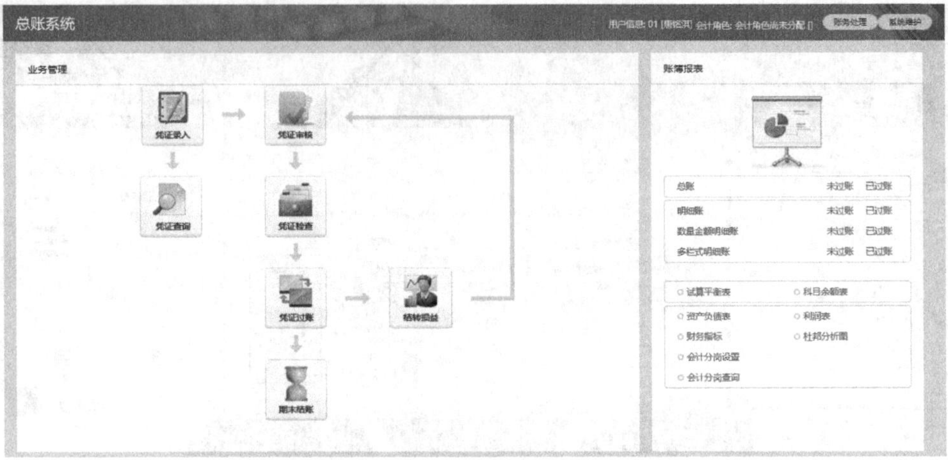

图 4－69 “总账系统”界面

首先是“直接录入,无原始单据凭证”。

财务总监点击“直接录入,无原单据始凭证”,可跳过原始单据选择界面,进入“记账凭证录入”界面,如图 4－70 所示。

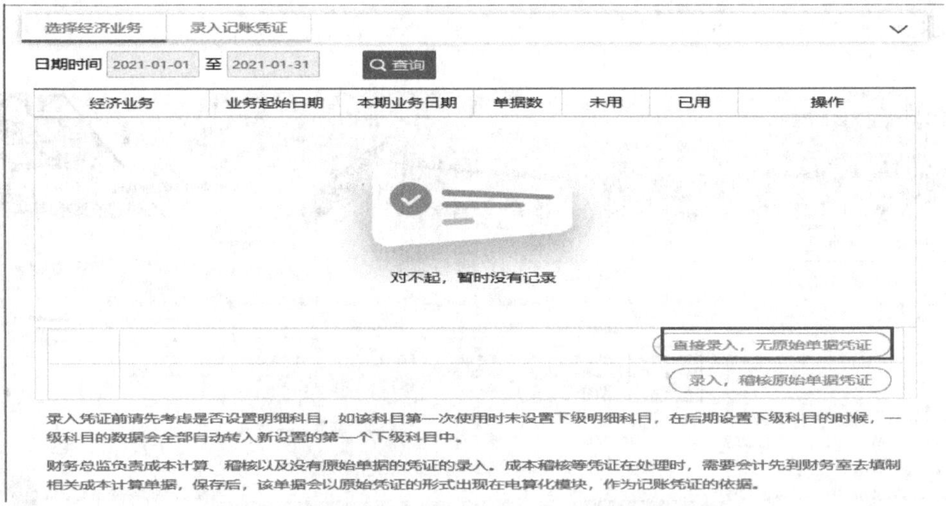

图 4－70 进入“直接录入,无原始单据凭证”界面

说明:通常进行月末计提增值税及其他税费,分摊厂房生产线租金,计提质量保证金等业务时会用到直接录入

其次是“录入,稽核原始单据凭证”。

针对月末成本计算等需要在月末进行统计的经济业务,财务总监点击“录入,稽核原始单据凭证”,进入“原始单据选择”界面,在“原始单据选择”的下拉框中

选择经济业务类型，点击“查询”，可查询当期对应核算需要附带的原始单据，如图 4 – 71、图 4 – 72 所示。点击“录入记账凭证”，进入“记账凭证录入”界面即可录入凭证。

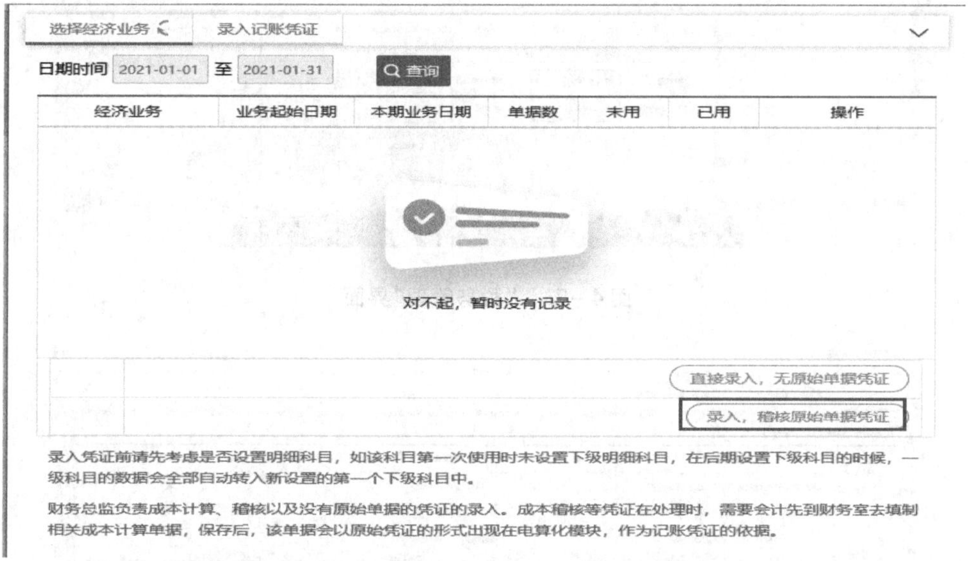

图 4 – 71　进入“录入，稽核原始单据凭证”界面

图 4 – 72　“录入，稽核原始单据凭证”选择界面

*原始单据查询：

财务总监可以在“原始单据查询”界面查询原始单据。

②税务管理：

财务总监可在“税务管理”进行增值税及所得税申报、其他税费申报等，如图 4 – 73 所示。

平台为财务总监提供了企业纳税审批申报功能。次月 15 日前由会计填写增值税、企业所得税、其他税费的纳税申报表，提交财务总监审批。审批无误后，点击“纳税提交”，进行纳税申报。此外，还可查看申报历史记录，如图 4 – 74、图 4 – 75 所示。

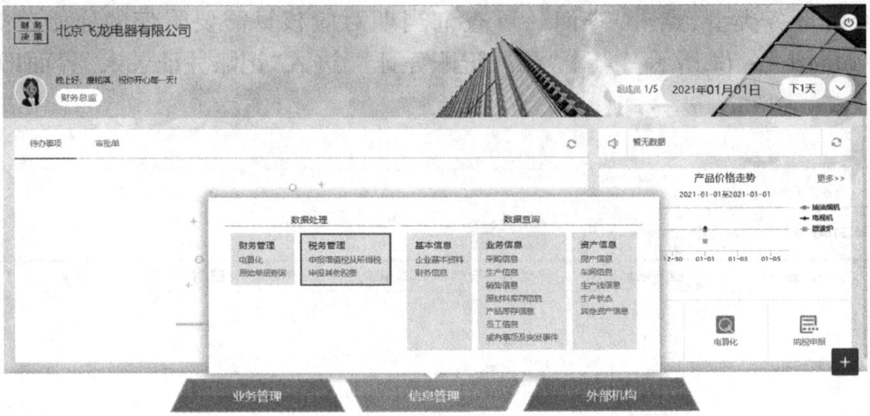

图 4－73 “税务管理”界面

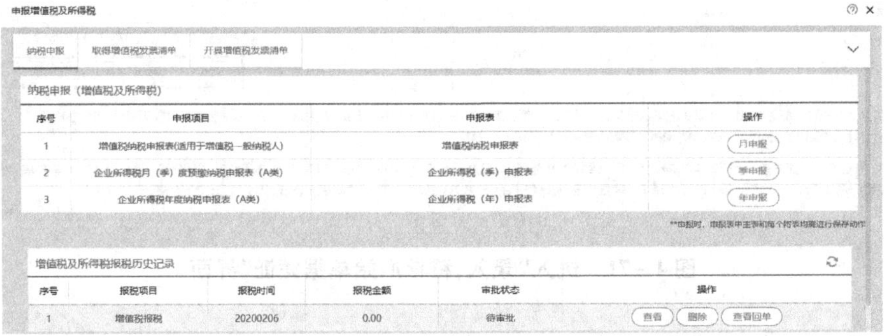

图 4－74 “纳税申报”界面

申报其他税费

其他税费月申报表

税种	税目	计税金额（数量）	税率（%）	单位税额	应纳税额
个人所得税	正常工资薪金		-	-	0.00
印花税	产权转移书据		0.0500	-	0.00
	资金账簿	5000000.00	0.0250	-	1250.00
	借款合同	5000000.00	0.0050	-	250.00
	权利许可证照	1.00	-	5.00	5.00
	货物运输合同		0.0500	-	0.00
	购销合同		0.0300	-	0.00
	财产租赁合同		0.1000	-	0.00
城建税			7.0000	-	0.00
教育费附加			3.0000	-	0.00
合计	-	-	-	-	1505.00

本企业个人所得税申报方式为汇总申报，财务人员根据企业实际缴纳税款作为缴税基数填写。

纳税提交

图 4－75 “纳税提交”界面

2）业务管理

财务总监可在“业务管理”界面进行“采购管理”“生产管理”“销售管理”“物

资管理”等操作，在处理不同事项时选择不同的菜单功能，如图 4－76 所示。

图 4－76　“业务管理”界面

（1）采购管理

财务总监可以在“业务管理”—“采购管理”中查看原材料、房产、生产线等资产的相关采购信息，以采购生产线为例，如图 4－77、图 4－78 所示。

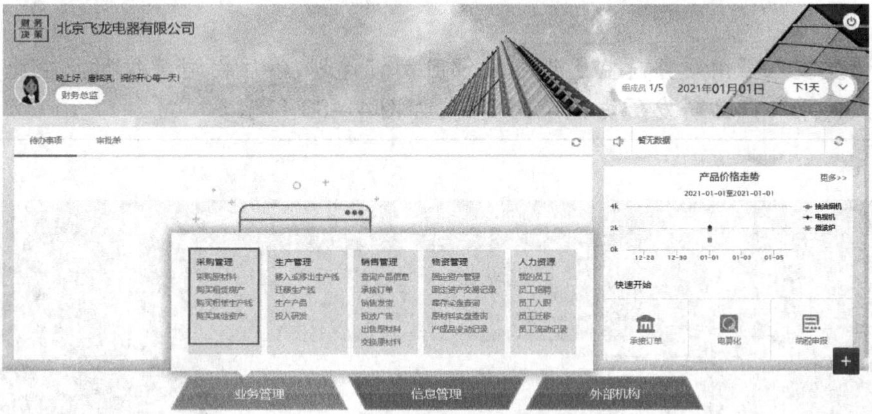

图 4－77　“采购管理”界面

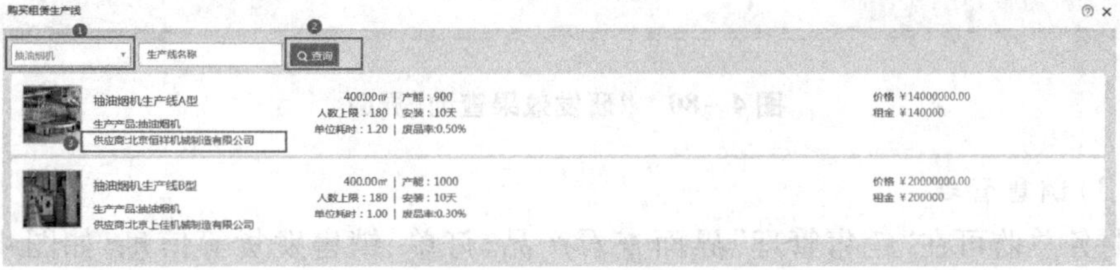

图 4－78　“购买租赁生产线”界面

(2)生产管理

生产管理主要提供移入或移出生产线、迁移生产线、生产产品、投入研发等的查看功能,具体由运营操作,如图4-79所示。

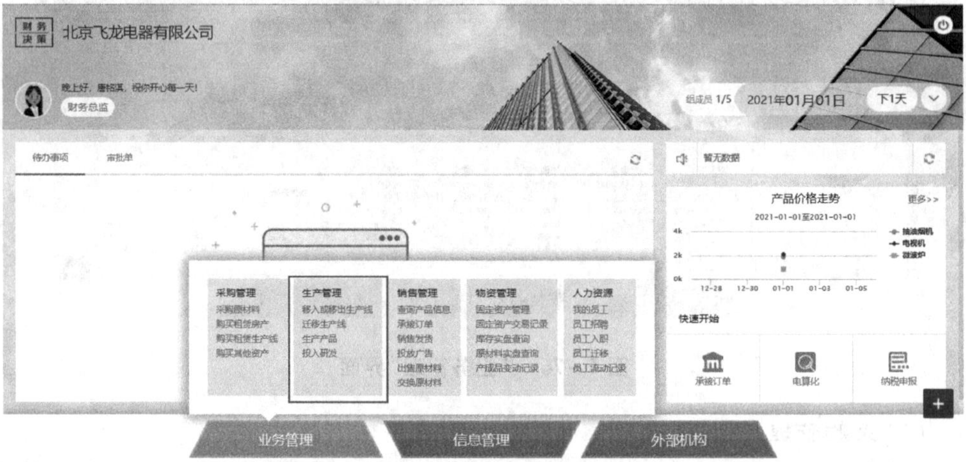

图4-79 “生产管理”界面

> ★ **说明:**
>
> 研发投入需由财务总监于规划决策时制订计划,然后由运营执行。在此可进行研发效果和产品研发历史记录的查询,如图4-80所示。

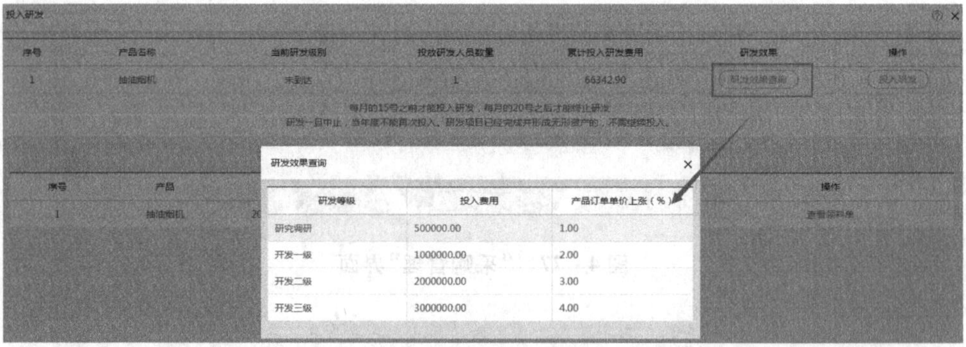

图4-80 “研发效果查询”界面

(3)销售管理

财务总监可在“销售管理”界面查看产品、订单、销售发货等信息,如图4-81所示。

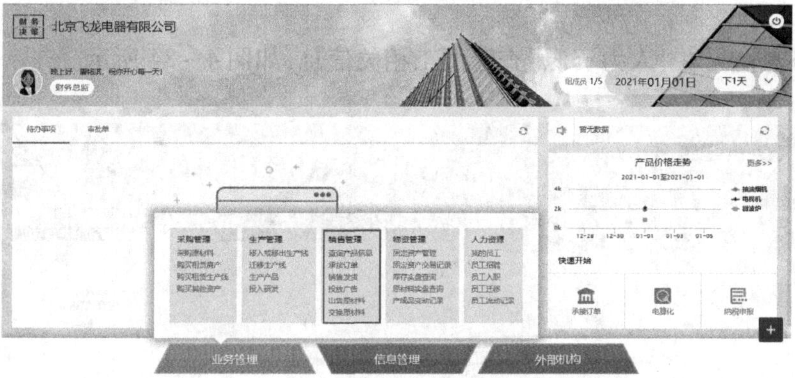

图 4－81 “销售管理”界面

★ **说明：**

企业是否要投放广告、投放多少、投放于什么产品市场，需财务总监于规划决策时制订计划，然后由运营执行。在此界面，总监可查看企业投放广告费的历史记录，如图 4－82 所示。

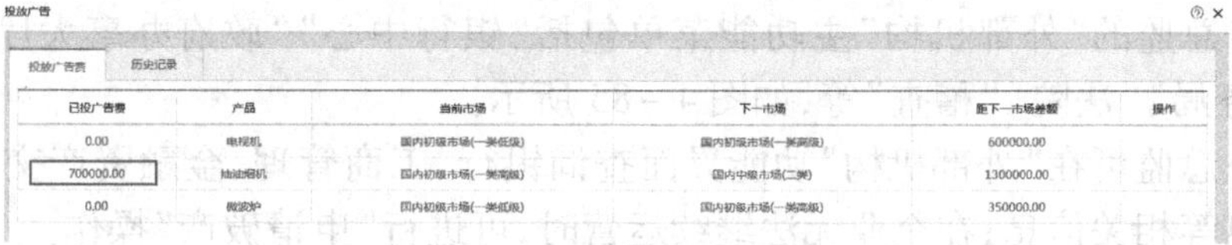

已投广告费	产品	当前市场	下一市场	距下一市场差额	操作
0.00	电视机	国内初级市场(一类低级)	国内初级市场(一类高级)	600000.00	
700000.00	抽油烟机	国内初级市场(一类高级)	国内中级市场(二类)	1300000.00	
0.00	微波炉	国内初级市场(一类低级)	国内初级市场(一类高级)	350000.00	

图 4－82 “投放广告”界面

(4)物资管理

物资管理提供财务总监对企业固定资产管理、固定资产交易、原材料及产品库存、产成品变动等信息的查看功能，如图 4－83 所示。

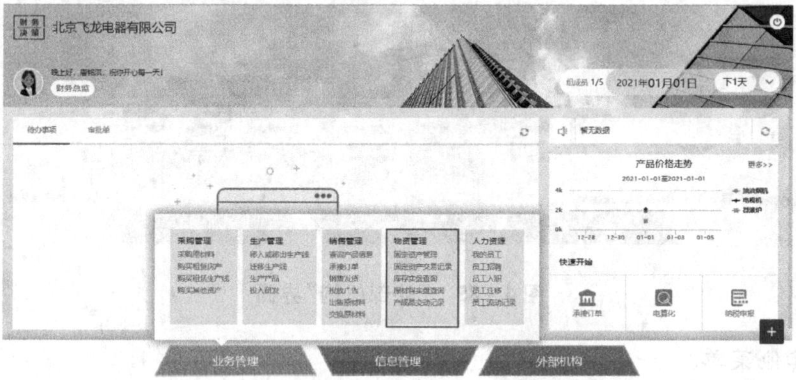

图 4－83 “物资管理”界面

（5）人力资源

财务总监可在“人力资源”查看员工相关信息，如图4－84所示。

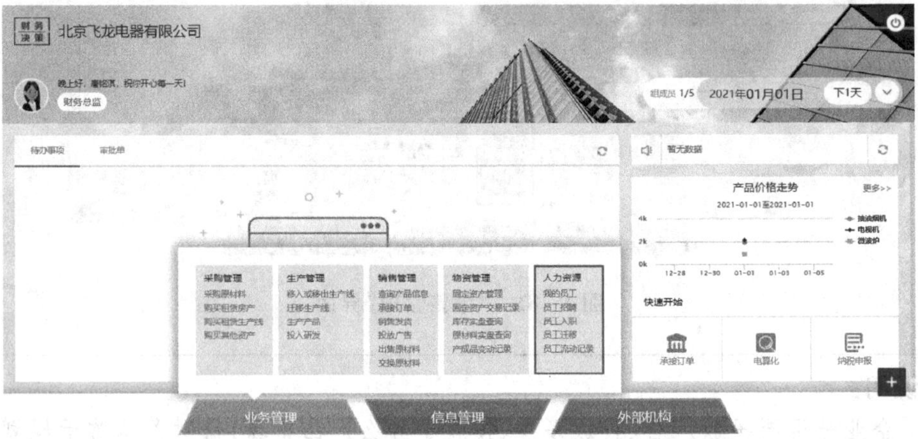

图4－84 “人力资源”界面

3）外部机构

财务总监的“外部机构”主功能菜单包括“银行中心”“政府办事大厅”“交易所”“税务局”“法院”“稽查”等，如图4－85所示。

财务总监可在“外部机构”功能界面查询银行、工商管理、金融资产交易、申办税收优惠等相关信息；在企业无法继续运营时，可进行“申请破产”操作。

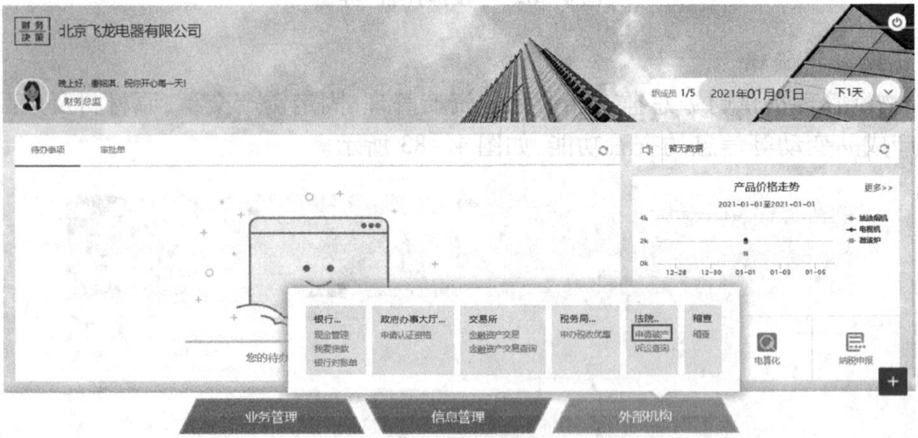

图4－85 “外部机构”界面

4）其他菜单

与运营岗位类似，详情可参考运营岗位的“其他菜单”。

4.1.3 财务经理岗位

4.1.3.1 工作职责

财务经理负责分配会计岗位,企业日常业务付款审批,股票、委托贷款、短期贷款等投资筹资业务,会计凭证审核、过账、结转损益,出具财务报表等电算化业务的处理。

4.1.3.2 工作规则

五个角色非财务共享版中,财务经理岗位的具体工作规则与四个角色财务共享版的资金管理岗位类似,详情请参考四个角色财务共享版的资金管理岗位工作规则。

4.1.3.3 财务经理岗位主功能界面

学生登录财务经理岗位后,进入财务经理主功能界面,如图 4 - 86 所示。

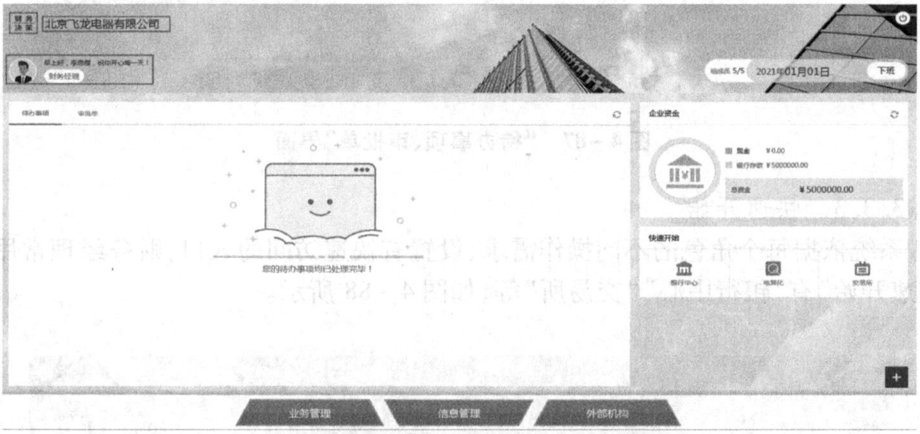

图 4 - 86 财务经理主功能界面

4.1.3.3.1 角色信息、成员信息

1)角色信息

主功能界面的左侧为企业名称、角色头像和相应的角色名称(这里可点击角色名称进行角色切换)。

2)成员信息

点击"组成员",可以查看小组成员的信息,如果其他成员已下班,但还有事项未完成,可以通过该界面将其召回加班。

4.1.3.3.2 待办事项、审批单

1)待办事项

"待办事项"为企业经营过程中待办理的事项,不必一有事项就处理(如款项

支付事项)，当待办事项出现红色背景的“今日任务”字样时，必须当日处理完毕，否则无法进入下一天。

2)审批单

“审批单”是企业经营中需要审批的单据，单据审批后相关业务才能继续执行，如图4－87所示。

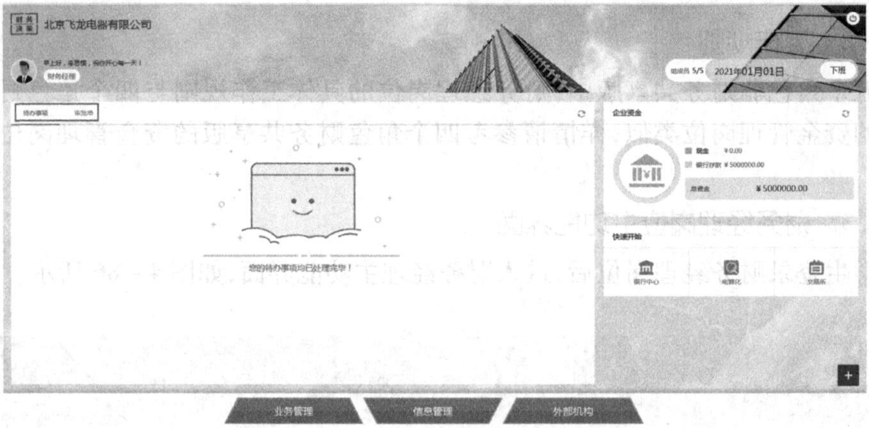

图4－87 “待办事项、审批单”界面

4.1.3.3.3 快速开始

系统依据每个角色的不同操作需求，设置有快速访问的入口，财务经理常用的“快速开始”有“银行中心”“交易所”等，如图4－88所示。

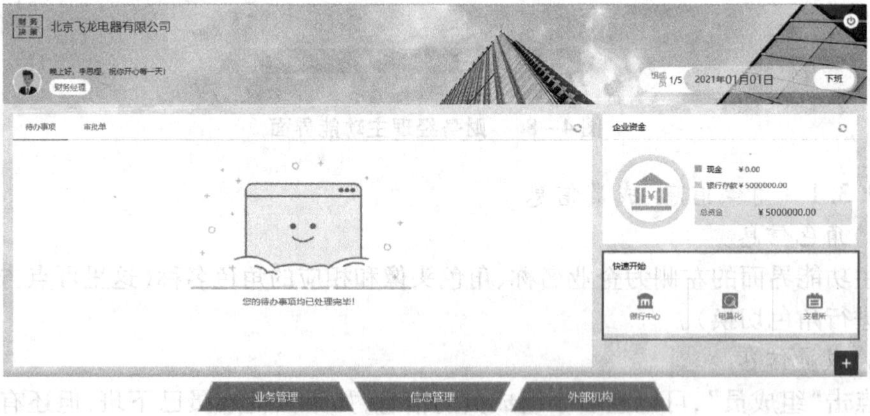

图4－88 “快速开始”界面

4.1.3.3.4 主功能菜单

财务经理岗位主要有两大主功能菜单，即“信息管理”和“外部机构”。

1)信息管理

(1)数据查询

①基本信息:

财务经理可在“基本信息”查看公司的基本资料、财务信息等资料,如图4-89所示。

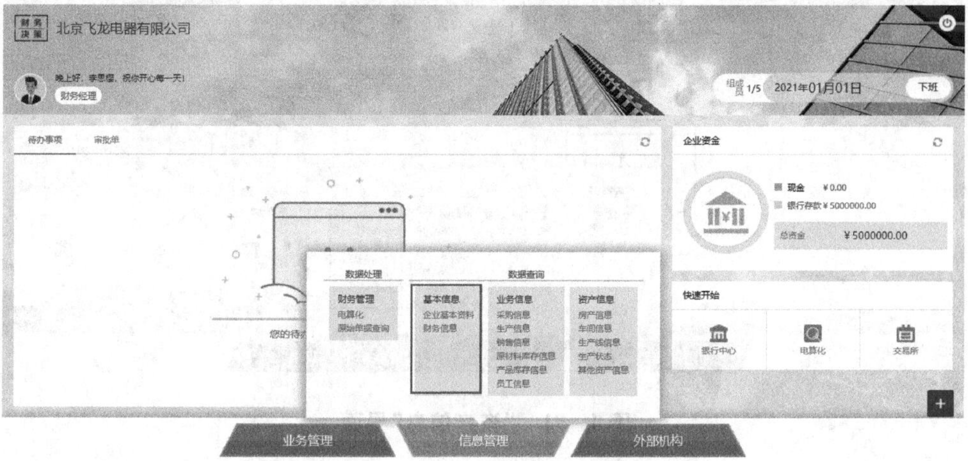

图4-89 “基本信息”界面

②业务信息:

财务经理可以在“业务信息”查看相关业务的信息,如采购、生产、销售信息,原材料与产成品库存信息,企业或有事项及突发事件以及员工信息,如图4-90所示。

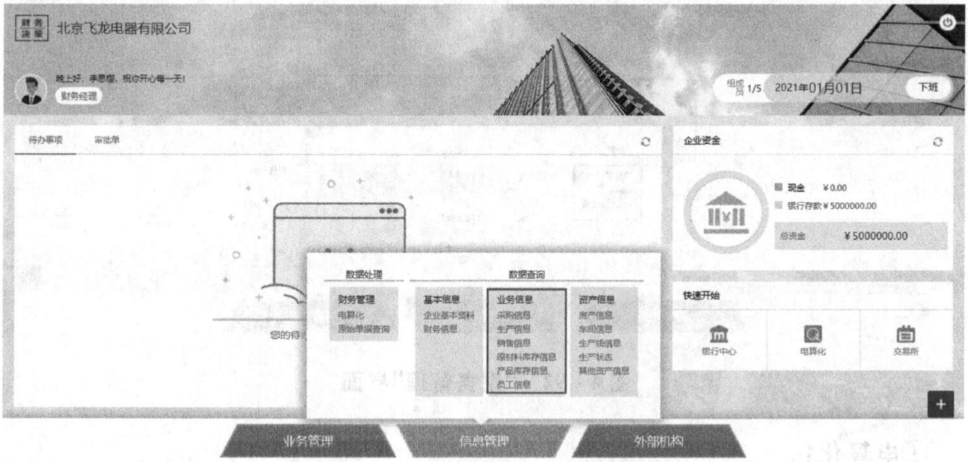

图4-90 “业务信息”界面

③资产信息：

财务经理可在“资产信息”查看企业的房产、车间、生产线、其他资产等信息，如图4－91所示。

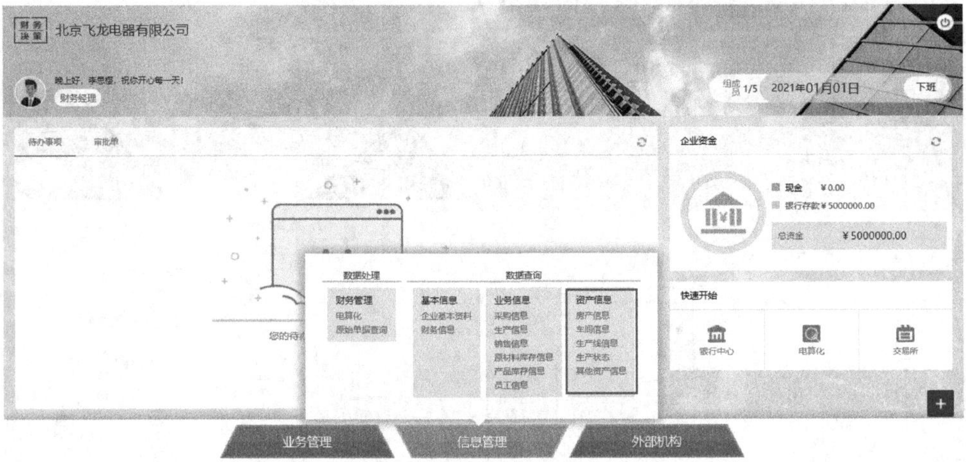

图4－91 “资产信息”界面

(2)数据处理

在财务经理岗位，数据处理主要是财务管理。财务经理可从“财务管理”进入电算化系统和进行原始单据查询，如图4－92所示。

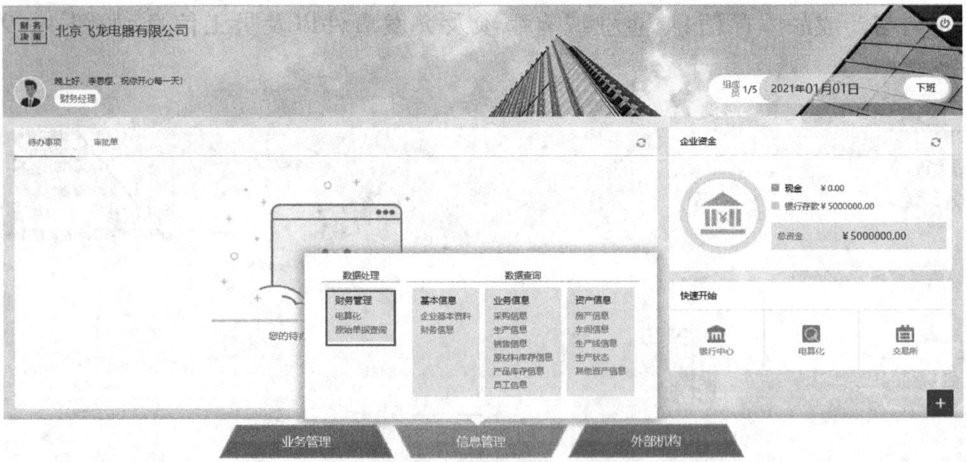

图4－92 “财务管理”界面

①电算化：

财务经理进入“电算化”(即总账系统)，在总账系统里进行会计分岗设置，如

图 4 - 93 所示。

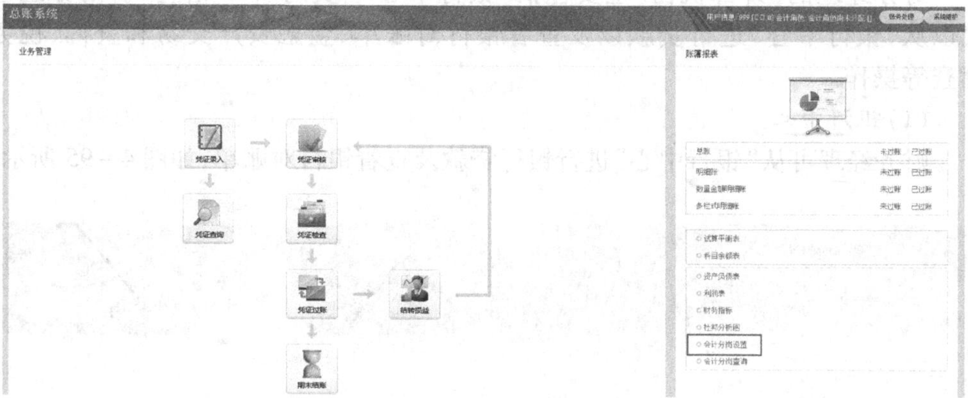

图 4 - 93 “总账系统”界面

财务经理进入会计分岗设置界面,进行人员会计角色分岗。会计岗位设置的操作可在运营活动开始时先进行,在日常运营期间,相关会计角色可同时进行凭证录入等工作。由于财务经理负责对凭证进行审核,故财务经理不得进行凭证录入操作。无原始单据的凭证和稽核原始单据的凭证只能由财务总监录入。因而,会计分岗时,一般将出纳岗位设置为会计 1,运营岗位设置为会计 2,会计岗位设置为会计 3,进行分岗时,会计可根据各岗位日常业务的繁简进行分岗设置,如图 4 - 94 所示。

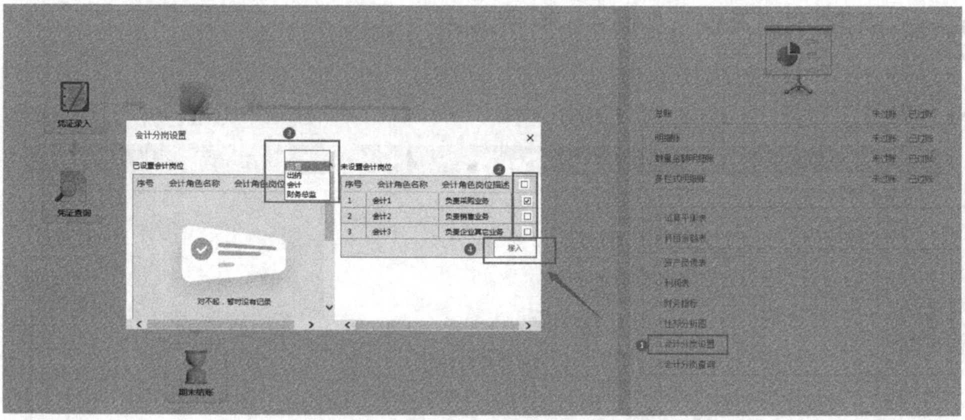

图 4 - 94 “会计分岗设置”界面

②原始单据查询:

财务经理可以进入“原始单据查询”界面,按需求输入“经济业务”“单据名称”“单据日期”等信息,以更精准查找所需单据。

2)外部机构

财务经理的"外部机构"主要包括"银行中心""交易所""稽查"。财务经理可以从"银行中心"进行贷款以及查看银行对账单、金融资产交易和查询、税务稽查等操作。

(1)银行中心

财务经理可从"银行中心"进行银行贷款及查看银行对账单,如图4-95所示。

图4-95　进入"我要贷款"界面

当企业需要进行银行贷款时,由财务经理到"主功能界面"中外部机构的"银行中心"点击"我要贷款",如图4-96所示。

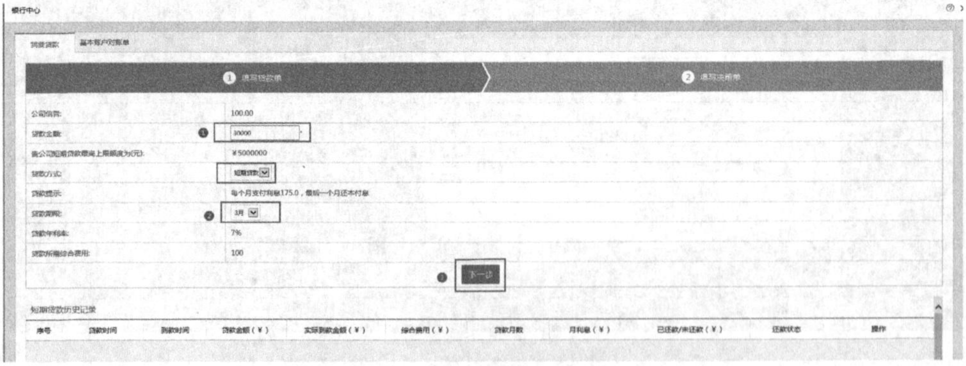

图4-96　"我要贷款"界面

说明:银行给企业的贷款额度最高为500万元。

财务经理可以根据企业需要自主操作贷款额度,之后交由财务总监审批,审批完成后，贷款会在5天内转入企业银行账户。

(2) 交易所

平台提供金融资产交易功能，学生可以在特定的时间里前往交易所进行金融资产的交易和查询，如图4－97所示。

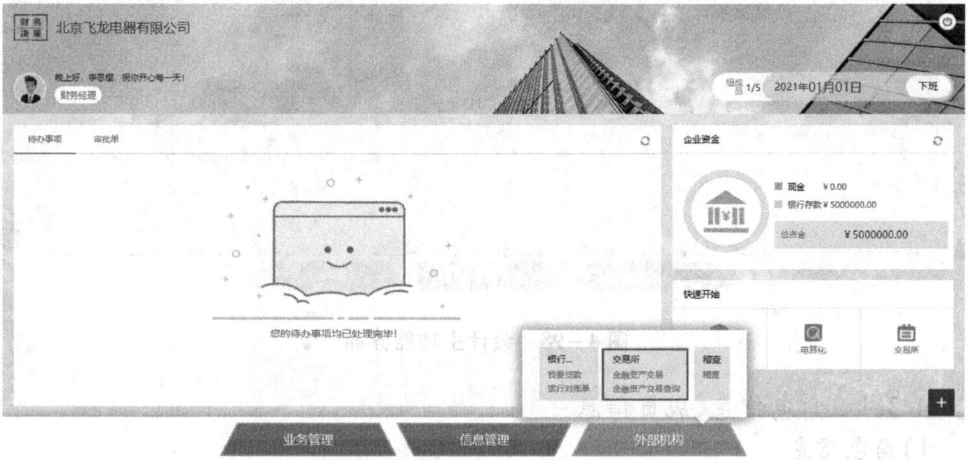

图4－97 "交易所"界面

> ★ **说明：**
>
> 金融资产交易的操作详情请参阅四个角色财务共享版资金管理岗位功能菜单"交易所"。

(3) 稽查

点击"稽查"，财务经理可进入"税务稽查系统"界面，进行账务的稽查。

4.1.4 会计岗位

4.1.4.1 工作职责

会计负责索取发票、开具发票、确认工资薪酬、分配制造费用、填制成本计算表、电子报税、日常账务处理等账务事项的处理。

4.1.4.2 工作规则

在五个角色非财务共享版中，会计岗位的具体工作规则与四个角色财务共享版的成本管理岗位类似，详情请参考成本管理岗位工作规则。

4.1.4.3 会计岗位主功能界面

学生登录会计岗位后，进入会计主功能界面，如图4－98所示。

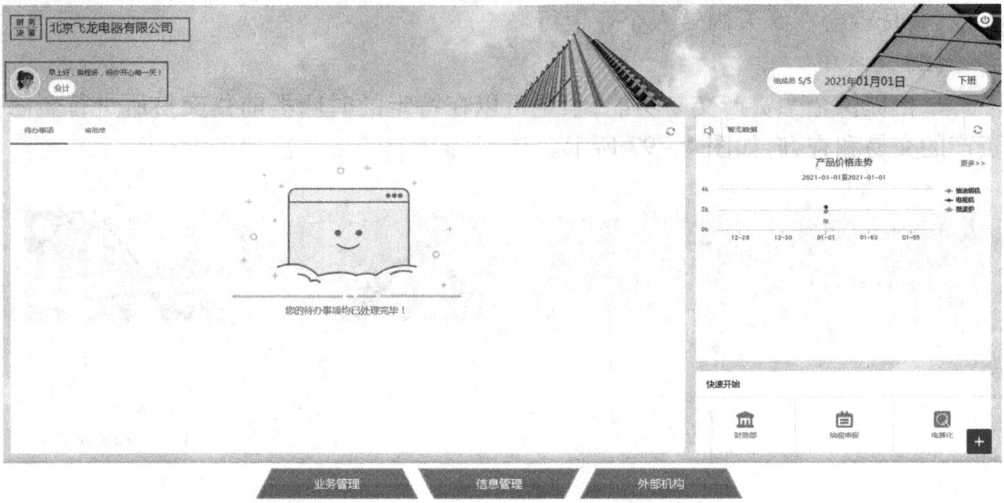

图 4－98　会计主功能界面

4.1.4.3.1　角色信息、成员信息

1) 角色信息

主功能界面的左侧为企业名称、角色头像和相应的角色名称(这里可点击角色名称进行角色切换)。

2) 成员信息

点击“组成员”,可以查看小组成员的信息,如果其他成员已下班,但还有事项未完成,可以通过该界面将其召回加班。

4.1.4.3.2　待办事项、审批单

1) 待办事项

待办事项为企业经营过程中待办理的事项,不必一有事项就处理(如款项支付事项),但当待办事项出现红色背景的“今日任务”字样时,必须当日处理完毕,否则无法进入下一天。

2) 审批单

审批单为企业经营中需要审批通过的单据,单据审批后相关业务才能继续执行,如图 4－99 所示。

4.1.4.3.3　快速开始

系统根据每个角色的不同操作要求,设置有快速访问的入口,会计岗位常用的“快速开始”有“财务部”“纳税申报”等,如图 4－100 所示。

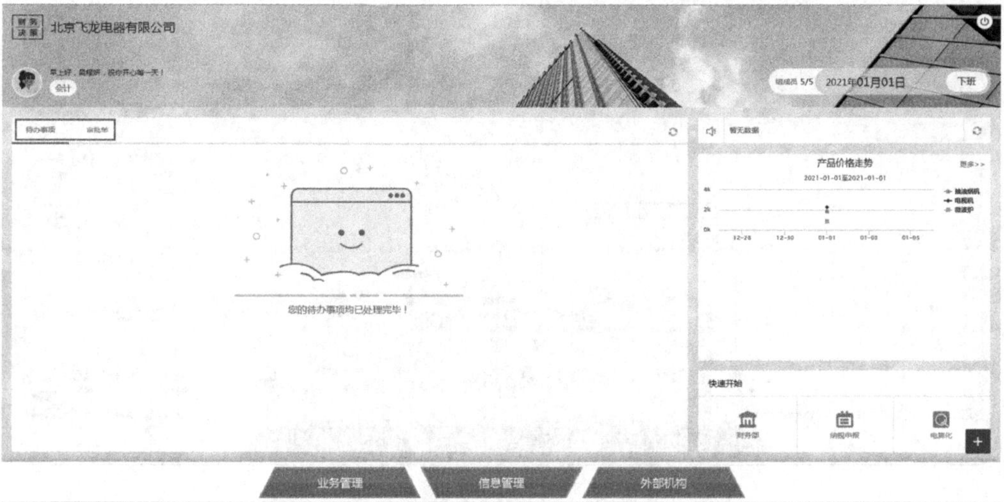

图 4－99　“待办事项、审批单”界面

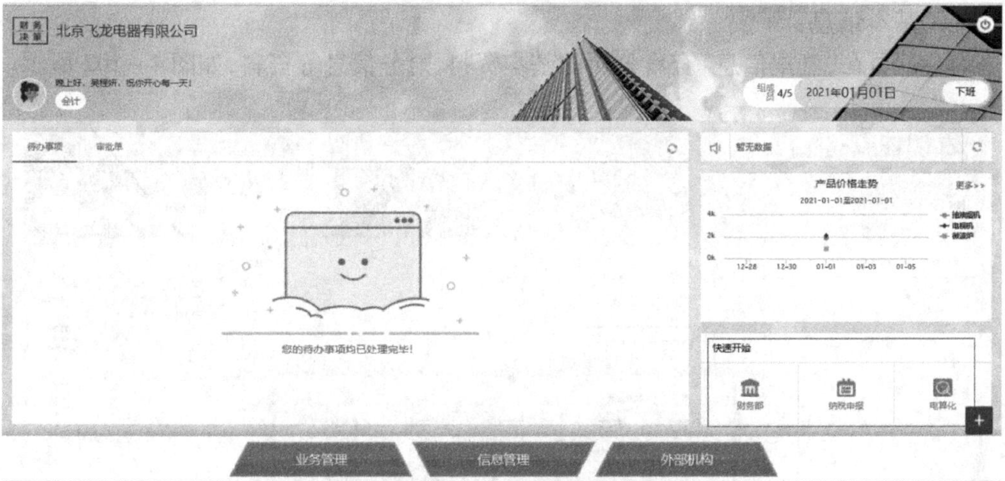

图 4－100　“快速开始”界面

4.1.4.3.4　主功能菜单

会计岗位有三大主功能菜单：“信息管理”“业务管理”“外部机构”。

1）信息管理

会计可在“信息管理”进行企业基本信息、业务信息、资产信息等数据的查询和财务管理、税务管理等数据的处理，如图 4－101 所示。

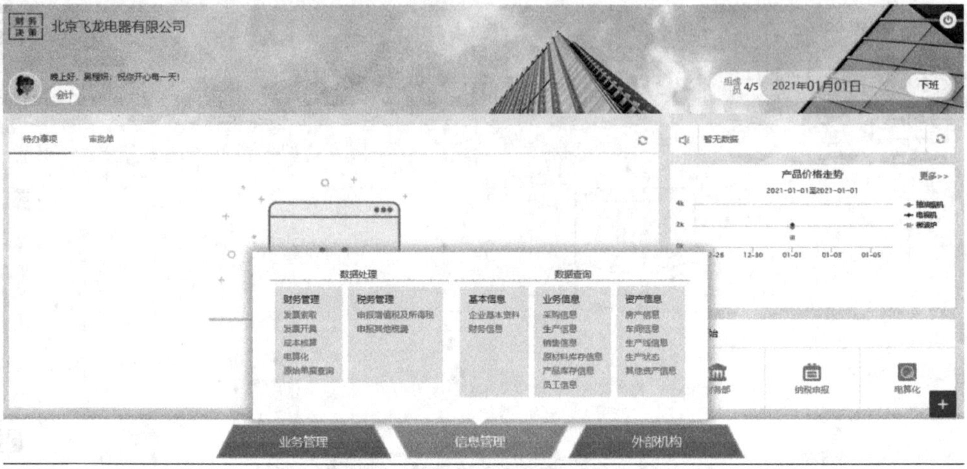

图 4－101 “信息管理”界面

(1)数据查询

①基本信息：

会计可在“基本信息”查看公司的基本资料、财务信息等资料，如图 4－102 所示。

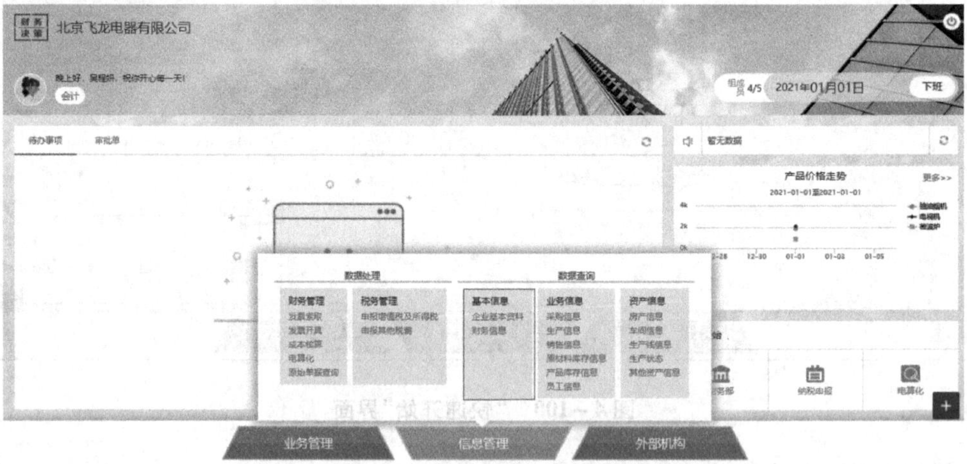

图 4－102 “基本信息”界面

②业务信息：

企业可在“业务信息”查看相关业务的信息，如采购、生产、销售信息，原材料与产成品库存信息，企业或有事项及突发事件以及员工信息，如图 4－103 所示。

③资产信息：

会计可在“资产信息”查看企业的房产、车间、生产线、其他资产等，如图 4－104 所示。

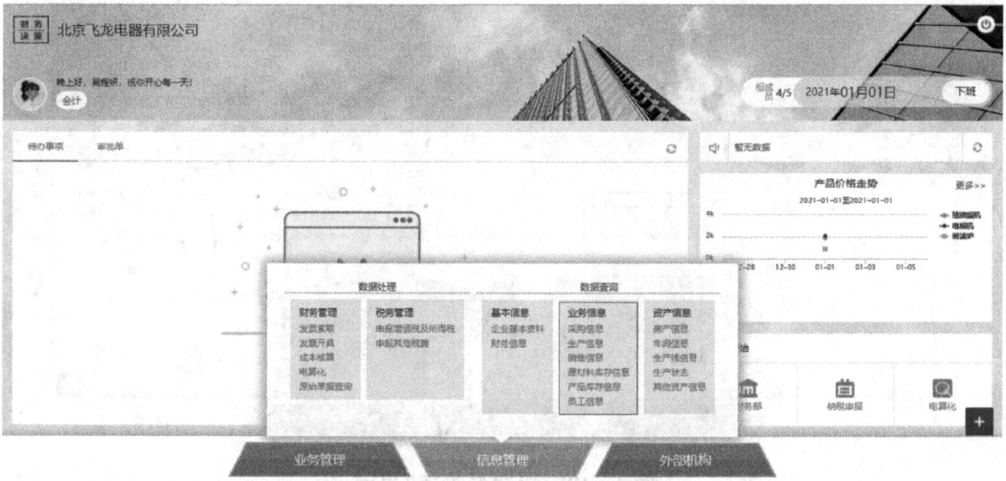

图 4－103 “业务信息”界面

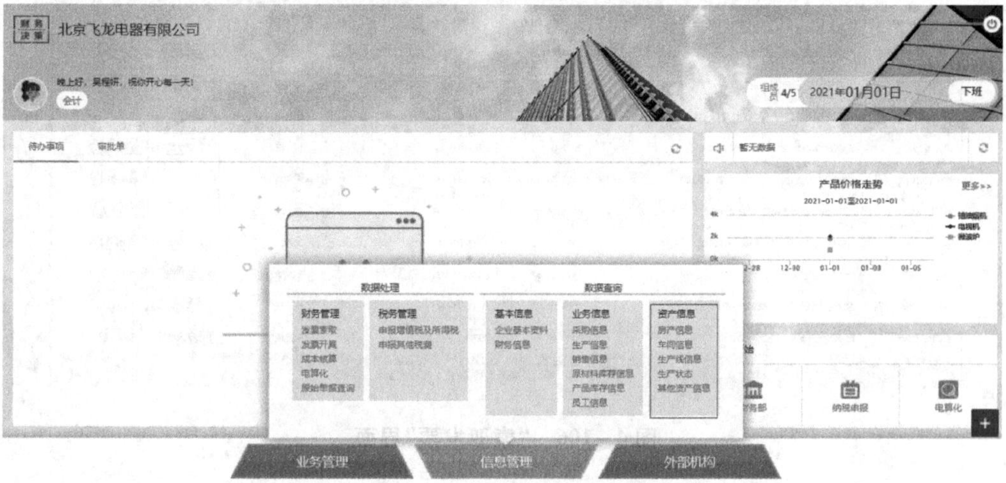

图 4－104 “资产信息”界面

(2)数据处理

①财务管理：

会计可在“财务管理”进行发票索取、发票开具、成本核算以及进入电算化系统和原始单据查询等操作，如图 4－105 所示。

★发票索取：

会计可进入“发票索取”界面向销货方索取发票，否则后续的会计核算将无法进行，如图 4－106 所示。

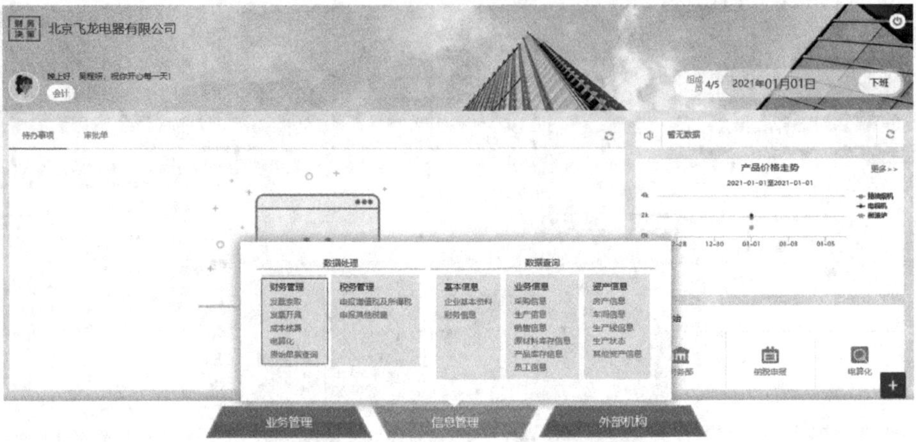

图 4－105 “财务管理”界面

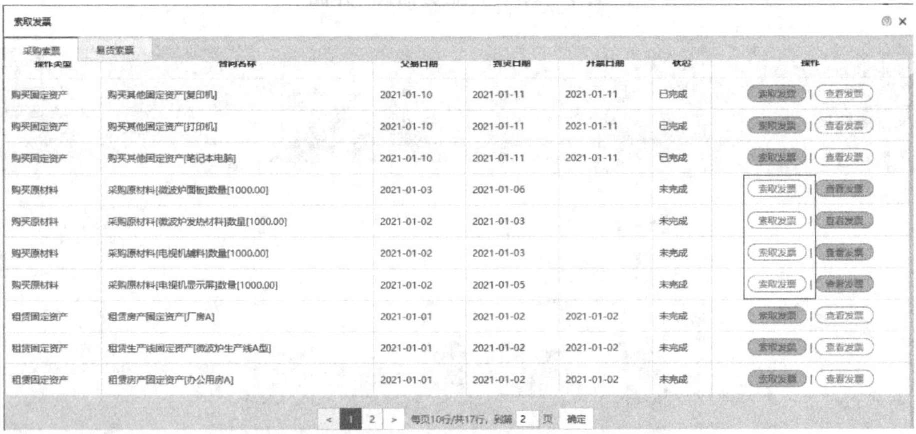
索取发票

采购索票　销货索票

操作类型	合同名称	交易日期	到货日期	开票日期	状态	操作
购买固定资产	购买其他固定资产[复印机]	2021-01-10	2021-01-11	2021-01-11	已完成	索取发票 | 查看发票
购买固定资产	购买其他固定资产[打印机]	2021-01-10	2021-01-11	2021-01-11	已完成	索取发票 | 查看发票
购买固定资产	购买其他固定资产[笔记本电脑]	2021-01-10	2021-01-11	2021-01-11	已完成	索取发票 | 查看发票
购买原材料	采购原材料[微波炉面板]数量[1000.00]	2021-01-03	2021-01-06		未完成	索取发票 | 查看发票
购买原材料	采购原材料[微波炉发热材料]数量[1000.00]	2021-01-02	2021-01-03		未完成	索取发票 | 查看发票
购买原材料	采购原材料[电视机辅料]数量[1000.00]	2021-01-02	2021-01-03		未完成	索取发票 | 查看发票
购买原材料	采购原材料[电视机显示屏]数量[1000.00]	2021-01-02	2021-01-05		未完成	索取发票 | 查看发票
租赁固定资产	租赁房产固定资产[厂房A]	2021-01-01	2021-01-02	2021-01-02	未完成	索取发票 | 查看发票
租赁固定资产	租赁生产线固定资产[微波炉生产线A型]	2021-01-01	2021-01-02	2021-01-02	未完成	索取发票 | 查看发票
租赁固定资产	租赁房产固定资产[办公用房A]	2021-01-01	2021-01-02	2021-01-02	未完成	索取发票 | 查看发票

< 1 2 > 每页10行/共17行，到第 2 页 确定

图 4－106 “索取发票”界面

✱发票开具：

会计可进入“开具发票”界面向购货方开具发票，否则后续的会计核算将无法进行，如图 4－107 所示。

发票开具

产品销售开票　出售材料、固定资产开票　易货开票

序号	合同名称	客户名称	合同产品	产品数量	单价	库存数量	到期时间	发货时间	操作
1	抽油烟机订单800-01	郑州美达电器批发有限公司	抽油烟机	800	1917.08	97	2021-01-23	2021-01-18	开具发票
2	电视订单200-01	北京乐家电器商场	电视机	200	2302.95	99	2021-01-28	2021-01-17	开具发票
3	电视订单500-01	宁波广达电器商场	电视机	500	2302.95	99	2021-01-24	2021-01-17	开具发票
4	微波炉订单800-02	郑州美达电器批发有限公司	微波炉	800	906.79	188	2021-01-23	2021-01-17	开具发票

图 4－107 “发票开具”界面

★成本核算：

月末，会计应在此功能菜单处进行成本计算，包括制造费用分配表、工资薪酬费用分配表、产品成本分配表、固定资产明细表的增设和填制等，如图 4－108 所示。

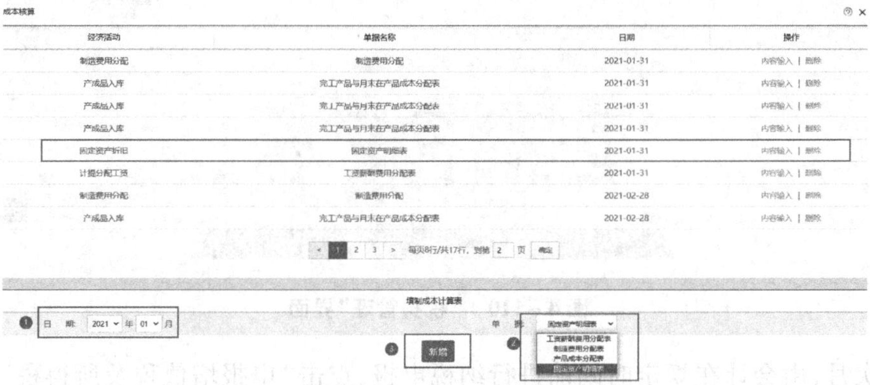

图 4－108 “成本核算”界面

★电算化：

在电算化系统（总账系统）中，会计角色分工后转换为会计 3，一般主要负责企业除采购、销售、稽核无原始单据业务以外的业务核算（详见分岗设置），如图 4－109 所示。

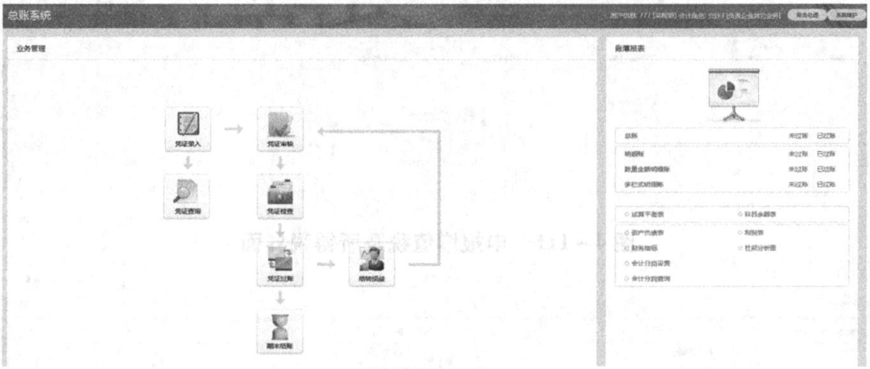

图 4－109 “总账系统”界面

★原始单据查询：

会计可以进入“原始单据查询”界面，按需求输入“经济业务”“单据名称”“单据日期”等信息，以更精准查找所需单据。

②税务管理：

会计可在“税务管理”申报增值税及所得税和申报其他税费，如图 4－110 所示。

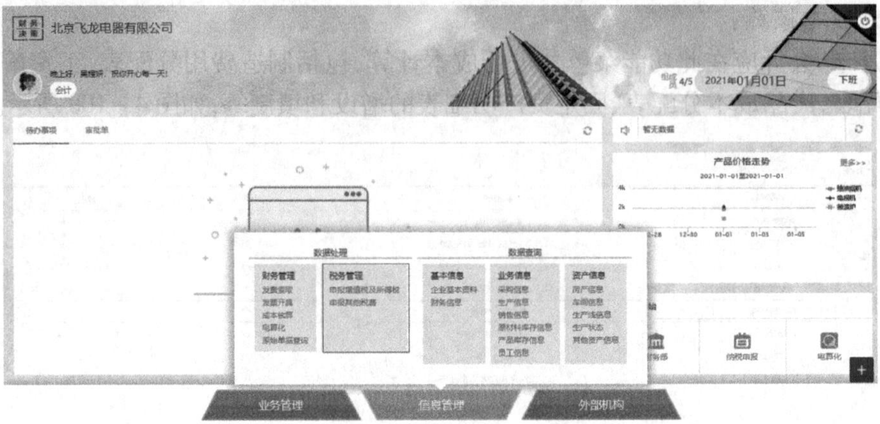

图 4－110 “税务管理”界面

次月，由会计在规定时间前进行纳税申报，点击“申报增值税及所得税”进行增值税及所得的纳税申报，点击“申报其他税费”进行其他税费的纳税申报，如图 4－111、图 4－112 所示。

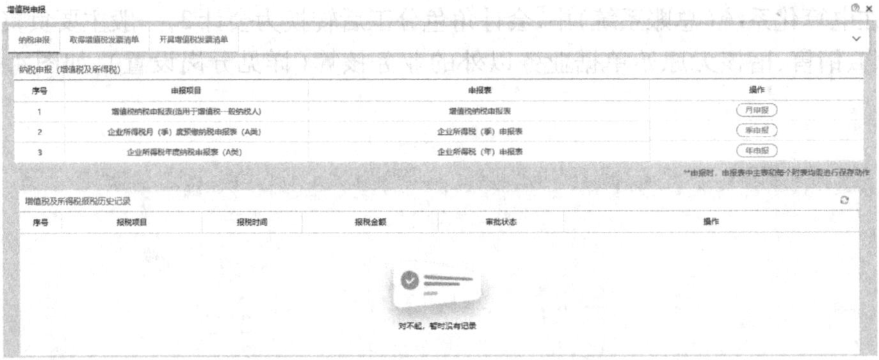

图 4－111 申报增值税及所得税界面

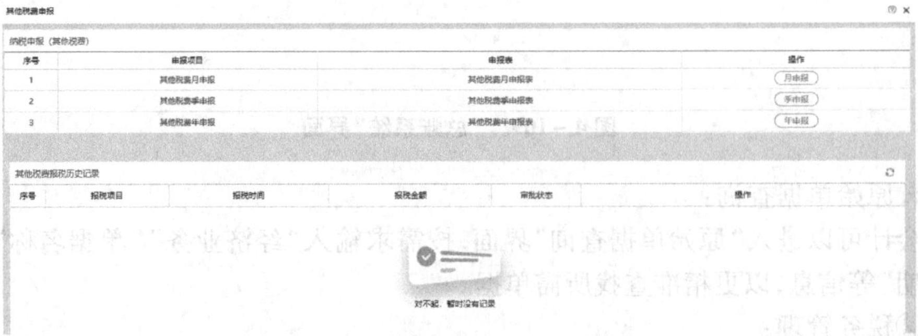

图 4－112 申报其他税费界面

2）业务管理—物资管理

会计可从“业务管理—物资管理”查询固定资产管理、固定资产交易记录、库存实盘、原材料实盘、产成品变动记录等信息，如图 4－113 所示。

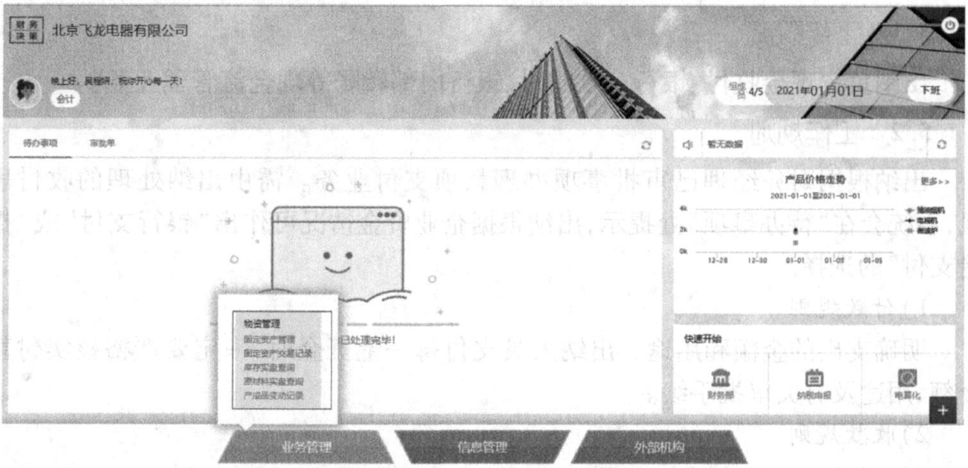

图 4－113　“物资管理”界面

3）外部机构

会计岗位的“外部机构”主要包括“银行中心”“交易所”“税务局”“稽查”。会计可从“外部机构”查询银行对账单、金融资产交易记录等信息，并可进行申办税收优惠、税务稽查，如图 4－114 所示。

图 4－114　“外部机构”界面

4)其他菜单

与运营岗位类似,详情请参考运营岗位的"其他菜单"。

4.1.5 出纳岗位

4.1.5.1 工作职责

出纳负责现金收付、银行存款收付、银行内部转账等现金流管理业务。

4.1.5.2 工作规则

出纳根据财务经理已审批事项办理款项支付业务。需由出纳处理的收付事项,系统会在"待办事项"处提示,出纳根据企业资金情况可作出"银行支付"或"拒绝支付"的选择。

1)付款规则

明确支出的金额和用途。出纳人员支付每一笔资金时,一定要严格核实付款金额、用途及有关审批手续。

2)收款规则

(1)确定收入的金额和来源

出纳人员在收到一笔资金之前,应当清楚地知道要收到多少钱,收谁的钱,收什么性质的钱,再按不同的情况进行分析处理。

(2)确定收款金额

如果为现金收入,应考虑库存限额的要求。

(3)收回代付、代垫及其他应付款

出纳人员应当根据账务记录确定其收款额是否相符,具体包括:单位为职工代付的水电费、房租、保险金、个人所得税,职工的个人借款和差旅费借款,单位交纳的押金等。

(4)银行核实

银行结算收入应由出纳人员与银行相核对,在取得银行有关的收款凭证后,方可正式确认收入,进行账务处理。

(5)提取现金

需要现金支付的款项一次提现金额不得超过50 000元。

(6)每日盘点

每日下班前清点库存,现金金额不得超过50 000元。

4.1.5.3 主功能界面介绍

学生登录后,进入出纳岗位主功能界面,如图4-115所示。

4.1.5.3.1 角色信息、成员信息

1)角色信息

主功能界面的左侧为企业名称、角色头像和相应的角色名称(这里可点击角色

图 4－115　出纳角色主功能界面

名称进行角色切换)。

2)成员信息

点击“组成员”,可以查看小组成员的信息,如果其他成员已下班,但还有事项未完成,可以通过该界面将其召回加班。

4.1.5.3.2　待办事项、审批单

1)待办事项

待办事项为企业经营过程中待办理的事项,不必一有事项就处理(如款项支付事项),当待办事项出现红色背景的“今日任务”字样时,必须当日处理完毕,否则无法进入下一天。

2)审批单

审批单为企业经营中需要审批的单据,单据审批后相关业务才能继续执行,如图 4－116 所示。

图 4－116　“待办事项、审批单”界面

4.1.5.3.3 快速开始

系统依据每个角色的不同操作需求，设置有快速访问的入口，出纳常用的“快速开始”有“银行中心”“电算化”等，如图4－117所示。

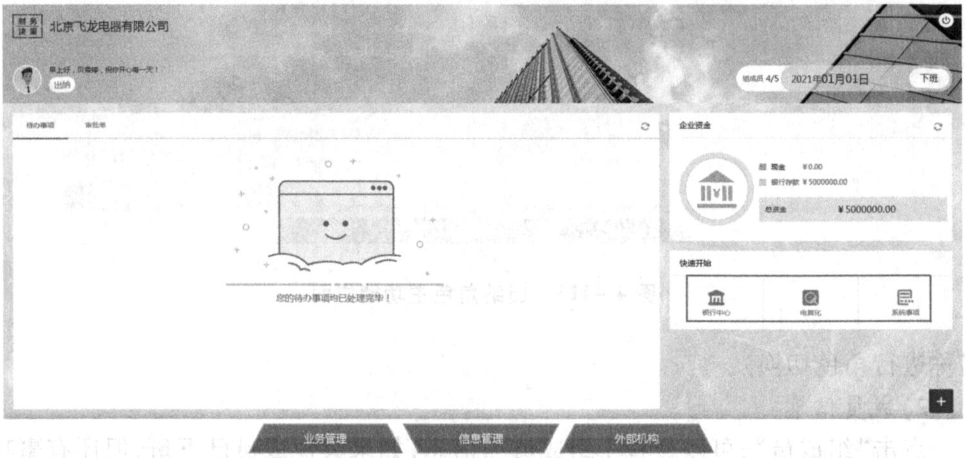

图4－117 “快速开始”界面

4.1.5.3.4 主功能菜单

出纳岗位主要有两大主功能菜单：“信息管理”和“外部机构”。

1）信息管理

（1）数据查询

出纳岗位的数据查询主要通过“基本信息”，出纳可在“基本信息”查看公司基本资料、财务信息等资料，如图4－118所示。

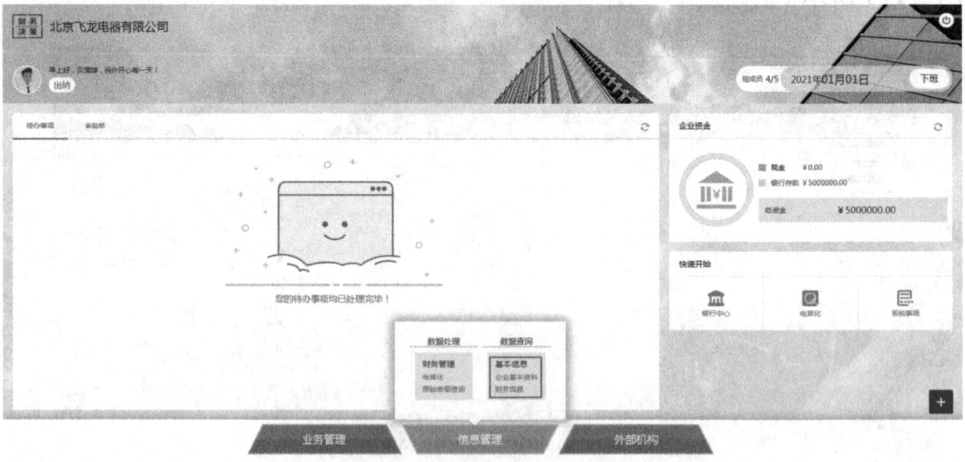

图4－118 “数据查询”界面

(2)数据处理

出纳岗位的数据处理主要通过“财务管理”,出纳可从“财务管理”进入电算化系统,进行原始单据查询,如图4-119所示。

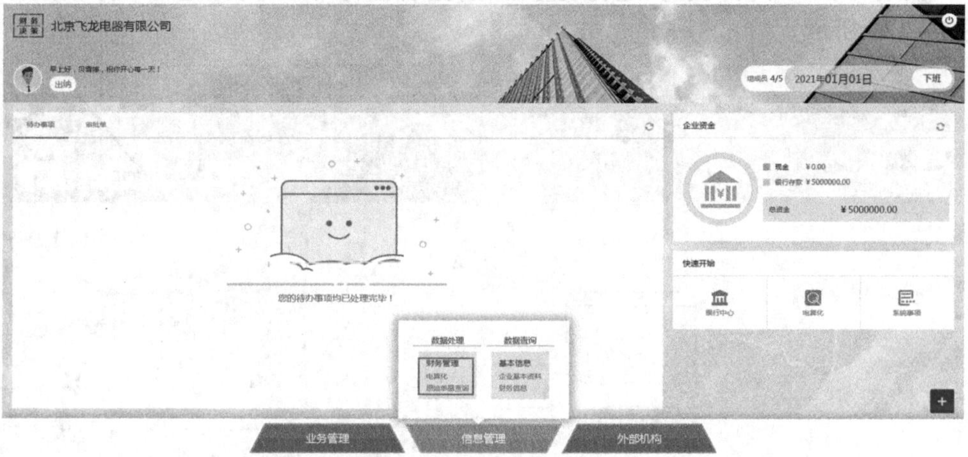

图4-119 “财务管理”界面

①电算化:

在电算化系统(总账系统)中,出纳角色分工后转换为会计1,一般主要负责企业采购业务的核算,(详见分岗设置),如图4-120所示。

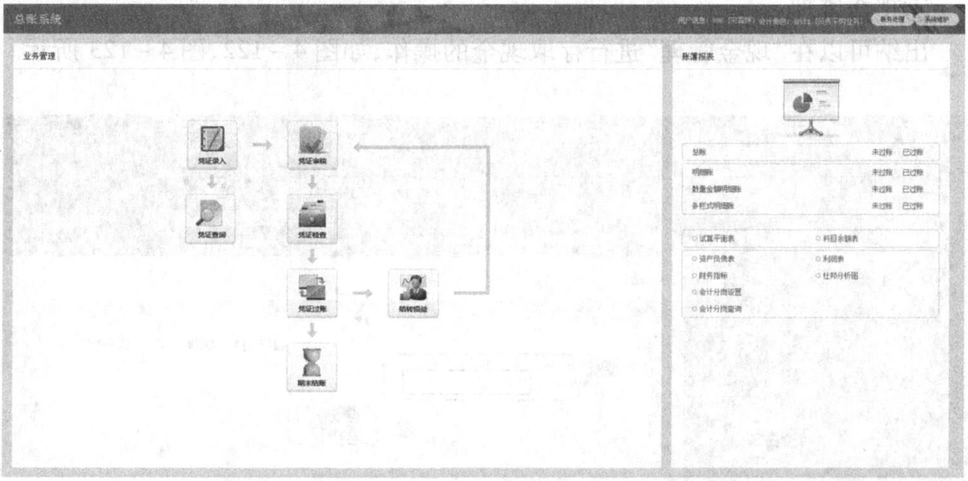

图4-120 “总账系统”界面

②原始单据查询:

出纳可以进入“原始单据查询”界面,按需求输入“经济业务”“单据名称”“单据日期”等信息，以更精准查找所需单据。

2）外部机构

出纳岗位的“外部机构”主要包括“银行中心”和“稽查”。

出纳可以从“外部机构”进行现金管理，查看银行对账单，并进行税务稽查，如图 4－121 所示。

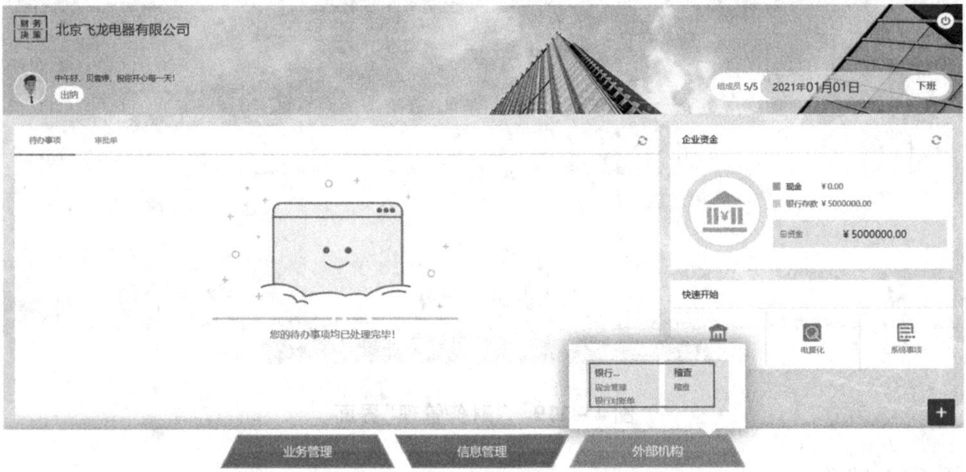

图 4－121 “外部机构”界面

（1）银行中心

①现金管理：

出纳可以在“现金管理”进行存取现金的操作，如图 4－122、图 4－123 所示。

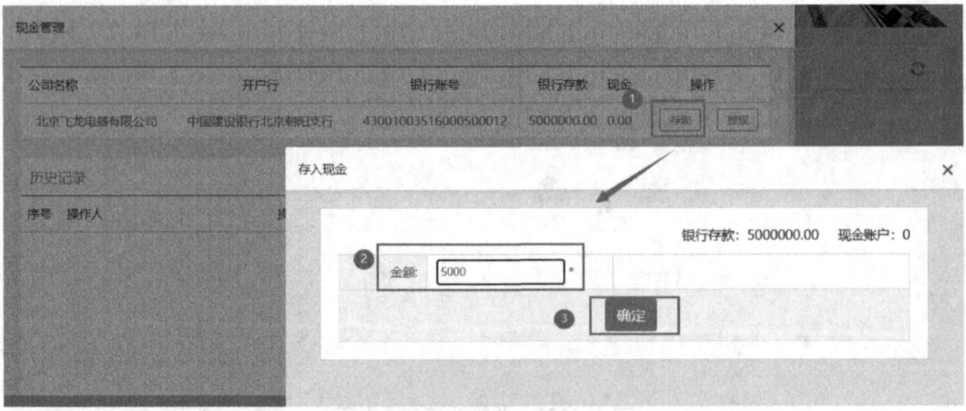

图 4－122 “存入现金”界面

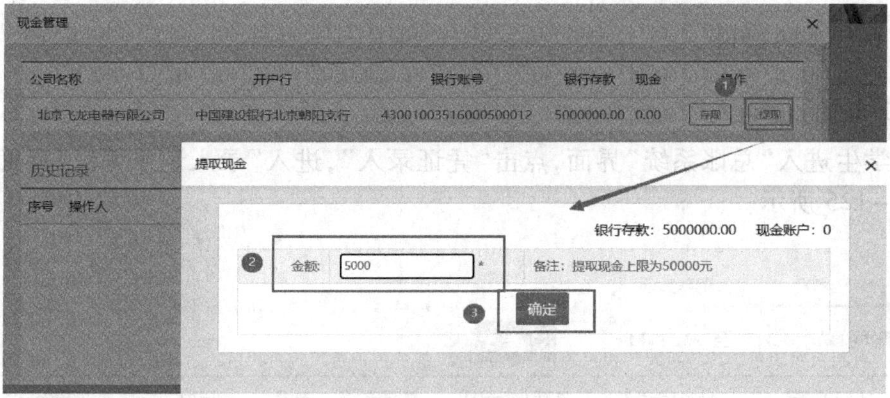

图 4-123 “提取现金”界面

②银行对账单：

出纳可以在“银行对账单”查询企业的银行存款。

(2)稽查

出纳可以在“外部机构”处开展稽查。

4.2 总账系统

在财务决策平台中，总账系统主要包括业务处理和账簿报表。其中，业务处理包括凭证录入、凭证查询、凭证审核、凭证检查、凭证过账、结转损益和期末结转等。账簿报表包括总账和各类明细账查询，财务报表的生成和查询，财务指标的生成和查询，会计分岗设置与查询，其中账簿报表和各项财务指标反映企业运营情况。

学生可以由主功能界面中的“信息管理—财务管理—电算化”进入总账系统，如图 4-124 所示。

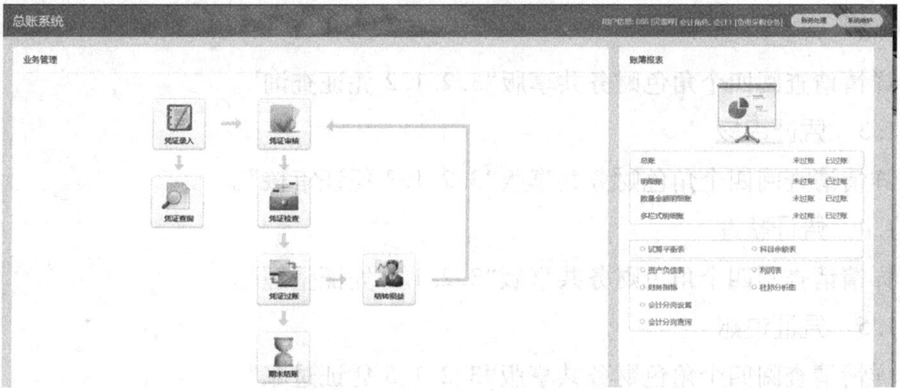

图 4-124 “总账系统”界面

4.2.1 业务管理

4.2.1.1 凭证录入

学生进入“总账系统”界面，点击“凭证录入”，进入“录入记账凭证”界面，如图 4－125 所示。

图 4－125 “录入记账凭证”界面

记账凭证录入操作具体见各岗位介绍的“信息管理—财务管理—电算化”。

录入保存主要有几个问题需要注意：详情请查阅四个角色财务共享版“3.2.1.1 凭证录入”。

4.2.1.2 凭证查询

详情请查阅四个角色财务共享版“3.2.1.2 凭证查询”。

4.2.1.3 凭证审核

详情请查阅四个角色财务共享版“3.2.1.3 凭证审核”。

4.2.1.4 凭证整理

详情请查阅四个角色财务共享版“3.2.1.4 凭证整理”。

4.2.1.5 凭证过账

详情请查阅四个角色财务共享版“3.2.1.5 凭证过账”。

4.2.1.6 结转损益

详情请查阅四个角色财务共享版“3.2.1.6 结转损益”。

4.2.1.7 期末结账

详情请查阅四个角色财务共享版“3.2.1.7 期末结账”。

4.2.2 账簿报表

想查看企业通过账务处理生成的账簿报表,可以由右方“账簿报表”进行查阅,如图 4-126 所示。

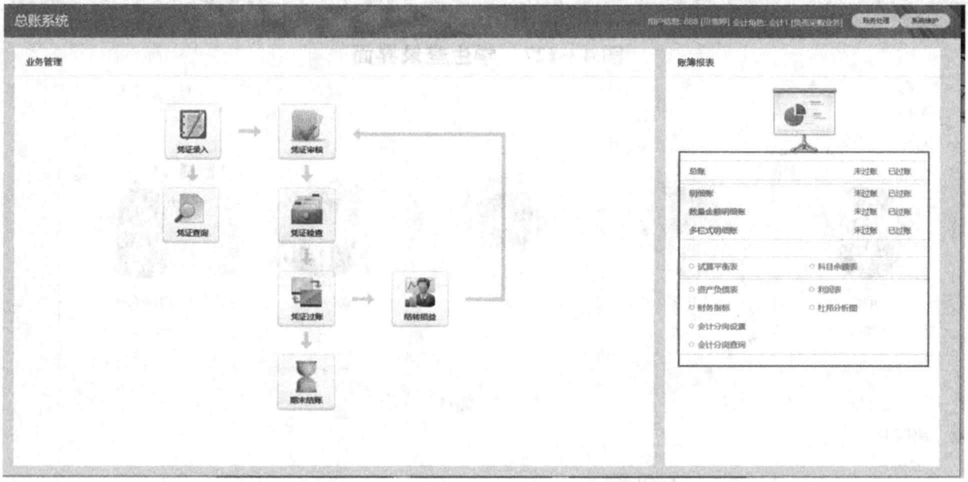

图 4-126 “账簿报表”界面

4.2.2.1 账簿与报表

详情请查阅四个角色财务共享版“4.2.2.1 账簿与报表”。

4.2.2.2 财务指标

详情请查阅四个角色财务共享版“3.2.2.2 财务指标”。

4.2.2.3 杜邦分析图

详情请查阅四个角色财务共享版“3.2.2.3 杜邦分析图”。

4.3 工作准备

首先,由财务总监登录平台,创建一家企业——北京飞龙电器有限公司。然后对每个角色进行检测,企业创建成功,如图 4-127、图 4-128 所示。

图 4 – 127　学生登录界面

图 4 – 128　财务总监创建企业界面

4.3.1　公司概况

4.3.1.1　基本情况

详情请查阅四个角色财务共享版“3.3.1.1 基本情况”。

4.3.1.2　财务制度

详情请查阅四个角色财务共享版“3.3.1.2 财务制度”。

4.3.1.3　岗位设置

北京飞龙电器有限公司人员岗位设置如下：

何鉴洲——运营；唐铭淇——财务总监；李思樱——财务经理；吴程妍——会

计;贝雪婷——出纳。

4.3.2 人员分工

本平台的会计电算化模块中,财务经理需要根据企业会计核算的分工,分配不同的会计角色给当前系统中的角色,不同的系统角色在进行凭证录入时将看到不同类型的经济业务。在电算化模块中,各角色人员均需重新分工,除财务总监、财务经理外,其他角色人员划分为会计1、会计2、会计3,各会计角色有不同的权限划分。

4.3.3 会计分岗设置

本总账系统需由财务经理将系统原有角色中的运营、出纳、会计重新分配担任不同类型的会计角色,具体包括五个角色:财务总监、财务经理、会计1、会计2、会计3。每个会计角色承担的会计岗位不同。然后由各会计角色各司其职完成相应的业务操作。

财务经理点击"会计分岗设置",进入"会计分岗设置"界面,进行人员会计角色分岗。会计岗位设置的操作可在实习任务开始时先进行,在日常运营期间,相关会计角色可同时进行凭证录入等工作。由于财务经理负责对凭证进行审核,故财务经理不得进行凭证录入操作。无原始单据的凭证和稽核原始单据的凭证只能由财务总监录入。因而,会计分岗时,一般将出纳岗位设置为会计1,运营岗位设置为会计2,会计岗位设置为会计3,进行分岗时,会计可根据各岗位日常业务的繁简进行分岗设置,如图4-129所示。

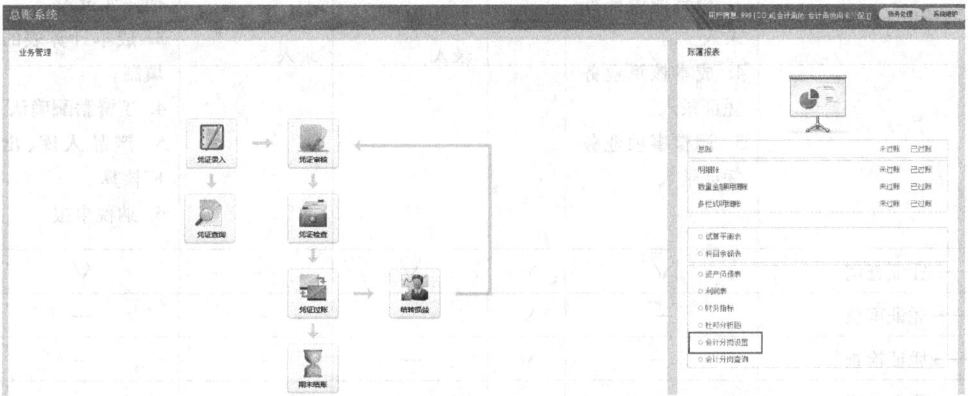

图4-129 "总账系统"界面

本案例的公司会计分岗设置,如图4-130所示。

会计岗位不同,其角色权限分工也不一样,具体见表4-1。

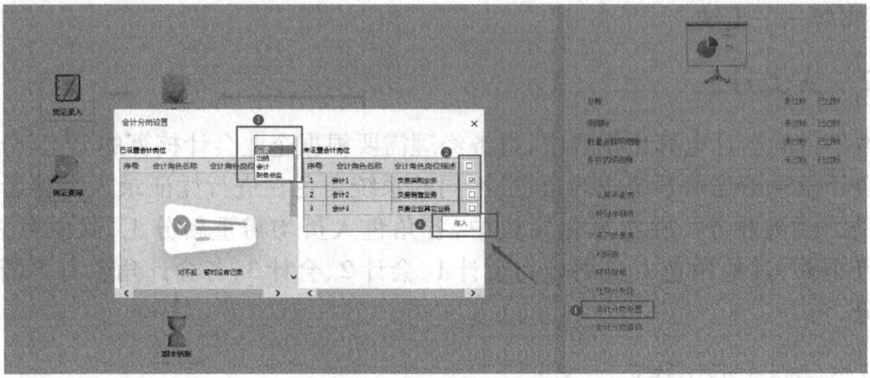

图 4 -130 “会计分岗设置”界面

表 4 -1 电算化模块中会计岗位功能权限一览表

电算化岗位 功能权限 电算化模块	财务总监	财务经理	会计 1 （建议改由出纳角色担任）	会计 2 （建议改由运营角色担任）	会计 3
——凭证录入	1. 计提税费凭证录入 2. 计提固定资产折旧凭证录入 3. 租金摊销凭证录入 4. 成本核算业务凭证录入 5. 调整事项业务凭证录入	—	以采购业务为主的凭证录入	以销售业务为主的凭证录入	1. 索取发票、开具发票 2. 财务总监、会计 1、会计 2 负责的凭证以外的其他凭证录入 3. 成本计算表的填制 4. 工资薪酬确认 5. 产品入库、出库核算 6. 纳税申报
——凭证查询	√	√	√	√	√
——凭证审核	—	√	—	—	—
——凭证检查	—	√	—	—	—
——凭证过账	—	√	—	—	—
——结转损益	—	√	—	—	—
——期末结账	—	√	—	—	—
——总账预览	√	√	√	√	√
——明细账	√	√	√	√	√

续表

电算化岗位 功能权限 电算化模块	财务总监	财务经理	会计1（建议改由出纳角色担任）	会计2（建议改由运营角色担任）	会计3
——数量金额明细账	√	√	√	√	√
——多栏式明细账	√	√	√	√	√
——试算平衡表	√	√	√	√	√
——科目余额表	√	√	√	√	√
——资产负债表	√	√	√	√	√
——利润表	√	√	√	√	√
——财务指标	√	√	√	√	√
——杜邦分析图	√	√	√	√	√
——会计分岗设置	—	√	—	—	—
——会计分岗查询	√	√	—	—	—
系统维护	√	√	√	√	√

注：1. 财务经理才可进行反结账

2. 财务经理可反结转损益

3. 会计1、会计2、会计3只能查询各自录入的凭证

4.3.4 会计科目设置

企业会计核算总账会计科目按国家统一颁布的科目表执行，明细科目除统一规定的外，可根据需要自行增加或修改，二级以下会计科目不能修改科目代码，只能修改科目名称。

本总账系统对一级科目所属明细科目的设置提供了两种不同的处理方式。

方法一：由不同的会计角色在进行会计业务处理时根据需要即时增设。对某一会计角色设置的明细账户，所有的会计角色都可以查看及使用，资源共享。

方法二：由财务总监在期初统一对一般性业务的会计科目进行明细账户的设置。在具体业务处理时，由各会计角色根据需要临时增加系统维护时未增设的账户。（推荐使用）

各会计角色点击“电算化”进入“总账系统”操作主界面，点击“系统维护”可进入会计科目初始设置界面，如图4－131、图4－132所示。

找到需增设明细科目的会计账户，点击“增加”按钮，进入明细科目增加设置界面。输入明细科目代码、科目名称，如“1002 银行存款”账户，下设两个二级明细账“100201 基本存款户”“100202 委托贷款户”。在二级明细科目下可设置三级明细科目，如“10020101 建行北京朝阳支行”，如图4－133、图4－134所示。

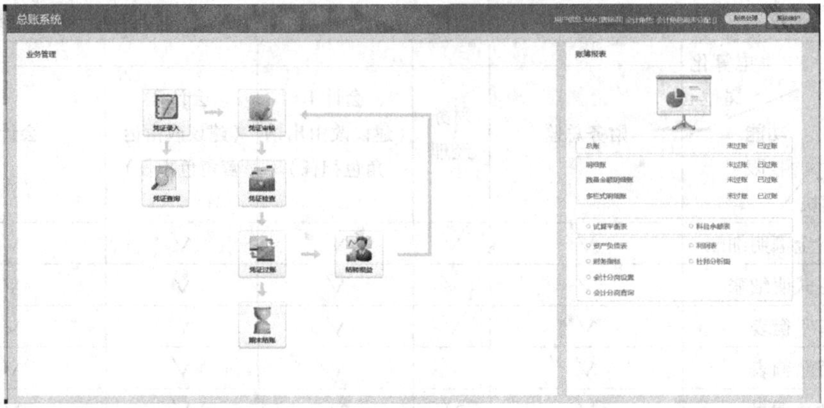

图 4－131　“总账系统”界面

图 4－132　会计科目初始化设置界面

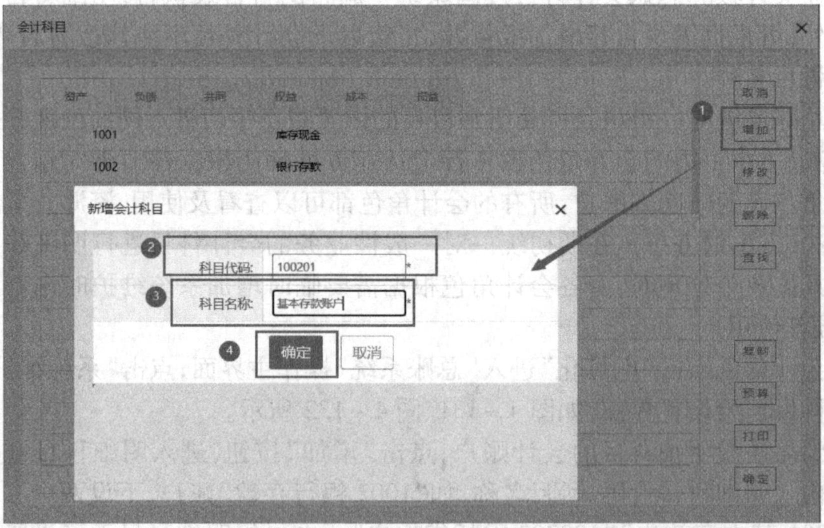

图 4－133　新增会计科目二级明细界面

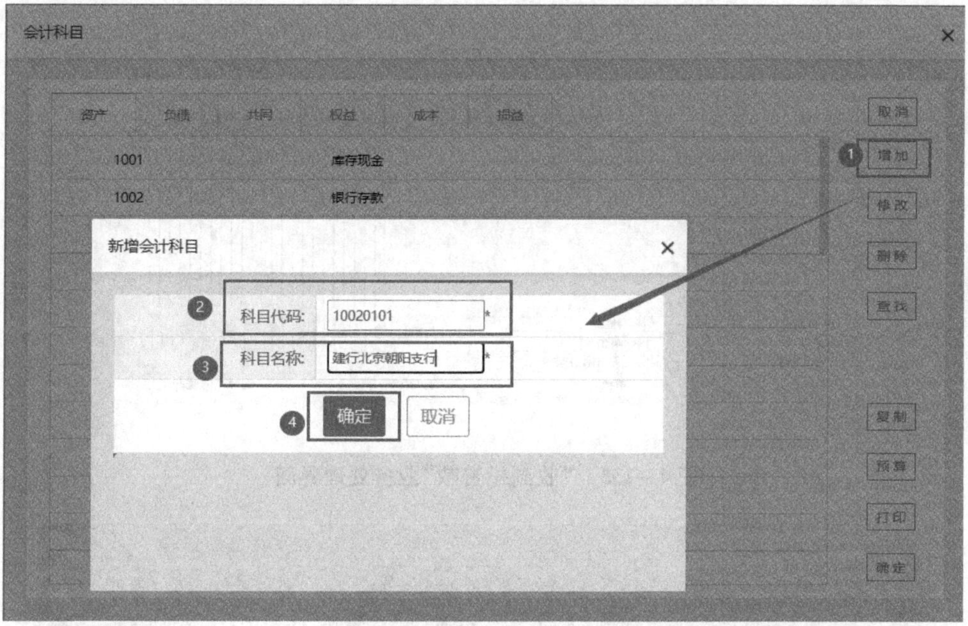

图 4-134 新增会计科目三级明细界面

4.3.5 其他说明

详情请查阅四个角色财务共享版“4.3.2 其他说明”。

4.4 典型业务操作

4.4.1 日常经营业务

4.4.1.1 筹资业务

1)收到投资

在收到投资时,由运营(会计2)进入“总账系统”—“录入凭证”,根据“银行进账单”完成账务处理,如图 4-135 所示。

2)贷款业务

(1)主功能界面

在企业的运营规划中,企业根据运营方案进行借款。财务经理进入“外部机构”—“银行中心”,点击“我要贷款”按钮,如图 4-136 所示。

选择贷款类型,输入贷款金额和贷款期限,点击“贷款提交”,完成贷款申请,如图 4-137 所示。

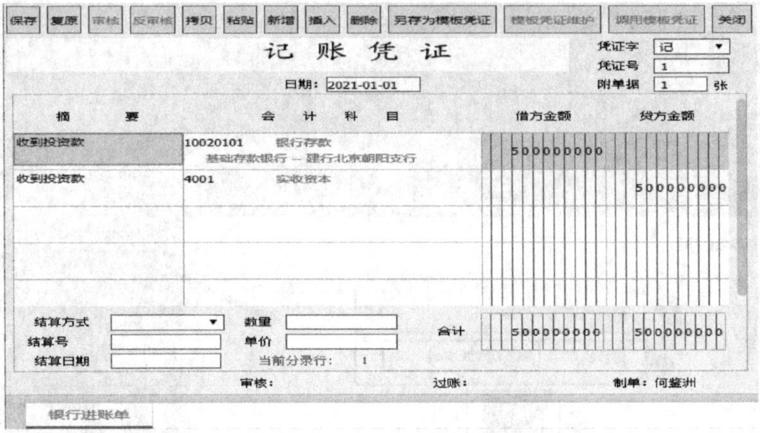

图 4－135 “收到投资款”业务处理界面

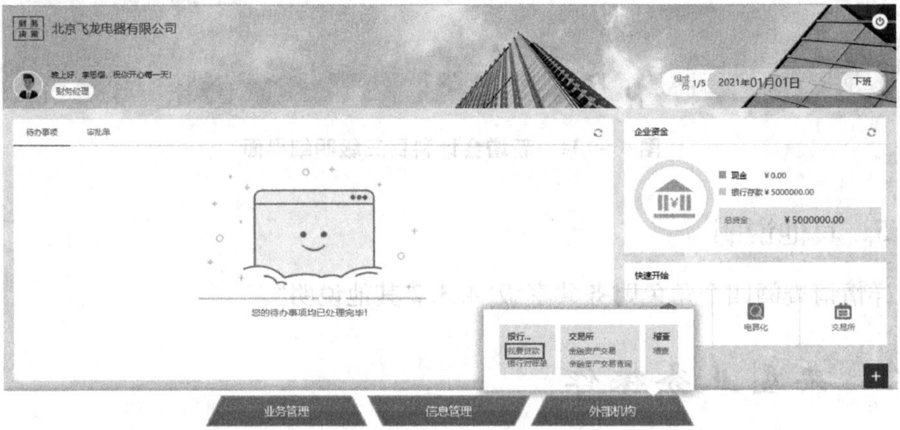

图 4－136 进入“我要贷款”界面

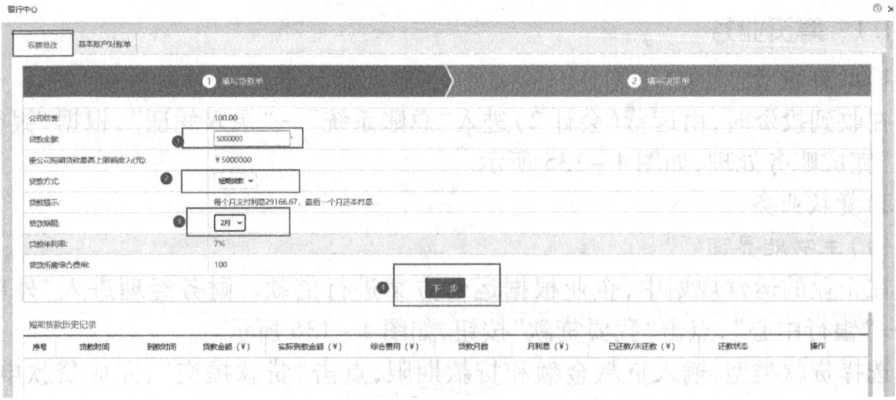

图 4－137 填写贷款申请界面

完成贷款申请后，可以查看短期贷款历史记录，如图 4－138 所示。

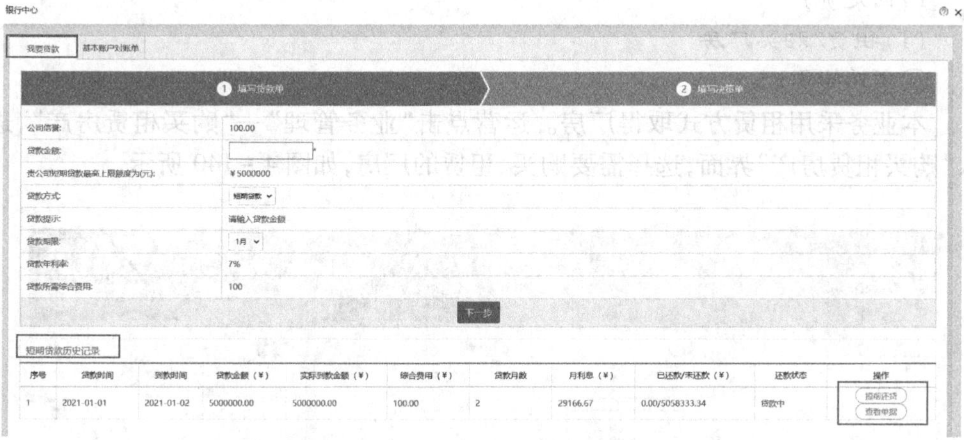

图 4－138 “短期贷款历史记录”界面

如果需要提前还贷，可在“我要贷款”界面中贷款记录处点击“提前还贷”按钮，即完成提前还贷。

（2）电算化界面

在收到贷款额时，由会计（会计 3）进入“总账系统”—“录入凭证”，根据“短期借款合同”“借款借据”“银行收费凭证”等原始单据完成账务处理，如图 4－139 所示。

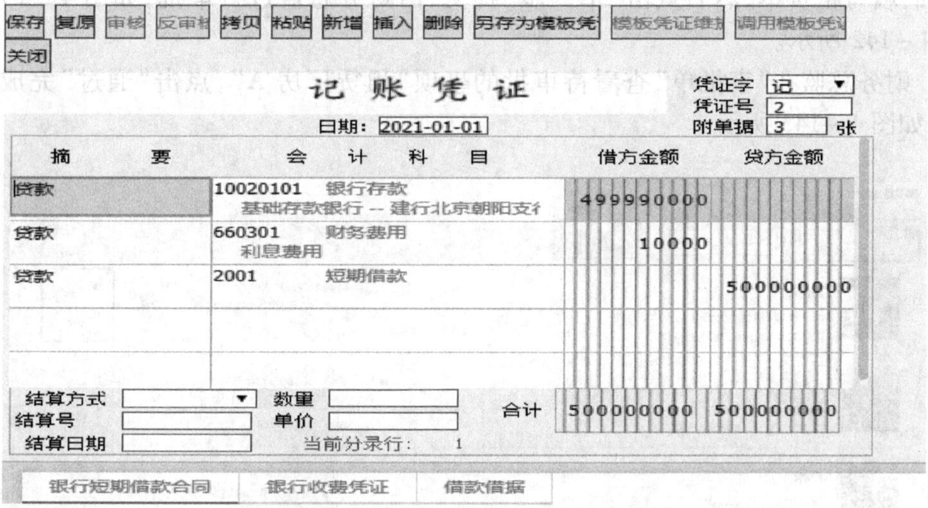

图 4－139 短期贷款业务处理界面

4.4.1.2 投资业务

1)固定资产

(1)租赁/购买厂房

①主功能界面:

本业务采用租赁方式取得厂房。运营点击“业务管理”—“购买租赁房产”,进入“购买租赁房产”界面,选择需要购买、租赁的厂房,如图4-140所示。

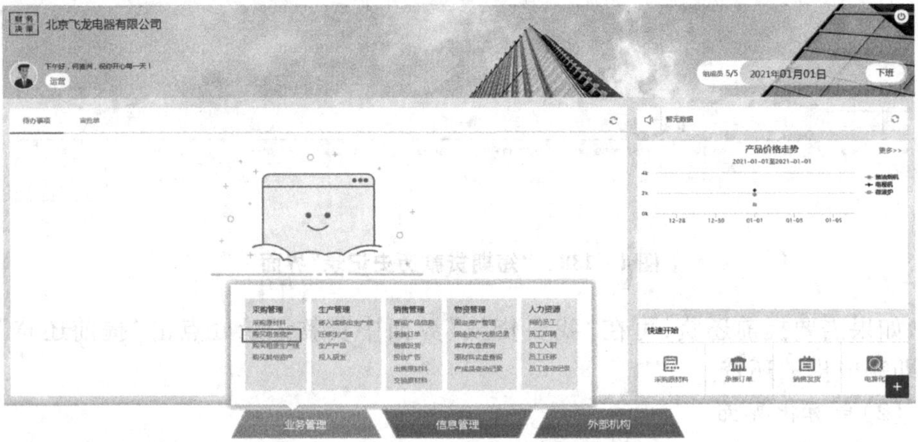

图4-140 进入“购买租赁房产”界面

选择“厂房”,点击需要租赁的厂房(以厂房A为例)的“租赁”,进入“租赁房产”界面,填写租赁单,然后点击“下一步”提交,由财务总监进行审批,如图4-141、图4-142所示。

财务总监在“审批单”查看待审批的事项“租赁厂房A”,点击“通过”完成审批,如图4-143所示。

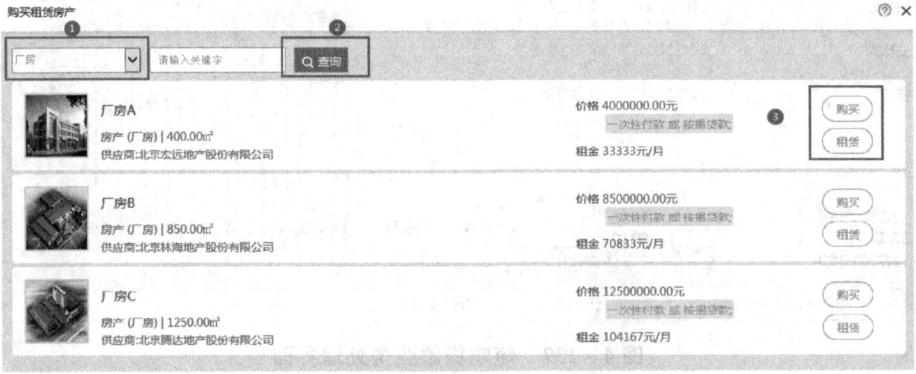

图4-141 “购买租赁房产”界面

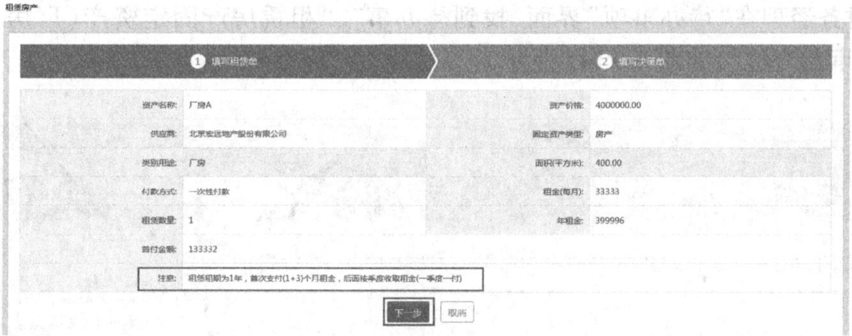

图 4－142 “租赁房产”界面

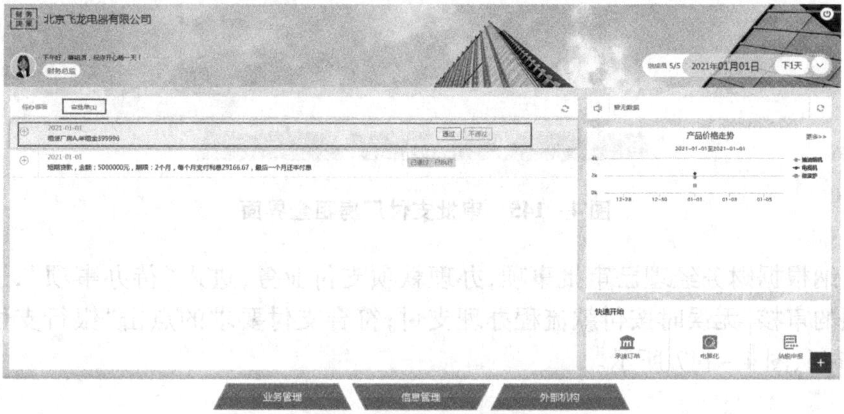

图 4－143 审批租赁厂房界面

财务总监审批通过后，运营在“审批单”下的“租赁厂房 A”，点击“执行”，如图 4－144 所示。

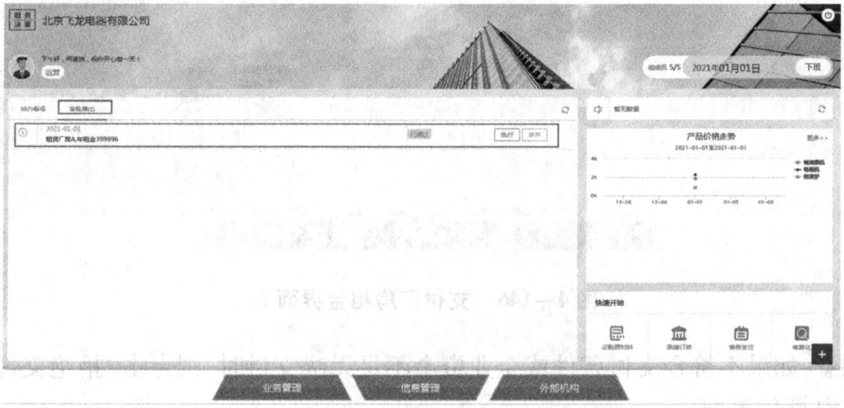

图 4－144 执行租赁厂房界面

财务经理在“待办事项”界面，找到待办事项“租赁房产固定资产（厂房 A）”，点击“审批通过”，如图 4－145 所示。

图 4－145　审批支付厂房租金界面

出纳根据财务经理已审批事项，办理款项支付业务；进入“待办事项”，进行支付款项的审核，无误时按付款流程办理支付；符合支付要求的点击“银行支付”，如图 4－146、图 4－147 所示。

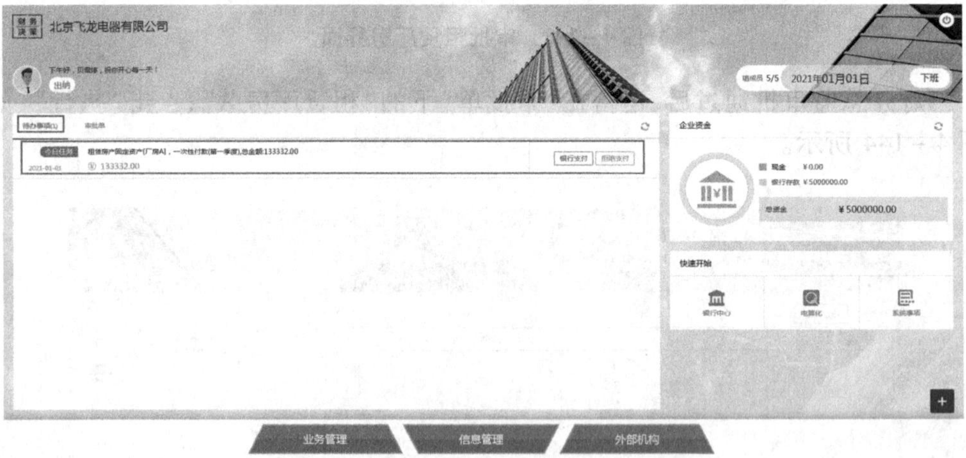

图 4－146　支付厂房租金界面 A

注意：如果不符合支付条件或企业资金不足无法支付时，则点击“拒绝支付”。

②电算化界面：

本业务由运营（会计 2）进入“总账系统”—“录入凭证”，根据“银行进账单”

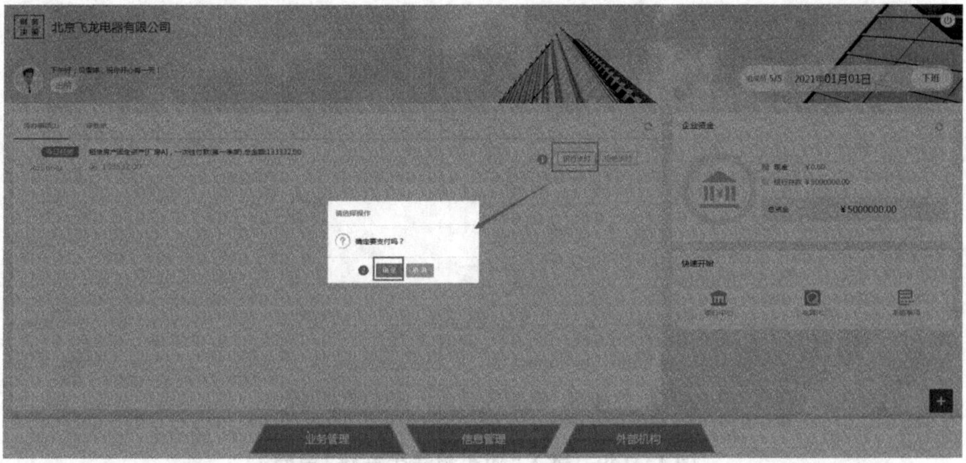

图 4－147　支付厂房租金界面 B

“房屋租赁合同”“增值税专用发票”等原始单据完成其账务处理，如图 4－148 所示。

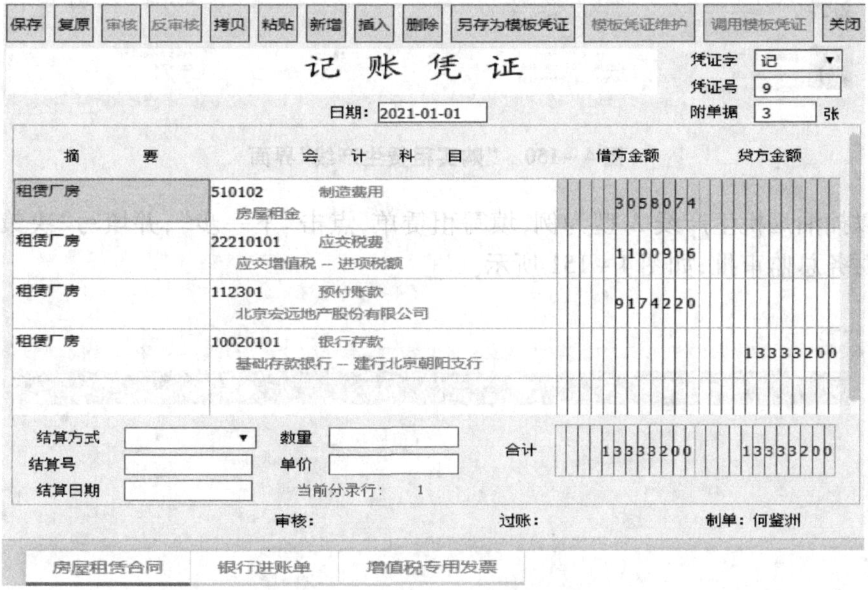

图 4－148　“租赁厂房”业务处理界面

（2）租赁/购买生产线

①主功能界面：

本业务采用租赁生产线。运营点击“业务管理”—“购买租赁生产线”进入“购买租赁生产线”界面，选择需要租赁的生产线，如图 4－149 所示。

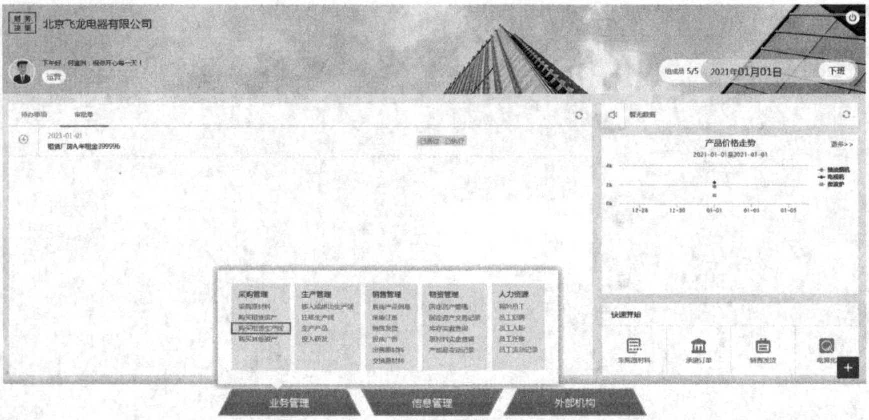

图 4－149　进入“购买租赁生产线”界面

点击“租赁”进入“租赁生产线”界面，选择需要租赁的生产线，如图 4－150 所示。

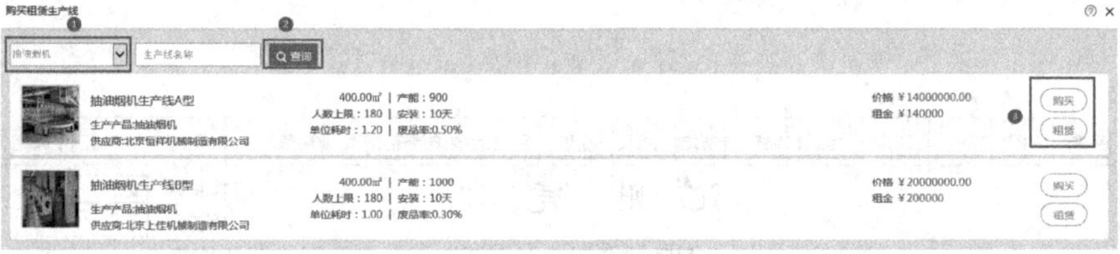

图 4－150　“购买租赁生产线”界面

以抽油烟机生产线 A 型为例，填写租赁单，点击“下一步”，并填写“决策单”，交由财务总监审批，如图 4－151 所示。

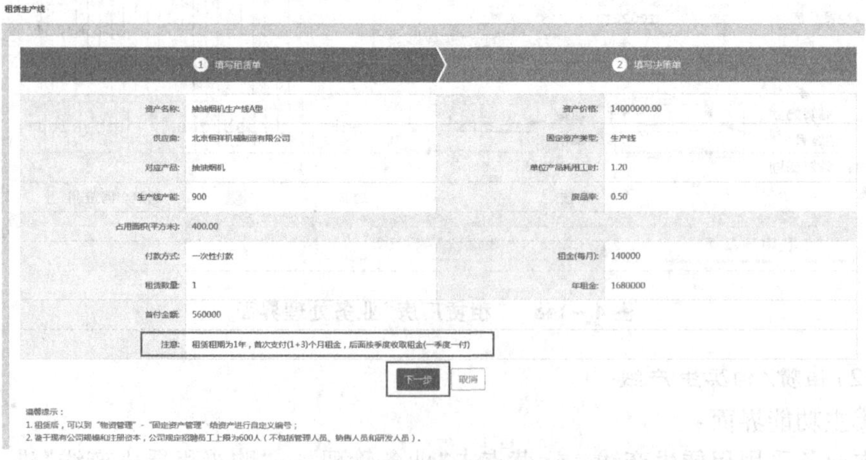

图 4－151　“租赁生产线”界面

财务总监在“审批单”界面，查看待审批的事项“租赁抽油烟机生产线 A 型”，点击“通过”完成审批，如图 4 – 152 所示。

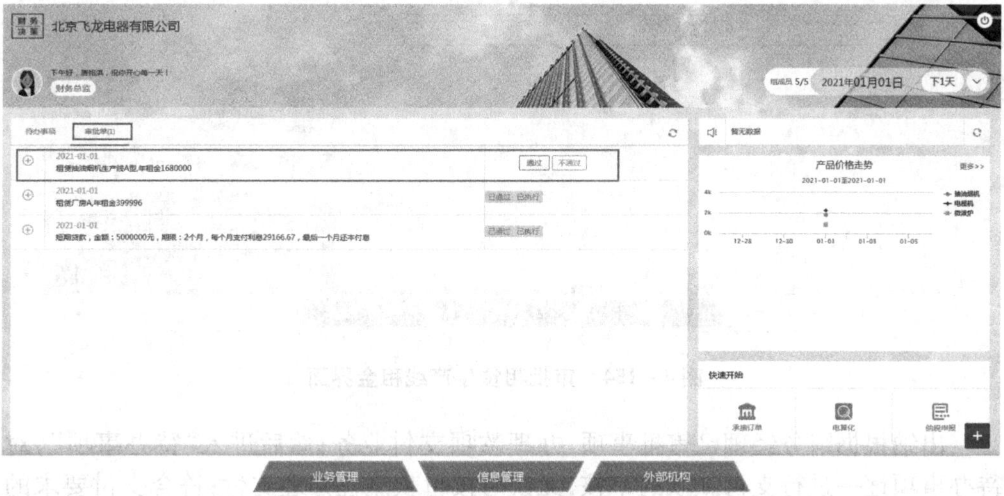

图 4 – 152 审批租赁生产线界面

运营在“审批单”界面，对“租赁抽油烟机生产线 A 型”点击“执行”，如图 4 – 153 所示。

图 4 – 153 执行租赁生产线界面

财务经理进入“待办事项”界面，点击“租赁生产线固定资产（抽油烟机生产线 A 型）”—“审批通过”，并按“确定”，如图 4 – 154 所示。

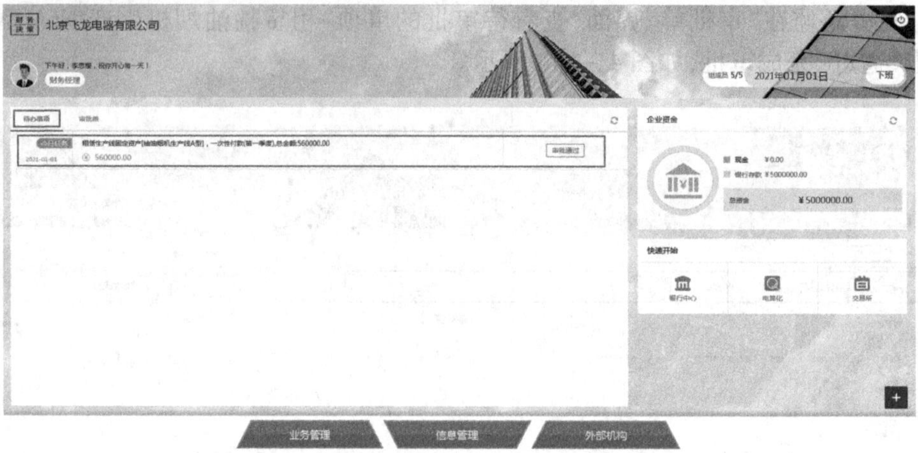

图 4－154　审批租赁生产线租金界面

出纳根据财务经理已审批事项，办理款项支付业务；然后进入“待办事项”，对待办事项逐一进行支付款项的审核，无误时按付款流程办理支付；符合支付要求的点击“银行支付”，如图 4－155 所示。

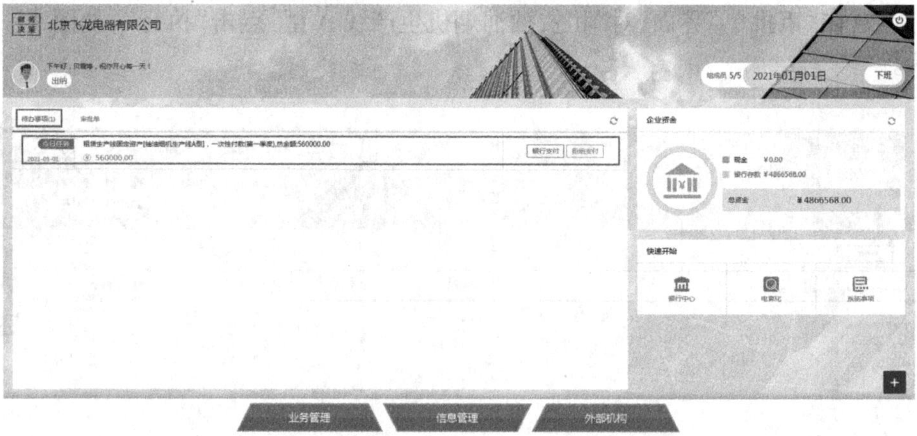

图 4－155　支付厂房租金界面

②电算化界面：

本业务由运营（会计 2）进入“总账系统”—“录入凭证”，根据“银行进账单”“生产线租赁合同”等原始单据完成其账务处理，如图 4－156 所示。

（3）租赁/购买办公房

①主功能界面：

本业务采用租赁办公房。运营点击“业务管理”—“购买租赁房产”，进入“购买租赁房产”界面，选择需要租赁的办公房，如图 4－157 所示。

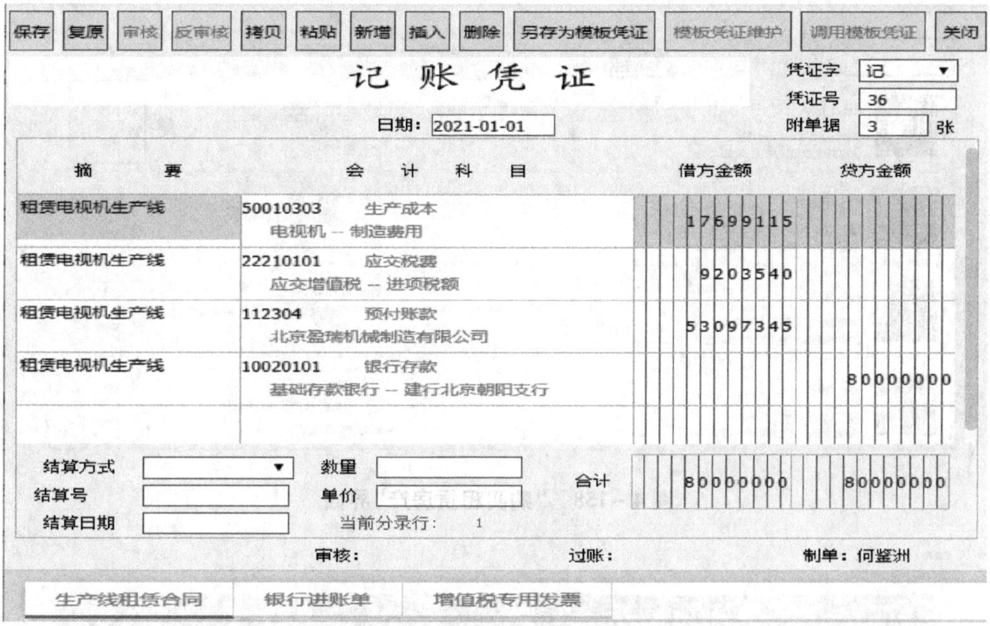

图 4－156　租赁生产线业务处理界面

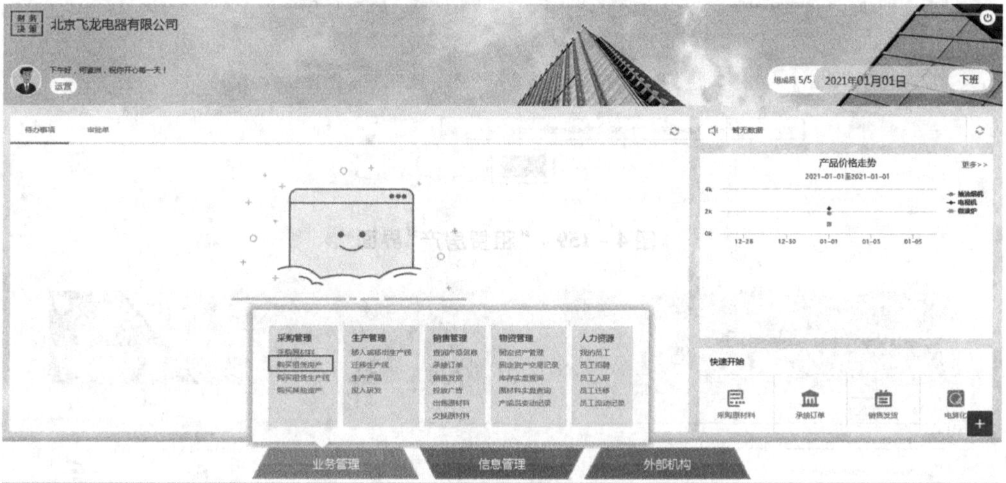

图 4－157　进入"购买租赁房产"界面

以办公用房 A 为例，点击"租赁"，进入"租赁房产"界面，填写租赁单，点击"下一步"，交由财务总监审批，如图 4－158、图 4－159 所示。

财务总监在"审批单"界面，查看待审批的事项"租赁办公用房 A"，点击"通过"完成审批，如图 4－160 所示。

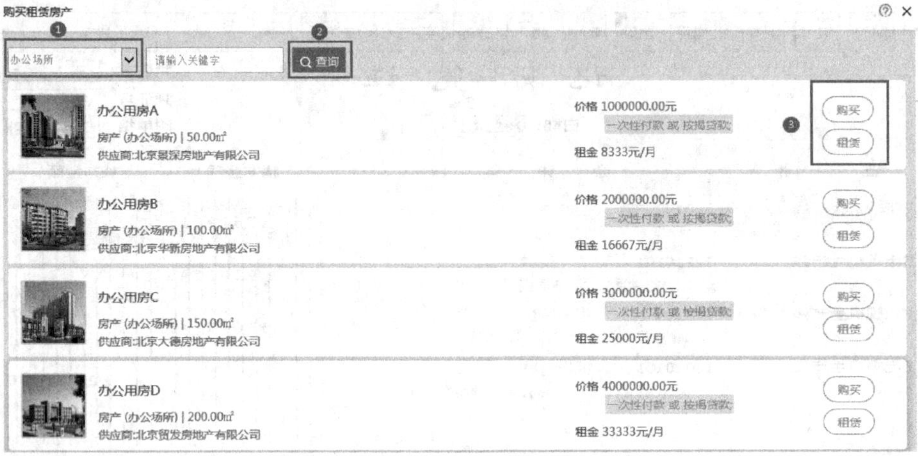

图 4－158 “购买租赁房产”界面

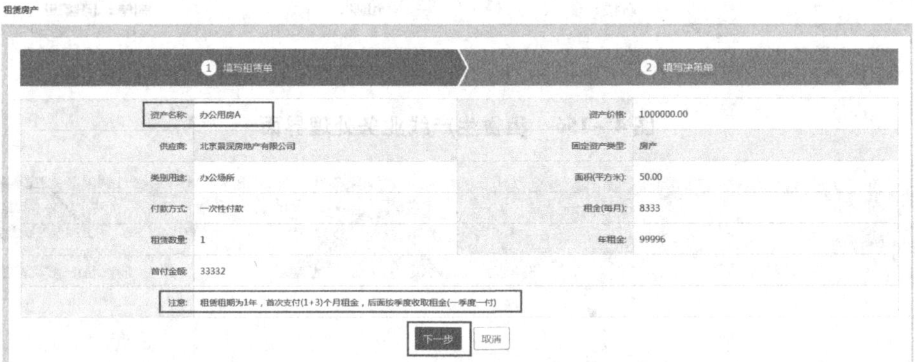

图 4－159 “租赁房产”界面

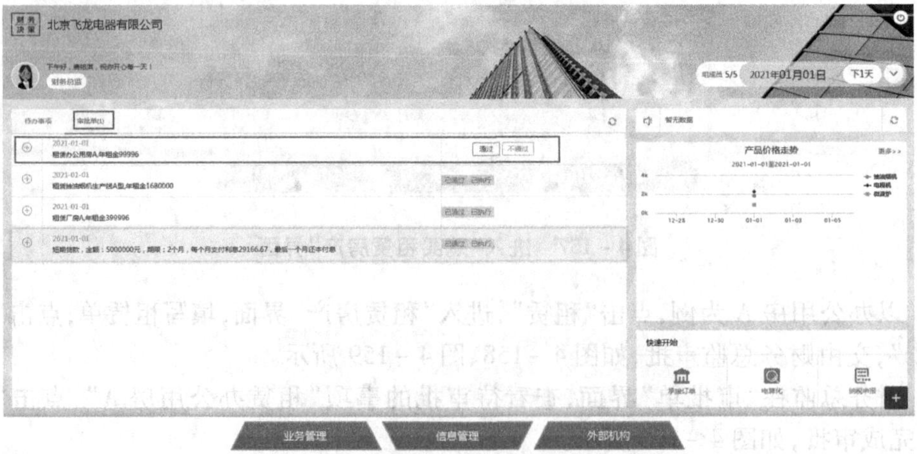

图 4－160 审批租赁办公用房界面

运营在"审批单"界面，找到已经审核通过的待办事项"租赁办公用房 A"，点击"执行"，如图 4－161 所示。

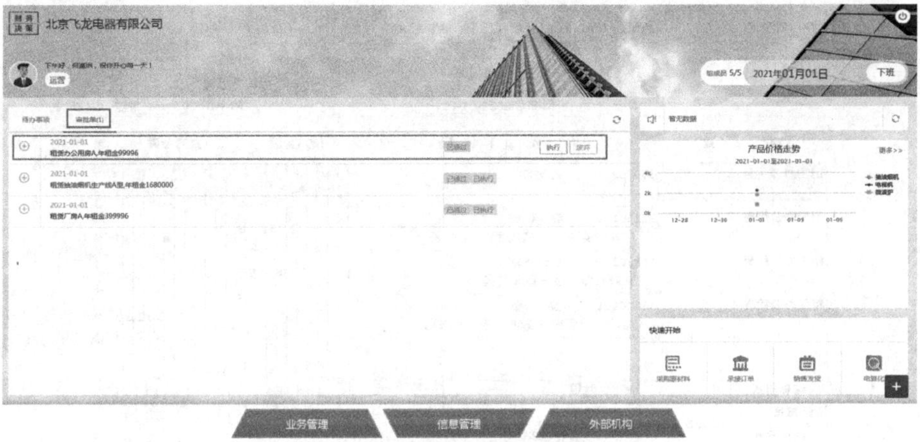

图 4－161 执行租赁办公用房界面

财务经理进入待办事项界面，点击待办事项"租赁房产固定资产（办公用房 A）"—"审批通过"，并按"确定"，如图 4－162 所示。

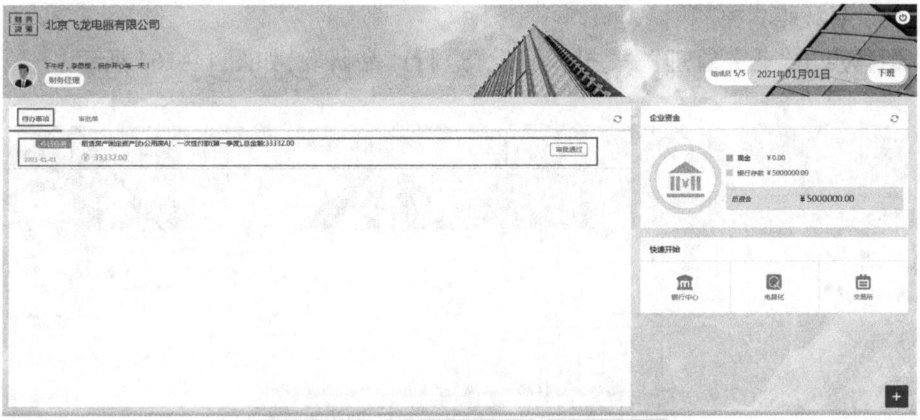

图 4－162 审批租赁办公用房租金界面

出纳根据财务经理已审批事项，办理款项支付业务。然后进入"待办事项"，对待办事项逐一进行支付款项的审核，无误时按付款流程办理支付。符合支付要求的点击"银行支付"。

②电算化界面：

本业务由运营（会计 2）进入"总账系统"—"录入凭证"，根据"银行进账单"

“房屋租赁合同”“增值税专用发票”等原始单据完成其账务处理，如图 4－163 所示。

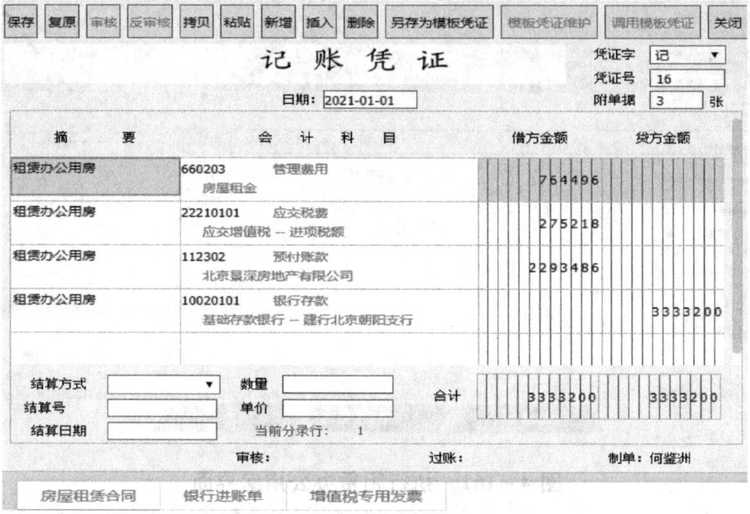

图 4－163 “租赁办公用房”业务处理界面

2）无形资产

（1）主功能界面

运营点击“业务管理”—“投入研发”进行产品研发，如图 4－164 所示。

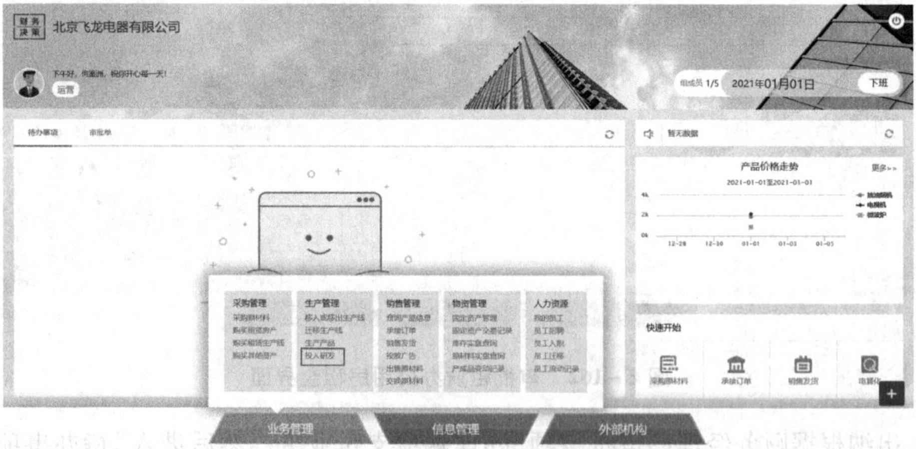

图 4－164 进入“投入研发”界面

进入产品“投入研发”界面，选择需要研发的产品，点击“投入研发”，如图 4－165 所示。

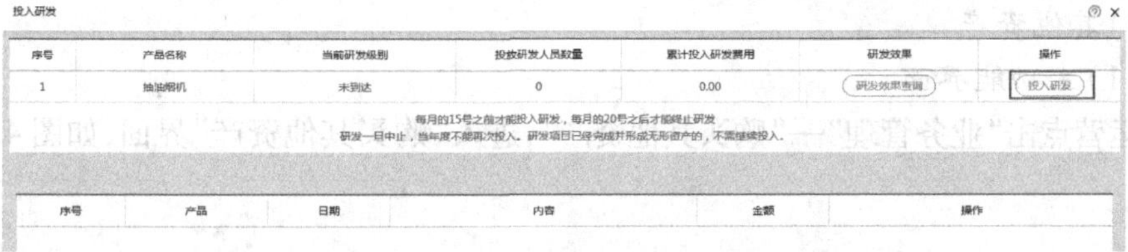

图 4－165 选择研发产品界面

进入该产品研发界面，填写投入原材料数量和研发人员，点击“下一步”，完成研发投入。在产品研发历史记录中可以查看每次投入研发的内容及金额。当研发投入到一定程度时，会增加产品的附加值，影响产品市价；达到高新企业标准的，可以申请高新企业认证，如图 4－166 所示。

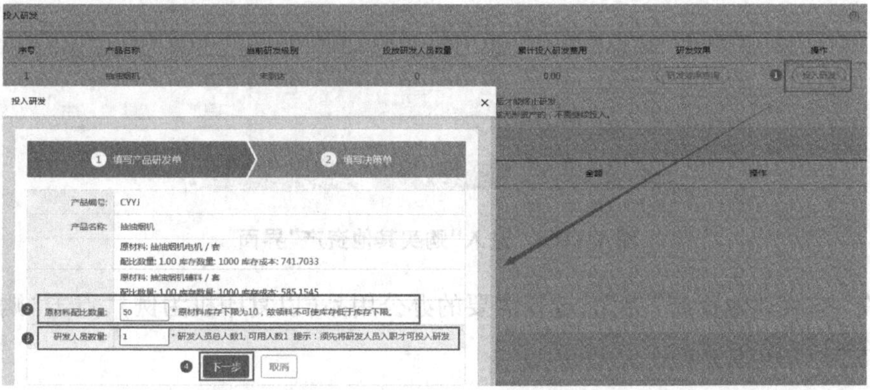

图 4－166 “投入研发”界面

(2) 电算化界面

本业务由会计(会计 3)进入“总账系统”—“录入凭证”，根据“领料单”完成账务处理，如图 4－167 所示。

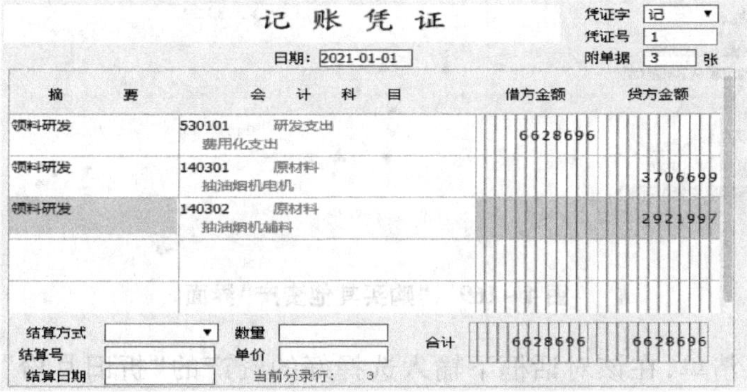

图 4－167 “投入研发”业务处理界面

3）其他资产

（1）主功能界面

运营点击“业务管理”—“购买其他资产”，进入“购买其他资产”界面，如图 4－168 所示。

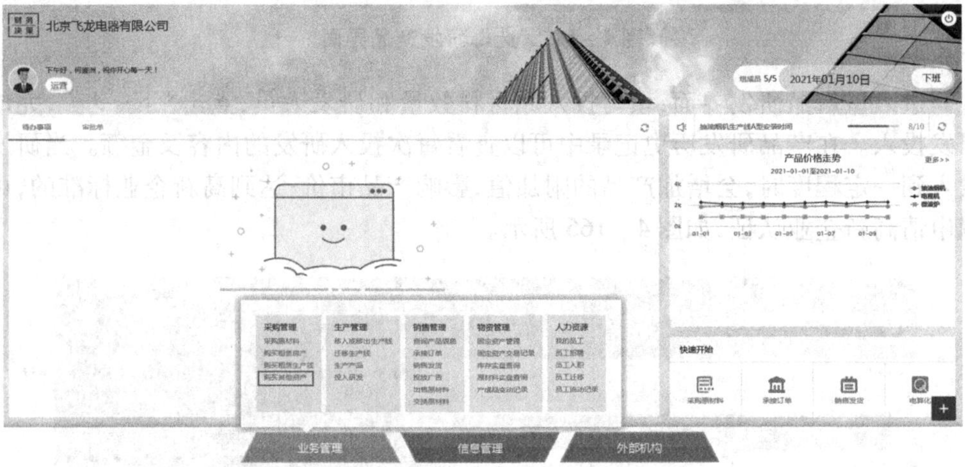

图 4－168　进入“购买其他资产”界面

在“购买其他资产”界面，选择需要的办公用品（以复印机为例），点击“购买”，如图 4－169 所示。

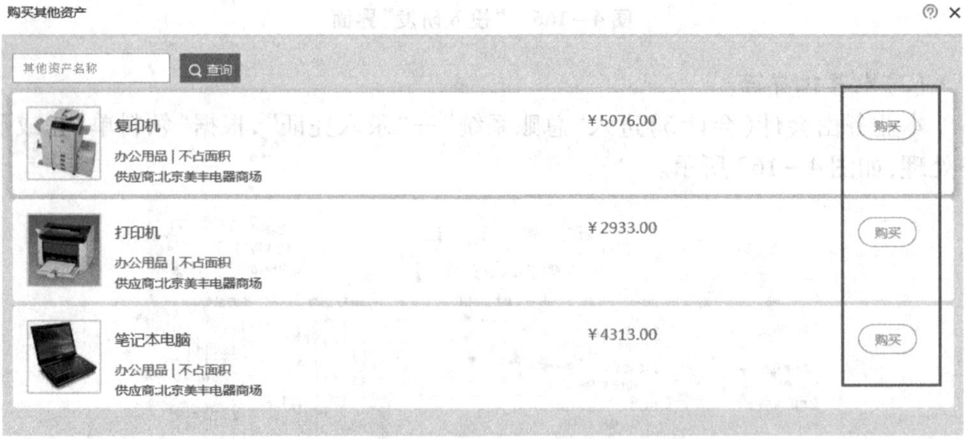

图 4－169　“购买其他资产”界面

进入购买清单，在该对话框下输入选择好的资产的“折旧月份”“净残值率”“购买数量”，点击“提交”，如图 4－170 所示。

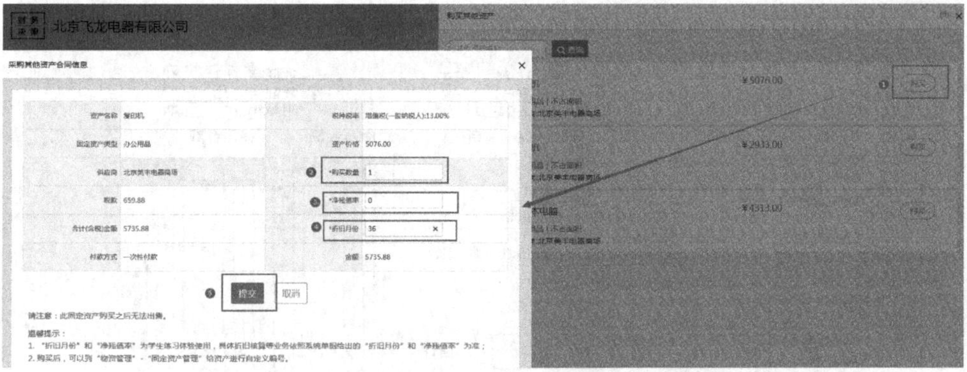

图 4-170 “采购其他资产合同信息”界面

> ★ **说明：**
> 1. 按照税法相关规定，电子设备的折旧年限是 3 年，也就是 36 个月。
> 2. 在财务决策平台中，净残值率可以选择“0”。

财务经理接到“系统消息”提示后，进入“待办事项”查看待审批的事项，选择代办事项“购买其他固定资产（复印机）”，点击“审批通过”，完成审批；出纳办理支付手续，如图 4-171 所示。

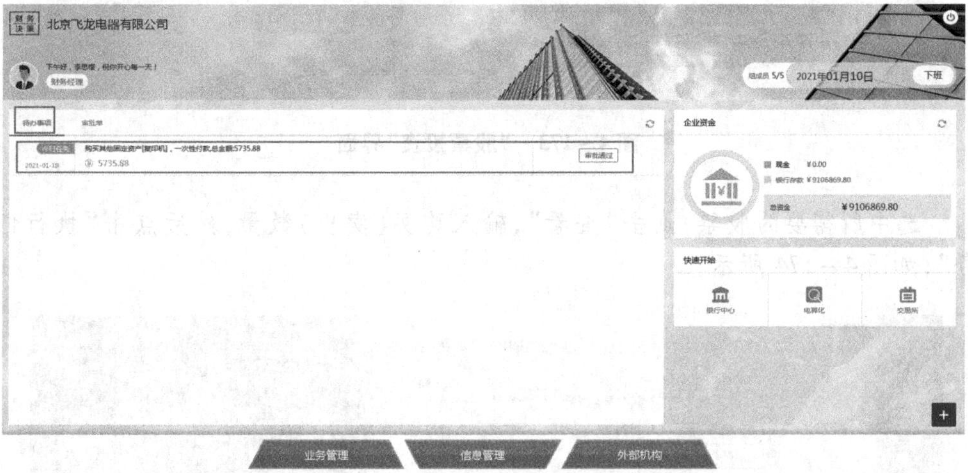

图 4-171 审批购买其他固定资产界面

(2) 电算化界面

本业务由会计（会计 3）进入“总账系统”—“录入凭证”，根据“银行进账单”“增值税专用发票”的原始单据完成其账务处理，如图 4-172 所示。

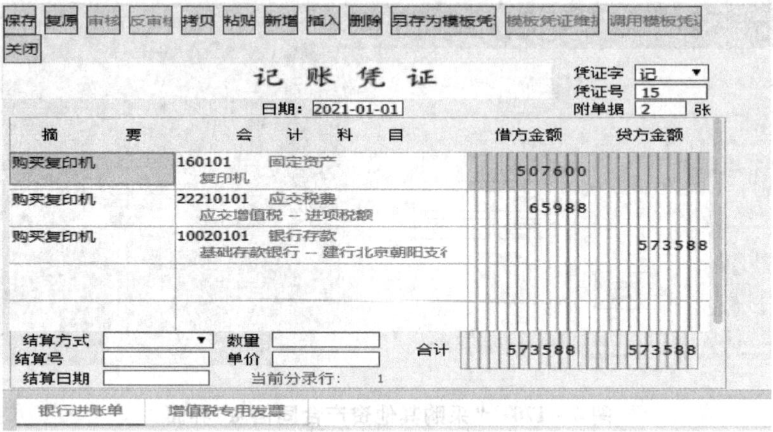

图 4－172 “购买复印机”业务处理界面

★ 知识拓展一：金融资产

1. 主功能界面

财务经理点击“外部机构”—“金融资产交易”进入“金融资产交易”界面，可查看已完成的投资事项，也可以查看其他可投资的事项，如图 4－173 所示。

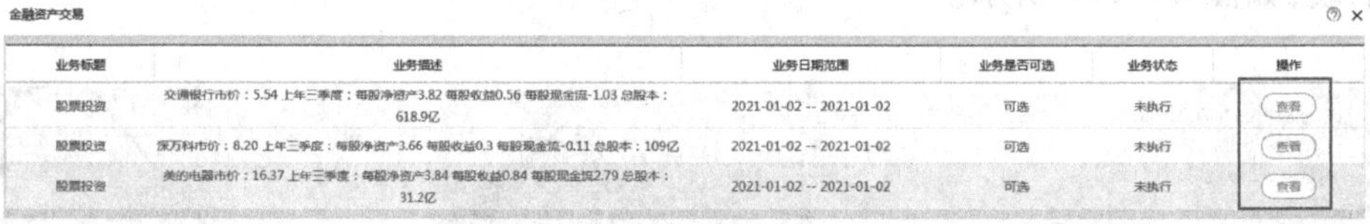

图 4－173 “股票投资”界面

选中所需要的股票，点击“查看”，输入购买（卖出）数量，然后点击“执行任务”，如图 4－174 所示。

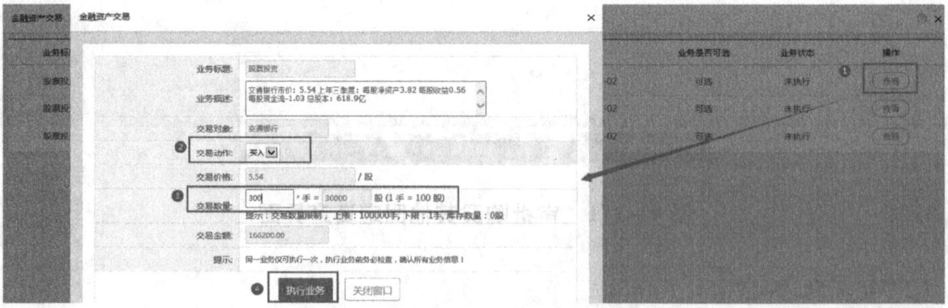

图 4－174 股票购买/卖出界面

2. 电算化界面

本业务由会计(会计3)进入“总账系统”—“录入凭证”,根据“银行进账单”“股票交割单”等原始单据完成其账务处理,如图4-175所示。

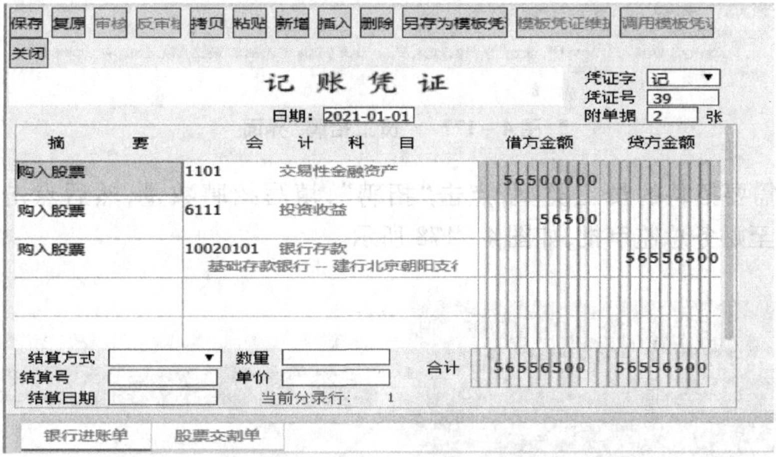

图4-175 “购入股票”业务处理界面

4.4.1.3 人员招聘、入职

运营进入“业务管理”—“人力资源”,点击“员工招聘”,可以看到招聘员工的类型及所应支付的月工资,如图4-176、图4-177所示。

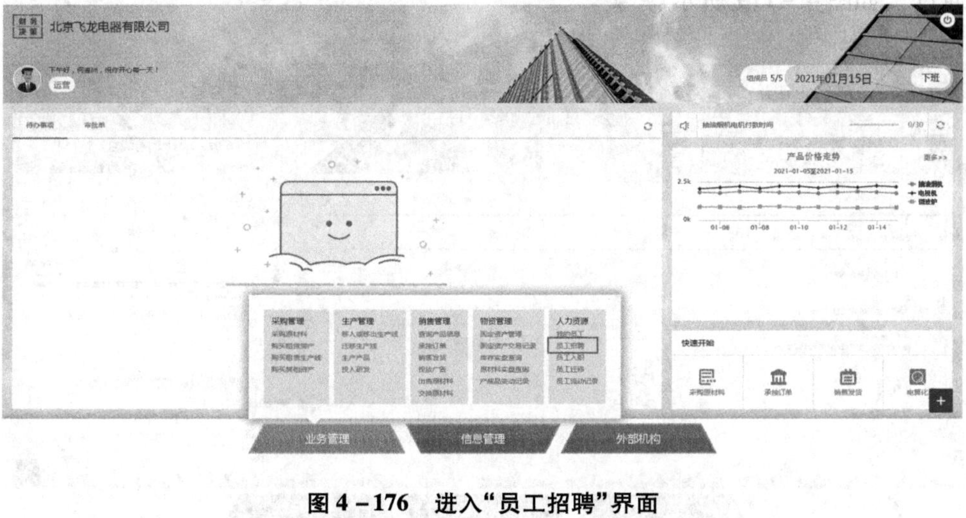

图4-176 进入“员工招聘”界面

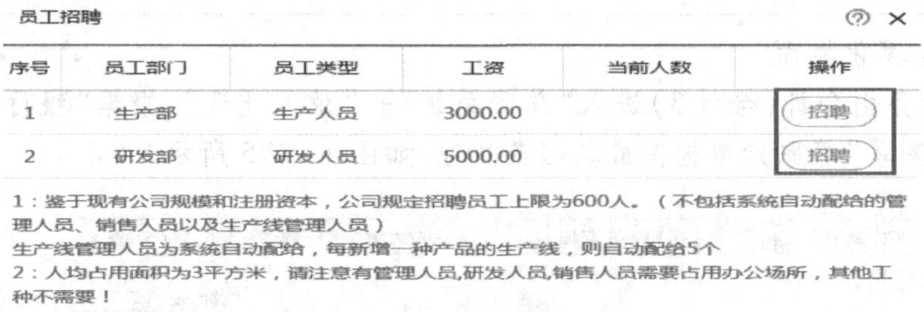

图 4－177　“员工招聘”界面

选择需要招聘的员工类型，点击“招聘”，填写招聘数量，然后点击“确认招聘”，提交至财务总监审批，如图 4－178 所示。

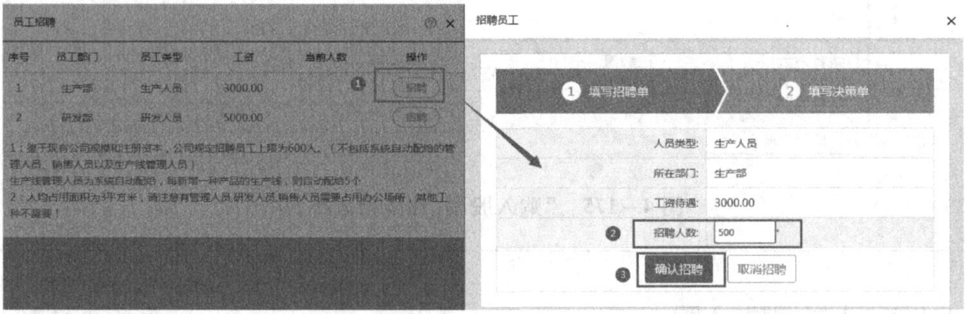

图 4－178　“招聘员工”界面

财务总监在“审批单”里对运营提交的“招聘生产人员”申请进行审批，点击“通过”，如图 4－179 所示。

图 4－179　审批招聘员工界面

注意:如果点击“不通过”,表示此决策被拒绝,不能被执行。

在“审批单”里,运营对已经审批通过的待办事项“招聘生产人员”,可以选择“执行”或“作废”,如图4-180所示。

图4-180　执行员工招聘界面

管理人员、销售人员和研发人员需要办理入职手续,点击“业务管理”—“员工入职”进入“员工入职”界面。在界面的右上方选择对应的“办公用房”,对左边“未入职的员工”勾选入职的员工类型,并填写“移入人数”,点击“移入”完成入职,如图4-181所示。

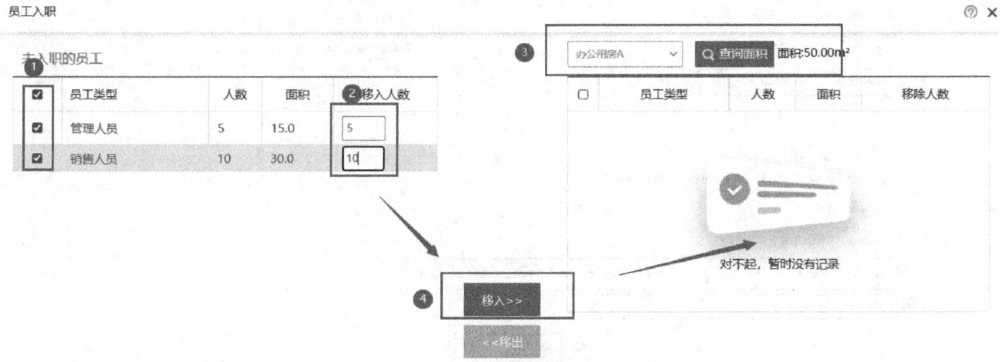

图4-181　“员工入职”界面

注意:人均占用面积为3平方米,若移入员工占用面积超过可用的房屋面积,则不能完成入职。

4.4.1.4 采购业务

1）主功能界面

运营点击“业务管理”—“采购原材料”进入“采购原材料”界面，运营可选择采购哪种原材料以及哪一家供应商，如图 4－182 所示。

图 4－182　选择购买材料界面

可通过翻页找到合适的价格，点击“购买”，进入购买详细页面（以抽油烟机电机为例），其他材料购买也在此界面完成。运营需要考虑购买数量，购买量越大所享受的商业折扣越大，然后选择发货方式和付款方式，点击“下一步”，填写决策单给财务总监，点击“提交”，由财务总监进行决策审批，如图 4－183 所示。

图 4－183　“填写采购单”界面

财务总监在“审批单”界面查看待审批的事项，点击“通过”，完成审批，如图 4－184 所示。

图 4－184　审批购买材料界面

注意：如果不通过，则运营角色无法执行，如果通过，则由运营角色确定执行或者作废。

在“审批单”里，运营对已经审批通过的待办事项选择“执行”，执行后则购买原材料业务正式完成，如图 4－185 所示。

图 4－185　执行购买材料界面

如果选择了款到发货，将产生相应的付款要求，需要财务经理审批，出纳付款后才会收到原材料；若选择货到付款，则付款要求会在原材料到货之后产生，支付货款需要财务经理审批后，交由出纳进行货款支付，如图 4－186 所示。

图 4－186　审批购买材料款项界面

注意：如果作废，则无采购业务。

财务经理审批通过后出纳进行付款操作。如果后续不付款，将会出现违约情况，产生相应的滞纳金甚至违约金；如果还拒不支付，最终将会进入法院强制处理，如图 4－187 所示。

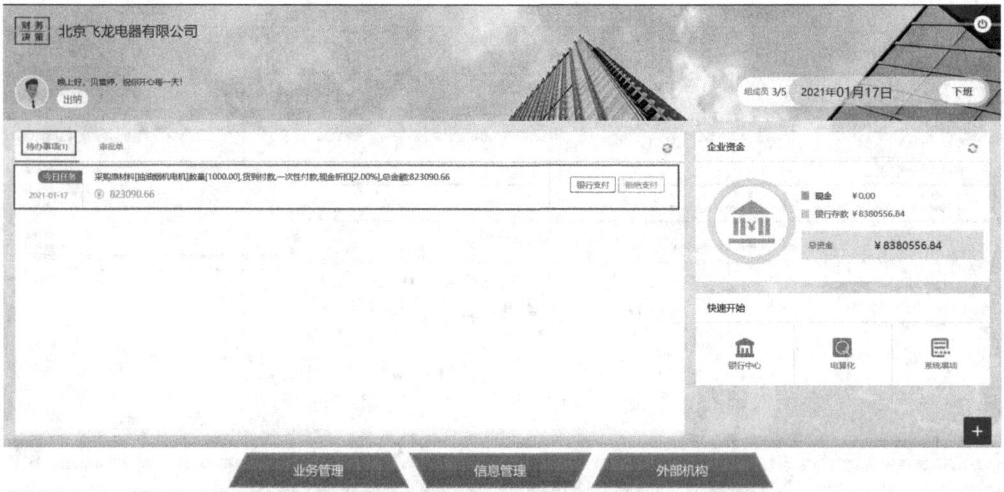

图 4－187　支付购买材料款项界面

2）电算化界面

本业务由出纳（会计 1）根据“原材料供销合同”“电子汇划收款回单”等原始单据完成相应业务处理，如图 4－188 所示（本业务采用赊销方式采购）。

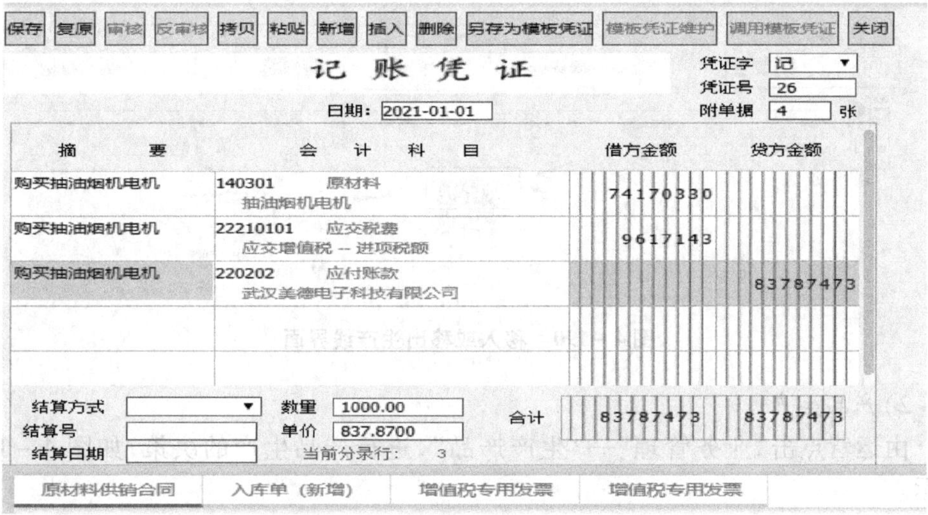

图 4－188　购买材料业务处理界面

4.4.1.5　生产业务

1）生产线安装

企业在租赁或者购买厂房和生产线后，需要进行生产线安装调试。运营点击“业务管理”—“移入或移出生产线”进行生产线安装，如图 4－189 所示。

图 4－189　进入“移入或移出生产线”界面

选择需要移入厂房的生产线和被移入生产线的厂房后，点击“移入”，进行安装，生产线的安装需要 10 天。企业如果想要退租相应的厂房，需要对厂房内的生产线进行移出处理，才能进行“厂房退租”，如图 4－190 所示。

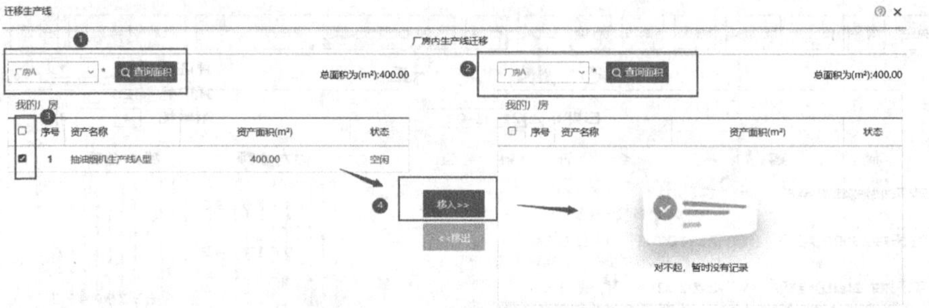

图 4－190　移入或移出生产线界面

2)产品生产

由运营点击“业务管理”—“生产产品”，进行产品生产的决策，如图 4－191 所示。

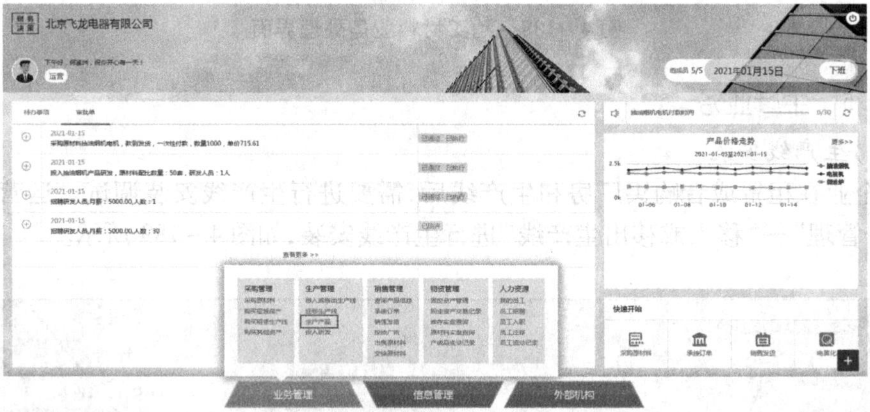

图 4－191　进入“生产产品”界面

进入“生产产品”界面，选择需要生产的产品，点击“立即生产”(以抽油烟机为例)，如图 4－192 所示。

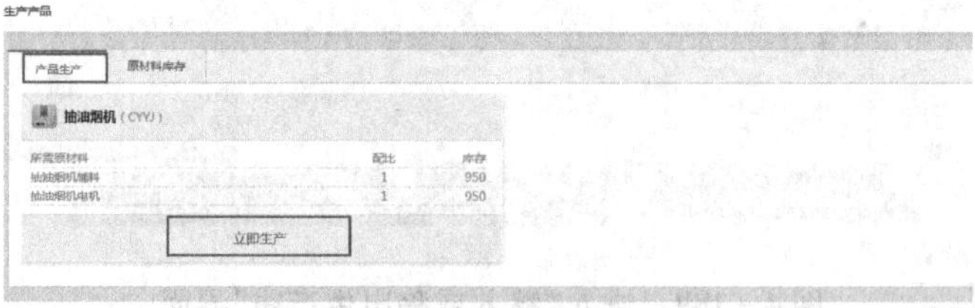

图 4－192　“产品生产”界面

输入需要生产的数量、投入生产人员的数量，点击“下一步”，提交决策申请至财务总监处，如图 4－193 所示。

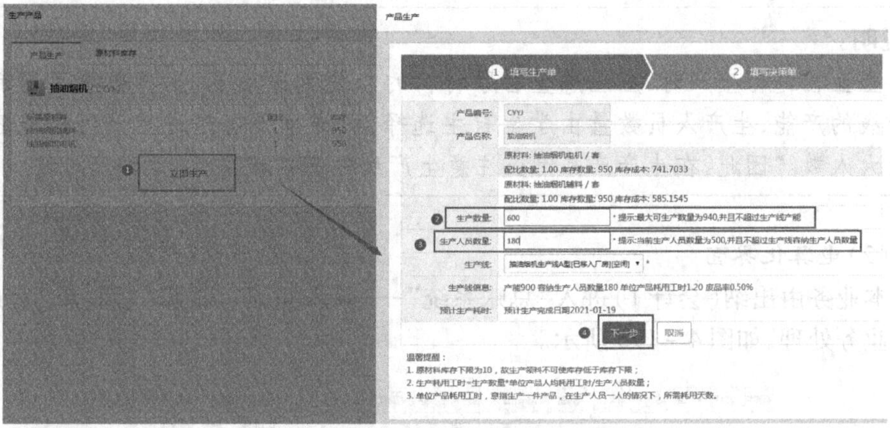

图 4－193 “填写生产单”界面

财务总监对运营所作出的生产决策进行审批。财务总监通过决策后，由运营执行生产业务，如图 4－194 所示。

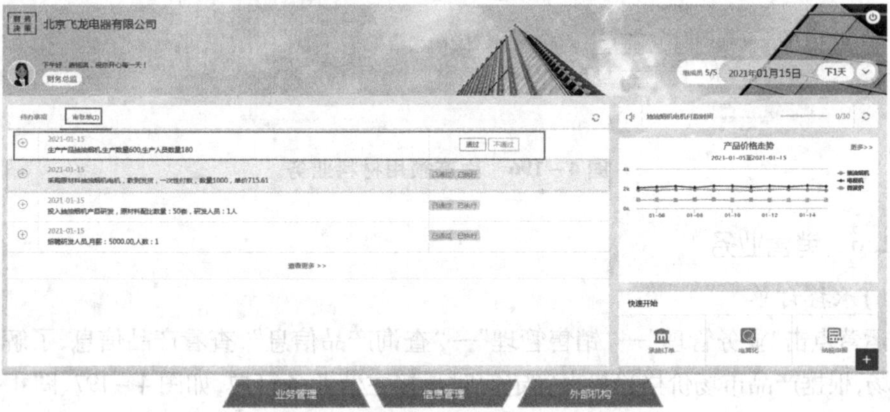

图 4－194 审批生产产品界面

执行后，将提示生产将在几天后完成，可在“信息管理”—“业务信息”—“生产信息”中查看各产品的生产情况，如图 4－195 所示。

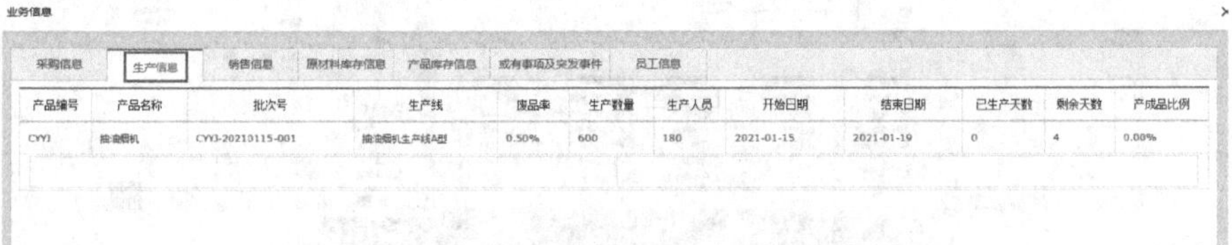

图 4－195 查看“生产信息”界面

★ **说明：**

企业在进行生产时，应注意查看原材料的相关配比信息，生产数量不能超过生产线的产能，生产人员数量由学生自主选择，同样也不能超过生产线所能容纳的最大人数。因此，在生产产品时应注意生产线的基本状况。

（2）电算化界面

本业务由出纳（会计1）进入"总账系统"—"录入凭证"，根据"领料单"完成相应的业务处理，如图4－196所示。

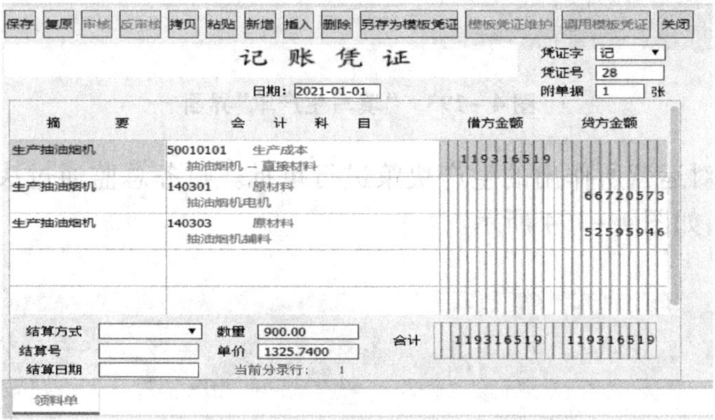

图4－196 生产领用材料业务

4.4.1.6 销售业务

1）承接订单

运营点击"业务管理"—"销售管理"—"查询产品信息"，查看产品信息，了解产品的市场，根据产品市场价格趋势来确定何时承接主营业务订单，如图4－197、图4－198所示。

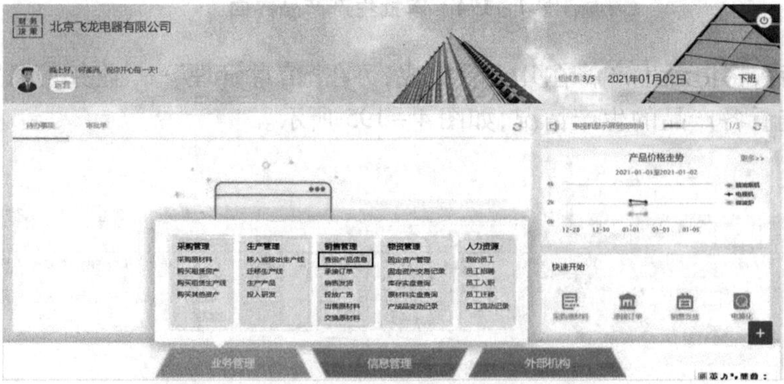

图4－197 进入"查询产品信息"界面

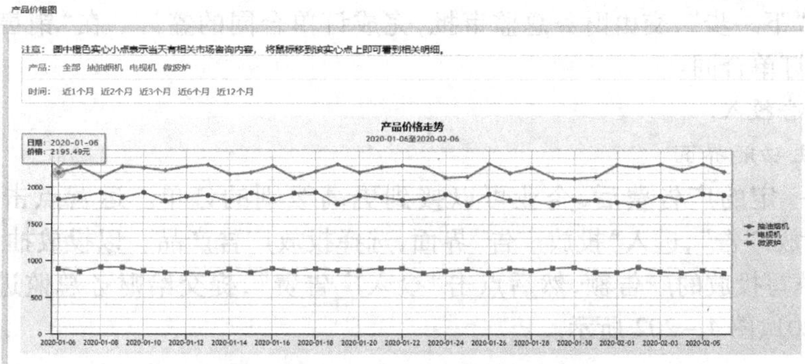

图 4－198 “产品价格图”界面

回到主功能界面点击“业务管理”—“销售管理”—“承接订单”，进入“承接订单”界面，如图 4－199 所示。

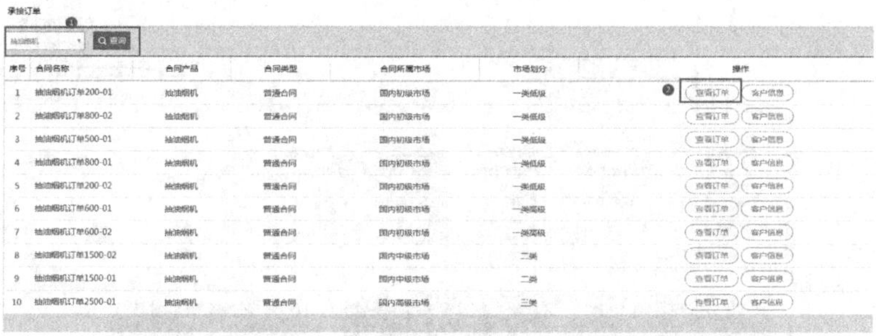

图 4－199 “承接订单”界面

根据销售数量选择订单，点击“客户信息”，可查看该订单对应的客户的详细信息，如图 4－200 所示。

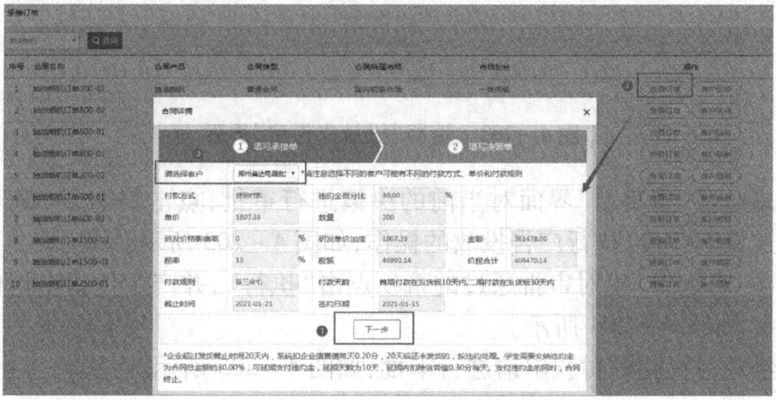

图 4－200 “合同详情”界面

点击“下一步”，交由财务总监审批，完成订单合同的签订。在“销售发货”中可以查看订单合同。

2）广告投入

（1）主功能界面

投放一定的广告费后，企业可以接到更高级别的订单。运营点击“业务管理”—“投放广告”，进入“投放广告”界面，选择投放广告产品。以投放抽油烟机广告为例，填写投放的广告额，然后点击“投入广告费”，提交给财务总监进行审批，如图4－201、图4－202所示。

图4－201　进入“投放广告”界面

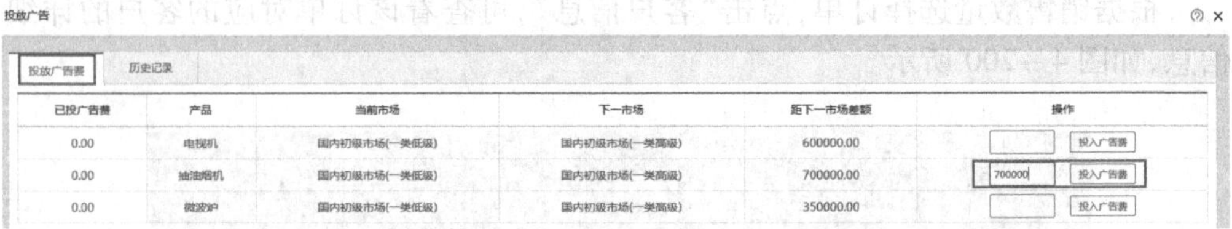

图4－202　填写“投放广告费”界面

财务总监在“审批单”界面对当前的决策进行审批，点击“通过”，表示这个决策审批通过，运营可以执行广告投放的操作，如图4－203所示。

运营在“审批单”里对审批通过的事项点击“执行”，并产生付款申请由财务经理进行审批，如图4－204所示。

财务经理对提交的付款申请进行审批，如图4－205所示。

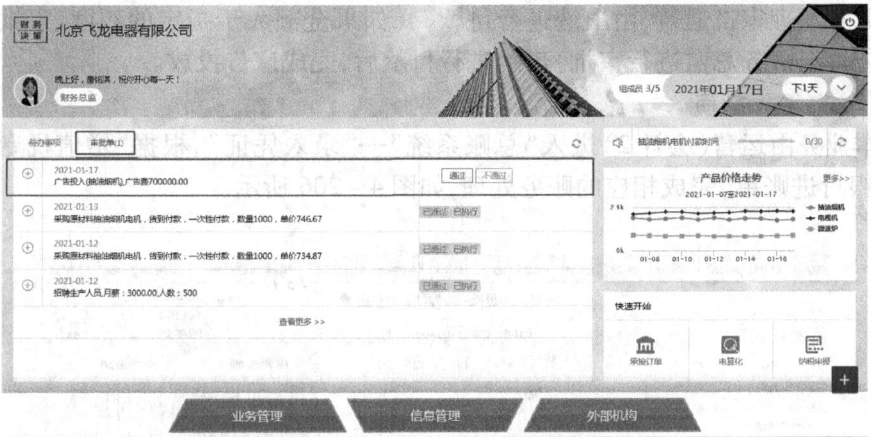

图 4－203　审批广告投入界面

图 4－204　执行广告投入界面

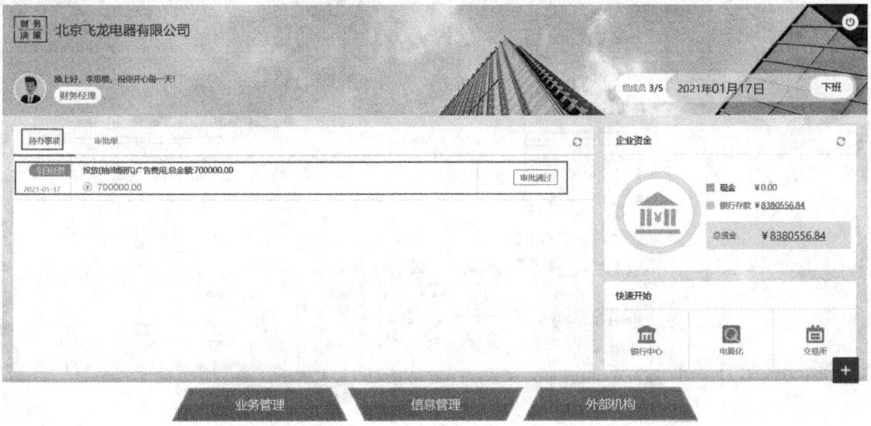

图 4－205　审批广告投放款界面

财务经理审批通过，由出纳进行付款。（如果金额大于指定的额度，审批单将继续传达至财务总监进行审批）出纳进行付款后，完成广告投放。

（2）电算化界面

本业务由运营（会计2）进入“总账系统”—“录入凭证”，根据“增值税专用发票”“银行进账单”完成相应的账务处理，如图4－206所示。

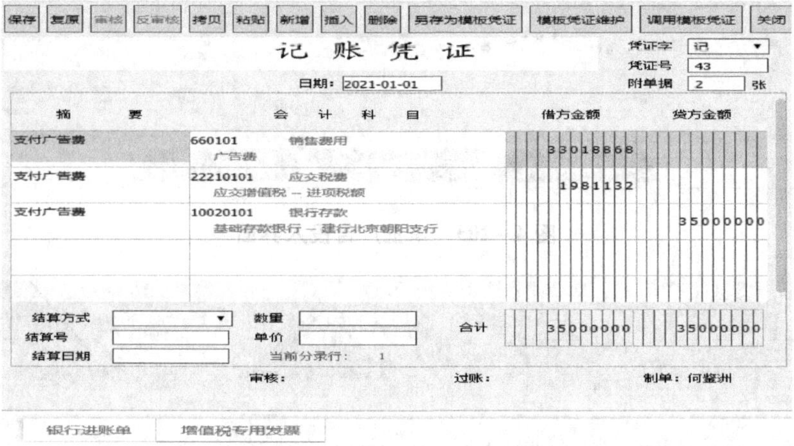

图4－206 “支付广告费”业务处理界面

3）销售发货

（1）主功能界面

运营点击“业务管理”—“销售管理”—“销售发货”，进行产品发货操作，如图4－207所示。

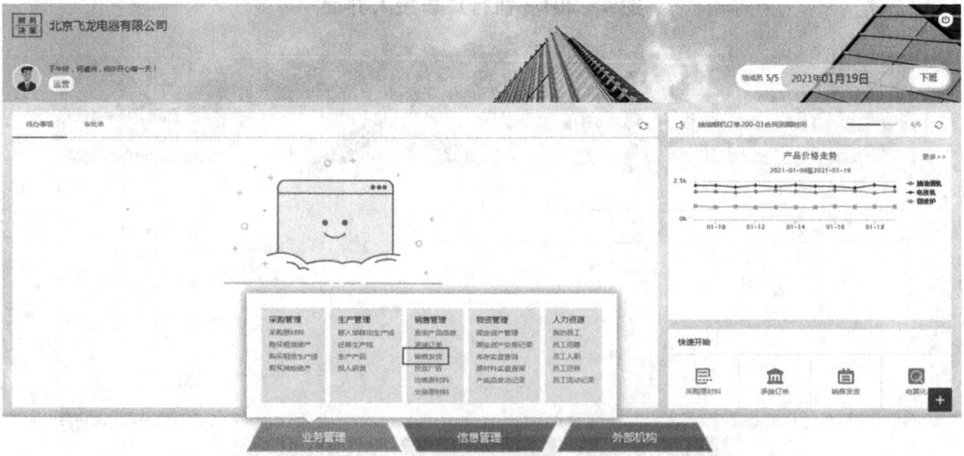

图4－207 进入“销售发货”界面

选择适合的数量进行发货，如图 4 - 208 所示。

图 4 - 208 “销售发货”界面

销售业务完成后，需要开具发票，由会计点击“信息管理”—“财务管理”—“发票开具”，进入“发票开具”界面，如图 4 - 209 所示。

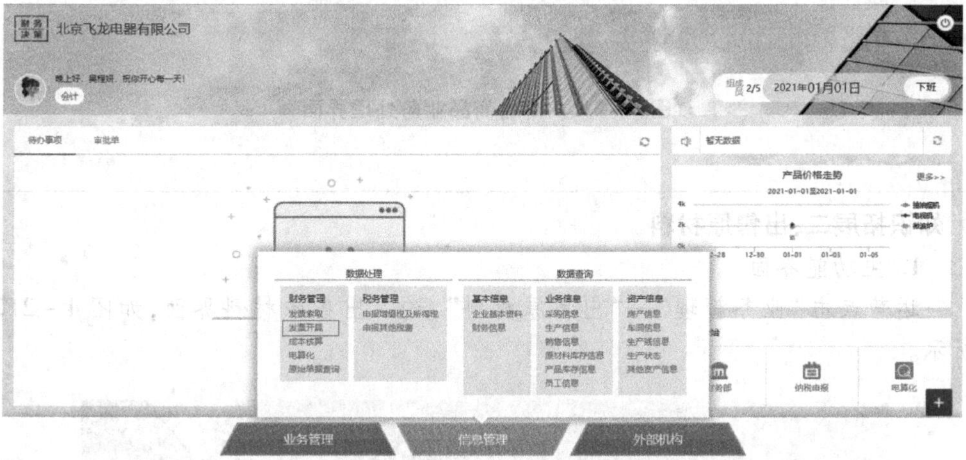

图 4 - 209 进入“发票开具”界面

点击“开具发票”，发票即开具成功，如图 4 - 210 所示。

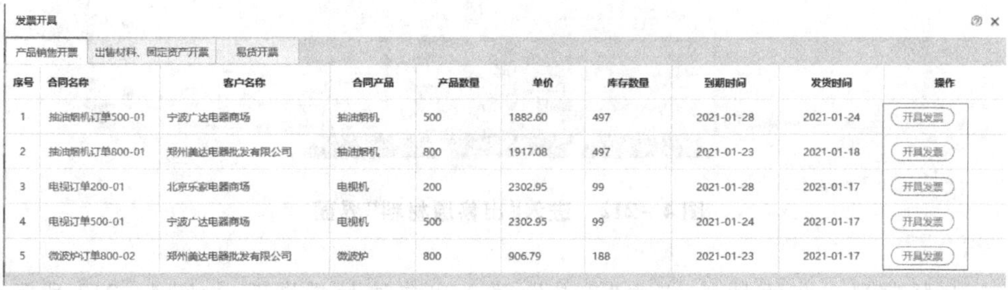
发票开具

产品销售开票 出售材料、固定资产开票 易货开票

序号	合同名称	客户名称	合同产品	产品数量	单价	库存数量	到期时间	发货时间	操作
1	抽油烟机订单500-01	宁波广达电器商场	抽油烟机	500	1882.60	497	2021-01-28	2021-01-24	开具发票
2	抽油烟机订单800-01	郑州美达电器批发有限公司	抽油烟机	800	1917.08	497	2021-01-23	2021-01-18	开具发票
3	电视订单200-01	北京乐家电器商场	电视机	200	2302.95	99	2021-01-28	2021-01-17	开具发票
4	电视订单500-01	宁波广达电器商场	电视机	500	2302.95	99	2021-01-24	2021-01-17	开具发票
5	微波炉订单800-02	郑州美达电器批发有限公司	微波炉	800	906.79	188	2021-01-23	2021-01-17	开具发票

图 4 - 210 “开具发票”界面

(2)电算化界面

本业务由运营(会计2)进入“总账系统”—“录入凭证”,根据“增值税专用发票”“产品销售合同”等完成相应的账务处理,如图4-211所示。

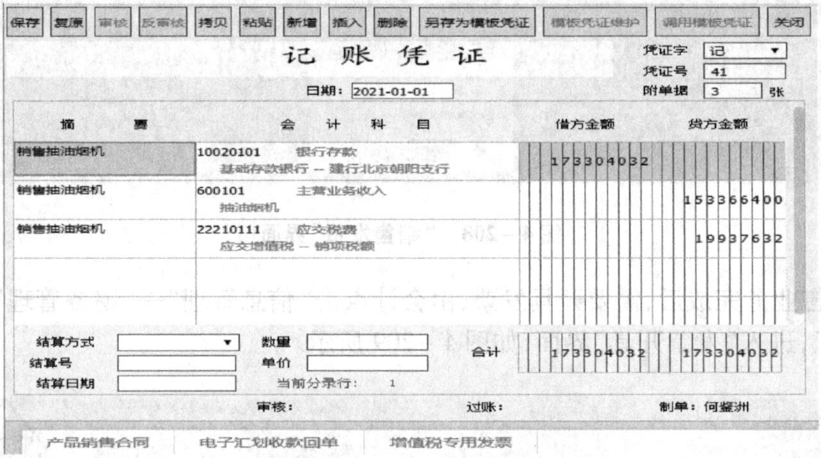

图4-211 销售商品业务处理界面

★ 知识拓展二:出售原材料

1. 主功能界面

运营点击“业务管理”—“出售原材料”,进入出售原材料界面,如图4-212所示。

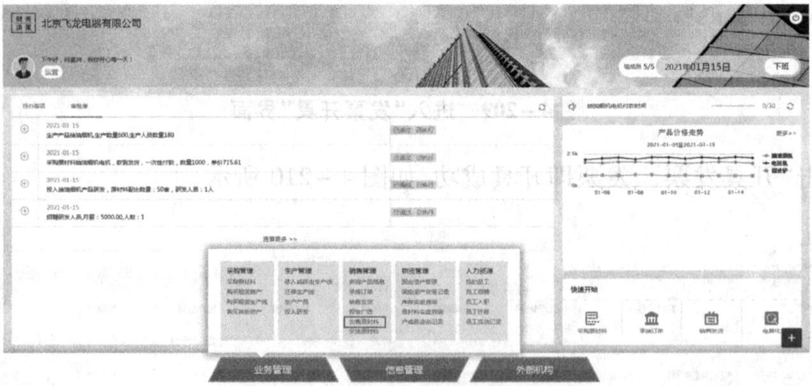

图4-212 进入“出售原材料”界面

选择需要出售的材料,点击“出售”,进入出售该材料界面,如图4-213所示。

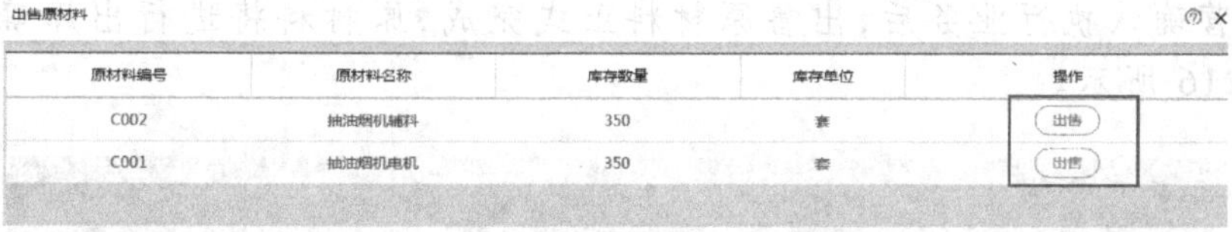

图 4－213 选择出售原材料界面

选择供应商，填写需要出售的数量（以抽油烟机电机为例），点击“下一步”，提交决策申请至财务总监处，由财务总监进行决策审批，如图 4－214 所示。

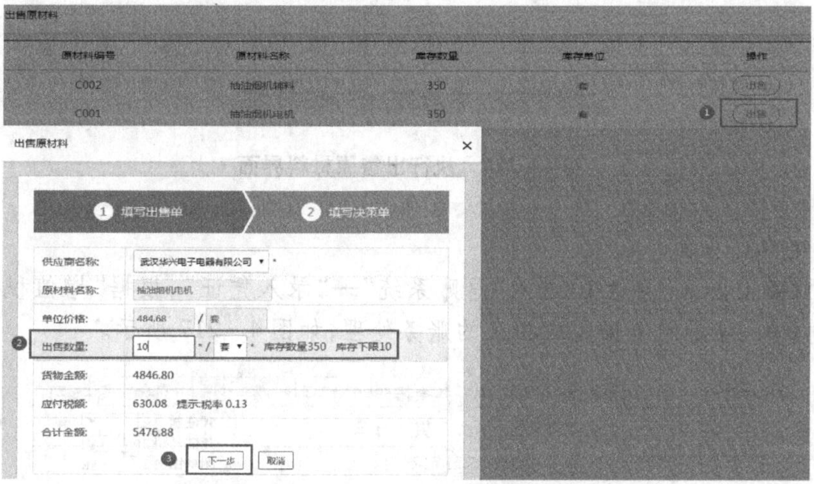

图 4－214 填写出售原材料单据界面

财务总监审核通过后，由运营执行业务，如图 4－215 所示。

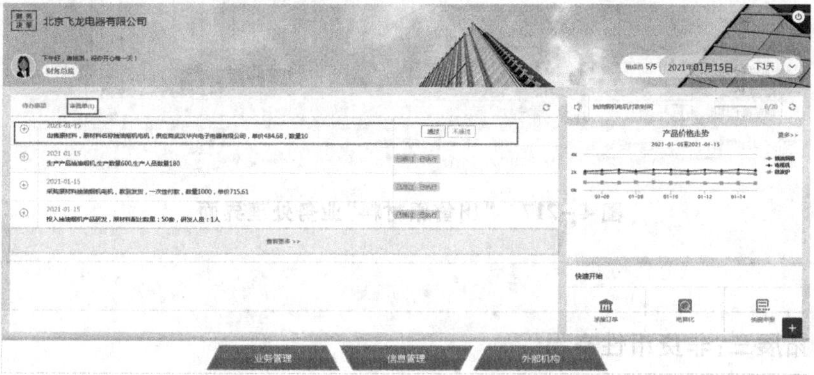

图 4－215 审批出售原材料界面

运营确认执行业务后，出售原材料正式完成，原材料将进行出库确认，如图 4－216 所示。

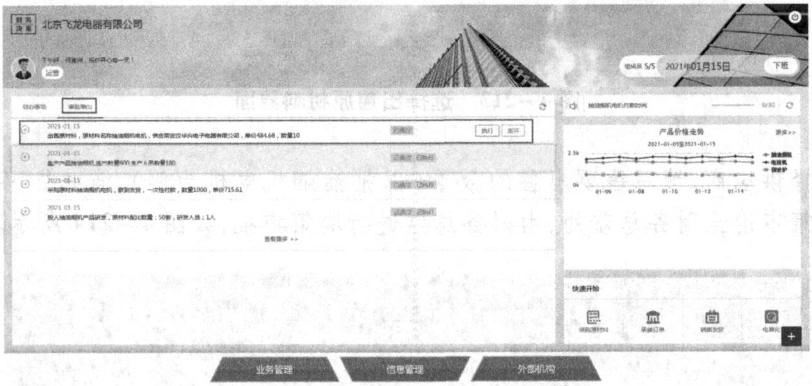

图 4－216　执行出售原材料界面

2. 电算化界面

本业务由出纳（会计 1）进入“总账系统”—“录入凭证”，根据“增值税专用发票”“出库单”等原始单据完成相应的账务处理，如图 4－217 所示。

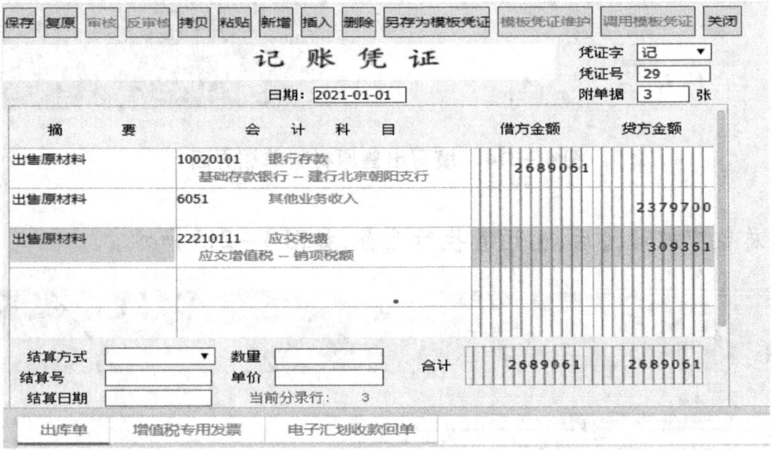

图 4－217　“出售原材料”业务处理界面

★ 知识拓展三：非货币性交易

1. 主功能界面

运营点击“业务管理”—“交换原材料”，进入原材料交换界面，如图 4－218 所示。

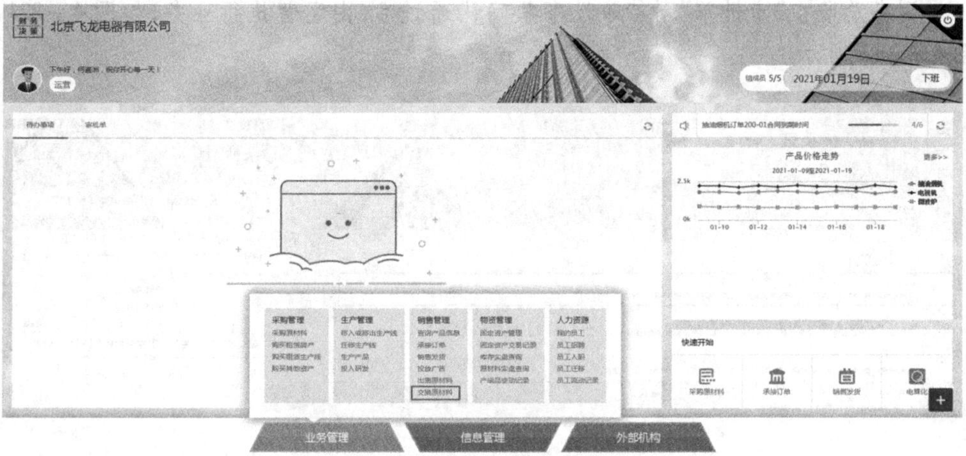

图 4－218 进入“交换原材料”界面

选择需要进行交换的产品，如图 4－219 所示。

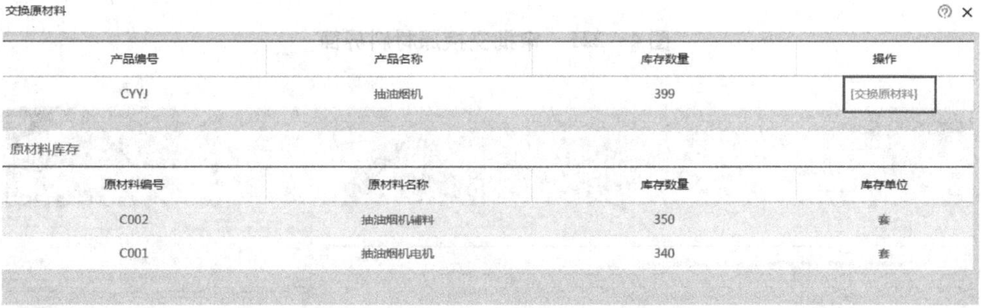

图 4－219 选择“交换原材料”界面

填写合适的数量，点击“下一步”，如图 4－220 所示。

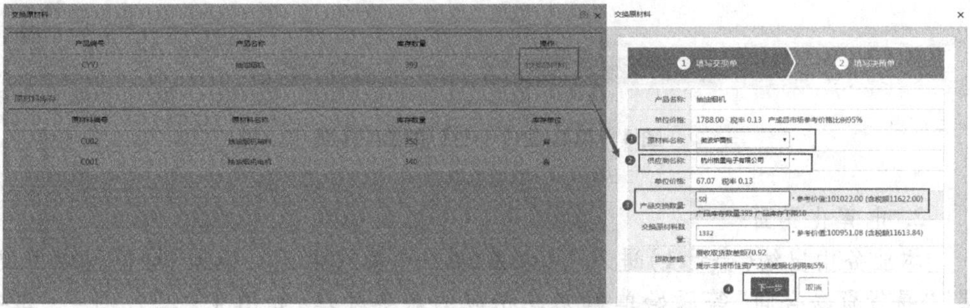

图 4－220 填写“交换单”界面

财务总监在“审批单”对待审批事项确认通过后，由运营执行业务，如图 4－221、图 4－222 所示。

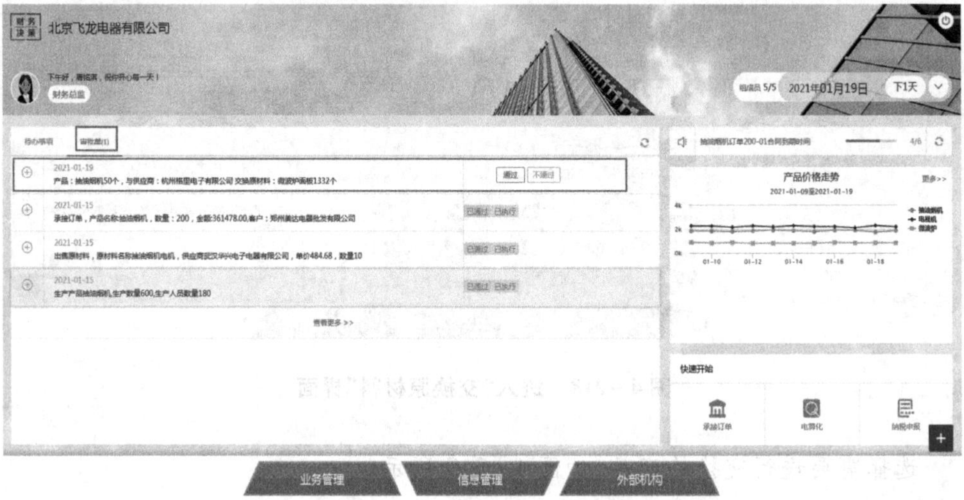

图 4－221　审批交换原材料界面

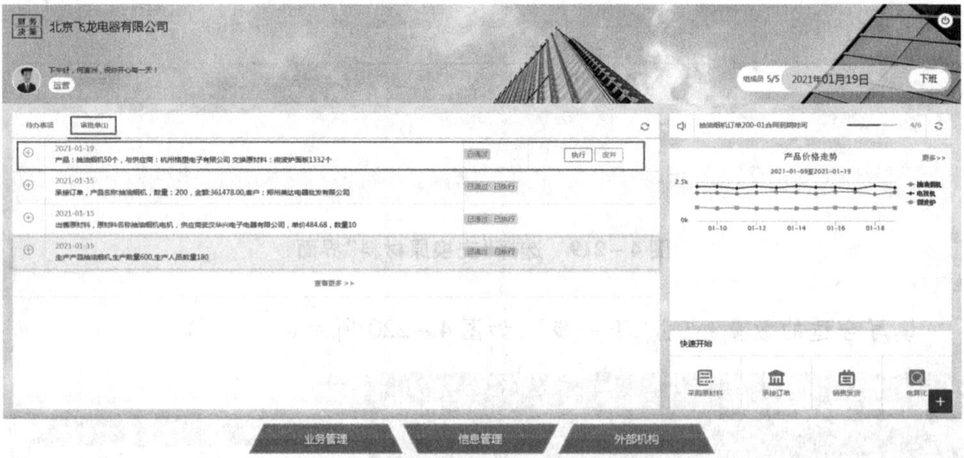

图 4－222　执行交换原材料界面

2. 电算化界面

本业务由出纳（会计 1）进入“总账系统”—“录入凭证”，根据“增值税专用发票”“易货贸易合同”等原始单据完成相应的账务处理，如图 4－223、图 4－224 所示。

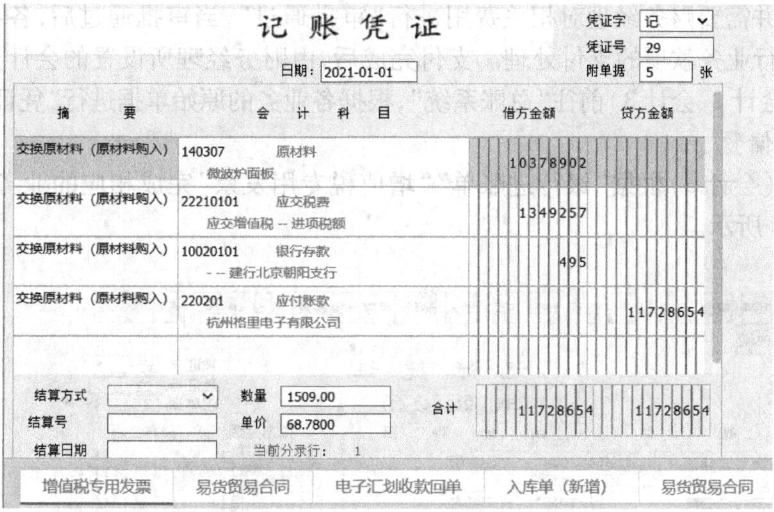

图 4－223　换入原材料业务处理界面

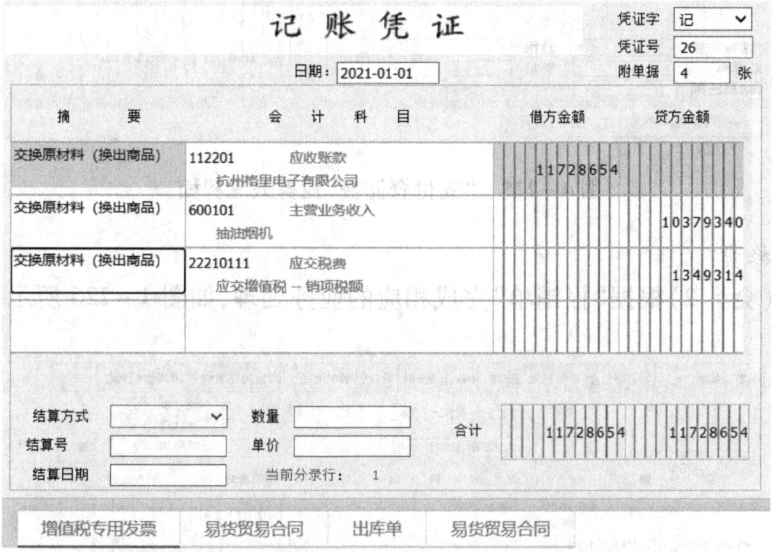

图 4－224　换出商品业务处理界面

4.4.1.7　其他费用

本平台涉及的其他费用（如仓储费、差旅费等），其原始单据由系统自动生成。一般来说，办公费、差旅费、通信费（以 1 月份为例，一般在当月的 20 日左右发生），生产用水电费、办公用水电费、业务招待费、低值易耗品等（以 1 月份为例，一般会在当月的28日左右发生)。当企业发生这些日常费用时,会出现在财务经理的“待办事项”界面,并需要财务经理对相关费用进行“审批通过”,当审批通过后,各项业务需要出纳进行业务款项的支付处理。支付完成后,由财务经理所设置的会计分岗人员(会计1、会计2、会计3)前往“总账系统”,根据各业务的原始单据进行“凭证录入”。

1)仓储费

会计(会计3)根据“银行进账单”“增值税专用发票”完成相应的业务处理,如图4-225所示。

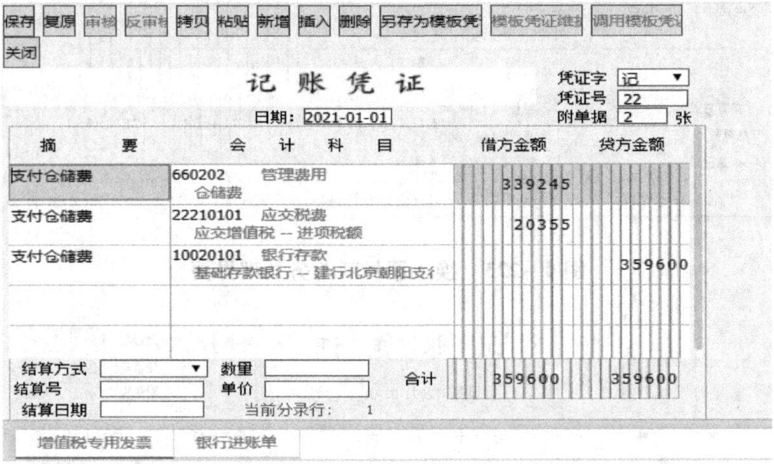

图4-225 “支付仓储费”业务处理界面

2)差旅费

运营(会计2)根据“报销单”完成相应的业务处理,如图4-226所示。

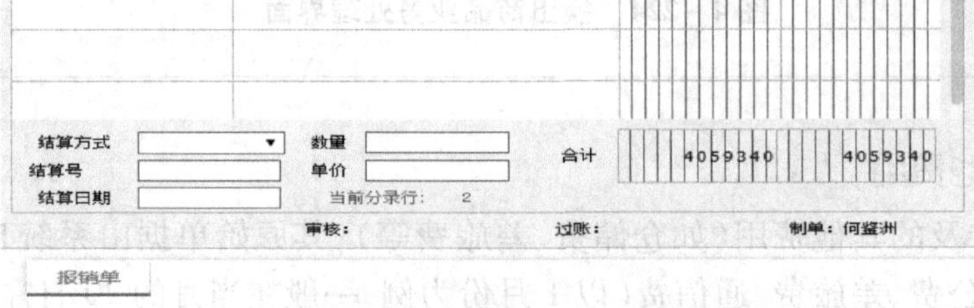

图4-226 “差旅费”业务处理界面

3）办公费

运营（会计2）根据“报销单”完成相应的业务处理，如图4－227所示。

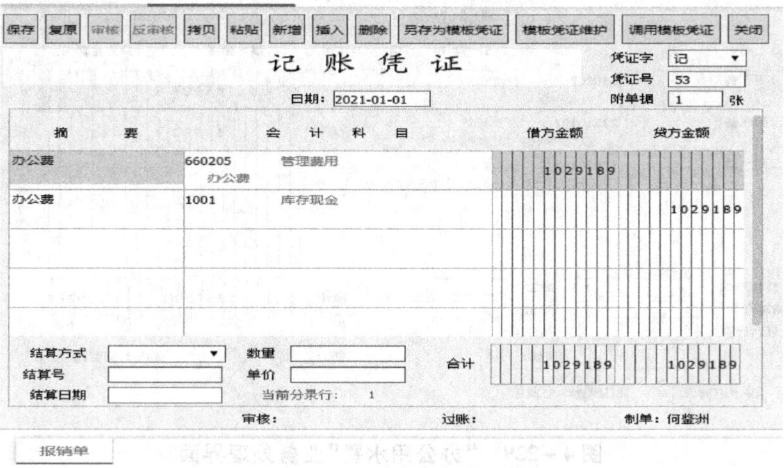

图4－227 “办公费”业务处理界面

4）通信费

运营（会计2）根据“银行进账单”“增值税专用发票”完成相应的业务处理，如图4－228所示。

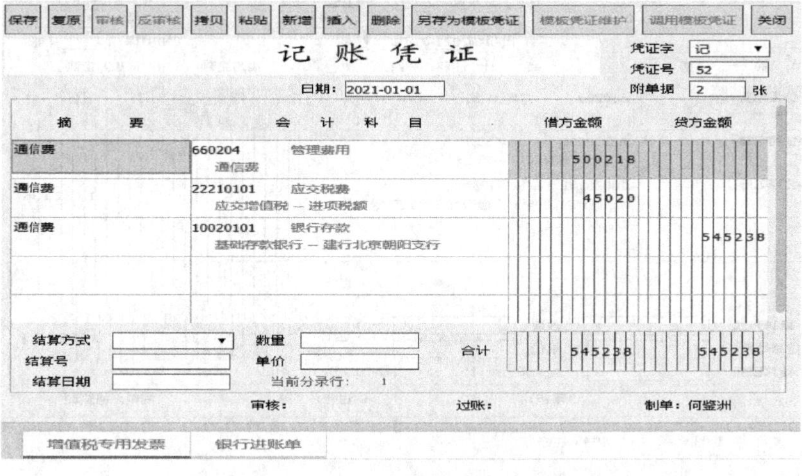

图4－228 “通信费”业务处理界面

5）办公用水费

运营（会计2）根据“银行进账单”“增值税专用发票”完成相应的业务处理，如图4－229所示。

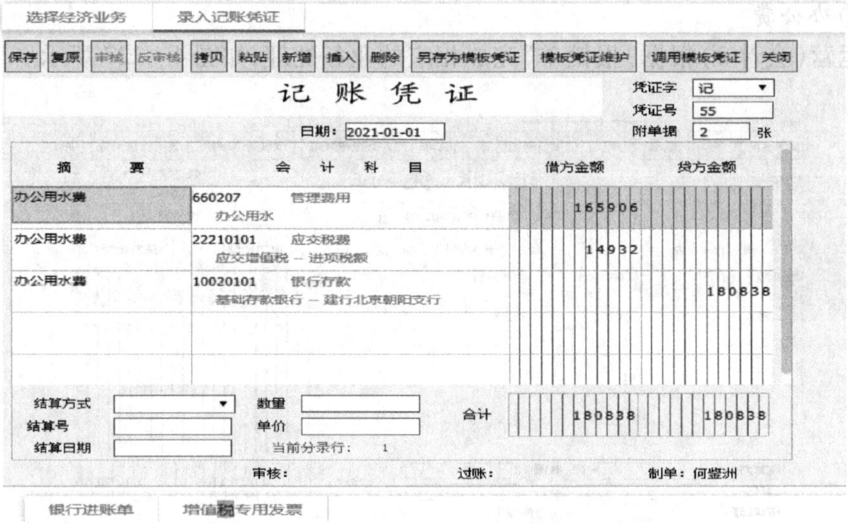

图 4－229 “办公用水费”业务处理界面

6)办公用电费

运营(会计 2)根据“银行进账单”“增值税专用发票”完成相应的业务处理，如图 4－230 所示。

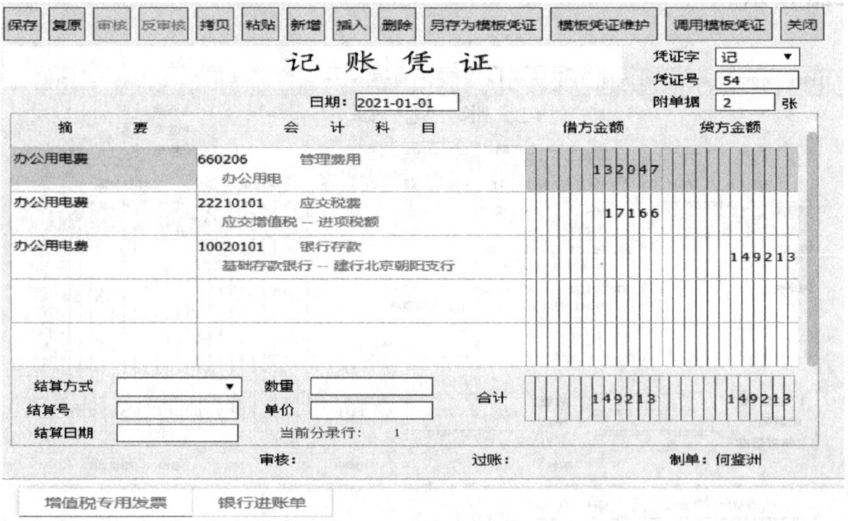

图 4－230 “办公用电费”业务处理界面

7)生产用水费

会计(会计 3)根据“银行进账单”“增值税专用发票”完成相应的业务处理，如图 4－231 所示。

图 4-231 支付生产用水费业务处理界面

8) 生产用电费

会计(会计 3)根据“银行进账单”“增值税专用发票”完成相应的业务处理,如图 4-232 所示。

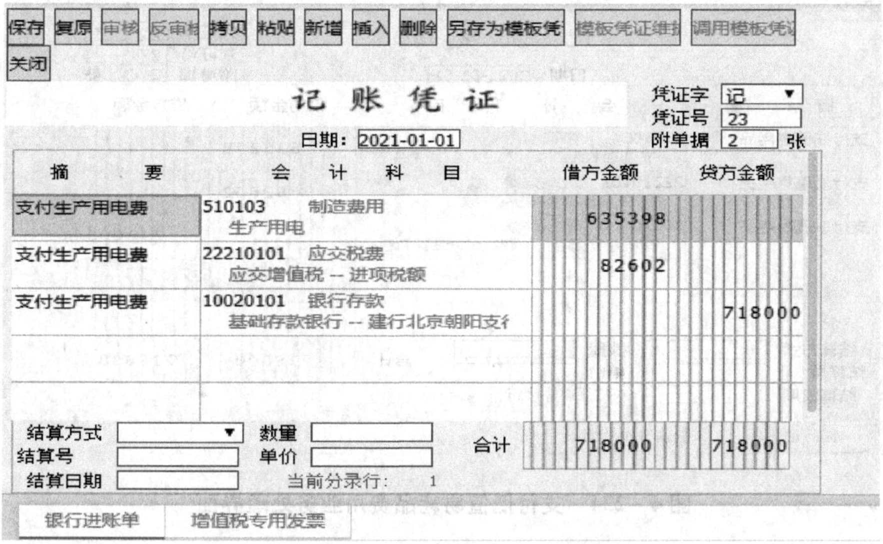

图 4-232 支付生产用电费业务处理界面

9) 业务招待费

运营(会计 2)根据“报销单”完成相应的业务处理,如图 4-233 所示。

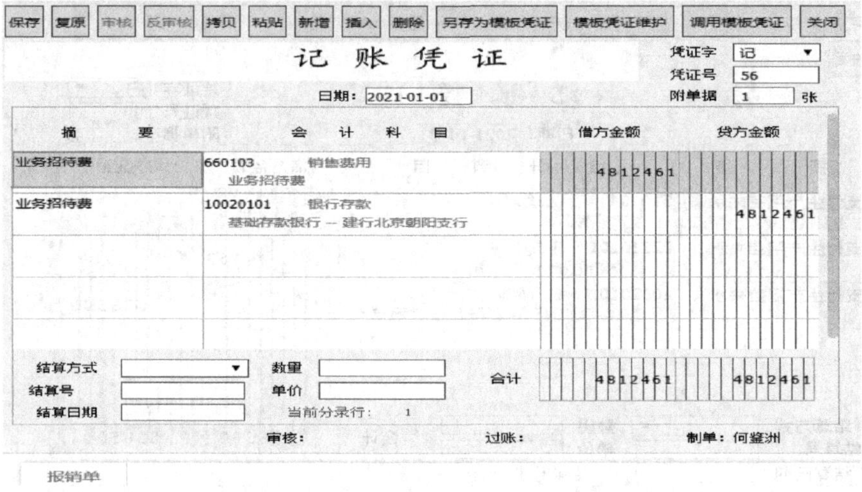

图 4-233 “业务招待费”业务处理界面

10)低值易耗品

会计(会计 3)根据“银行进账单”“增值税专用发票”完成相应的业务处理,如图 4-234 所示。

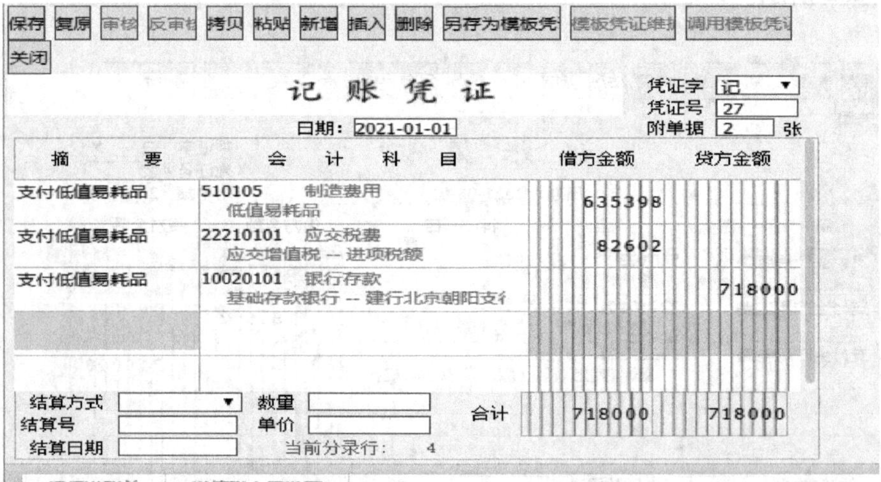

图 4-234 支付低值易耗品费用业务处理界面

11)凭证工本费

会计(会计 3)根据“凭证工本费清单”完成相应的业务处理,如图 4-235 所示。

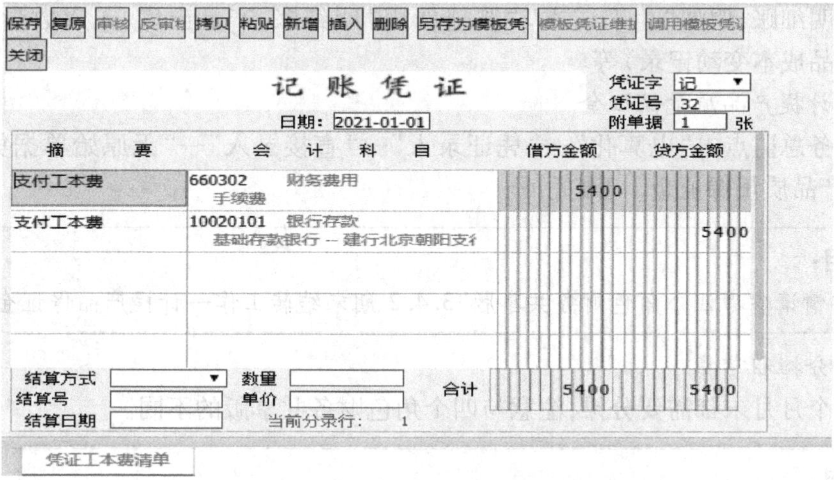

图 4－235　支付凭证工本费业务处理界面

12）支付利息

会计（会计 3）根据“银行利息回单”完成相应的业务处理，如图 4－236 所示。

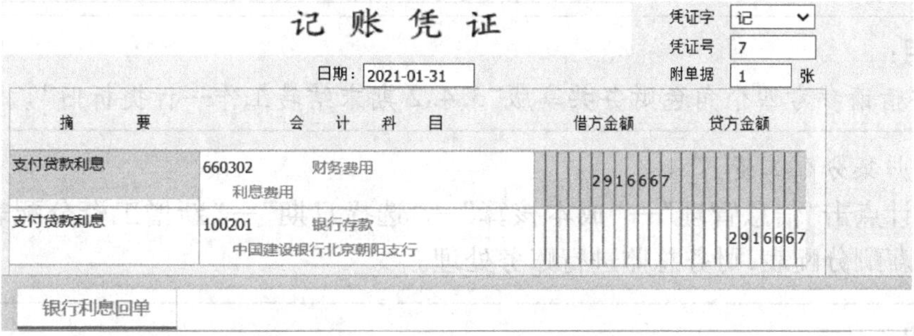

图 4－236　支付利息业务处理界面

4.4.2　期末工作结转

期末工作结转涉及的岗位主要为财务总监和会计。

在本平台中，期末工作结转主要包括：计提产品质量保证金，分摊租赁费（租赁的生产线、厂房、办公房），计提折旧，归集分配工资，归集分配制造费用，结转完工产品成本，结转销售商品成本，计提税费，凭证查询、审核、整理与过账，结转损益，期末结账。

在进行成本核算时，会计应根据成本计算的步骤，依次填写“计提折旧”“工资费用分配表”“制造费用分配”“完工产品与月末在产品成本分配表”，填写顺序不可调整。在填写成本计算表时，除了依据界面下方提供的原始单据外，还应查询所需要的明细账，例如“生产成本”“制造费用”明细账，产品出库、入库数量（物资部—产品成本变动记录）等。

1）计提产品质量保证金

财务总监点击“电算化”—“凭证录入”—“直接录入”—“无原始单据凭证”，填写“产品质量保证金”记账凭证。

★ **说明：**

详情请参考四个角色财务共享版“3.4.2 期末结转工作—计提产品保证金”。

2）分摊租赁费

每个月月末都需要分摊，注意与四个角色财务共享版的不同。

★ **说明：**

详情请参考四个角色财务共享版“3.4.2 期末结转工作—分摊租赁费”。

3）计提折旧

会计点击“信息管理”—“成本核算”—“选择日期”—“新增固定资产明细表”，填制“固定资产明细表”，运营进行账务处理。

★ **说明：**

详情请参考四个角色财务共享版“3.4.2 期末结转工作—计提折旧”。

4）归集分配工资

会计点击“信息管理”—“成本核算”—“选择日期”—“新增工资分配表”，填制工资薪酬分配表，财务总监进行账务处理。

★ **说明：**

详情请参考四个角色财务共享版“3.4.2 期末结转工作—归集分配工资”。

5）归集分配制造费用

会计点击“财务部”—“填制成本计算表”—“选择日期”—“新增制造费用分配表”，填制制造费用分配表，财务总监进行账务处理。

★ **说明：**

详情请参考四个角色财务共享版“3.4.2 期末结转工作—归集分配制造费用”。

6）结转完工产品成本

会计点击“信息管理”—“成本核算”—“选择日期”—“新增完工产品及在产品成本分配表”，填制完工产品及在产品成本分配表，财务总监进行账务处理。

★ **说明：**

详情请参考四个角色财务共享版“3.4.2 期末结转工作—结转完工产品成本”。

7）结转销售商品成本

财务总监点击“电算化”—“凭证录入”—“录入、稽核原始单据凭证”，填写产品出库单，并填制记账凭证。

★ **说明：**

详情请参考四个角色财务共享版“3.4.2 期末结转工作—结转销售商品成本”。

8）计提税费

财务总监点击“电算化”—“凭证录入”—“直接录入，无原始单据凭证”，填写计提税费的记账凭证。

★ **说明：**

详情请参考四个角色财务共享版“3.4.2 期末结转工作—计提税费”。

9）凭证查询、审核、整理、过账

具体操作参考4.2 总账系统。

（1）凭证查询

除财务经理外，各会计角色也可通过“凭证查询”查看各自已录入完成的会计凭证。若在审核之前，发现凭证差错，可点击“修改”按钮进入凭证修改状态；若财务经理已对凭证进行了审核又发现差错需进行修改，应先进行反审核，然后由凭证原填制人进行修改，财务经理无法对他人填制的出错凭证进行修改。

已填制完成生成的记账凭证，如修改时涉及原始单据的关联问题，则应先取消已用原始单据的关联性，再进行修改或重新填制。

操作步骤：先点击进入凭证查询页面，找到需修改的凭证，点击“关联单据”进入取消关联记账凭证界面，勾选与修改后的凭证无关的原始单据，然后再点击“取消关联记账凭证”按钮（修改后的凭证只保留与之相关的原始单据）。

注意：不能直接删除凭证，否则凭证会不连续，不能过账。

（2）凭证审核

凭证审核由财务经理操作，详情请参考四个角色财务共享版“3.4.2 期末结转工作—凭证审核”。

（3）凭证整理

凭证整理由财务经理操作，详情请参考四个角色财务共享版“3.4.2 期末结转工作—凭证整理”。

(4)凭证过账

凭证过账由财务经理操作,详情请参考四个角色财务共享版"3.4.2 期末结转工作—凭证过账"。

10)结转损益

结转损益由财务经理操作,详情请参考四个角色财务共享版"3.4.2 期末结转工作—结转损益"。

本财务决策平台损益的结转操作步骤如下(五个角色):

①将企业本期发生的所有经济业务全部处理完毕,并填制会计凭证,保证没有遗漏,即确保损益结转的凭证为本期最后一张凭证。

②由财务经理对所有凭证进行审核,确保凭证无误。

③财务经理对审核无误的凭证进行过账。

④过账后,财务经理进行损益结转,系统自动生成结转损益的凭证。

⑤财务经理对系统自动生成的损益结转凭证再进行审核、过账的操作,预生成资产负债表和利润表。

⑥财务经理审核预生成的资产负债表、利润表,确保无误方可进行结账。当期结账后将不能再进行录入凭证等账务处理操作,系统自动跳转到下个会计年度。

11)期末结账

期末结账由财务经理操作,详情请参考四个角色财务共享版"3.4.2 期末结转工作—期末结账"。

12)账簿报表

报表生成由财务经理操作,详情请参考四个角色财务共享版"3.4.2 期末结转工作—账簿报表"。

4.4.3 纳税申报业务

1)纳税申报流程

本平台纳税申报主要涉及财务总监和会计角色,其中:会计主要履行填写和申报各税种税单的职责,并在申报成功后进行相应的账务处理;财务总监负责审批相关申报表格并查看相应申报回单。以增值税为例,如表4-2所示。

表4-2 增值税(月申报)纳税申报流程图

角色	财务总监	会　计
具体执行	4. 审批增值税申报表 5. 交纳增值税 6. 查看增值税回单	1. 选择增值税 2. 选择增值税纳税申报表 3. 填写或修改增值税申报表,提交审批申请 7. 查看增值税并作出账务处理

2)增值税月申报

会计点击“信息管理”—“税务管理”—“申报增值税及所得税”,进入相应的申报界面,填写相关纳税申报表。确认无误后,点击“审批提交”,等待财务总监审批。

财务总监收到“纳税申报”申请后,点击“信息管理”—“税务管理”—“申报增值税及所得税”—“增值税计及所得税报税历史记录”—“查看”,进入审批界面进行审批。财务总监如选择“审批通过”,点击“纳税提交”,银行自动进行扣款。

会计在“增值税及所得税报税历史记录”栏点击“查看回单”,查看“电子缴税回单”并进入电算化模块进行账务处理。

详情请参考四个角色财务共享版“3.4.3 纳税申报业务—增值税月申报”。

3)所得税季度预缴申报

会计点击“信息管理”—“税务管理”—“申报增值税及所得税”,进入相应的申报界面,填写相关纳税申报表。确认无误后,点击“审批提交”,等待财务总监审批。

财务总监收到“纳税申报”申请后,进行审批。财务总监如选择“审批通过”,点击“纳税提交”,银行自动进行扣款。

会计在“增值税及所得税报税历史记录”栏点击“查看回单”,查看“电子缴税回单”并进入电算化模块进行账务处理。

详情请参考四个角色财务共享版“3.4.3 纳税申报业务—所得税季度预缴申报”。

4)其他税费申报

(1)月申报

会计点击“申报其他税费”—“其他税费申报表”—“月申报”,填写其他税费月申报表。确认无误后,点击“审批提交”,等待财务总监审批。

财务总监收到会计提交“纳税申报”申请的信息后进行审批,如选择“审批通过”,点击“纳税提交”,银行自动进行扣款。

会计在“其他税费报税历史记录”栏点击“查看回单”,查看“电子缴税回单”并进入电算化模块进行账务处理。

(2)季申报

本平台对房产税进行季申报,申报操作流程参考月申报。

详情请参考四个角色财务共享版“3.4.3 纳税申报业务—其他税费申报”。

5 税务稽查

5.1 税务稽查概述

5.1.1 税务稽查相关内容

1)税务稽查定义

税务稽查是依法对纳税人、扣缴义务人和其他涉税当事人履行纳税义务、扣缴义务情况及涉税事项进行检查处理,以及围绕检查处理开展的其他相关工作。本平台设计了税务稽查模块,是从税务的角度出发,对企业的账务和报税数据进行稽查,对于发现的问题形成报告提交给企业,让其进行整改,以税务稽查员的身份对运营企业进行税收补缴、罚款、收取滞纳金等处理,并出具稽查报告和调整分录。

2)税务稽查中各方的权利与义务

(1)税务稽查中税务机关的权利

税务稽查中税务机关的权利有:税务查账权、场地检查权、责成提供资料权、询问权、查证权、查核存款权、采取税收保全措施权(提前征收、责成提供纳税担保、阻止欠税者出境、暂停支付存款和扣押查封财产)、强制执行权(对于纳税人和扣缴义务人均可适用,但保全措施只适用于纳税人)、收集证据权、依法处罚权(罚款、没收非法所得和非法财物、停止出口退税)。

(2)税务稽查中被检查对象的权利

税务检查中被稽查对象的权利有:拒绝违法检查权、要求赔偿权、申请复议和诉讼权、要求听证权、索要收据和拒绝违法处罚权。

(3)税务稽查中税务机关的义务

税务稽查中税务机关的义务有四项,分别是出示证件、为纳税人保密、采取行政措施、开付单据。

(4)税务检查中被检查对象的义务

税务稽查中被检查对象的义务有三项,分别是接受税务机关依法检查(不作为的义务,只要不阻挠即为履行该义务)、如实反映情况、提供有关资料。

3)税务稽查的内容

在进行税务稽查时,具体稽查的内容分为以下七项:

第一项:稽查纳税人各种营业收入的核算与申报。

第二项:稽查纳税人各种成本费用的列支、转销及申报。

第三项:稽查纳税人其他各种纳税义务的核算及申报。

第四项:稽查纳税人收取或支付的价款、费用的定价情况。

第五项:稽查纳税人适用税率、减免税、出口退税的申报情况。

第六项:稽查应纳税款的计算、缴纳与申报情况。

第七项:稽查纳税人、扣缴义务人对税务管理规定的执行情况。

4)税务稽查的方法

税务稽查的方法包括财务指标分析法、账证核对法、比较法、实物盘点法、交谈询问法、外调法、突击检查法、控制计算法。

5)税务稽查的步骤

①选择被稽查的企业。

②调账检查。

③实地调查。

④编制"税务稽查底稿"和"税务稽查底稿(整理)分类表",录入稽查调整分录。

⑤向企业通报问题,核实事实,听取意见。

⑥填制"税务稽查报告"或者"税务稽查结论",计算企业补缴税额、滞纳金、罚款等。

⑦提交"税务稽查报告"给被审理单位,审查通过后,如果拟对被稽查企业进行税务行政处罚,编制"税务行政处罚事项告知书"给被稽查企业,被稽查企业可进行陈述、申辩。

⑧审理部门区分下列情形分别作出处理,并将相关文书递交被稽查企业:

*认为有税收违法行为,应当进行税务处理的,拟制税务处理决定书。

*认为有税收违法行为,应当进行税务行政处罚的,拟制"税务行政处罚决定书"。

*为税收违法行为轻微,依法可以不予税务行政处罚的,拟制"不予税务行政处罚决定书"。

*认为没有税收违法行为的,拟制"税务稽查结论"。

⑨处罚被稽查企业,强制执行补缴税款、滞纳金、罚款等。

⑩如被稽查企业同税务机关在纳税上发生争议,必须先依照税务机关的纳税决定缴纳或者解缴税款及滞纳金或者提供相应的担保,然后可以依法申请行政复议;对行政复议决定不服的,可以依法向人民法院起诉。

5.1.2 税收稽查中对重点税种的稽查要点

1)增值税稽查要点

①虚构废品收购业务、虚增进项税额。

②隐瞒销售收入。以代销为由对发出商品不入账、延迟入账,现金收入不入

账，主要产品账面数与实际库存不符。

③收取价外费用未计收入或将价外费用记入收入账户未计提销项税额；对尚未收回货款或向关联企业销售货物，不计或延缓计入销售收入；企业发生销售折让、销售退回未取得购买方当地主管税务机关开具的进货退出或索取折让证明，或未收回原发票联和抵扣联；企业以“代购”业务名义销售货物，少记销售收入；转供水、电、气等及销售材料不计销售收入的情况；混合销售行为未缴纳增值税。

④对固定资产改良等非应税项目领用材料未作进项税转出处理；对免税产品的原材料购进及领用单独核算，免税产品所用材料的进项税额未全额转出；企业从废旧物资回收企业购入的材料不属实；企业转供物业、福利等部门材料，其进项税额不作转出。

⑤采购环节未按规定取得增值税专用发票，货款支付是否一致。

⑥生产企业采取平销手段返利给零售商，零售商取得返利收入不申报纳税，不冲减进项税额。

⑦为隐瞒销售收入，故意不认证已取得的进项票，不抵扣进项税额，人为调节税负水平。

⑧虚开农副产品收购发票抵扣税款。［利用投入产出方法，检查评估收购农副产品数量、种类与其产成品（销售）是否对应］

⑨购进非农副产品、向非农业生产者收购农产品或盗用农业生产者的身份开具农副产品收购发票；虚抬收购价格、虚假增大收购数量。

⑩“以物易物”“以物抵债”行为，未按规定正确核算销项税额；开具的增值税专用发票，结算关系不真实，虚开或代开专用发票。

⑪从事非应税业务而抵扣进项税额；取得不符合规定和抵扣要求的抵扣凭证抵扣进项税额；多计进项税额、少作进项税额转出；非正常损失计算了进项税额；扩大进项税额的抵扣范围。

2）企业所得税稽查要点

①多转生产成本，影响当期损益，少缴企业所得税。

②以货易货、以货抵股利/福利，少缴企业所得税。

③将不属于生产的水电、煤炭开支记入“制造费用”，增大成本费用；故意扩大预提项目或多提预提费用，冲减当期损益。

④资本性支出挤占成本、费用。

⑤视同销售的事项少计收入。

⑥企业的资产报损未经过审批。

⑦房租收入、固定资产清理收入及关联交易收入，未按税法规定申报缴纳企业所得税。

⑧不及时结转收入，推迟交纳税款。

⑨将已实现的收入挂在预收款或其他应付款中，少计收入。

⑩将抵顶货款的房子、汽车等财产处理后不入账，形成账外经营。

⑪用不正规发票入账，虚列成本、费用。

⑫多列支出。以虚开服务业的发票虚增成本、套取现金，虚增人员工资套取现金，以办公费用的名义开具发票套取现金，以虚增广告支出的方式通过广告公司套取现金；通过设立关联的销售公司、办事处，以经费、销售费用的名义虚列支出套取现金。

5.1.3 企业纳税风险规避

企业纳税风险是企业的涉税行为因未能正确有效遵守税收法规而导致企业未来利益的可能损失，具体表现为企业涉税行为影响纳税准确性的不确定因素，结果就是企业多交了税或者少交了税。企业管理层应确立自觉遵守税收法律法规的经营环境，严格按照税法和会计准则进行核算，定期进行纳税评估，无论是否被税务机关列为稽查对象都应该定期对自身的纳税情况进行自查。

自查工作应涵盖企业生产经营涉及的全部税种，其中两个主要税种的自查内容和要点如下：

1）增值税

①用于抵扣进项税额的增值税专用发票是否真实合法：是否有开票单位与收款单位不一致或票面所记载货物与实际入库货物不一致的发票用于抵扣。

②是否存在购进材料、电、气等货物用于在建工程、集体福利等非应税项目等未按规定转出进项税额的情况。

③销售收入是否完整及时入账：是否存在以货易货交易未计收入的情况；是否存在以货抵债收入未计收入的情况；是否存在销售产品不开发票，取得的收入不按规定入账的情况；是否存在销售收入长期挂账不转收入的情况；是否存在将收取的销售款项，先支付费用（如购货方的回扣、推销奖、营业费用、委托代销商品的手续费等），再将余款入账作收入的情况。

④是否存在视同销售行为、未按规定计提销项税额的情况：将自产或委托加工的货物用于非应税项目、集体福利或个人消费，如用于内设的食堂、宾馆、医院、托儿所、学校、俱乐部、家属社区等部门，不计或少计应税收入；将自产、委托加工或购买的货物用于投资、分配、无偿捐助等，不计或少计应税收入。

2）企业所得税

①企业取得的各种收入是否存在未按所得税权责发生制原则确认计税的问题。

②企业资产评估增值是否并入应纳税所得额。

③取得非货币性资产收入或权益是否计入应纳税所得额。

④是否存在利用虚开发票或虚列人工费等虚增成本。

⑤是否存在使用不符合税法规定的发票及凭证,列支成本费用。

⑥是否存在超标准列支业务宣传费、业务招待费和广告费。

⑦是否存在与其关联企业之间的业务往来,不按照独立企业之间的业务往来收取或者支付价款、费用而减少应纳税所得额,未作纳税调整。

5.2 税务稽查操作

为了完成稽查工作,本平台设置了四个步骤:选择被稽查企业;编制工作底稿;录入账务调整通知;提交税务稽查报告。其中,核心的内容是通过辅助稽查功能全面掌握企业的账务处理情况和纳税申报情况。辅助稽查由以下几项构成:各税种实缴金额稽查,防止企业漏报或错报税收;特殊凭证稽查,如调整凭证,其他无附件凭证等;成本计算稽查,稽查企业成本计算是否完整、正确,是否符合税法和会计准则的基本要求;索取发票和开具发票稽查,稽查企业是否按时开具发票,收入确认时间和开票时间是否与税法相符;稽查企业银行、现金日记账和系统对账单及现金实盘流水是否一致;系统存货库存实盘数和企业存货数量金额明细账是否相符。

5.2.1 如何选择被稽查企业

1)选案

根据国家税务总局印发的《税务稽查工作规程》,选择被稽查企业称为选案。稽查局应当通过多种渠道获取案源信息,集体研究,合理、准确地选择和确定稽查对象。选案部门负责稽查对象的选取,并对税收违法案件查处情况进行跟踪管理。

选案部门对案源信息采取计算机分析、人工分析、人机结合分析等方法进行筛选,发现有税收违法嫌疑的,应当确定为待查对象。选案的指标如下:

(1)计算机选案指标

①增值税有关选案指标:

进项税额 - 销项税额 >0,连续超过3个月。

销售税金负担率低于同行业平均税负率(或低于同行业最低税负控制线)。

销售税金与销售收入变化幅度不同步。

销项税金与进项税金变化幅度不同步。

②企业所得税选案指标:

销售利润率(纵向比较大幅下降、横向比较明显偏低)。

销售毛利率、销售成本利润率、投资收益率。

人均工资额(= 工资总额 ÷ 平均职工人数)。

固定资产综合折旧率(=本期折旧额÷平均固定资产原值)。

综合指标:销售收入变化幅度>30%。

6个月内累计3次零负申报。

6个月内发票用量与收入申报为零。

(2)案头审计分析选案指标

①申报与发票销售收入对比:申报收入<发票销售收入。

②申报销项税额与发票销项税额对比,申报进项税额与抵扣联对比。

③进项税额增幅超过销售收入增幅30%。

④出口金额变化幅度。

⑤工资总额-计税工资-纳税调增>0。

⑥三项经费(福利、工会、教育)提取额-计税工资附加扣除限额-纳税调增>0。

2)平台税收稽核操作步骤

(1)登录税务稽查界面

稽查人员点击“稽查按钮”,登录稽查系统。点击“网上税务局”,进入“税务稽查”界面。该界面左边有四个操作菜单,分别是管辖企业、工作底稿查询、账务调整通知和稽查报告查询。界面右边显示的是左边菜单的具体内容。点击相应的菜单,菜单包含的内容会显示在界面的右边。其中工作底稿查询、账务调整通知和稽查报告查询等查询界面,用于查看已经稽查过的底稿、通知和报告。管辖企业是可以稽查的企业,如图5-1、图5-2、图5-3所示。

图5-1 平台登录界面

图 5－2 “网上税务局”界面

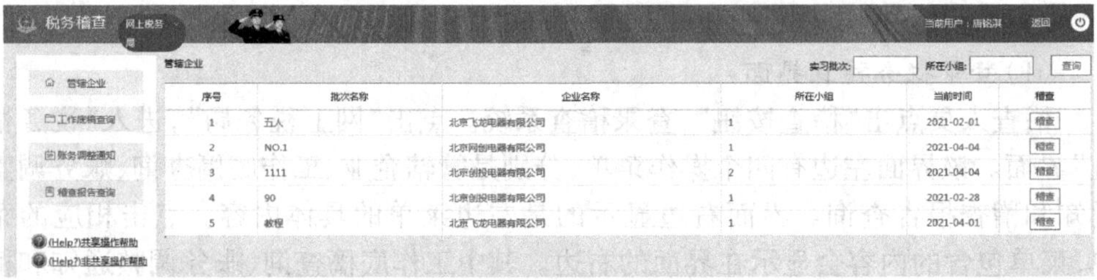

图 5－3 “税务稽查”界面

(2)选择被稽查企业

在“税务稽查”界面，点击选定的被稽查企业，被稽查企业是教师预先分配的，点击“稽查”，进入“税务稽查”流程图界面，如图 5－4 所示。

图 5－4 “税务稽查”流程图界面

5.2.2 编制工作底稿

5.2.2.1 税务工作底稿概述

1)税务稽查工作底稿的概念

税务稽查工作底稿是税务人员从事税务稽查时,对稽查过程和检查事项所作出的原始记录。它是稽查报告形成的基础,是对稽查报告进行审理的最直接的参照资料,是检验检查质量好坏的最全面的原始资料,也是对税收违法行为处罚的依据。稽查工作底稿质量高低,对整个稽查工作质量的好坏有至关重要的影响。编制检查工作底稿应当做到内容完整、观点明确。为此,编制工作底稿前应充分收集被稽查企业的各类涉税信息。

2)收集被稽查企业的涉税信息的方法

收集被稽查企业的涉税信息的方法主要有调账检查和实地检查。

(1)调账检查

调账检查要经历三个层次,即对会计账簿、凭证和报表的审核;五个步骤,即对会计报表、纳税申报表、有关计税依据账户、与计税依据相关且可能隐匿计税依据账户的审核以及会计账户与相关的会计凭证的比对审核。同时,注重检查会计核算的合法性、真实性、正确性。

(2)实地检查

★检查商品、货物或其他财产是否与账证相符。

★检查账簿、凭证等会计资料档案的设置、保存情况,特别是原始凭证的保存情况。

★检查当事人计算机及其服务器的数据信息情况。

★检查当事人隐藏的账外证据资料,获取涉税违法的直接证据。

3)税务稽查工作底稿的内容

税务稽查人员编制的税务稽查工作底稿应包括下列基本内容:

①被稽查单位名称;

②税务稽查项目名称;

③税务稽查项目时点或期间;

④税务稽查过程记录;

⑤税务稽查标识及其说明;

⑥税务稽查结论;

⑦索引号及页次;

⑧编制者姓名及编制日期;

⑨复核者姓名及复核日期;

⑩其他应说明事项。

5.2.2.2 编制工作底稿平台操作

点击“编制工作底稿”,进入工作底稿查询界面,如图 5-5 所示。该界面分上下两部分,上半部分在右上方有五个可操作按钮,分别是“稽查成绩”“辅助稽查”“辅助稽查(对比数据)”“新增工作底稿”“对比数据”,已经编制完成的稽查工作底稿也显示在这里。下面显示被稽查企业所有与稽查相关的信息,包括企业信息、记账凭证、总账、明细账、数量金额账、财务报表、银行对账单、存货库存表、现金流水账、企业合同、纳税申报表、发票清单,均可以点击查看。

辅助稽查(对比数据)功能介绍如下:

点击“辅助稽查(对比数据)”,进入“辅助稽查数据比较”界面。该界面上方有七个操作按钮,分别是“稽查增值税”“稽查其他税费税额”“现金银行存货核对单”“成本稽查”“财务报表”“增值税月申报”“年度所得税”。通过以上七个步骤的操作,可以对企业的税收申报、缴纳、账务处理正确与否作出初步判断。下面逐一介绍七个部分的操作。

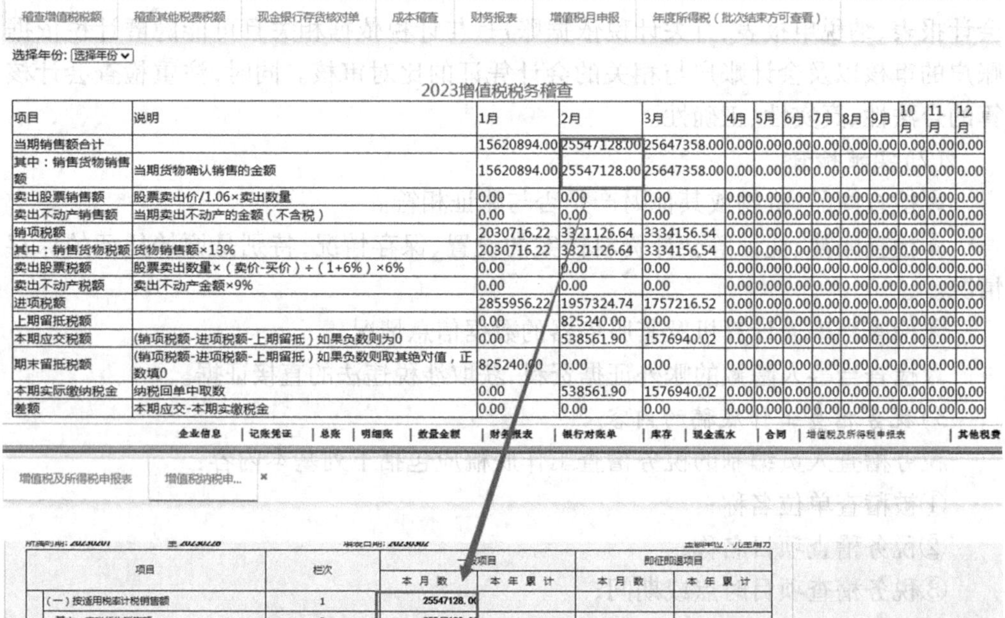

2023增值税税务稽查

项目	说明	1月	2月	3月	4月	5月	6月	7月	8月	9月	10月	11月	12月
当期销售额合计		15620894.00	25547128.00	25647358.00	0.00	0.00	0.00	0.00	0.00	0.00	0.00	0.00	0.00
其中：销售货物销售额	当期货物确认销售的金额	15620894.00	25547128.00	25647358.00	0.00	0.00	0.00	0.00	0.00	0.00	0.00	0.00	0.00
卖出股票销售额	股票卖出价/1.06×卖出数量	0.00	0.00	0.00	0.00	0.00	0.00	0.00	0.00	0.00	0.00	0.00	0.00
卖出不动产销售额	当期卖出不动产的金额（不含税）	0.00	0.00	0.00	0.00	0.00	0.00	0.00	0.00	0.00	0.00	0.00	0.00
销项税额		2030716.22	3321126.64	3334156.54	0.00	0.00	0.00	0.00	0.00	0.00	0.00	0.00	0.00
其中：销售货物税额	货物销售额×13%	2030716.22	3321126.64	3334156.54	0.00	0.00	0.00	0.00	0.00	0.00	0.00	0.00	0.00
卖出股票税额	股票卖出数量×（卖价-买价）÷（1+6%）×6%	0.00	0.00	0.00	0.00	0.00	0.00	0.00	0.00	0.00	0.00	0.00	0.00
卖出不动产税额	卖出不动产金额×9%	0.00	0.00	0.00	0.00	0.00	0.00	0.00	0.00	0.00	0.00	0.00	0.00
进项税额		2855956.22	1957324.74	1757216.52	0.00	0.00	0.00	0.00	0.00	0.00	0.00	0.00	0.00
上期留抵税额		0.00	825240.00	0.00	0.00	0.00	0.00	0.00	0.00	0.00	0.00	0.00	0.00
本期应交税额	(销项税额-进项税额-上期留抵）如果负数则为0	0.00	538561.90	1576940.02	0.00	0.00	0.00	0.00	0.00	0.00	0.00	0.00	0.00
期末留抵税额	(销项税额-进项税额-上期留抵）如果负数则取其绝对值，正数填0	825240.00	0.00	0.00	0.00	0.00	0.00	0.00	0.00	0.00	0.00	0.00	0.00
本期实际缴纳税金	纳税回单中取数	0.00	538561.90	1576940.02	0.00	0.00	0.00	0.00	0.00	0.00	0.00	0.00	0.00
差额	本期应交-本期实缴税金	0.00	0.00	0.00	0.00	0.00	0.00	0.00	0.00	0.00	0.00	0.00	0.00

项目	栏次	一般项目 本月数	一般项目 本年累计	即征即退项目 本月数	即征即退项目 本年累计
(一）按适用税率计税销售额	1	25547128.00			
其中：应税货物销售额	2	25547128.00			

图 5-5　辅助稽查数据比较界面

1)稽查增值税

进入到“稽查增值税”界面,如图 5-6 所示。首先显示的是××××年增值税稽查,年度可以选择,选择后,显示该年税务稽查表。以增值税为例,表格上显示已做账月份的销项税额、进项税额、本期应交税额、本期实缴税额、差额等数据。其中，前面部分的数据取自系统原始数据，“本期应交税额”是系统原始数据计算出来的结果。“本期实缴税费”取自企业纳税申报表，用系统原始数据和企业纳税申报数据比对，如果两者一致，差额为零，可以初步判断企业纳税申报基本正确；如果两者不一致，若差额不为零，初步判断企业纳税申报有误。

稽查增值税税额 | 稽查其他税费税额 | 现金银行存货核对单 | 成本稽查 | 财务报表 | 增值税月申报 | 年度所得税（批次结束方可查看）

选择年份：选择年份

2023增值税税务稽查

项目	说明	1月	2月	3月	4月	5月	6月	7月	8月	9月	10月	11月	12月
当期销售额合计		15620894.00	25547128.00	25647358.00	0.00	0.00	0.00	0.00	0.00	0.00	0.00	0.00	0.00
其中：销售货物销售额	当期货物确认销售的金额	15620894.00	25547128.00	25647358.00	0.00	0.00	0.00	0.00	0.00	0.00	0.00	0.00	0.00
卖出股票销售额	股票卖出价/1.06×卖出数量	0.00	0.00	0.00	0.00	0.00	0.00	0.00	0.00	0.00	0.00	0.00	0.00
卖出不动产销售额	当期卖出不动产的金额（不含税）	0.00	0.00	0.00	0.00	0.00	0.00	0.00	0.00	0.00	0.00	0.00	0.00
销项税额		2030716.22	3321126.64	3334156.54	0.00	0.00	0.00	0.00	0.00	0.00	0.00	0.00	0.00
其中：销售货物税额	货物销售额×13%	2030716.22	3321126.64	3334156.54	0.00	0.00	0.00	0.00	0.00	0.00	0.00	0.00	0.00
卖出股票税额	股票卖出数量×（卖价-买价）÷（1+6%）×6%	0.00	0.00	0.00	0.00	0.00	0.00	0.00	0.00	0.00	0.00	0.00	0.00
卖出不动产税额	卖出不动产金额×9%	0.00	0.00	0.00	0.00	0.00	0.00	0.00	0.00	0.00	0.00	0.00	0.00
进项税额		2855956.22	1957324.74	1757216.52	0.00	0.00	0.00	0.00	0.00	0.00	0.00	0.00	0.00
上期留抵税额		0.00	825240.00	0.00	0.00	0.00	0.00	0.00	0.00	0.00	0.00	0.00	0.00
本期应交税额	(销项税额-进项税额-上期留抵）如果负数则为0	0.00	538561.90	1576940.02	0.00	0.00	0.00	0.00	0.00	0.00	0.00	0.00	0.00
期末留抵税额	(销项税额-进项税额-上期留抵）如果负数则取其绝对值，正数填0	825240.00	0.00	0.00	0.00	0.00	0.00	0.00	0.00	0.00	0.00	0.00	0.00
本期实际缴纳税金	纳税回单中取数	0.00	538561.90	1576940.02	0.00	0.00	0.00	0.00	0.00	0.00	0.00	0.00	0.00
差额	本期应交-本期实缴税金	0.00	0.00	0.00	0.00	0.00	0.00	0.00	0.00	0.00	0.00	0.00	0.00

图 5－6 “稽查增值税税额”界面

2）稽查其他税费税额

“稽查其他税费税额”的功能作用和增值税的基本一致。“应交税额”是系统原始数据计算出来的结果，“实缴税费”取自企业纳税申报表。用系统原始数据和企业纳税申报数据比对，如果两者一致，差额为零，可以初步判断企业其他税费纳税申报基本正确；如果两者不一致，差额不为零，初步判断企业纳税申报有误。详见图 5－7 所示。

选择年份：选择年份
选择年份
2023

2023其他税费税务稽查

项目		说明	1月	2月	3月	4月	5月	6月	7月	8月	9月	10月	11月	12月
应交城建税		增值税本期应交税款×7%	0.00	37699.33	110385.80	0.00	0.00	0.00	0.00	0.00	0.00	0.00	0.00	0.00
实际缴纳城建税		纳税回单中取数	0.00	37699.33	110385.80	0.00	0.00	0.00	0.00	0.00	0.00	0.00	0.00	0.00
差额		本期应交-本期实缴税金	0.00	0.00	0.00	0.00	0.00	0.00	0.00	0.00	0.00	0.00	0.00	0.00
应交教育费附加		增值税本期应交税款×3%	0.00	16156.86	47308.20	0.00	0.00	0.00	0.00	0.00	0.00	0.00	0.00	0.00
实际缴纳教育费附加		纳税回单中取数	0.00	16156.86	47308.20	0.00	0.00	0.00	0.00	0.00	0.00	0.00	0.00	0.00
差额		本期应交-本期实缴税金	0.00	0.00	0.00	0.00	0.00	0.00	0.00	0.00	0.00	0.00	0.00	0.00
房产税（从价征收）|70%		从价征收，按70%计税比例计算，按季度缴纳	0.00	0.00	0.00	0.00	0.00	0.00	0.00	0.00	0.00	0.00	0.00	0.00
实际缴纳房产税		纳税回单中取数	0.00	0.00	0.00	0.00	0.00	0.00	0.00	0.00	0.00	0.00	0.00	0.00
差额		本期应交-本期实缴税金	0.00	0.00	0.00	0.00	0.00	0.00	0.00	0.00	0.00	0.00	0.00	0.00
印花税	税目	税率（%）/单位税额												
	货物运输合同	0.0500	18.91	17.00	21.25	0.00	0.00	0.00	0.00	0.00	0.00	0.00	0.00	0.00
	资金账簿	0.0250	1250.00	0.00	0.00	0.00	0.00	0.00	0.00	0.00	0.00	0.00	0.00	0.00
	借款合同	0.0050	250.00	0.00	0.00	0.00	0.00	0.00	0.00	0.00	0.00	0.00	0.00	0.00
	财产租赁合同	0.1000	8739.98	0.00	0.00	0.00	0.00	0.00	0.00	0.00	0.00	0.00	0.00	0.00
	产权转移书据	0.0500	0.00	0.00	0.00	0.00	0.00	0.00	0.00	0.00	0.00	0.00	0.00	0.00
	购销合同	0.0300	11939.39	11333.81	10941.53	0.00	0.00	0.00	0.00	0.00	0.00	0.00	0.00	0.00
	权利许可证照	5.0000	5.00	0.00	0.00	0.00	0.00	0.00	0.00	0.00	0.00	0.00	0.00	0.00
	加工承揽合同	0.0500	778.30	0.00	0.00	0.00	0.00	0.00	0.00	0.00	0.00	0.00	0.00	0.00
	仓储保管合同	0.1000	22.36	43.61	32.59	0.00	0.00	0.00	0.00	0.00	0.00	0.00	0.00	0.00
	应交税额		23003.94	11394.42	10995.37	0.00	0.00	0.00	0.00	0.00	0.00	0.00	0.00	0.00
	实缴税额		23003.94	11394.42	10995.37	0.00	0.00	0.00	0.00	0.00	0.00	0.00	0.00	0.00

图 5－7 “稽查其他税费税额”界面

3）现金银行存货核对单

在“辅助稽查（对比数据）”界面，第四项查询的内容是“现金银行存货核对单”，该功能又分为四个不同表单，分别是“现金核对单”“银行核对单”“存货核对单”“收入核对单”，如图5－8所示。

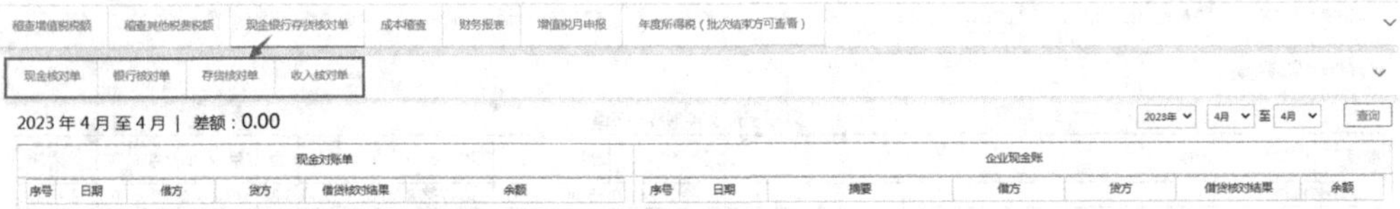

图5－8 “现金银行存货核对单”界面

（1）现金核对单

点击“现金核对单”按钮，输入查询时间，点击“查询”，系统显示现金核对界面，如图5－9所示。界面左边是“现金对账单”，数据来源于企业运营界面经济业务，相当于企业现金实存数；右边是“企业现金账”，数据来源于电算化模块的现金日记账。两边数据对比，完全相符的数据，系统会自动在“核对结果”处用√表示，说明企业记账正确。对于检索中关键字不相同的数据，系统会用红字表示，提示稽查人员进一步调查，有可能是企业记账时出错。差额显示在右上方，如果差额为零，说明企业现金业务记账基本正确；如果不为零，则现金业务记账有错，要进行进一步的稽查。

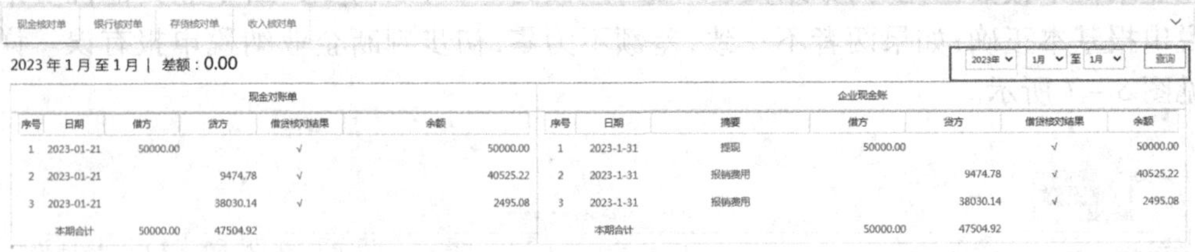

图5－9 “现金核对单”界面

（2）银行核对单

在“现金银行存货核对单”界面下，点击“银行核对单”按钮，由于银行存款开设明细科目进行核算，所以要通过下拉菜单选择明细科目，然后再输入查询年度和月份（与现金核对不同，银行核对一次只能核对1个月的账单），点击“查询”，系统显示银行对账界面，如图5－10所示。界面左边是“银行对账单”，数据来源于企业运营界面经济业务，相当于实务中的银行对账单；右边是企业银行账，数据来源于电算化模块的银行日记账。与“现金核对单”相同，两边数据对比，完全相符的数据，系统会自动在“核对结果”处用√表示，说明企业记账正确。对于检索中关键字不相同的数据，系统会用红字表示，提示稽查人员进一步调查，有可能是企业记账时出错。差额显示在右上方，如果差额为零，说明企业现金业务记账基本正确；如果不为零，则现金业务记账有错，要进行进一步的稽查。

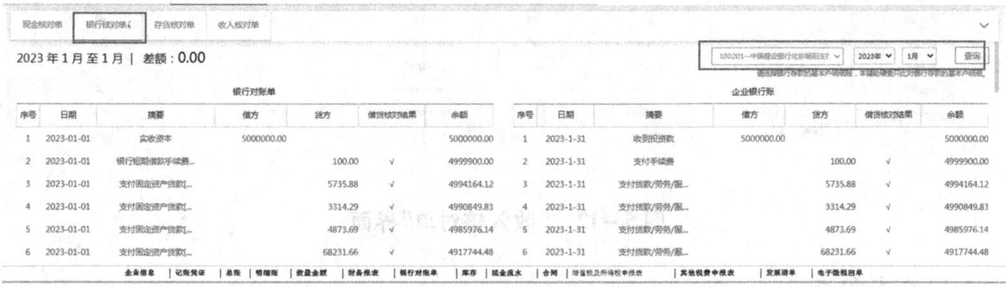

银行对账单

序号	日期	摘要	借方	贷方	借贷核对结果	余额
1	2023-01-01	实收资本	5000000.00			5000000.00
2	2023-01-01	银行短期借款手续费...		100.00	√	4999900.00
3	2023-01-01	支付固定资产货款[...		5735.88	√	4994164.12
4	2023-01-01	支付固定资产货款[...		3314.29	√	4990849.83
5	2023-01-01	支付固定资产货款[...		4873.69	√	4985976.14
6	2023-01-01	支付固定资产货款[...		68231.66	√	4917744.48

企业银行账

序号	日期	摘要	借方	贷方	借贷核对结果	余额
1	2023-1-31	收到投资款	5000000.00			5000000.00
2	2023-1-31	支付手续费		100.00	√	4999900.00
3	2023-1-31	支付货款/劳务/服...		5735.88	√	4994164.12
4	2023-1-31	支付货款/劳务/服...		3314.29	√	4990849.83
5	2023-1-31	支付货款/劳务/服...		4873.69	√	4985976.14
6	2023-1-31	支付货款/劳务/服...		68231.66	√	4917744.48

图 5－10 “银行核对单”界面

（3）存货核对单

在“现金银行存货核对单”界面下，点击“存货核对单”按钮，输入查询年度和月份，点击“查询”，系统显示存货对账界面，如图 5－11 所示。界面显示原材料的账存、实存、盈亏的数量和金额以及产成品的账存、实存、盈亏的数量和金额。在稽查过程中，如果数量相符，可以忽略不计金额的尾差，金额尾差一般是凭证和账簿小数点保留位数不一致造成的。

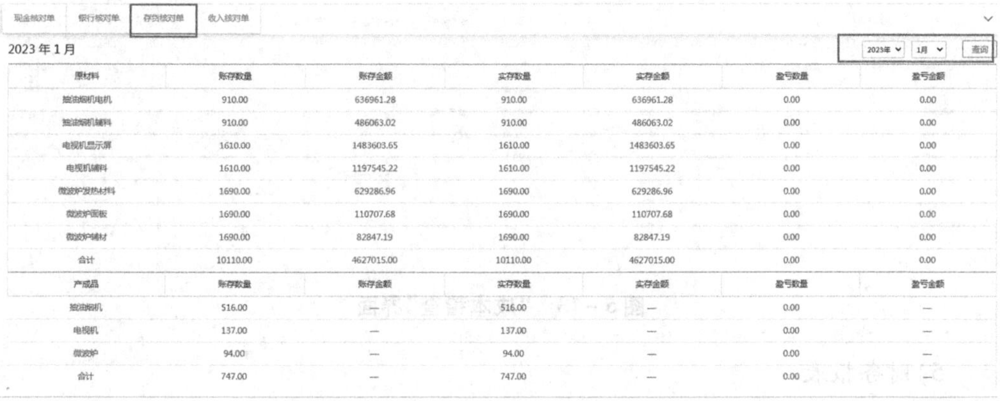

原材料	账存数量	账存金额	实存数量	实存金额	盈亏数量	盈亏金额
抽油烟机电机	910.00	636961.28	910.00	636961.28	0.00	0.00
抽油烟机辅料	910.00	486063.02	910.00	486063.02	0.00	0.00
电视机显示屏	1610.00	1483603.65	1610.00	1483603.65	0.00	0.00
电视机辅料	1610.00	1197545.22	1610.00	1197545.22	0.00	0.00
微波炉发热材料	1690.00	629286.96	1690.00	629286.96	0.00	0.00
微波炉面板	1690.00	110707.68	1690.00	110707.68	0.00	0.00
微波炉辅材	1690.00	82847.19	1690.00	82847.19	0.00	0.00
合计	10110.00	4627015.00	10110.00	4627015.00	0.00	0.00
产成品	账存数量	账存金额	实存数量	实存金额	盈亏数量	盈亏金额
抽油烟机	516.00	—	516.00	—	0.00	—
电视机	137.00	—	137.00	—	0.00	—
微波炉	94.00	—	94.00	—	0.00	—
合计	747.00	—	747.00	—	0.00	—

图 5－11 “存货核对单”界面

（4）收入核对单

在“现金银行存货核对单”界面下，点击“收入核对单”按钮，输入查询年度和月份，点击“查询”，系统显示收入对账界面。界面左边显示“系统发票明细”，右边显示“主营业务明细”。同样是用系统数据与企业电算化模块的账簿数据进行比对，如果不符，会显示差额，提示稽查人员进一步稽查；相符的情况下，差额为零，如图 5－12 所示。

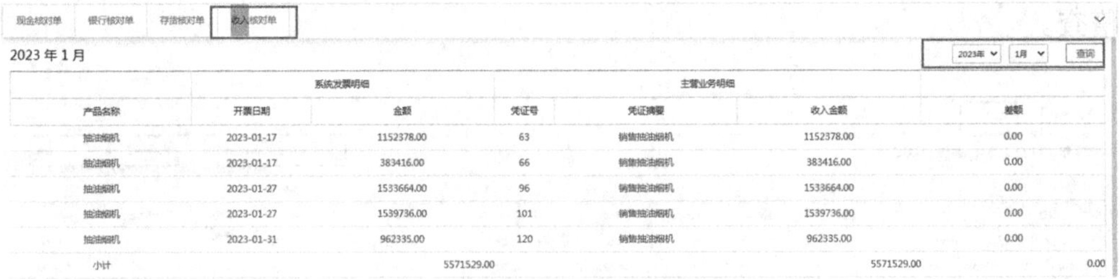

	系统发票明细		主营业务明细			
产品名称	开票日期	金额	凭证号	凭证摘要	收入金额	差额
抽油烟机	2023-01-17	1152378.00	63	销售抽油烟机	1152378.00	0.00
抽油烟机	2023-01-17	383416.00	66	销售抽油烟机	383416.00	0.00
抽油烟机	2023-01-27	1533664.00	96	销售抽油烟机	1533664.00	0.00
抽油烟机	2023-01-27	1539736.00	101	销售抽油烟机	1539736.00	0.00
抽油烟机	2023-01-31	962335.00	120	销售抽油烟机	962335.00	0.00
小计		5571529.00			5571529.00	0.00

图 5－12　“收入核对单”界面

4）成本稽查

在成本稽查中，主要包括工资薪酬费用分配表、制造费用分配表、完工产品与月末在产品分配表。一般，左半部分“企业填制单据”，为学生填制单据。右半部分“系统生成单据”为系统给出正确数据，输入对应月份查询即可迅速查找出错误点，如图 5－13 所示（以工资薪酬费用分配表为例）。

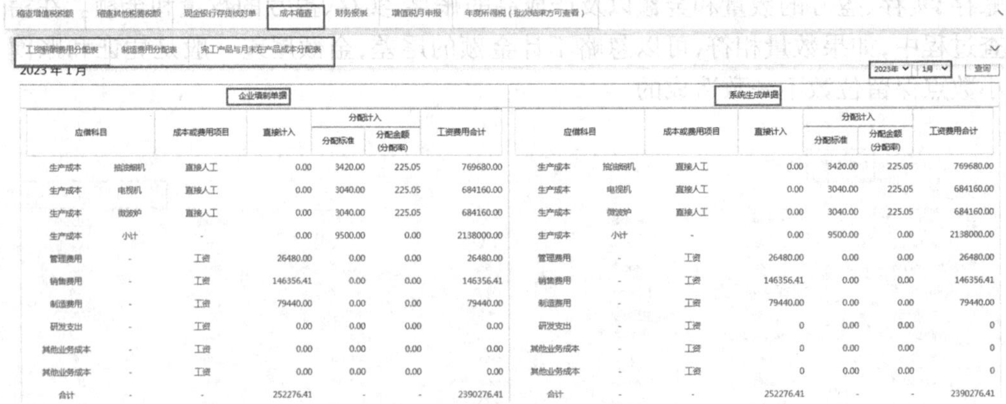

企业填制单据

应借科目		成本或费用项目	直接计入	分配计入		工资费用合计
				分配标准	分配金额(分配率)	
生产成本	抽油烟机	直接人工	0.00	3420.00	225.05	769680.00
生产成本	电视机	直接人工	0.00	3040.00	225.05	684160.00
生产成本	微波炉	直接人工	0.00	3040.00	225.05	684160.00
生产成本	小计	-	0.00	9500.00	0.00	2138000.00
管理费用	-	工资	26480.00	0.00	0.00	26480.00
销售费用	-	工资	146356.41	0.00	0.00	146356.41
制造费用	-	工资	79440.00	0.00	0.00	79440.00
研发支出	-	工资	0.00	0.00	0.00	0.00
其他业务成本	-	工资	0.00	0.00	0.00	0.00
其他业务成本	-	工资	0.00	0.00	0.00	0.00
合计	-	-	252276.41	-	-	2390276.41

系统生成单据

应借科目		成本或费用项目	直接计入	分配计入		工资费用合计
				分配标准	分配金额(分配率)	
生产成本	抽油烟机	直接人工	0.00	3420.00	225.05	769680.00
生产成本	电视机	直接人工	0.00	3040.00	225.05	684160.00
生产成本	微波炉	直接人工	0.00	3040.00	225.05	684160.00
生产成本	小计	-	0.00	9500.00	0.00	2138000.00
管理费用	-	工资	26480.00	0.00	0.00	26480.00
销售费用	-	工资	146356.41	0.00	0.00	146356.41
制造费用	-	工资	79440.00	0.00	0.00	79440.00
研发支出	-	工资	0	0.00	0.00	0
其他业务成本	-	工资	0	0.00	0.00	0
其他业务成本	-	工资	0	0.00	0.00	0
合计	-	-	252276.41	-	-	2390276.41

图 5－13　“成本稽查”界面

5）财务报表

财务报表主要包括包括现金流量表、资产负债表和利润表三部分，下面以利润表为例介绍。如图 5－14 所示，A 部分为系统给出利润表数据，B 部分为系统给出具体账户明细及资产项目等明细，C 部分可以查询得到相应月份学生数据明细，通过对比可迅速查找错误点。同样，资产负债表和现金流量表也可按照此方式稽查。

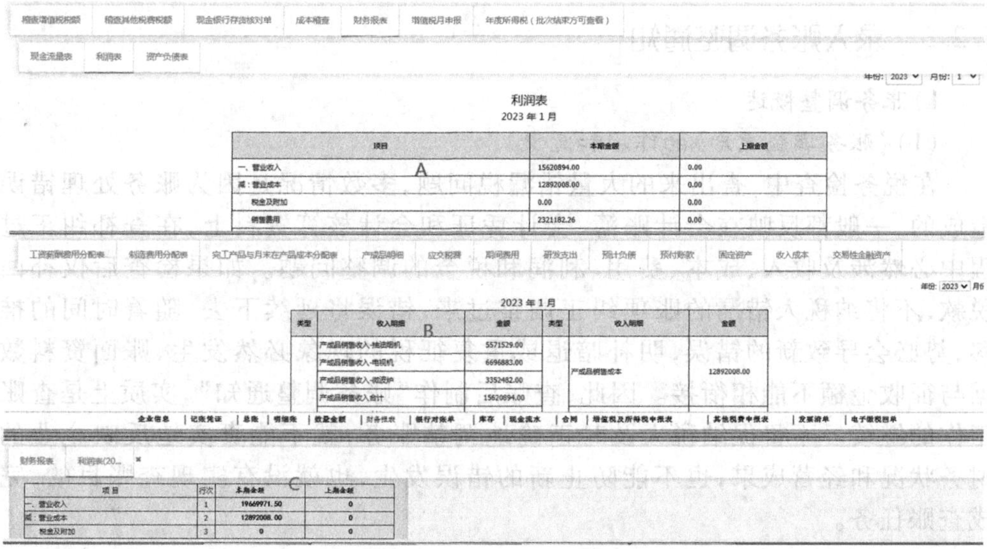

图 5 –14 “财务报表”界面

6）增值税月申报

在“增值税月申报”界面下，可以查询每个月增值税纳税申报情况。一般，上半部分为系统给出的正确数据，下半部分为学生填报的数据，通过对比可以迅速查找出错误点，如图 5 –15 所示。

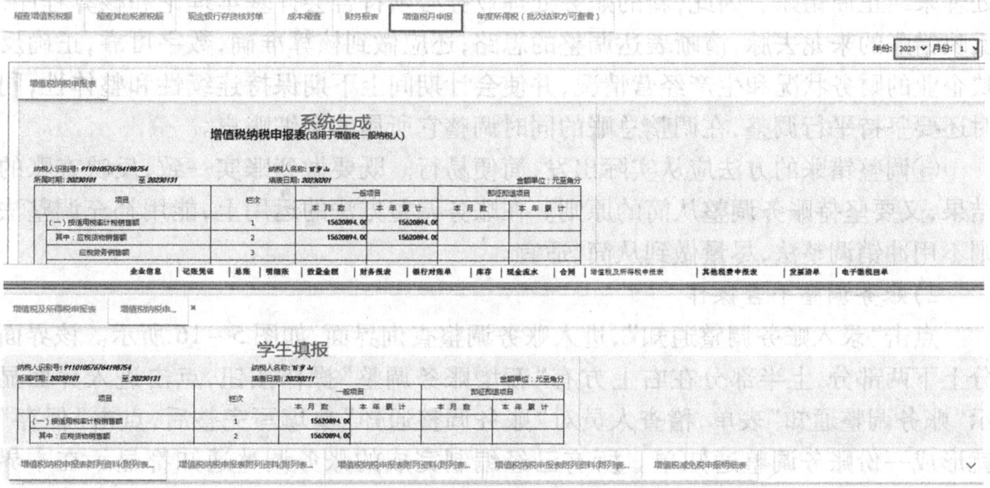

图 5 –15 “增值税月申报”界面

7）年度所得税

在“年度所得税”界面下，可以查询年所得税纳税申报情况。

5.2.3 录入账务调整通知

1)账务调整概述

(1)《账务调整通知》的作用和意义

在税务检查中,查出来的大量错漏税问题,多数情况是因为账务处理错误造成的,一般都反映在会计账簿、会计凭证和会计核算资料上,在查补纠正过程中必然涉及收入、成本、费用、利润和税金的调整问题。如果检查后仅补回税款,不将纳税人错漏的账项纠正调整过来,错误将延续下去,随着时间的推移,势必会导致新的错误,明补暗退或重复征税的现象必然发生,账面资料数据与征收金额不能相衔接。因此,查账后制作"账务调整通知",实质上是查账工作的继续。不督促纳税人及时正确地调整账务,就不能真实地反映企业的财务状况和经营成果,也不能防止新的错误发生,也就没有实现查账目的,完成查账任务。

(2)编制"账务调整通知"的要求

制作税务稽查"账务调整通知"的基本要求是:要能反映原错漏账项的来龙去脉,调账分录要正确、分明,严格体现国家税收政策,有利于加强企业财务管理。具体要求为:

①账务处理的调整要与现行财务会计准则相一致,要与税法的有关会计核算相一致。

②账务处理的调整要与会计基本理论相符合。调整错账,需要作出新的账务处理来纠正原错账。因此,新的账务处理业务必须符合会计基本理论和核算程序,反映错账的来龙去脉,清晰表达调整的思路;还应做到核算准确,数字可靠,正确反映企业的财务状况和生产经营情况,并使会计期间上下期保持连续性和整体性;同时还要坚持平行调整,在调整总账的同时调整它所属的明细账户。

③调整错账的方法应从实际出发,简便易行。既要做到账实一致,反映查账的结果,又要坚持账务调整从简的原则。在账务调整方法的运用上,能用补充调整法则不用冲销调整法,尽量做到从简、适宜。

2)账务调整平台操作

点击"录入账务调整通知",进入账务调整查询界面,如图 5－16 所示。该界面分上下两部分,上半部分在右上方有"新增账务调整"操作按钮,点击进入界面显示"账务调整通知"表单,稽查人员对"账务调整通知"单填写完整后,点击"保存"就形成一份账务调整通知单。所有已经编制完成的账务调整通知都显示在本界面,点击"查看"按钮可以查看,并且可以在查看界面修改。下半部分显示"工作底稿""记账凭证""总账""明细账""数量金额账""财务报表",便于在填写"账务调整通知"时查看。

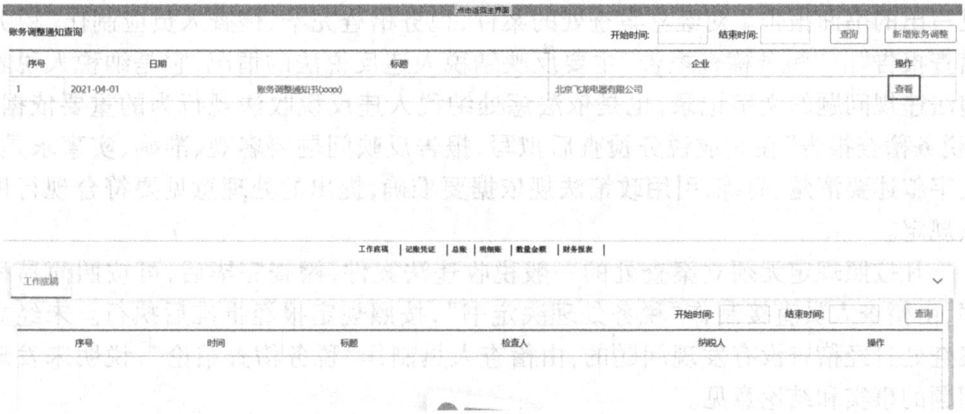

图 5－16 “账务调整通知查询”界面

录入账务调整单，主要依据该界面下方的“工作底稿”，其余的凭证和报表也可以用作参考。稽查人员可以新增或者删除明细条目，对于一大类凭证都录错的情况，稽查人员也可以直接录入文字描述，如图 5－17 所示。如果被稽查企业只有一条分录有误，“账务调整通知”显示的内容只有一条，如果有多条分录有误，可以点击表格右上方“新增”按钮，增加条目。系统要求，在账务调整单上要录入调整分录条数，这个条数将会影响被稽查企业中关于稽查部分的成绩判定，原则上条数越多，稽查部分成绩就越低。稽查人员完成录入之后点击“保存”按钮，或者点击返回按钮返回上层菜单。

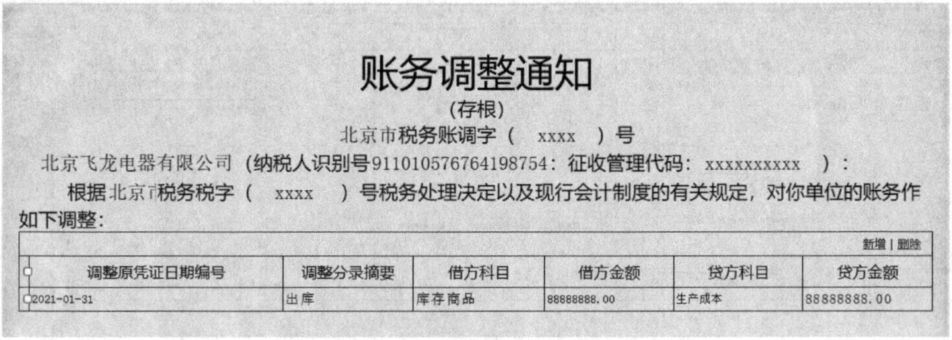

账务调整通知

（存根）

北京市税务账调字（ xxxx ）号

北京飞龙电器有限公司（纳税人识别号911010576764198754：征收管理代码： xxxxxxxxxx ）：

根据北京市税务税字（ xxxx ）号税务处理决定以及现行会计制度的有关规定，对你单位的账务作如下调整：

新增 | 删除

调整原凭证日期编号	调整分录摘要	借方科目	借方金额	贷方科目	贷方金额
2021-01-31	出库	库存商品	88888888.00	生产成本	88888888.00

图 5－17 “账务调整通知”界面

5.2.4 税务稽查报告

1）税务稽查报告概述

“税务稽查报告”是税务检查人员依据现行税收法规及有关规章，对纳税人一定时期内的纳税事项进行税务稽查后，根据检查出的问题、情况连同作出的处理意见写出的书面报告。对经立案查处的案件,税务稽查完毕,稽查人员应制作“税务稽查报告”。“税务稽查报告”主要反映纳税人违反税法的情况,它是纳税人税收违法违规问题的文字记录,也是依法惩处纳税人违反税收法规行为的重要依据。“税务稽查报告”在完成税务检查后拟写,报告反映问题要客观、准确、实事求是,文字叙述要清楚、简练,引用政策法规依据要准确,提出的处理意见要符合现行税法规定。

凡按照规定无须立案查处的一般税收违法案件,稽查完毕后,可按照简易程序,由稽查人员直接制作“税务处理决定书”,按照规定报经批准后执行。未经立案查处且经稽查没有发现问题的,由稽查人员制作“税务稽查结论”,说明未发现问题的事实和结论意见。

适用简易程序和经稽查未发现问题的处理比较简单,本平台只介绍需要编写“税务稽查报告”的情形。

2)税务稽查报告操作

点击“税务稽查报告”,进入稽查查询界面,如图 5 – 18 所示。该界面分上下两部分,上半部分在右上方有“新增稽查报告”操作按钮,下半部分显示“工作底稿”“当前账务调整通知书”“账务调整通知书”。每个稽查报告和账务调整通知书都是一一对应的关系,新增一个“账务调整通知书”就要新增一个“税务稽查报告”。“当前账务调整通知书”是和目前正在编写的“税务稽查报告”相对应的调整通知书。“账务调整通知书”按钮可以通过录入年度和月份,查看往期“账务调整通知书”。

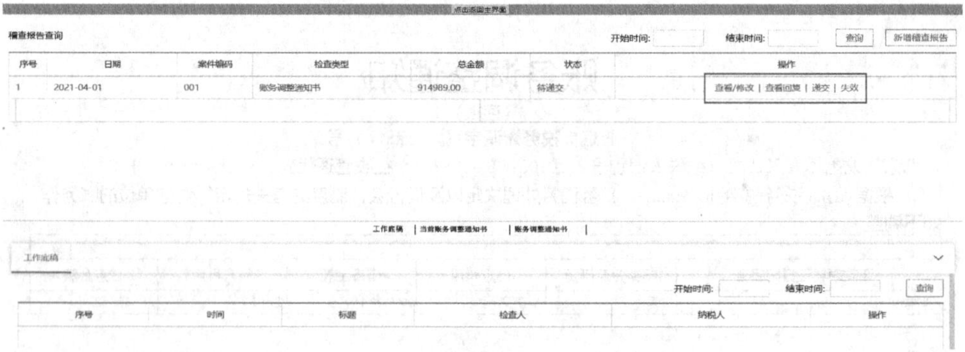

图 5 – 18 “稽查报告查询”界面

“税务稽查报告”是在“账务调整通知书”完成的情况下编制的,如果没有账务通知书,点击“新增稽查报告”,系统会提示“选择相关账务通知录入报告”,此时无法操作,要先回到账务调整录入界面编制账务调整通知;已经完成账务通知书的情况下,点击“新增稽查报告”系统会将录入完成的“账务调整通知书”显示在上方,如图 5 – 19 所示。

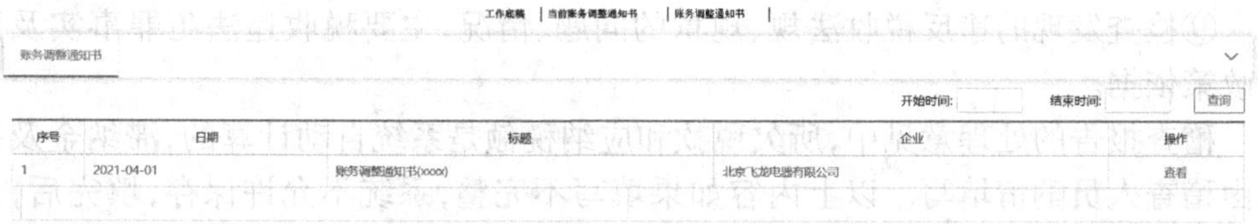

工作底稿 | 当前账务调整通知书 | 账务调整通知书 |

账务调整通知书

开始时间: 结束时间: 查询

序号	日期	标题	企业	操作
1	2021-04-01	账务调整通知书(xxxx)	北京飞龙电器有限公司	查看

图 5－19 "账务调整通知书"界面

点击"账务调整通知书"后的操作按钮"录入稽查报告",进入"税务稽查报告"界面,如图 5－20 所示。

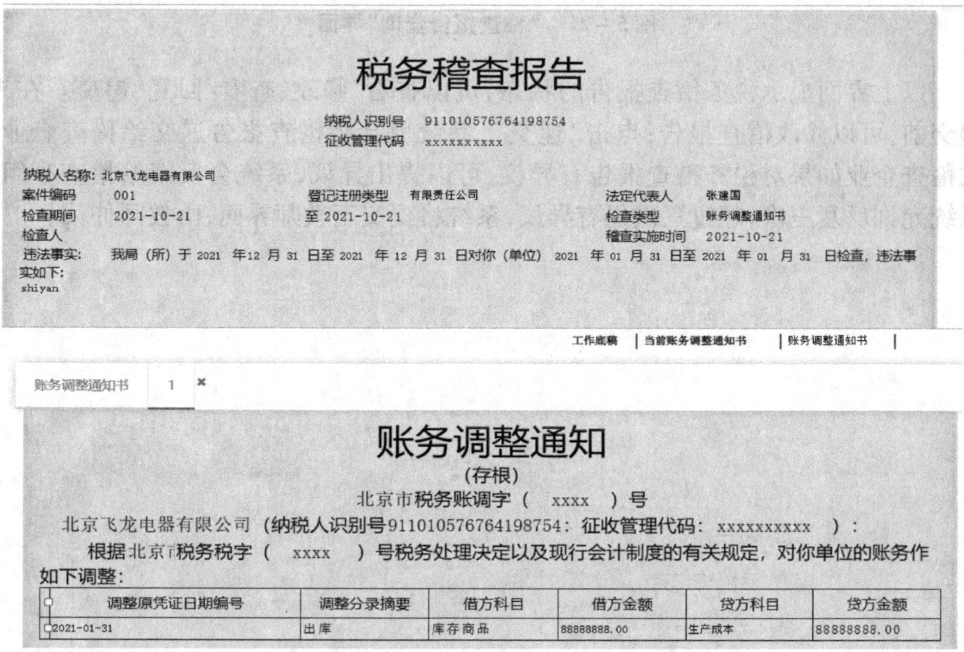

税务稽查报告

纳税人识别号 911010576764198754
征收管理代码 xxxxxxxxxx

纳税人名称: 北京飞龙电器有限公司
案件编码 001 登记注册类型 有限责任公司 法定代表人 张建国
检查期间 2021-10-21 至 2021-10-21 检查类型 账务调整通知书
检查人 稽查实施时间 2021-10-21
违法事实: 我局(所)于 2021 年12 月 31 日至 2021 年 12 月 31 日对你(单位) 2021 年 01 月 31 日至 2021 年 01 月 31 日检查,违法事实如下:
shiyan

工作底稿 | 当前账务调整通知书 | 账务调整通知书 |

账务调整通知书 1 ×

账务调整通知
(存根)
北京市税务账调字(xxxx)号
北京飞龙电器有限公司(纳税人识别号911010576764198754: 征收管理代码: xxxxxxxxxx):
根据北京市税务税字(xxxx)号税务处理决定以及现行会计制度的有关规定,对你单位的账务作如下调整:

调整原凭证日期编号	调整分录摘要	借方科目	借方金额	贷方科目	贷方金额
2021-01-31	出库	库存商品	88888888.00	生产成本	88888888.00

图 5－20 "税务稽查报告"界面

在此界面下完成税务稽查报告的填写,税务稽查报告应完整反映以下内容:

①稽查案件编号;

②纳税人名称;

③企业经济类型;

④法定姓名;

⑤检查所属期间;

⑥检查人员姓名;

⑦检查类型;

⑧检查实施时间;

⑨检查发现的违反税收法规、规章的问题、情况，主要税收违法犯罪事实及法规政策依据。

稽查报告的处理意见中，所欠税款和应纳税额是系统自动计算的，滞纳金及罚款由稽查人员酌情填写。以上内容如果填写不完整，系统不允许保存，填完后，点击“保存”，如图 5－21 所示。

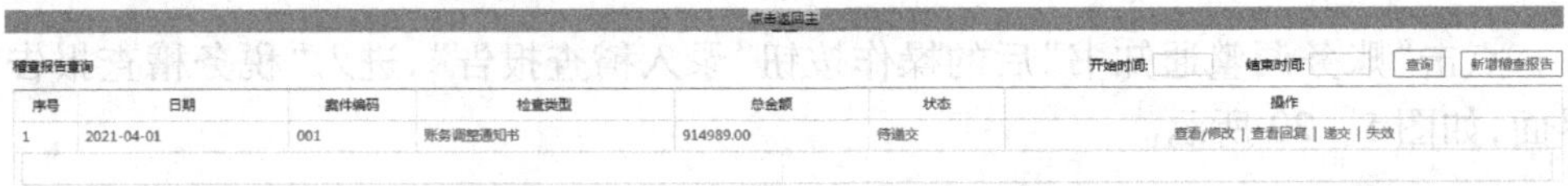
点击返回主

稽查报告查询　开始时间:　结束时间:　查询　新增稽查报告

序号	日期	案件编码	检查类型	总金额	状态	操作
1	2021-04-01	001	账务调整通知书	914989.00	待递交	查看/修改 | 查看回复 | 递交 | 失效

图 5－21　“稽查报告查询”界面

以上界面显示税务稽查报告的状态，可以查看/修改、查看/回复、递交。在未递交前，可以修改稽查报告；点击“递交”，系统就会将稽查报告递交给稽查企业。被稽查企业如果对税务稽查报告有异议，可以提出异议，系统会反馈给稽查小组，系统允许反复三次，超过三次仍有异议，系统将提交至教师界面，由教师仲裁。

参考文献

[1]中国注册会计师协会．财务成本管理[M]．北京:中国财政经济出版社,2021.

[2]中华人民共和国财政部．企业会计准则应用指南(2021 年版)[M]．上海:立信会计出版社,2021.

[3]财政部会计司编写组．《企业会计准则第 14 号——收入》应用指南 2018[M]．北京：中国财政经济出版社,2018.

[4]厦门网中网软件有限公司．财务决策实务教程[M]．北京:高等教育出版社,2020.

[5]温素彬．管理会计[M].3 版．北京:机械工业出版社,2019.

[6]池国华．财务报表分析[M].4 版．北京:清华大学出版社,2021.